"十三五"国家重点出版物出版规划项目

● 崔建远 著

民法总则：具体与抽象

中国当代法学家文库
崔建远民法研究系列

Contemporary Chinese Jurists' Library

中国人民大学出版社
·北京·

自　序

  《民法总则：具体与抽象》，原为中国人民大学出版社约稿《民法总则：具体与抽象》《物权：生长与成型》和《债权：借鉴与发展》三卷本民法文选中的一卷。缔约后，我马不停蹄地编辑整理《物权：生长与成型》，定稿后由中国人民大学出版社于 2004 年出版。其后的 7 年里，由客观情势决定，我先是整理出版了《合同法总论》（上卷），接着编写《物权法》教材，继而在此基础上补充和升华而成《物权：规范与学说》，其间还三次修订了《合同法》教材，迟至 2012 年才将《债权：借鉴与发展》交给中国人民大学出版社付梓。这样，三卷本的民法文选独缺《民法总则：具体与抽象》还未见"公婆"。个中原因，主要是近二十年来我的精力基本上放在了对物权法和债法的思考和积累之中，对于民法总则仅仅满足于教学的需要，而未再作深入探讨，故这方面的心得体会不多。

  欣逢编纂中国民法典，制定民法总则的大势，客观上"逼得"我撰写民法总则的立法论，编纂完成大家眼前的这本《民法总则：具体与抽象》。

  《民法总则：具体与抽象》收录的论文有些发表于上个世纪 80 年代，带有时代的烙印，反映了那段时期社会、经济、体制特别是理念的状态。尽管其中一些早已"不合时宜"，还显现出我的稚嫩，但它们恰好在一定程度上显现着社会、历史的真相，映衬着我国民法及其理论的发展。有鉴于此，我不揣简陋，将其原原本本地"暴露"在大家的眼前，供批评指正。

重见那些文章，脑海里立即浮现出那个时期的生活、工作情景，不禁感慨万千，五味俱全。《民法，给程序以应有的地位》一文不是坐在书斋里推理出来的，而是源自我亲历的三五件真人真事的切身感悟，它们的的确确印证了"法律不是逻辑，而是经验"这句名言！同时我也体会到了程序对一些人的恩宠，对另些人的残酷；牢牢地记住了没有公正的程序，实体再厚实也是枉然。生前一直任教于中国人民大学法学院的民事诉讼法学大家江伟老师不止一次地对人说："崔建远是搞民法的，但他对程序还那么重视，不错！"朋友向我转告的江老师的这句评价，一直鼓励着我，鞭策着我，使我不但自己时刻不敢忘记诉讼法的重要性，也一再要求我指导的学生务必重视民事诉讼法的学习。《论我国民法的公平原则》《论民事法律关系的本质特征》两篇论文，或许至今已觉不新鲜，但在当时确实是颇有新意的。值得特意提出来的是《论民事法律关系的本质特征》一文，它是于晔（曹焕忠）与我坐在一起，历时一个月，二人边讨论，曹焕忠校友边撰写，二人反复润色，才定稿的，更不要说此前我们二人对此积累所耗精力和所费时光了。文章以民法的调整对象为商品经济关系这种学说为基点而展开论述，逻辑谨严，自成一说。

民法的调整对象为商品经济关系，这是已故著名民法学家佟柔老师首先提出并进行论证的。佟老先生对此钟爱的程度会自觉不自觉地流露出来。记得在着手撰写法学硕士学位论文《论经济合同的解除》时，我从长春到北京搜集资料，请教名师，经周卫平校友介绍拜见梁慧星老师，经龙翼飞校友引荐拜会佟柔老师。就合同解除问题，梁慧星老师一一地回答了我所提的全部问题，阐释了其民法见解，展现出他对民法的宏观把握和细节体会。这直接有益于我完成毕业论文。佟柔老师则不同，他老人家口若悬河，环环相扣，向我阐释民法的调整对象，耗时一个下午，从中彰显出他老人家拥有的经济学和法学的深厚功底，以及他对民法与经济法、行政法之间关系的思考和见解。这使我深刻认识到民法和经济法乃至法律与经济间的关系，获益匪浅。

诚然，在今天看来，商品经济关系为民法的调整对象，可再斟酌，但历史的观点万不可被遗忘，佟老先生主张并论证、阐释其观点时，正值民法与经济法大

论战、民法似乎丧失生存之地的年代，商品经济关系说最能符合逻辑地、也能一目了然地证成民法这个上层建筑天然地具有存在的经济基础、正当性，它是独立于经济法等部门法的不可或缺的法律及学科。可以毫不夸张地说，没有佟柔老师的这番大论，就难有民法的今天。吃水不忘打井人。在民法及其理论日益繁荣的形势下，过上"小康"生活的民法人务必铭记佟柔老师以及史越老师等一大批民法前辈们！

佟柔老师不但在中国民法的生存和发展的宏伟事业中贡献杰出，值得大书特书，我在这篇序言里对佟柔老师谈了这么多，还有一个个人原因：上个世纪 80 年代，经王利明教授推荐，我有幸成为佟柔教授主编的《中国民法》这部全国统编教材的编写人之一，不但在做人、学问及编写教科书方面从佟老先生身上学到许多，而且使我在民法学界的位置得到提升，客观上推动了我的进步。但就是这么一位于我恩深似海的长者，我都因他事无法到会纪念他，内心愧疚不已，借此园地发自内心地感念他老人家，祝愿他老人家在天国安好！

将早些年的习作收录，还有一个情结：当年生活拮据，每逢年节，犯愁不已，因为无力为亲戚购置年节礼物。时任吉林大学法学院经济法系主任的好心的李忠芳老师，赠与我肉票，介绍我到校外讲课，每次可得几元、十几元钱，贴补家用。但当时"鬼迷心窍"，大多谢绝，只去过不多的几次，一心一意地写文章。其实，现在看来，那些文章缺点不少，便有时想来："与其如此，莫不如去讲课，赚些钱来养家糊口。"不过，有好友另有高见："没有那些年的习作经历，也就难有今天论文的态样。"如此，那些文章有其不可磨灭的功劳。此言非虚，但毕竟亏欠了家人，还得诚心地表达歉意！

情到深处，不禁说了这么多，到此止笔吧。

崔建远
2017 年 9 月 5 日

目　录

编纂民法典必须摆正几对关系 *

内容摘要

编纂中国民法典必须摆正民法典与哲学、民法与商法、原则与规则、主张与举证、总则与分则、规则内容与立法技术等几对关系。中国民法典的哲学基础需要视权利所立基础、主体对于客体、交易领域、非交易领域而定，不宜笼而统之地模糊对待。在奉行民商合一模式的前提下注意民法与商法的差异，适当地分设法律规范，妥当地处理民法原则与民法规则之间的复杂多变的关系，尽可能地在民法条文中含有举证责任的分配，采取民法总则与分则区分又相互照应的立法模式，增设债法总则，提高立法技术，条文表述做到准确、周延，在此基础上生动明朗、浅显易懂。

关键词

民法典；哲学；程序；原则；规则；举证

中国共产党第十八届中央委员会第四次全体会议通过了《中共中央关于全面推进依法治国若干重大问题的决定》，明确提出"加强市场法律制度建设，编纂

---

* 本文最初发表于《清华法学》2014 年第 6 期。该文第四部分"主张与举证之间的关系"增补了相当多的内容。

民法典"。这是民法学人期盼已久的喜讯，值得庆贺，并应马上展开工作。编纂民法典需要解决的问题很多，均需法律人乃至哲学等相关学科的专家们齐心协力，献计献策，方能完成这浩大的工程。千头万绪，摆正几对关系可能是最为关键的、应予明确的，并付诸实施的。笔者就此发表意见，谨供参考并批评。

一、民法典与哲学之间的关系

凡是较为成功的立法必有坚实的哲学基础和指导思想。例如，影响广泛的《法国民法典》是以自然法构想为基础的，即存在着独立于宗教信条的个人自治的自然原则，由此派生而出的法律规范制度，如果这些规范被有目的地以一种条理清楚的形式加以制定，那么一个伦理与明智的社会秩序的基础即由此而得到奠定。① 《德国民法典》以康德哲学为基础，固守自由主义的、启蒙哲学的社会模式，固守孤立的、褪掉个人历史特性和条件的个人主义的人类图样，而不是促进或至少允许共同劳动的、实质合同伦理的、社会自治的新的法律激情，以及通过公法来填补和疏导私法以承认所有权与合同的政治功能。②

这些哲学思想具有历史性的贡献，但也先天地存在弱点，需要适应社会生活的发展而适时修正。民法中的自由主义不仅无法满足社会的要求，而且无法配合企业主社会本身的内在发展。其主导形象是个人经营者，而非人合性团体，更谈不上资合性团体了。因此，民法和公司法的配合就不无困难。③ 不提及因合同自由（特别是透过卡特尔或其他市场协议）导致的、可能危及社会自由的问题④，

---

① ［德］K. 茨威格特、H. 克茨：《比较法总论》，潘汉典、米健、高鸿钧、贺卫方译，潘汉典校，164～165 页，贵阳，贵州人民出版社，1992。

② ［德］罗尔夫·克尼佩尔：《法律与历史——论〈德国民法典〉的形成与变迁》，朱岩译，41～42 页，北京，法律出版社，2003。罗尔夫·克尼佩尔的这段评注吸收了维亚克尔、科英、莱塞尔、施密特诸学者的意见。

③ ［德］弗朗茨·维亚克尔：《近代私法史》（下），陈爱娥、黄建辉译，463 页，上海，上海三联书店，2006。

④ ［德］弗朗茨·维亚克尔：《近代私法史》（下），陈爱娥、黄建辉译，462 页，上海，上海三联书店，2006。

利益权衡有些颠倒。《德国民法典》作为现实世界中的法典早就不再受到意志理论的专门控制，更不要说在实践中了；在今天，意志原则的衰落依旧较为清晰地决定着法律实践。⑤

中国作为中国共产党领导的社会主义市场经济国家，制定民法典的哲学基础当然不会沿袭《法国民法典》《德国民法典》所依赖的哲学，而是马克思主义哲学。由于马克思主义哲学的博大精深，作为中国民法典的哲学基础的，不应是单一的某种哲学思想，而应是若干并行的主义。由于社会在不断发展，马克思主义也随之发展和丰富，这也决定了作为中国民法典的哲学基础不应是某个单一的主张。

在民事权利方面，潘德克顿学说中的"权利"来源于康德的自由，此处的自由是意志天赋的，因此是先验的、无须证明的。这种哲学思想不可能被照搬到中国民法典之中。权利固然离不开自由，但没有法律的赋予，仅有民事主体的一厢情愿，在国家体制下是难以成立的。

绝对的意思主义也不得作为中国民法典的哲学基础。按照马克思主义原理，法律行为是民事主体的意思与上升为法律的国家意志的统一体。一方面，国家及法律尽可能地尊重民事主体的意思，只要民事主体的意思不与强行性规范、社会公共利益和社会公德相抵触，就承认其法律效力，按民事主体的意思赋予法律效力；另一方面，民事主体的意思应在法律允许的范围内表示，唯有如此，该意思才获得法律赋予的拘束力。民事主体的意思若违反了强行性规范或社会公共利益、社会公德，达到了法律不可容忍的程度，就会被坚决否定，归于无效。所以，从根源上讲，民事主体意思的法律效力源自法律，是法律赋予该意思以法律效力的，由国家的强制力保障。⑥ 其实，这一点连某些西方法学家也是承认的。正所谓意思表示因法律而导致后果，没有法定的效力基础，法律行为尽管具有目的，也仍不能够引起后果。⑦ 当行为表达了一个由法律制度所授予的意志力量或

---

⑤ ［德］罗尔夫·克尼佩尔：《法律与历史——论〈德国民法典〉的形成与变迁》，朱岩译，188 页，北京，法律出版社，2003。

⑥ 崔建远：《合同法总论》，2 版，262 页，北京，中国人民大学出版社，2011。

⑦ 梅迪库斯：《德国民法总则》，海德堡，1994。转引自［德］罗尔夫·克尼佩尔：《法律与历史——论〈德国民法典〉的形成与变迁》，朱岩译，188 页，北京，法律出版社，2003。

意志统治时，行为具有法律效力。⑧ 某项合同规定之所以具有法律效力，总是具有双重的原因：其一为合同双方当事人达成这项约定的共同的、使他们受到自我约束的意志行为，其二为法律制度对这种行为的承认。⑨

面对如今的社会状况，特别是在主体与环境、自然资源的关系上，民法典若要做到适应和有效运行，科学发展观就必须得到贯彻和体现。对此，笔者曾经讨论过自然哲学观与自然资源物权乃至民法的命运⑩，于今仍未过时，可供编纂中国民法典时参考。

面对"人类高于自然"哲学或曰极端的"人类中心主义"哲学、"具有责任的人类中心主义"哲学、生物中心主义、"生态革命派"及其中的"生态伦理派"，笔者感悟到，科学发展观非常科学，应当将其作为中国民法典的哲学基础之一。如果无条件地赋予动物、植物乃至岩石等无生物以生存权，就意味着它们和人同样地享有权利能力，具有法律人格。有学者的确如此倡导。如此，人之于它们，不再表现为主体对客体的支配，而是主体与主体之间的关系，在民法的视野里，就是平等主体之间的法律关系。一旦奉行这样的原则，就会出现如下局面：因为土地资源及矿产资源、水资源、水生动植物、野生动物不再是人所作用的客体，而是与人平等的主体，于是，土地物权、矿业权、取水权、渔业权、狩猎权便因无作用对象而不复存在，走向死亡，自然资源物权制度从法律体系中消失无踪。依此原则，人基于自己一方的意思而收割农作物、采集药材，人出于自己的需要而捕获动物，人因居住和通行的必需而移动岩石等无生物，均应被禁止，除非动植物表示同意，岩石等无生物不予反对。如此一来，现行民法关于意思表示和法律行为的制度及其理论便难以适用到动植物和无生物，面临危机，只好重构；重构恐怕也无济于事，必须彻底摧毁，创造出一部远远超出了先人憧憬

---

⑧ ［德］罗尔夫·克尼佩尔：《法律与历史——论〈德国民法典〉的形成与变迁》，朱岩译，64 页，北京，法律出版社，2003。

⑨ ［德］卡尔·拉伦茨：《德国民法通论》（上册），王晓晔、邵建东、程建英、徐国建、谢怀栻译，谢怀栻校，56 页，北京，法律出版社，2003。

⑩ 崔建远：《准物权研究》，8 页以下，北京，法律出版社，2003；崔建远：《准物权研究》，2 版，6 页以下，北京，法律出版社，2012。

的"天人合一"思想的崭新法律。极而言之，也许人类自己无权再进食，连露宿旷野都会侵害土地乃至草木的利益，升入天国应否先征得空气的同意？如果是这样，可真是人将不人，民法不再了。行文至此，远处再次传来这样的声音，不绝于耳：那些主张结束人口增长、技术变革和经济发展的人被看作是不食人间烟火的精英，无情又无德。他们准备为少数人的生态完整性和持续性未来所付出的代价，必然包含千百万人的死亡。⑪ 实际上，在准备提出一种关涉人类生存方式的革命理论之前，在试图建立一个改变人类根本命运的全新制度之前，重温一下马基雅维里在将近 500 年以前对革新者提出的劝告也许是有益的：必须记住，再没有比着于率先采取新的制度更困难的了，再没有比此事的成败更加不确定，执行起来更加危险的了。⑫

遥远的未来届时自有相应的规范出现，忧天倾的人们仍在衣食住行，时下之人乃至下一代恐怕必须作为主体支配无生物、植物乃至动物，甚至"残忍地"吃掉它们，除非愿意并且能够做到不食人间烟火，只不过人类必须克己以求可持续发展，尽可能地尊重自然、维护生态系统罢了。如此，主体支配客体、主体之间等价交换等民法规则就须臾不可离开，民商法这部"生活的百科全书"⑬ 依旧会引导着人们的日用常行。历史将按照它自己的方式摸索着前进。⑭ 当然，在侵权责任法等领域需要适当地承认某些动物享有特殊权益，例如，某些动植物享有获得生存条件的权利，享有损害赔偿请求权等，作为对绝对的"人类中心主义"的修正，这才是比较现实的选择。在南非，一些动物权利团体在南非宪法制定前的协商过程中，为将动物权利写入《宪法》而奔走呐喊。然而，尽管南非拥有世界上最民主的《宪法》之一和一个进步的《权利法案》，但是动物最终还是没有被

---

⑪ ［英］朱迪·丽丝：《自然资源：分配、经济学与政策》，蔡运龙、杨友孝、秦建新等译，蔡运龙校，341 页，北京，商务印书馆，2002。

⑫ ［意大利］尼科洛·马基雅维里：《君主论》，潘汉典译，26 页，北京，商务印书馆，1985。

⑬ 邱本、崔建远：《论私法制度与社会发展》，载《天津社会科学》，1995（3）（总第 83 期），第 52 页。

⑭ Man Borgese, E. *Expanding the Common Heritage*, in Dolman, A. J. (ed) *Global Planning and Resources Management*, Oxford, Pergamon, 193 (1980). 转引自 ［英］朱迪·丽丝：《自然资源：分配、经济学与政策》，蔡运龙、杨友孝、秦建新等译，蔡运龙校，564 页，北京，商务印书馆，2002。

赋予权利。也许与其将动物权利纳入《宪法》，不如在某种程度上在《宪法》中规定人们有人道地对待动物的义务。⑮

二、民法与商法之间的关系

中国现行法采取民商合一的立法模式，这有其道理：在所有经济发达的国家和地区，民事商法化已经达到了这样的程度，几乎不再有什么规定对商事债与民事债区别对待。各国的法典编纂工作使商法失去了它过去完全不同于民法的国际性。从 1865 年起，魁北克省在其民法典中对某些商事内容作了规定，放弃了在民法典之外再制定商法典。1881 年，瑞士由于宪法上的原因，不制定民法典，而制定债法典，其中既有债法（民事），又有商法；当 1907 年在联邦范围内制定"民法典"来规定民法中的其他内容时，债法典在事实上保持了独立。荷兰从1934 年起实现了民法与商法的实质上的统一，规定商法典的条款适用于所有的人，不论是商人还是非商人，并适用于一切行为。1942 年，意大利在一部民法典里规定了民法与商法的内容。⑯ 前苏联也采取了民商合一的立法模式，海峡两岸同样如此。

尽管如此，还是不宜完全忽视民法与商法之间的差异。其中非常重要的一点是商法正在发生的变化，即它正在变成受政治与社会方面的考虑支配的"经济法"，在这里公法与私法密切地交织在一起。⑰ 对于民法与商法之间的差异，《中华人民共和国合同法》（以下简称《合同法》）注意不够。例如，《合同法》第410 条关于"委托人或者受托人可以随时解除委托合同。因解除合同给对方造成损失的，除不可归责于该当事人的事由以外，应当赔偿损失"的规定，没有区别

---

⑮ ［南非］彦·格拉扎斯基：《对自然的态度：一个变化中的全球伦理？——一位南非环境法学者的思考》，付璐译，李广兵、王曦校，载王曦主编：《国际环境法与比较环境法评论》（第 2 卷），281 页，北京，法律出版社，2005。

⑯ ［法］勒内·达维德：《当代主要法律体系》，漆竹生译，84～85 页，上海，上海译文出版社，1984。

⑰ ［法］勒内·达维德：《当代主要法律体系》，漆竹生译，85 页，上海，上海译文出版社，1984。

民事委托与商事委托而导致了一些负面的结果。例如，委托事务接近完成，甚至受托人为履行委托事务而专门设立了公司，从事委托合同约定的业务，受托人即将据此而取得可观的合同利益，恰在此时，委托人援用该条规定而主张解除合同，有的以其解除存在不可归责于己的事由作为根据，拒绝承担损害赔偿责任；有的虽然寻觅不出不可归责于己的事由，从而承担损害赔偿责任，但因赔偿范围受到因果关系等因素的制约，赔偿数额远远低于委托合同继续有效并实际履行给受托人带来的利益。辽宁省高级人民法院（2003）辽民三合初字第 34 号民事判决、最高人民法院（2005）民二终字第 143 号民事判决[18]，再次凸显了这些问题。此次编纂民法典，应当予以解决。

一般认为，《合同法》之所以规定委托人或受托人可以随时解除合同，其原因在于委托合同具有特别的性质，其成立大多建立在对当事人特殊信赖的基础上，而信任关系具有一定的主观性，在一方当事人对相对人的信任有所动摇时，就应不问有无确凿的理由，都允许委托人或受托人随时解除合同。否则，即便勉强维持双方的关系，也可能招致不良后果，影响委托合同订立目的的实现。[19]

但是，法律又是公平的，不能仅仅考虑某一方面的价值。当事人的信赖基础固然重要，但是如果在委托合同不仅涉及一方当事人利益的时候，对合同双方的任意解除权依旧不加限制，实际就是在片面保护合同解除方的信赖感，对于合同相对人就难免苛刻了。因此在委托合同不仅仅涉及一方当事人利益的情形下，对于委托合同任意解除权的限制就有必要。其限制措施之一是，区分民事委托与商事委托，对于民事委托合同，继续保持《合同法》第 410 条的现状，对于商事委托合同则不承认当事人的任意解除权。[20]

再如，《合同法》第 402 条和第 403 条设计了外贸代理制度，在该项制度中，

---

[18] 《上海盘起贸易有限公司与盘起工业（大连）有限公司委托合同纠纷案》，载《中华人民共和国最高人民法院公报》，2006（4），35 页。

[19] 参见崔建远主编：《合同法》，4 版，497 页，北京，法律出版社，2007；郭明瑞、王轶：《合同法新论·分则》，314 页，北京，中国政法大学出版社，1997。

[20] 详细论述，见崔建远、龙俊：《论委托合同的任意解除权及其限制——"上海盘起诉大连盘起案"判决的评释》，载《法学研究》，2008（6）。

作为代理人的外贸进出口公司，得以自己的名义，而非被代理人的名义进行代理行为，这与《中华人民共和国民法通则》（以下简称《民法通则》）设置的直接代理（第63条以下）明显不同，使得体系不尽和谐，在解释和适用上疑问不少。例如，《合同法》第402条和第403条的规定，适用于国内交易吗？适用于民事委托合同吗？委托人自动介入到受托人与第三人所订立的合同中时，是否取代了受托人的合同地位？等等。如果区分民事代理与商事代理，民事代理制度严格遵循《民法通则》第63条以下的规定，编纂民法典时将被代理人与代理人、代理人与相对人、被代理人与相对人之间的关系作为民事代理对待，将"代理人"以自己的名义与相对人实施的法律行为排除在代理行为的范围，另外于商法领域特别承认外贸代理制度，效果会更好。

还如，《合同法》第39条至第41条关于格式条款的规定，就其字面意思观察，似乎是适用于采取格式条款方式的全部民事合同、商事合同。假如果真如此解释和适用，就会阻碍正常的恰当分配商业风险的交易。境外的共识是，类似《合同法》第39条至第41条规定的格式条款（一般交易条件，或曰定型化契约，或曰定式条款），适用于消费者合同，至于格式商业性合同（一般交易条件，或曰定型化契约，或曰定式条款），则因其主体均为商人，都具有相当的经营经验及知识，有足够的注意能力和交涉能力，无须立法政策向任何一方倾斜，无须法律的特别保护。格式条款是否订入商业性合同，适用传统合同法的订立规则，运用连续交易理论（a course of dealing）、共同了解理论（common understanding）、习惯做法（normal practice）或商业惯例（commercial usage），来判断它们是否订入合同。[21]这确有道理，《合同法》第39条至第41条的规定不应适用于商人之间签订的商业性合同。这再次显现出注意区分民事合同与商事合同的必要性和重要性。

民法与商法之间的理念及操作方面的差异还表现在，对于签订的合同"不公平"的判断及处理上。自然人作为一方的合同，有其道理，但在双方均为商人的

---

[21] 刘宗荣：《免责条款之订入定型化契约》，载郑玉波主编：《民法债编论文选辑》（上），264～268页，台北，五南图书出版有限公司，1984。

情况下，则必须审慎适用。因为商人是专家，地位平等，理性判断。

合同正义系属平均正义，指对任何人都同样看待，双方的所得与所失应是对等的，而不考虑其身份与地位如何。它主要作用于人们之间的交换关系，又称为交换正义，其法律上的适用领域主要是私法，尤其是合同法。在双务合同场合，它强调一方给付与对方给付之间的等值性，合同上的负担和风险的合理分配。

合同正义原则的表现之一是，给付与对待给付之间具有等值性。关于给付与对待给付之间的等值性，在判断上向有客观说和主观说之分。客观说以客观的市场标准或理性之人的标准来判断当事人之间的给付与对待给付是否等值；主观说则以当事人的主观意愿来判断，纵使以市场标准或自理性之人的角度衡量并非等值，但只要当事人具有真实的合意，在主观上愿意以自己的给付换取对方的给付，那么对双方而言就是公正的。由于两种给付之间在客观上是否相当，例如对特定服务究竟应支付多少报酬，对特定商品究竟应支付多少价款，方为公平合理，涉及因素甚多，欠缺明确的判断标准，故合同法应采取主观等值原则，即当事人主观上愿以此给付换取对待给付，即为公平合理，至于客观上是否等值，在所不问。采取主观说的深层原因在于合同自由，如果合同是自由订立的，则对当事人来说就是公正的；反之，如果合同是基于欺诈、胁迫、乘人之危等原因而订立的，因合同自由遭受不当限制，故对意思表示有瑕疵的一方而言，即不存在合同公正，于此情形，各国或地区的法律多赋予受害方以变更或撤销合同的权利以为救济。从这个意义上说，《合同法》第 54 条第 1 款第 2 项关于显失公平的合同可以撤销的规定，在适用范围上似有必要进行限缩。

最后，对于对赌协议的效力，民法的视野与商法的态度也表现出不同。所谓对赌协议（Valuation Adjustment Mechanism，VAM），又称估值调整协议，是私募股权投资（PE）中常用的一种价值调整机制与合同安排。法院转变理念起因于海富投资与甘肃世恒等主体之间的增资协议纠纷案。该案的案情为：2007年 11 月 1 日前，苏州工业园区海富投资有限公司（以下简称海富投资）作为投资方采取溢价增资的方式与甘肃世恒有色资源再利用有限公司（以下简称甘肃世恒）、甘肃世恒的股东香港迪亚有限公司（以下简称迪亚公司）、迪亚公司的实际

控制人陆某共同签订了《甘肃众星锌业有限公司增资协议书》（以下简称《增资协议书》），约定海富投资以现金 2 000 万元对甘肃世恒进行增资。《增资协议书》第 7 条第 2 项约定：如果甘肃世恒 2008 年实际净利润完不成 3 000 万元，海富投资有权要求甘肃世恒予以补偿，如果甘肃世恒未能履行补偿义务，海富投资有权要求迪亚公司履行补偿义务。补偿金额的计算公式为"（1－2008 年实际净利润 /3 000 万元）×本次投资金额"。《增资协议书》签订后，海富投资于 2007 年 11 月 2 日按协议约定向甘肃世恒缴存 2 000 万元，其中新增注册资本 114.771 7 万元，计入资本公积金 1 885.228 3 万元。2009 年 12 月 30 日，因甘肃世恒 2008 年度实际净利润仅为 26 858.13 元，远未达到《增资协议书》约定的该年度承诺净利润额。海富投资遂向法院提起诉讼，请求判令甘肃世恒、迪亚公司、陆某向其支付补偿款 1 998.209 5 万元。系争协议属于典型的基于增资的对赌协议、投资方与目标企业及其大股东的对赌协议、赌业绩的对赌协议、现金对赌协议及单向对赌协议。甘肃高级人民法院（2011）甘民二终字第 96 号民事判决书认为，海富投资的投资名为联营实为借贷，从而认定该对赌协议无效。

这不奇怪，在很长的一段时间里，我国法院贯彻"名为……实为公司之间借贷"的认定模式，将公司之间的资金流转关系往往认定为借贷合同关系从而无效。现在，理念和处理有了一定程度的转变。最高人民法院否决了股东与公司之间对赌协议的法律效力，最高人民法院（2012）民提字第 11 号民事判决书认为该条款违背了《中华人民共和国公司法》第 20 条第 1 款关于"公司股东应当遵守法律、行政法规和公司章程，依法行使股东权利，不得滥用股东权利损害公司或者其他股东的利益；不得滥用公司法人独立地位和股东有限责任损害公司债权人的利益"的禁止性规定，损害了公司及债权人的利益；认可了股东之间对赌协议的有效性，认为股东之间的对赌协议不损害公司及公司债权人的利益，不违反禁止性规定，为当事人的真实意思表示。㉒

承认对赌协议的法律效力，表现了鼓励投资、奖励善于经营者的价值取向，

㉒ 见 http://blog.sina.com.cn/s/blog_905b8b640102vdd6.html，最后访问时间：2015-12-30。

规范了行业行为，提供了法律的确定性。这是值得肯定的。

三、原则与规则之间的关系

民法典必有基本原则、原则及规则。它们之间的关系是什么，编纂民法典时如何摆设、配置？有人云：法律是从某些基本原则中推导出来的一些规范，这些基本原则是对构成他们所设计的结构中的"总则"的陈述。㉓ 以严谨的、逻辑数学的演绎从最一般的、有半固理性法基础的基本原理中获得最具体的个别法律规定，以至于其法律制度就像是完全艺术化分类的、系统而明确设计的建筑。㉔ 这些阐释道出了民法原则尤其是基本原则在民法典中所处的重要地位及不可替代的功能。

民法原则，是适用于民法的特定领域乃至全部领域的准则。适用于民法特定领域的准则，是民法的具体原则。如适用于债务履行的实际履行原则、适当履行原则，适用于损害赔偿范围的完全赔偿原则等，均属此类。适用于民法全部领域的准则，是民法的基本原则。如公序良俗原则、诚实信用原则、平等原则、意思自治原则等即属基本原则。

民法基本原则与民法具体原则之间存有如下差异：（1）基本原则是民法的根本准则，贯穿于整个民法，统率民法的各项制度及规范；具体原则是某个或某些合同制度的一般准则，适用于特定的范围。（2）基本原则体现民法的基本价值，是民事立法、执法、守法及研究民法的总指导思想；具体原则虽然也体现基本价值，但直接反映的是特定的普通价值，仅是特定领域或环节的指导思想。（3）基本原则是统治阶级对民事关系的基本政策的集中体现，反映着社会经济生活条件的本质要求；具体原则对此体现和反映得往往间接些。

㉓ ［德］K. 茨威格特、H. 克茨：《比较法总论》，潘汉典、米健、高鸿钧、贺卫方译，潘汉典校，312 页，贵阳，贵州人民出版社，1992。

㉔ ［德］K. 茨威格特、H. 克茨：《比较法总论》，潘汉典、米健、高鸿钧、贺卫方译，潘汉典校，254 页，贵阳，贵州人民出版社，1992。

在民法原则中，概括条款值得关注，需要民法典确立。概括条款一方面可以拘束裁判者，另一方面又解除其限制的准则，来避免在模糊的抽象性与笨拙的逐案决疑间作令人困窘的抉择。借由指示参照诚实信用、善良风俗、交易伦理、重大事由以及不合比例等，立法者（超过其本身所能预见的）使法律能配合未来的巨变而得以存续。㉕ 编纂中国民法典不可不设置概括条款。

民法规则，是由构成要件与法律后果组成的具体明确的法律规则，具有如下两个特征：（1）它必须具备有效性的要求，质言之，它系有拘束力的行为要求，或有拘束力的判断标准，也就是具有规范性特质；（2）它非仅仅适用于特定事件，反之，于其地域和时间的效力范围，对所有"此类"事件均有其适用，这就是一般性特质。㉖ 它与民法原则虽然同为法律规范，但二者存在明显的区别：（1）在内容上，民法规则明确而具体，具备构成要件与法律后果，裁判者自由裁量的余地校对小些。与此相比，民法原则则概括和抽象，或者没有明确的构成要件、法律后果，或者欠缺一些构成要件、法律后果。在法律适用时需要裁判者予以价值补充。（2）在适用范围上，民法规则因其内容具体明确，故只适用于某一类型的民事行为或民事关系。而民法原则因其覆盖面广和抽象性强，故为民法的通用价值准则，适用范围远比民法规则的宽广。（3）在适用方式上，民法规则是以"全有或全无的方式"适用于个案的：如果某一民法规则所规定的事实是既定的，或这条规则是有效的，就必须接受该规则所提供的解决办法；或者该规则是无效的，就对裁判不起任何作用。民法原则的适用则不同，不是以"全有或全无的方式"适用于个案的，因为不同的民法原则具有不同的"强度"，强度较高的民法原则对个案的裁判具有指导性的作用，但另一民法原则并不因此无效，也并不因此被排除在民法制度之外，因为在另一个案中，这两个原则的强度关系可能会改变。（4）在作用上，民法规则具有比民法原则强度大的显示性特征，即相对

㉕ ［德］弗朗茨·维亚克尔：《近代私法史》（下），陈爱娥、黄建辉译，457～458 页，上海，上海三联书店，2006。当然，概括条款也有不利面。对此所作的讨论，见［德］弗朗茨·维亚克尔：《近代私法史》（下），陈爱娥、黄建辉译，458～459 页，上海，上海三联书店，2006。

㉖ ［德］卡尔·拉伦茨：《法学方法论》（学生版），陈爱娥译，149 页，台北，五南图书出版公司，1996。

于民法原则，法官更不容易偏离民法规则作出裁判。因此，可以说，民法规则形成了民法制度中坚硬的部分，没有民法规则，民法制度就缺乏硬度。但另一方面，民法原则也是民法必不可少的部分，它们是民法规则的本源和基础；它们可以协调民法规则之间的矛盾，弥补民法规则的不足与局限，它们甚至可以直接作为法官裁判个案的法律依据；同时，法律原则通过对法官"自由裁量"的指导，不仅能保证个案的个别公正，避免僵化地适用法律规则可能造成的实质不公正，而且使民法制度具有一定的弹性张力，在更大程度上使民法规则保持安定性和稳定性。㉗

民法规则，人多应为任意性的，有些则必须是强制性的。对此，编纂民法典时最好应当明确地表达出来，以便于未来解释和适用。这一点在《合同法》第52条第5项仅将违反法律、法规的强制性规定的合同认定为无效，《最高人民法院关于适用〈中华人民共和国合同法〉若干问题的解释（二）》（以下简称法释〔2009〕5号）第14条将上述强制性规定局限在效力性强制性规定的背景下，尤其重要。但是，对于某些民法规范来讲，则未必如此，因为可以随着时间的变化确定规范的特征是强行法抑或是任意法。㉘

编纂民法典时务必注意并践行上述联系和区别。此外，还要注意，法律规范不应概括性太强，否则，使人不知道如何理解其意，它对于实践将不再是充分可靠的指南；另一方面，它又需有足够的概括性，以针对一定类型的情况，而不是如同法官的判决那样，仅仅适用于特殊情况。㉙ 当然，法律规范留有一定的自由余地给法官，是适当的，因其任务是为法划定"范围"与向法官发出指示。㉚ 这样一来，关于民法原则与民法规则之间会出现如下情形：（1）民法原则，不仅是民法的基本价值/基本精神之所在，而且具有裁判功能，在若干情况下用作裁判的法律依据，就是说，由于主客观的原因，民法典未设具体规则，但有民法原

㉗　参见《百度百科》，见 http：// baike. baidu. com/link? url ＝ YWBbp3LaNkeVZAJTApM0IIBR5gfL ＿30KiAlb4F3lBfW ＿uGc2mxM5e0h1JlSmU ＿Lz，最后访问时间：2013 - 12 - 02。

㉘　《帝国民法典第一草案说明书》第1卷，16页以下。转引自［德］罗尔夫·克尼佩尔：《法律与历史——论〈德国民法典〉的形成与变迁》，朱岩译，162页，北京，法律出版社，2003。

㉙　［法］勒内·达维德：《当代主要法律体系》，漆竹生译，88页，上海，上海译文出版社，1984。

㉚　［法］勒内·达维德：《当代主要法律体系》，漆竹生译，90页，上海，上海译文出版社，1984。

则，将来适用法律时根据民法原则处理系争案件。（2）法律通常包含多数法条，但未必是完全法条。[31] 法条欠缺部分或全部的构成要件，或者欠缺法律效果，都是不完全法条。对于不完全法条，需要将之补充为完全法条，以便能展现出其创设法律效果的力量。对一些不完全法条，用民法原则予以补充。法律的文义不可能毫无模糊，没有关于用语、概念、条款客观正确的解释，每部法律必然存在漏洞，并且法律"永远处在社会关系和法律观点的相互关系之中"[32]。对于民法漏洞的补充，亦恒须以诚实信用原则为最高准则加以补充，其造法始不致发生偏失。[33] 其中，有些民法漏洞的补充需要运用类推的方法。针对永远处在川流不息中的生活关系的变化，立法者推荐类推（Analogie），该类推的结果却是不允许"处在成文法之外"[34]。（3）民法典同时设置民法原则与民法规则，利于某个或某些民法规则依据民法原则限缩或扩张其适用范围。这需要区分目的性限缩和目的性扩张的法律解释方法与除此而外的限缩或扩张其适用范围两种基本情况。[35]

四、主张与举证之间的关系

（一）举证责任分配的重要性

如果说程序是实体之母[36]，"救济先于权利"（Remedy Precedes Rights）[37]，

---

[31] ［德］卡尔·拉伦茨：《法学方法论》（学生版），陈爱娥译，155 页，台北，五南图书出版公司，1996。

[32] ［德］罗尔夫·克尼佩尔：《法律与历史——论〈德国民法典〉的形成与变迁》，朱岩译，162 页，北京，法律出版社，2003。

[33] 杨仁寿：《法学方法论》，139 页，北京，中国政法大学出版社，1999。

[34] ［德］罗尔夫·克尼佩尔：《法律与历史——论〈德国民法典〉的形成与变迁》，朱岩译，161～162 页，北京，法律出版社，2003。

[35] 崔建远：《论民法原则与民法规则之间的关系》，载《江汉论坛》2014（2）。

[36] ［日］谷口安平：《程序的正义与诉讼》（增补本），王亚新译，7 页，北京，中国政法大学出版社，2002。

[37] ［美］格伦顿、戈登、奥萨魁：《比较法律传统》，米健、贺卫方、高鸿钧译，139 页，北京，中国政法大学出版社，1993；沈达明、冯大同、赵宏勋：《国际商法》（上册），23 页，北京，对外贸易出版社，1982。

并且，程序规范并非民事诉讼法的专利，实际上民事诉讼法与民法都肩负着设置某些程序规范的重任，如物权法设计了若干不动产登记规范，那么，中国民法典设置若干程序规范就是理所应当的。由于罗森贝克教授的证明责任分配建立在纯粹的实体法规的结构分析之上，从法律规范相互之间的逻辑关系寻找分配的原则⑧，民法规范本身应当含有举证责任分配，就是顺其自然的了。

民法典本应含有的程序规范可能林林总总，中国现行法及其理论有所忽视的是，民法条文本身含有举证责任的分配。

对于案件事实，因为法律世界要求的是以证据支持的事实，这不一定是客观真实的事实，而举证在其中起着无可替代的地位和作用，所以，举证责任及其分配无疑具有重大的意义。罗森贝克教授说：证明责任的重大的实践意义，超出人们的想象。⑨ 笔者是从实务中体悟到这个断语确属的论的，以下试举几例：

例证Ⅰ：深圳工程款案，连带责任与否，以承包工程是否与业主共有有关。业主有两家，法院判决共有，但承包人拿不出判决副本的原件。

例证Ⅱ：京都律师事务所案，第三人向客户偿付 2 000 万元，则律师事务所提成 2%。手机短信证据。

例证Ⅲ：再保险，涉及一两个亿，再保险合同成立与否，有手机短信的证据。

例证Ⅳ：现行《合同法》第 107 条原文："当事人一方不履行合同义务或者履行合同义务不符合约定的，应当承担继续履行、采取补救措施或者赔偿损失等违约责任。"在第四稿之前的草案中，句号之后还有一个但书："但能够证明自己没有过错的除外"。有此但书，则合同法奉行的是过错责任原则（只不过采取了举证责任倒置的立法技术），无此但书，则合同法贯彻的是无过错责任原则。可见，这种举证责任的有无，直接导致了归责原则的变化。

---

⑧　张卫平：《证明责任：世纪之猜想——〈证明责任论〉代译序》，载［德］莱奥·罗森贝克：《证明责任论——以德国民法典和德国民事诉讼法典为基础撰写》，庄敬华译，5 页，北京，中国法制出版社，2002。

⑨　［德］莱奥·罗森贝克：《证明责任论——以德国民法典和德国民事诉讼法典为基础撰写》，庄敬华译，63 页，北京，中国法制出版社，2002。

（二）法条应尽可能地反映出举证责任的分配

《德国民法典》中相当的条文含有举证责任的分配，例如，《德国民法典》第932条第1项前段规定："即使物不属于让与人，取得人也因依第929条所为的让与而成为所有人，但取得人在依该条的规定将会取得所有权时非为善意的除外"。"非为善意的除外"这个但书，就决定了由所有权人承担举证受让人非为善意，所有权人不举证或者举证不能，就推定为受让人为善意。与此有所不同，《中华人民共和国物权法》（以下简称《物权法》）第106条第1款的表述为积极构成要件"受让人为善意"，这就将举证责任分配给了受让人。《物权法》如此分配举证责任，如果是立法者为优惠保护所有权人的合法权益而有意为之，则是无可非议的，但若系头脑中缺乏举证责任分配这根弦，就另当别论，值得反思了。

《日本民法典》在这方面弱些，学说、判例开始"要件事实论"的工作。所谓要件事实，是指符合裁判规范的民法的构成要件的具体事实（与主要事实一样的意思）。所谓要件事实论，是通过对要件事实的正确理解，来研究民法内容、规范结构和民事诉讼的审理、判断的方式。要件事实论的作用是在民事诉讼上对民事纷争作出恰当和迅速的判断。⑩

《民事诉讼法》第64条第1款规定："当事人对自己提出的主张，有责任提供证据。"人们时常机械地按照字面意思解释和适用，僵化地把全部的举证责任完全推给主张权利的一方当事人，结果是违反了公平正义。

在笔者看来，《民事诉讼法》第64条第1款中的主张，诉讼请求固然属之，但是绝不可以不分青红皂白地固化于当事人一方于其《起诉状》中的诉讼请求。假如把此处所谓主张一律固化于《起诉状》中的诉讼请求，就意味着把有关诉讼请求的举证责任全部压在主张的一方，从而导致有些案件难以审结，有些案件的处理结果违反公平正义。正确的理解应是：虽然在某些案件纠纷中要求主张的一方就其诉讼请求承担全部的举证责任，但在不少的案件纠纷中，必须细化诉讼请求，分析实体法规范，根据具体情况，并依据公平正义，分配举证责任。所谓细化诉讼请求，表现得多种多样，例如，在"横"的方面，把诉讼请求分解为一个一个的"小"主张，或曰"小"请求；在"纵"的方面，将诉讼请求区分为所处

---

⑩　［日］伊藤滋夫：《日本要件事实的思考方法》，许可译，载崔建远主编、吴光荣执行主编：《民法九人行》（第8卷），190～209页，北京，法律出版社，2016。

的不同阶段，在每个阶段就其"小"主张承担举证责任。

所谓把诉讼请求分解为一个一个的"小"主张，或曰"小"请求，例如，在违约之诉中，原告的诉讼请求是被告承担违约责任。该诉讼请求与举证责任相联系时，就被分解为：（1）关于被告承担违约金责任这个"小"请求的举证责任，如果系争合同有关于违约金的约定的话；（2）关于减轻价款方面这个"小"请求的举证，如关于买卖物存在瑕疵及其程度这个"小"请求的举证；（3）关于被告承担违约损害赔偿的举证责任，如举证违约造成的损失以及因果关系。再如，在环境侵权损害赔偿的诉讼中，原告的诉讼请求为被告赔偿其环境侵权致害的损失。该诉讼请求与举证责任相联系时，就被分解为：（1）关于污染行为存在的举证责任；（2）关于损害这个"小"请求的举证责任；（3）有关因果关系这个"小"主张的举证责任。

所谓将诉讼请求区分为所处的不同阶段，在每个阶段就其"小"主张承担举证责任，例如，在某股权转让合同纠纷案中，股权转让方甲的诉讼请求是受让方乙支付股权转让款 4 058 万元人民币，第一个阶段是甲举证涉案股权已经过户登记在乙的名下，以及系争合同约定的付款条件已经成就和期限已经届满；乙予以反对，并主张系争合同撤销，此时进入到举证责任分配的第二个阶段，乙举证甲欺诈——涉案章程约定甲的出资方式为货币出资，而某会计师事务所的审计报告认定没有支持甲已经货币出资的证据；甲否认自己欺诈，由此进入举证责任分配的第三个阶段，举证目标公司的财产来源于自己所属的丙公司清算剩余的财产，该财产多于公司章程约定的甲的出资额，加上截止到双方诉讼时目标公司财产的巨大溢价，表明自己已经履行了出资义务，此外，乙签订系争合同时明知目标公司的财产来源及其状况。

如果不是把举证责任全部推给民事诉讼法，而是像《德国民法典》那样，举证责任规则暗含在句子构造的特点之中[41]，有的是透过"原则"与"例外"的模式来分配举证责任[42]，编纂民法典时尽力做到民法条文显现出举证责任的分配，

---

[41]　[德] K. 茨威格特、H. 克茨：《比较法总论》，潘汉典、米健、高鸿钧、贺卫方译，潘汉典校，268 页，贵阳，贵州人民出版社，1992。

[42]　[德] 卡尔·拉伦茨：《法学方法论》（学生版），陈爱娥译，157 页，台北，五南图书出版公司，1996。

那么，以往实务中关于举证责任分配的难题就可能较为容易地得到解决，某些裁判者在个案中分配举证责任的不当，无疑会大大减少。

对此，分几点加以说明。

1. 法条若设有但书条款，则能够反映出举证责任的分配，至少能反映出某个或某些举证责任的分配。例如，《合同法》第133条规定："标的物的所有权自标的物交付时起转移，但法律另有规定或者当事人另有约定的除外。"据此，出卖人若主张系争或涉案买卖物的所有权因自己尚未交付而未移转给买受人，那么，买受人对抗该主张，认为该买卖物的所有权已经移转给了自己，就必须举证系争合同有涉案买卖物所有权自合同生效时移转的约定。（当然，《物权法》第23条已经修正了《合同法》第133条"但法律另有规定或者当事人另有约定的除外"的但书，只承认"但法律另有规定的除外"的但书。这涉及《物权法》第23条是否为强制性规定的问题，若为任意性规定，则《合同法》第133条的但书依然有效。笔者持任意性规定说，见崔建远：《物权法》第3版，第87页以下。）

2. 法条若具备构成要件，或者通过解释不难发现构成要件，则大多能够反映出举证责任的分配。例如，《物权法》第30条规定："因合法建造、拆除房屋等事实行为设立或者消灭物权的，自事实行为成就时发生效力。"这反映出举证责任：对于新建建筑物所有权的纠纷，主张自己享有建筑物所有权者，必须举证证明自己合法建造的事实，包括举证自己享有建设用地使用权，已经取得规划许可、施工许可等文件。再如，《最高人民法院关于贯彻执行〈中华人民共和国民法通则〉若干问题的意见（试行）》第68条规定："一方当事人故意告知对方虚假情况，或者故意隐瞒真实情况，诱使对方当事人作出错误意思表示的，可以认定为欺诈行为。"这反映出，受欺诈者欲主张系争合同因欺诈而撤销，就必须举证证明欺诈者实施了欺诈行为，再举证证明自己因此而陷于错误的认识，并因此而签订了系争合同。当然，在若干情况下，受欺诈者举证自己因欺诈行为而陷于错误的认识不太容易，于此场合，可以采取推定的方式，即举证出对方实施了欺诈行为，自己签订了系争合同，而该合同不公平，就算完成了举证责任。还如，

该司法解释第 70 条规定："一方当事人乘对方处于危难之机，为牟取不正当利益，迫使对方作出不真实的意思表示，严重损害对方利益的，可以认定为乘人之危。"据此，处于危难地位的当事人欲主张系争合同因乘人之危而撤销，就必须举证证明自己于缔约之际处于"危难地位"，还得举证证明乘人之危者"为牟取不正当利益"。

3. 设有对抗要件的法条能反映出举证责任的分配。例如，《物权法》第 24 条规定："船舶、航空器和机动车等物权的设立、变更、转让和消灭，未经登记，不得对抗善意第三人。"这反映出一些举证责任的分配：（1）第三人举证船舶、航空器和机动车的物权没有办理变更登记，从而对抗买受人关于他系船舶、航空器和机动车等物权的物权人的主张；（2）物权人举证船舶、航空器和机动车的物权已经办理了变更登记，自己又实际占有了这些动产，从而对抗第三人关于自己善意的主张；（3）举证第三人明知自己系船舶、航空器和机动车的物权人。

4. 物权请求权场合的举证责任

《物权法》第 34 条规定："无权占有不动产或者动产的，权利人可以请求返还原物。"分析该条表述，物权人请求占有不动产、动产的占有者返还，必须举证证明占有不动产、动产之人没有占有依据，还得举证证明自己是物权人。占有者对抗这种主张，需要举证证明自己是物权人，或者举证证明自己系基于行政命令、租赁合同、借用合同等占有依据而占有。

《物权法》第 35 条规定："妨害物权或者可能妨害物权的，权利人可以请求排除妨害或者消除危险。"此条反映出来的举证责任的分配，与第 34 条的大体相当。

（三）按照公平正义分配举证责任

如果法条没有反映出举证责任的分配，甚至给人的感觉举证责任的分配是有害的，那么，需要依据公平正义等原则，结合具体情况，分配举证责任。对此，试举一例加以说明。

《合同法》第 114 条第 2 款后段规定："约定的违约金过分高于造成的损失的，当事人可以请求人民法院或者仲裁机构予以适当减少。"据此可知，请求适

当减少违约金数额的比照基准是违约金过分高于守约方因对方违约所遭受的实际损失。

"过分高于"还是"一般高于"的判断基准，《最高人民法院关于适用〈中华人民共和国合同法〉若干问题的解释（二）》（以下简称法释〔2009〕5号）第29条第2款作出了明确的规定："当事人约定的违约金超过造成损失的百分之三十的，一般可以认定为合同法第一百一十四条第二款规定的'过分高于造成的损失'。"

观察《合同法》第114条第2款后段以及法释〔2009〕5号第29条的字面意思，似应得出这样的结论：对于违约给守约方造成的实际损失，应当由请求减少违约金数额的违约方举证。

在这里，存在的问题是，一般说来，违约方很难举证证明守约方因自己违约而受多少损失。按照一般的逻辑，违约方若举证不成功，则关于减少违约金数额的请求难获支持。如此理解和操作，《合同法》第114条第2款后段以及法释〔2009〕5号第29条的规定，难以发挥应有的作用。

在审判、仲裁的实务中，有些合议庭、仲裁庭为了解决上述难题，巧妙地运用了分阶段分配举证责任的技术，对违约方在这方面的举证，采取较为宽容的态度，适当减轻违约方的举证负担。例如，在以金钱为标的的案件里，违约方举证同期银行贷款利率，将之与违约金数额相比较，得出违约金数额超出了按同期银行贷款利率计算所得钱数30％的结论，就算完成了违约金数额过高的举证责任。守约方若不同意，须举证自己因违约所受损失已经高于同期银行贷款利率计算所得钱数，违约方不得以同期银行贷款利率为准计算，不然，就认定违约金数额过高。再如，在商家租赁店铺的合同中，出租人违约，致使合同不得不终止。于此场合，承租人依约请求出租人支付违约金，出租人若认为违约金过高，可举证相仿承租人的实际损失状况，并以此为准，证明违约金数额过高。承租人若不同意该项证明，须自己举证其实际损失数额，以显示违约金数额没有超过实际损失额的30％；否则，裁判者就会支持违约方关于减少违约金数额的请求。

以上所述告诉我们，民法条文本身显现出举证责任分配是多么必要和重要！

五、规则内容与立法技术之间的关系

毋庸讳言，我国的民事立法技术较为简陋，亟待提高。例如，迄今为止的民事立法，都欠缺法律是否溯及既往的规定，给民法的适当适用带来困难，甚至造成裁判不公。如果民法典公布的同时颁布民法典实施法，就会将局面改观。

民法规则具有"法律语句"（法条）的语言形式。法条是语词与语词的组合，借此，以一般方式描述的案件事实（构成要件）被赋予同样以一般方式描绘的法律效果。[43] 法条分为完全法条和不完全法条。不完全法条包括说明性法条、限制性法条、指示参照性法条。它们各有各的用处，编纂民法典可以也应当视情况而定选取哪一种：（1）说明性法条，它或者详细描述应用在其他法条的概念或类型（描述性法条），或者在考量不同的案件形态下，将一般用语特殊化，或者更进一步充实其内容（填补性法条）。大多数描述性法条是针对构成要件要素所作的规定，而填补性法条则大多针对法律效果作进一步说明。（2）法条的构成要件经常规定得太宽，以致其字义概括了一些本不应适用其法律效果的案件事实。这样的构成要件必须透过第二个法条加以限制。于此场合，只有同时考量法律规定的全部，才能认识一个法条的真正适用范围。（3）法条会在其构成要件中指示参照另一法条，有时用"也适用之"之类的语句表示，有时用"准用"或"比照"的字样表示，有时用"视为"的措辞表示。[44]

民法作为行为规范和裁判规范，本质上要求反映其内容的文字表述准确、周延，此外最好通俗易懂，以便人们了解。

在风格和语言方面，《法国民法典》堪称杰作，其表述生动明朗和浅显易懂，司法技术术语和没有交叉引证都颇受称赞，并且因此对法典在法国民众中的普及

---

[43] ［德］卡尔·拉伦茨：《法学方法论》（学生版），陈爱娥译，150～162 页，台北，五南图书出版公司，1996。

[44] ［德］卡尔·拉伦茨：《法学方法论》（学生版），陈爱娥译，156 页，台北，五南图书出版公司，1996。

作出了实质性的贡献。相对而言，《德国民法典》编纂的教条和枯燥的语言却全无这些优点[45]，不过，较为准确和周延，且不少条文含有举证责任的分配。

制定中国民法典最好吸取它们的长处。毋庸讳言，中国现行法在这些方面确实不尽如人意。例如，《中华人民共和国物权法》（以下简称《物权法》）第34条规定："无权占有不动产或者动产的，权利人可以请求返还原物。"其中的"权利人"为主语，"无权占有不动产或者动产的"系状语，由于该状语中无自己的主语，"权利人"这个主语就不但是主句的主语，而且是该状语的主语。如此，《物权法》第34条便成为："权利人无权占有不动产或者动产的，权利人可以请求返还原物。"这既不通顺，更不符合立法者的本意，因为立法者原本是在说"他人"（侵权人，或曰无权占有人）"无权占有不动产或者动产的，权利人可以请求返还原物。"

《物权法》第35条关于"妨害物权或者可能妨害物权的，权利人可以请求排除妨害或者消除危险"的规定，第36条关于"造成不动产或者动产毁损的，权利人可以请求修理、重作、更换或者恢复原状"的规定，第37条关于"侵害物权，造成权利人损害的，权利人可以请求损害赔偿，也可以请求承担其他民事责任"的规定，都存在上述缺点。

再如，《合同法》第40条规定："格式条款具有本法第五十二条和第五十三条规定情形的，或者提供格式条款一方免除其责任、加重对方责任、排除对方主要权利的，该条款无效。"对此，法律人绝不可单纯地、望文生义地将其适用于个案，必须结合《合同法》第39条的规定确定免责的格式条款的效力。其道理在于，免责条款，顾名思义，肯定是免除一方的责任、加重对方责任或排除对方主要权利，无论哪一种，都符合《合同法》第40条的规定，就都得无效。如此，免责的格式条款在《合同法》上都统统无效，不会存在有效的情形。这显然是不符合客观实际的，是违反生活常识的，并不符合《合同法》的立法目的。应当这样认识问题：《合同法》第40条规定的文义涵盖过宽，依据立法目的，此类免责

---

[45] ［德］K. 茨威格特、H. 克茨：《比较法总论》，潘汉典、米健、高鸿钧、贺卫方译，潘汉典校，169页，贵阳，贵州人民出版社，1992。

的格式条款若系企业的合理化经营所必需，或免除的是一般过失责任，或是轻微违约场合的责任等，并且提供者又履行了提请注意的义务，那么，此类免责的格式条款应当有效；除此而外的免责的格式条款才归于无效。因而，对于该条规定应当进行目的性限缩。对此，法释〔2009〕5号第10条已经规定，提供格式条款的一方当事人违反《合同法》第39条第1款的规定，并具有《合同法》第40条规定的情形之一的，人民法院应当认定该格式条款无效。此次编纂民法典应当修正《合同法》第40条的规定。

此次编纂民法典务必注意条文表述的准确、周延，在此基础上做到生动明朗、浅显易懂，并尽可能地含有举证责任的分配。

六、余论

实际上，不再奉行宜粗不宜细的立法原则，将民法通则改为民法总则，恰当处理民法分则，设置债法总则，也都是编纂民法典必须注意的方面。由于反思宜粗不宜细的立法原则已有专家学者完成了专文㉖，关于把民法通则改为民法总则，设置债法总则的必要性和重要性及具体构想，也有不少专家学者发表意见，笔者在2003年曾经著有《债法总则与中国民法典的制定》㊼，于2013年著有《中国债法的现状与未来》㊽，本文就不再赘言了。

其实，指导性案例/判例、学说虽然不属于民法典本身的内容，但如何看待它们对于民法规定的清晰化、确定化、法律漏洞的补充的功能，这对于如何设计民法典也是不可忽视的因素。㊾但因时间关系和笔者准备不足，本文也不讨论了。

㊻ 例如，申小敏：《我国"宜粗不宜细"的立法思想探讨》，中国人民大学法学硕士学位论文（2007年）。

㊼ 崔建远：《债法总则与中国民法典的制定》，载《清华大学学报（哲学社会科学版）》，2003（4）。

㊽ 崔建远：《中国债法的现状与未来》，载《法律科学》，2013（1）。

㊾ 这方面的讨论，请参见汤文平：《论指导性案例之文本剪辑》，载《法制与社会发展》，2013（2）；汤文平：《判例纂辑方法研究》，载《法商研究》，2013（1）；汤文平：《多人居间行为共同原因性研究——从"指导案例1号"评释》，载《政治与法律》，2012（12）；牟绿叶：《论指导性案例的效力》，载《当代法学》，2014（1）。

知识产权法之于民法典 *

内容摘要

知识产权法已经长成枝繁叶茂的大树，且有不同于物权法、债法、继承法等传统民法的特色，不要说民法总则无法容纳它，就是民法典分则依逻辑也不适合它。例如，知识产权体现产业政策明显、突出和迅速，知识产权制度中的行政法因素较为浓厚。所有这些，在整个民法典中都难以得到尽如人意的反映。知识产权法若被"装入"民法典，会处处受制于民法典内在要求的种种"清规戒律"，难免束手束脚，不利于自己的"自由"发展，不如依其现状继续存在，效果更佳。

关键词

知识产权法；民法典；单行法；自由发展

一、知识产权法不宜作为民法典的一编

《中华人民共和国民法通则》（以下简称为《民法通则》）于其第 5 章设第 3 节"知识产权"，包括著作权（第 94 条）、专利权（第 95 条）、商标专用权（第

---

* 本文最初发表于《交大法学》2016 年第 1 期。

96 条）和发现权（第 97 条）。《中华人民共和国侵权责任法》（以下简称为《侵权责任法》）第 2 条第 2 款将著作权、专利权、商标专用权、发现权作为民事权益，并作为侵权行为的客体，作为侵权责任法保护的对象，加以规定。这表明中国现行法将知识产权划归民事权利的序列。

正在制定中的《中华人民共和国民法》（以下简称为民法典）以民事权利为核心，知识产权理所当然地受其规范。全国人民代表大会常务委员会法制工作委员会民法室于 2015 年 9 月 14～16 日组织研讨的《中华人民共和国民法总则》（草案）列有附件Ⅰ"第 N 章民事权利"，作为《中华人民共和国民法总则》（审议稿）的备选方案，可以说在一定程度上反映了这种理念。

行文至此，是否应当得出知识产权法应当作为民法典的一编这个结论？不尽然，否定论似乎更具说服力。在这方面，知识产权法的专家学者们已有明白透彻的阐释，笔者不再重复，只是借用以前笔者不赞同水权、探矿权、采矿权、养殖权、捕捞权和水权作为物权法的一章或一节内容的看法、逻辑及操作，来支持否定论。[①]

既然知识产权与人格权、身份权、物权、债权、继承权等一般的民事权利之间的差异如此之大，如果民法典将知识产权法直接纳入其中，会产生许多难以处理的棘手问题：（1）知识产权体现产业政策明显、突出和迅速，知识产权制度中的行政法因素较为浓厚。所有这些，在整个民法典中都难以得到尽如人意的反映。（2）一部优秀的民法典应当结构合理，逻辑自洽，内部和谐，体系严密。由于知识产权及其法律相对于物权、债权、人格权、身份权、继承权及其法律而言具有明显的特殊性，民法典若将其作为一编，则很难做到结构合理，逻辑自洽，内部和谐，体系严密。例如，《民法总则》的不少制度及规则不适用于知识产权，会出现许多民法制度都要规定例外的情形。如此，一是不经济，二是使得民法总则的确定性大打折扣，三是民法法总则涉及的知识产权的规范凌乱不清。莫不如将著作权、专利权、商标专用权、发现权等知识产权的法律规范各自独立，单独成法，更醒目，更利于对每种知识产权的总体把握。中国现行法正是如此设计

---

① 崔建远：《准物权研究》，2 版，11 页以下，北京，法律出版社，2012。

的。（3）知识产权法作为部门法，适用性很强，需要较为详尽的规定。但知识产权法作为民法典的一编，受民法典的全部条文的总量控制，以及各编相对均衡的审美要求，现行知识产权法的规定势必会被大大压缩，操作性变差，这难以满足丰富多彩的实际生活方方面面的需要。（4）法典虽有逻辑性强、体系严密、法律适用时可以推演以应对不断发展变动的社会生活等许多优点，但它犹如一个铁笼子，知识产权法被"装入"其中会处处受制于民法典内在要求的种种"清规戒律"，难免束手束脚，不利于自己的"自由"发展。（5）冯珏博士从另外一个方面阐释了知识产权法不宜作为中国民法典的一编的道理：中国民法典基本上采取潘德克顿体系，而该体系是按照民法总则、相对权（债权）编、绝对权（如物权）编的逻辑展开、排列的。这样，物权法、合同法、侵权责任法单独成编符合潘德克顿体系的内在要求，而知识产权法编则同时含有绝对权规则（关于知识产权自身的规范）与相对权规则（关于知识产权转让合同关系规则、知识产权实施许可合同关系规则、知识产权受到侵害时的救济规则等），这就不符合潘德克顿体系的内在要求了。就此看来，知识产权法作为中国民法典的一编不合逻辑。②笔者认同这种观点及其阐释。

不难知晓，在立法技术上，中国宜采用的上策是：首先，民法典确认著作权、专利权、商标专用权、发现权等知识产权为民事权利的一类。这样，民法典可以作为每种知识产权制度展开、生长和运作的基点和土壤之一。其次，民法典的总则乃至有关分则在理念上、在规范设计上，给各种知识产权留足成长和运行的空间。至于每种知识产权制度的躯干及枝叶，均应由作为单行法的知识产权法来设计。这种模式的优越性可从公司法、票据法等单行法的成功实践推断出来。

二、知识产权法之于民法总则

民法总则，不仅是民法的总则，而且是商法、经济法、劳动法等法律的总

---

② 这种意见系《法学研究》的民法编辑冯珏博士在 2015 年 10 月 25 日上午举行的中国民法学研究会"全面推进依法治国与编纂民法典"的年会的小组会上的评论意见之一部。

则。商法、经济法、劳动法、无形财产法、私保险法诸特别私法，没有自成一体的规则。毋宁说，它们都是以民法的存在为前提，本身仅仅规定了一些纯补充性规范。③ 这样断言，乍一听颇有些民法帝国的味道，不少学科的学者可能心里不太舒服，不过，如果心平气和地看待法律现象，实事求是地说，这恐怕是客观事实。

如果承认这种理念，那么，民法总则的众多规则对于知识产权不是准用的关系，更不是类推适用的关系，而是适用的关系。

所谓适用的关系，在这里不是指对于知识产权关系应当优先适用民法总则，而是指仍要遵循特别法优先于普通法的解释和适用的规则，对于知识产权问题优先适用知识产权法，只是在知识产权法没有规定时才适用民法总则。至于知识产权法的具体规定模糊或有歧义，应当首先运用知识产权法的基本原则及精神予以澄清或确定，在如此操作仍无法解决问题时才运用民法总则变模糊为清晰，消除歧义。

既然是适用，则《民法总则》的众多制度及规则，诸如民法的基本原则、民事主体的规则、民事权利的规则（如果《民法总则》设置的话）、法律行为的规则、代理的规则、民事责任的规则（如果《民法总则》设置的话）、除斥期间的规则、诉讼时效的规则、权利失效期间的规则（如果《民法总则》设置的话）等，都要适用于知识产权的案件，只不过需要注意《民法总则》与知识产权法在适用方面的顺序罢了。

鉴于专家学者对上述许多规则都有共识，而权利失效期间制度在《民法通则》上尚付阙如，人们对该项制度着墨不多，实务中却不时遇到它，笔者一直力主《民法总则》创设它，并于此讨论权利失效期间制度与知识产权法的关系。再者，对于持续侵害知识产权的诉讼时效期间的起算，存在不适当的解释和意见，也有必要发表辨析意见。

在中国现行法将诉讼时效的客体界定为请求权④、除斥期间制度的适用对象

---

③ ［德］迪特尔·梅迪库斯：《德国民法总论》，邵建东译，17 页，北京，法律出版社，2000。

④ 《最高人民法院关于审理民事案件适用诉讼时效制度若干问题的规定》（法释〔2008〕11 号）第 1 条前段关于"当事人可以对债权请求权提出诉讼时效抗辩"的规定，将诉讼时效的客体限定为债权请求权。

为形成权⑤的大背景下，应当这样理解权利失效期间：它也叫失权期间，包括两种类型：一种是现行法已经明确规定的民事权利在一定期间届满时未行使便归于消灭的权利失效期间，《民法通则》第 137 条中段规定的 20 年保护权利的期间，《中华人民共和国海商法》第 265 条前段规定的保护有关船舶发生油污损害所生请求权的 6 年期间，《中华人民共和国担保法》第 15 条、第 2 条等规定的保证期间，以及《中华人民共和国合同法》（以下简称为《合同法》）第 157 条、第 158 条规定的质量异议期间，为其典型。另一种权利失效期间是，现行法尚无明文规定，但权利人在相当期间内不行使权利，依特别情事足以使义务人信任权利人不欲使其履行义务时，则基于诚实信用原则不得再为主张。⑥此处所谓相当期间，即为权利失效期间。后者的例子有，某学校建造教学楼时占用了某机关的部分建设用地，该机关一直没有行使其物权，待该学校建成该教学楼并投入使用时，该机关才主张排除妨害、恢复原状。若支持此类请求，拆除该教学楼的相应部分，不但财产损失巨大，还导致学生无处上课。于此场合，承认权利失效期间制度，才符合诚实信用原则的要求。当然，若该学校恶意占用该建设用地的，则不得依据权利失效期间制度处理此案。这也是诚实信用原则的题中应有之义。再有，中国现行法没有规定当事人请求确认合同无效的期间，合同履行完毕多年，其结果已经形成了固定的法律秩序，仍然允许当事人请求确认合同无效，裁判机关予以支持，会破坏该法律秩序，得不偿失。在不动产交易的情形尤其如此。为了改变这种状况，法律应当尽快规定请求确认合同无效的期间。在目前，宜承认权利失效期间制度解决这个问题。⑦

---

⑤ 江平主编：《民法学》，253 页，北京，中国政法大学出版社，2007；梁慧星：《民法总论》，3 版，240 页，北京，法律出版社，2007；徐国栋：《民法总论》，401～403 页，北京，高等教育出版社，2007；魏振瀛主编：《民法》，205 页，北京，北京大学出版社/高等教育出版社，2010；王卫国主编：《民法》，180～181 页，北京，中国政法大学出版社，2007；陈华彬：《民法总论》，468～471 页，北京，中国法制出版社，2011；崔建远、韩世远、申卫星、王洪亮、程啸、耿林：《民法总论》，2 版，280～284 页，北京，清华大学出版社，2013；屈茂辉主编：《中国民法》，207 页，北京，法律出版社，2009。

⑥ 王泽鉴：《民法学说与判例研究》（第 1 册），155～156 页，北京，北京大学出版社，2009。

⑦ 崔建远、韩世远、申卫星、王洪亮、程啸、耿林：《民法总论》，2 版，崔建远执笔，287～288 页，北京，清华大学出版社，2013。

将权利失效期间制度引入知识产权法中，很有必要。对此，举例说明：甲擅自将乙拥有专利权的技术用于自己的生产流程，不但生产出了质量上乘的产品，而且由此在下游形成了一条产业链，效益极佳。在相当长的时期，专利权人乙一直未对侵权的甲主张专利权，待形成下游的产业链时才主张停止使用该专利技术，这会导致该产业链受挫，甚至酿成失业的后果，严重影响社会效益。于此场合，适用权利失效期间制度，不允许乙援用《中华人民共和国专利法》（2008 年修正）（以下简称为《专利法》）第 60 条中段、第 66 条以及《侵权责任法》第 15 条第 1 款第 1 项等规定，主张甲停止使用该专利技术，即停止侵害请求权在系争案件中归于消灭。当然，乙的合法权益仍需保护，只不过另辟蹊径，由乙基于《侵权责任法》第 15 条第 1 款第 6 项、《专利法》第 60 条后段、第 65 条的规定，请求甲赔偿其财产损失。

这种理念及观点在有关法律文件中已经有所体现，例如，《最高人民法院关于当前经济形势下知识产权审判服务大局若干问题的意见》（法发［2009］23号）第 15 条后段规定："如果停止有关行为会造成当事人之间的重大利益失衡，或者有悖社会公共利益，或者实际上无法执行，可以根据案件具体情况进行利益衡量，不判决停止行为，而采取更充分的赔偿或者经济补偿等替代性措施了断纠纷。权利人长期放任侵权、怠于维权，在其请求停止侵害时，倘若责令停止有关行为会在当事人之间造成较大的利益不平衡，可以审慎地考虑不再责令停止行为，但不影响依法给予合理的赔偿。"

必须承认，权利原得自由行使，义务本应适时履行，故权利失效期间是一种例外的限制权利及其行使的制度，适用之际，宜特别慎重，在现行法没有明文规定具体的权利失效期间的场合，尤其如此。这就需要严格构成要件：必须有权利在相当期间内不行使的事实，并有特殊情况，足以使义务人正当信任权利人已不再主张其权利，权利若再行使反倒违背诚实信用原则。在作此项判断时，必须斟酌权利的性质、法律行为的种类、当事人之间的关系、经济社会状态，及其他主客观因素综合考量，予以决定。⑧ 有学者则总结为，权利失效期间的构成要件有

---

⑧　王泽鉴：《民法学说与判例研究》（第 1 册），157 页，北京，北京大学出版社，2009。

时间要素、信赖要素和状况要素。⑨ 换句话说，权利失效期间的构成要件包括：（1）须有权利在相当期间内不行使的事实；（2）足以使义务人正当相信权利人已不再主张其权利。⑩

此处所谓权利，在知识产权法领域当指著作权、专利权、商标专用权、发现权以及技术秘密等权利。所谓权利不行使，是指权利人在客观上没有向义务人主张权利。例如，商标专用权人未行使权利，而其他未登记的商标已经长期流通，因信赖关系成立一种具有价值的占有状态时，商标专用权人不得对之提出异议。⑪ 此处所谓相当期间，为一弹性概念，需要基于个案情形依据诚实信用原则加以确定。

需要注意的还有，权利失效期间不同于权利存续期间，或曰权利期间。"权利的存续期间（权利期间）表现为权利的时间性（Temporalitaet eines Rechtes），对这一权利，立法者并不关心权利人会做什么，它只是设定一个终止期限，权利的存在从一开始仅仅依据确定的这个期限来计算。"⑫ 与此不同，权利失效期间须以权利行使因素作为要件，因此它不是一个纯粹的时间限制，而是在形式上有点类似诉讼时效、除斥期间那样须通过限制权利行使行为来限制权利的存在。例如，《专利法》第42条规定："发明专利权的期限为二十年，实用新型专利权和外观设计专利权的期限为十年，均自申请日起计算。"其中的20年、10年，应为专利权的存续期间，而非权利失效期间，因其仅仅聚焦于自申请之日起20年或10年的经过这个要件，而无视其他因素。与此相反，《合同法》第158条规定质量异议期间是与买受人"未提出质量异议"行为密切关联的要求。只有质量异议期间加上买受人未提出质量异议，买受人请求修理、重作、更换、退货、减少

⑨ 吴从周：《权利失效之要件变迁》，载《月旦法学教室》，2006年第49期，12页。

⑩ 崔建远、韩世远、申卫星、王洪亮、程啸、耿林：《民法总论》，2版，崔建远执笔，288页，北京，清华大学出版社，2013。

⑪ RG134，38；BGHZ 21，66. 王泽鉴：《民法学说与判例研究》（第1册），160页，北京，北京大学出版社，2009。

⑫ Christian Weiss, Beiträge zur Erläuterung des deutschen Rechts. Jg. 50, 1906, S. 157-159. 转引自耿林：《论除斥期间》，民法沙龙报告，2015-09-26。

价款、解除合同乃至赔偿损失等权利才消灭。这与权利存续期间就存在明显的要件上的差异。⑬

在知识产权法领域，属于权利存续期间而非权利失效期间的例证有若干，例如：(1)《中华人民共和国著作权法》(2010 年修正)(以下简称为《著作权法》)第 21 条规定的 50 年权利保护期，属于权利存续期间，而非权利失效期间；第 36 条第 2 款规定的 10 年权利保护期、第 39 条第 2 款规定的 50 年权利保护期、第 42 条第 1 款后段规定的 50 年权利保护期、第 45 条第 2 项规定的 50 年权利保护期，均属权利存续期间，而非权利失效期间。(2)《中华人民共和国商标法》(2013 年修正)(以下简称为《商标法》)第 39 条规定的 10 年有效期，为商标专用权的存续期间，而非权利失效期间。

现在讨论持续性侵害知识产权如何起算诉讼时效期间的问题。笔者注意到，《最高人民法院关于全国部分法院知识产权审判工作座谈会纪要》(1998 年 7 月 20 日)第 4 条第 4 款规定："知识产权侵权纠纷案件的诉讼时效应当依据民法通则关于诉讼时效的规定和有关法律的规定办理。审判实践表明，某些知识产权侵权行为往往是连续进行的，有的持续时间较长。有些权利人从知道或者应当知道权利被侵害之日起 2 年内未予追究，当权利人提起侵权之诉时，权利人的知识产权仍在法律规定的保护期内，侵权人仍然在实施侵权行为。对此类案件的诉讼时效如何认定？与会同志认为，对于连续实施的知识产权侵权行为，从权利人知道或者应当知道侵权行为发生之日起至权利人向人民法院提起诉讼之日止已超过 2 年的，人民法院不能简单地以超过诉讼时效为由判决驳回权利人的诉讼请求。在该项知识产权受法律保护期间，人民法院应当判决被告停止侵权行为，侵权损害赔偿额应自权利人向人民法院起诉之日起向前推算 2 年计算，超过 2 年的侵权损害不予保护。"首先承认，这种认识较以往不分青红皂白地一律自侵害知识产权开始之日起算诉讼时效期间前进了一大步，具有一定的合理性和公平性。但是，

---

⑬ 该分析路径受启发于耿林博士于 2015 年 9 月 26 日在民法沙龙上所作《论除斥期间》的报告。当然，耿林博士于其报告中辨析的是除斥期间与权利期间，并且其除斥期间的对象不限于形成权，而可以是任何权利，甚至是相当于权利的法律地位以及程序法上的法律地位和权利。

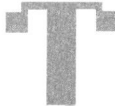

必须指出，所谓"侵权损害赔偿额应自权利人向人民法院起诉之日起向前推算 2 年计算，超过 2 年的侵权损害不予保护"，以偏概全，值得商榷。

《民法通则》第 137 条前段的规定确立了诉讼时效期间起算的两项要素，一是客观的，即权利受到侵害；二是主观的，即权利人知道或应当知道其权利受到侵害。当然，对权利人应当知道其权利受到侵害的判断，宜采客观标准，即一个理性人在此情况下能够知道其权利受到侵害，就认定权利人应当知道其权利受到侵害。

在这里，对于客观要素，从侵害的行为角度看，应当是一个侵权行为，而不宜为侵权行为的一部分；自被侵害的权利方面观察，诉讼时效所关心的，不是物权、知识产权、人身权、继承权的自身（因为这些权利本体不适用诉讼时效制度），而是它们受侵害而形成的损害赔偿请求权（债权），并且，它应当是一个完整的权利，而不宜为一个权利的一部分；换句话说，它应当是一个侵权行为终结时所形成的完整权利——侵权损害赔偿请求权，而不宜为一个持续进行的侵权行为的一部分所致损害导致的侵权损害赔偿请求权的一部分。如此，持续性侵害知识产权的场合，只要侵害行为没有结束，还在持续，就意味着一个侵权行为尚未成立；相应地，只要侵害行为没有结束，仍在持续，侵权损害赔偿请求权（债权）便尚未形成，或者说，此时的所谓损害赔偿请求权只有其"质"，在"量"的方面尚不足够。由于"量"不足够，权利人也难以主张损害赔偿请求权——他主张赔偿多少呢？[14]

由此导致作为诉讼时效期间起算的主观要素——知道或者应当知道，也不应是处于任何阶段的知道或者应当知道，而应当是损害赔偿请求权形成时的知道或者应当知道，从另外的角度说，应当是持续性侵权行为终止时的知道或者应当知道。

如果这是正确的，那么，受侵害的知识产权人向人民法院起诉，若持续性侵权行为尚未结束，则首先采取的救济措施是要求侵权人停止侵害，一旦请求奏

---

[14] 参见崔建远：《物权：规范与学说》（上册），288 页，北京，清华大学出版社，2011。

效，就形成一个完全的侵权损害赔偿请求权，此时知识产权人已经知道至少是应当知道其权利受到侵害，诉讼时效期间开始起算。如此，无论此时距离侵害知识产权的行为开始发生时历时几年，都不存在超过2年诉讼时效期间的问题，不会出现《最高人民法院关于全国部分法院知识产权审判工作座谈会纪要》（1998年7月20日）第4条第4款规定的"侵权损害赔偿额应自权利人向人民法院起诉之日起向前推算2年计算，超过2年的侵权损害不予保护"。就是说，《最高人民法院关于全国部分法院知识产权审判工作座谈会纪要》（1998年7月20日）第4条第4款的规定，适用范围过宽，应予限缩。

如果受侵害的知识产权人向人民法院起诉时，持续性侵权行为已经终止，则应确定权利人何时知道或者应当知道损害赔偿请求权受到侵害。一般地说，在权利人于持续性侵权行为终止时知道或者应当知道损害赔偿请求权受到侵害的，诉讼时效期间自持续性侵权行为终止时（亦即知道或者应当知道损害赔偿请求权受到侵害时）开始起算。该时间点距离起诉超过2年的，超过部分的损害赔偿请求权已经罹于诉讼时效。于此场合，《最高人民法院关于全国部分法院知识产权审判工作座谈会纪要》（1998年7月20日）第4条第4款关于"侵权损害赔偿额应自权利人向人民法院起诉之日起向前推算2年计算，超过2年的侵权损害不予保护"的规定，才会派上用场。

仍然按照前一自然段"一般地说"的场景讨论，便有这样的结论：如果持续性侵权行为终止的时间点距离受侵害的知识产权人向人民法院起诉的时间点尚未超过2年的，则侵害知识产权所生的损害赔偿请求权没有罹于诉讼时效，应受完整的法律保护，侵权行为人不得援用时效完成的抗辩。于此场合，《最高人民法院关于全国部分法院知识产权审判工作座谈会纪要》（1998年7月20日）第4条第4款关于"侵权损害赔偿额应自权利人向人民法院起诉之日起向前推算2年计算，超过2年的侵权损害不予保护"的规定，仍然派不上用场。

接下来讨论"特别的情形"——虽然持续性侵权行为已经终结，但受侵害的知识产权人仍然不知也不应知其权利受到侵害，那么，侵权损害赔偿请求权的诉讼时效期间也依然不起算，因其不具备《民法通则》第137条前段所要求的主观

要素。当然，于此场合，应由受侵害的知识产权人举证证明自己于持续性侵权行为终结时不知也不应知其知识产权受到侵害，而是于其后的某个时间点才知道或应当知道其权利受到侵害。假如举证不成功，就推定于持续性侵权行为终结时应当知道其知识产权受到侵害，诉讼时效期间自此时开始计算。对此，举例说明，甲的专利技术自 2011 年 3 月 15 日时起被乙盗用，直至 2013 年 5 月 5 日才停止盗用。但甲自 2011 年 3 月 15 日至 2014 年 6 月 7 日期间一直处于歹徒的绑架状态，无法知道其专利权受到侵害。甲于 2015 年 1 月 1 日获救，2015 年 3 月 1 日知道其专利权被乙盗用。于此场合，该侵害专利权的诉讼时效期间不是自 2013 年 5 月 5 日起算，更不是自 2011 年 3 月 15 日起算，而应自 2015 年 3 月 2 日起算。

三、知识产权法之于民法典分则

中国知识产权法借鉴美国的相对多些，而美国法对包括知识产权在内的绝对权的保护，更多的是依赖侵权行为法，或者说侵权救济的适用范围远比德国法的宽广。这也影响到中国知识产权的法律保护模式，即，知识产权受到侵害的场合，中国知识产权法也是主要采用侵权救济方法。这一方面表明，即使知识产权法不作为民法典的一编，知识产权的法律保护离不开民法典中的侵权责任法编；同时说明，主要依赖侵权责任法保护自己，的确有些单调，且不是最佳的方案。

其实，知识产权法创设知识产权请求权（停止侵害请求权、妨害预防请求权、废弃请求权、获取信息请求权、赔礼道歉请求权、消除影响请求权）制度最为理想，就此笔者曾经力倡：既然是制定民法典，而不是制定一部单独的侵权行为法，就必须就整部民法典进行体系化思考，满足民法的总则编、物权编、人格权编（假如如此设计的话）、知识产权编、合同编、侵权行为编各自的目的和功能要求，使这些制度衔接配合得妥当、适宜。在大陆法系，物权、人格权、知识产权各有其积极的权能，也有其消极的权能，后者就是物上请求权、人格权的请求权、知识产权的请求权。人们把这些权利统称为绝对权的请求权，具体表现为

停止侵害请求权、排除妨碍请求权、消除危险请求权、物的返还请求权。这是绝对权自身具有的，是它们为使自己保持或者恢复其圆满状态所必需的。法律若使物权成为真正的物权、人格权成为真正的人格权、知识产权成为真正的知识产权，就必须赋予这些绝对权这些绝对权请求权。只要绝对权受到侵害，不管行为人有无过失，不论该行为是否构成侵权行为，绝对权人就当然有权行使这些绝对权请求权，完全不受侵权行为法的种种严格的要求，从而使绝对权能够自行或者通过诉讼机制使自己保持或者恢复其圆满状态。况且，令行为人承受这些请求权行使的结果，并未使他承受任何额外的负担，未遭受任何不利，只是物权人的物权、人格权人的人格权、知识产权人的知识产权，以及他们的相关利益得到了维护。所以，没有必要以过失为要件。[15]

但是，美好的愿望毕竟有别于现行法的设计。2002 年 12 月提交给第九届全国人民代表大会常务委员会第三十一次会议的《中华人民共和国民法》（草案）终究没有采纳知识产权请求权的模式，依然倚重侵权责任法的救济路径。随后陆续修正的各部知识产权法也是如此。

如果《民法总则》将目前备选的"第 N 章 民事权利"变为正式的法案，并创设绝对权请求权制度，那么，知识产权可受到知识产权请求权和侵权责任方式两种救济制度的保护，受侵害的知识产权人会根据具体案情和利弊分析而选取合适的救济措施，至少在某些案件中会援用《民法总则》关于绝对权请求权的规定，主张自己的权利。

如果《民法总则》仍不创设绝对权请求权制度，受侵害的知识产权人觉得援用有关侵权责任的规定主张权利确有不足，那么，可以选取如下路径获得救济：在符合构成要件的情况下，准用物权法编中的物权请求权来保护知识产权。这种路径具有如下优点[16]：

（1）在大陆法系，包括侵权责任在内的民事责任为债的一般担保。损害赔偿属于债的一般担保，名副其实。但停止侵害请求权、排除妨害请求权、消除危险

---

⑮ 崔建远：《绝对权请求权抑或侵权责任方式？》，载《法学》，2002 (11)。
⑯ 参见崔建远：《物权：规范与学说》（上册），287～295 页，北京，清华大学出版社，2011。

请求权、销毁请求权、获取信息请求权、赔礼道歉请求权、消除影响请求权这些知识产权请求权起不到一般担保的作用，可见，把它们作为侵权责任的方式不合民事责任的质的规定性。

（2）侵权责任的方式，在大陆法系，属于债权债务的范畴，有若干学者主张物权请求权在性质上为债权或准债权⑰，更表明了这一点。而债权以平等性为原则，若未附加上担保物权或者基于立法政策的考虑予以特别规定，则无优先性。排除妨害请求权、消除危险请求权等，作为绝对权请求权，与知识产权密切联系在一起，它们的法律地位由知识产权的法律地位决定，也比把它们从知识产权中分割出来，作为侵权责任的方式，以债的身份出现，更有利于绝对权人。

（3）诉讼时效的对象基本上是债的请求权，而非物权、人格权、知识产权，把停止侵害、排除妨害、消除危险、销毁不法作品或产品、获取信息、赔礼道歉、消除影响作为侵权责任的方式，意味着它们属于债的范畴。而债在逻辑上属于诉讼时效的对象，如此，依据民法解释学，人们无须说明理由，停止侵害请求权、排除妨害请求权、消除危险请求权、销毁请求权、获取信息请求权、赔礼道歉请求权、消除影响请求权自然应该适用诉讼时效制度。如果法律规定它们不适用诉讼时效制度，则必须充分阐明理由。我们知道，如果排除妨害请求权、消除危险请求权、消除影响请求权适用诉讼时效制度，在知识产权遭受侵害或受到现实的极可能发生的危险的情况下，显然不合论理。在知识产权遭受侵害的情况下，因时间的经过，侵权人就可以永续地侵害他人的知识产权，显然无效益、无正义可言，违反社会秩序的要求。再说，侵害行为正在进行中，属于一个侵权行为尚未结束，侵权损害赔偿请求权这个债权尚未完全形成（只有质，量尚未确定），而诉讼时效制度适用的对象不是行为，而是债权（及某些权利），于是，诉讼时效期间不开始起算。该侵权行为停止时，针对停止侵害的诉讼时效的起算又失去其意义。所以，停止侵害请求权不会产生诉讼时效问题。一句话，停止侵害请求权、排除妨碍请求权、消除危险请求权不应适用诉讼时效制度，在任何时

---

⑰　参见［日］我妻荣：《日本物权法》，有泉亨修订，李宜芬校订，20页，台北，五南图书出版公司，1999。

候，权利人都有权请求行为人停止侵害知识产权，有权请求行为人排除妨碍、消除危险、消除影响。《德国民法典》第 1004 条规定，妨害防止请求权和妨害预防请求权不适用消灭时效制度[18]，就是例证。至于请求停止使用知识产权会损害公共利益等情况，可以运用权利失效期间等制度解决。

（4）把停止侵害、排除妨害、消除危险、销毁不法作品或产品、获取信息、赔礼道歉、消除影响作为侵权责任的方式，不合请求权基础的思维规律。按照请求权基础理论，我们遇到个案，解决法律适用问题，应尽量避免在检讨某特定请求权基础时，必须以其他请求权基础作为前提问题。易言之，即尽量避免在检讨某特定请求权基础时，受到前提问题的影响。因为合同关系的存在对其他请求权有所影响，对无因管理、所有物返还请求权、不当得利、侵权行为而言，合同关系均为前提问题，所以，要首先考虑合同上的请求权，首先审查诉争案件是否为合同案件，如果是，则首先适用合同法；若否，则依次考虑无权代理等类似合同关系上的请求权、无因管理上的请求权、物权请求权、不当得利返还请求权、侵权损害赔偿请求权等。如此思维，才能养成邃密深刻的思考，避免遗漏，确实维护当事人的合法权益。[19] 把停止侵害、排除妨害、消除危险、销毁不法作品或产品、获取信息、赔礼道歉、消除影响作为侵权责任的方式，把本应第四顺序乃至首先检讨的请求权基础，延后到第六顺序检讨，违反了请求权基础的思考顺序，时常要做无用功。

（5）把停止侵害、排除妨害、消除危险、销毁不法作品或产品、赔礼道歉、消除影响作为侵权责任的方式，它们时常用于一般侵权场合，而一般侵权行为的构成，公认地要求以过失为要件。可是，连主张停止侵害、排除妨害、消除危险、销毁不法作品或产品、赔礼道歉、消除影响作为侵权责任的方式的论者都认为，停止侵害、排除妨害、消除危险、销毁不法作品或产品、赔礼道歉、消除影响的构成，不宜要求过失这个要件。而在一个一般侵权行为已经给权利人造成损害的情况下，对于损害赔偿的构成要求过失，对于停止侵害、排除妨害、消除危

---

[18] ［德］曼弗雷德·沃尔夫：《物权法》，吴越、李大雪译，144～145 页，北京，法律出版社，2002。
[19] 王泽鉴：《法律思维与民法实例》，86～91 页，台北，三民书局，1999。

险、销毁不法作品或产品、赔礼道歉、消除影响的构成，不要求过失，会出现一个侵权行为同时实行两个归责原则，一个过失责任原则，一个无过失责任原则。这实际上造成了侵权责任法内部的不和谐，不好理解。反之，如果把排除妨害请求权、消除危险请求权等请求权作为绝对权的请求权，逻辑地不要求以过失作为构成要件，一般侵权的损害赔偿实行过失责任原则，在个案中，几项制度同时适用，就既避免了上述困扰，又妥当地解决了问题。何乐而不为！

（6）主张把停止侵害、排除妨碍、消除危险等作为侵权责任的方式的论者，在论证其观点的可取性时，认为普通法系的侵权行为法如此。不可否认，在普通法系，侵权行为法领域确实存在"侵害禁止令"（injunction）等救济措施。[20] 笔者认为，外国法固有的制度及其配置领域，受制于许多因素，如历史背景、文化传统[21]，以及特殊的法律部门分工等。所以，普通法系的侵权行为法如此配置，不一定是中国侵权责任法必然如此设计的理由。既然英美的知识产权法未提供足够的知识产权请求权制度，权利人受到的侵害又应得到救济，由侵权行为法完成此项任务，就无可厚非。但是，无可厚非不等于说这种解决问题的方案最佳。也就是说，中国民法和普通法在具体制度的配置领域存在不同，普通法的制度设计不一定是证明把停止侵害、排除妨碍、消除危险等作为侵权责任的方式为合理的理由。由此引出比较法和法律移植上应该注意的问题，体系化思考不可丢弃。

知识产权法不但有准用民法典中物权编中物权请求权制度的必要性和可行性，而且有必要联系民法典中的不当得利法。笔者注意到，《专利法》第65条规定："侵犯专利权的赔偿数额按照权利人因被侵权所受到的实际损失确定；实际损失难以确定的，可以按照侵权人因侵权所获得的利益确定。权利人的损失或者侵权人获得的利益难以确定的，参照该专利许可使用费的倍数合理确定。赔偿数额还应当包括权利人为制止侵权行为所支付的合理开支"（第1款）。"权利人的

---

⑳　V. A. Grifth：《英美法总论》，姚淇清译，214、218、219 页，台北，正中书局，1983；John G. Fleming, *The Law of Torts*, Sydney , 47, 52, 73（1977）. 转引自梁慧星主编：《中国物权法研究》（上），88 页，北京，法律出版社，1998。

㉑　梁慧星主编：《中国物权法研究》（上），88 页，北京，法律出版社，1998。

损失、侵权人获得的利益和专利许可使用费均难以确定的，人民法院可以根据专利权的类型、侵权行为的性质和情节等因素，确定给予一万元以上一百万元以下的赔偿"（第 2 款）。《商标法》第 63 条和《著作权法》第 49 条也有类似的规定。

可以说，这样的规定不符合如下原理：侵权损害赔偿依其本质应以受害人遭受的实际损失为准确定赔偿范围，以侵权人因侵权所获得的利益确定向受害的知识产权人支付的数额，这是不当得利返还的本质要求及功能。面对知识产权法的上述规定，以及《侵权责任法》第 20 条的规定，知识产权人应当如何选择请求权基础呢？

其实，侵权损害赔偿与不当得利返还二者在制度理念、构成要件、诉讼时效期间的起算点等方面都不相同。例如，据笔者理解，《专利法》第 65 条、《商标法》第 63 条和《著作权法》第 49 条的规定，应以侵权行为人具有过错为侵权损害赔偿的构成要件，行为人若无过错，则不承担《专利法》第 65 条、《商标法》第 63 条和《著作权法》第 49 条规定的侵权损害赔偿责任。而不当得利返还则不同，其成立不要求受益人具有过错。如此，在个案中，受侵害的知识产权人若难以举证侵权行为人具有过错，则不援用《专利法》第 65 条或《商标法》第 63 条或《著作权法》第 49 条的规定，不主张侵权损害赔偿，而援用《民法通则》第 92 条规定的不当得利，就能够请求侵权行为人返还其侵害知识产权所获不法利益。

从另一个角度讲，在某些侵害知识产权的案件中，不宜强求受害人援用《专利法》第 65 条或《商标法》第 63 条或《著作权法》第 49 条的规定，而应允许其选择《民法通则》第 92 条规定，主张不当得利返还。而在另外一些侵害知识产权的案件中，不宜强求受害人援用《民法通则》第 92 条规定，而应允许其选择《专利法》第 65 条或《商标法》第 63 条或《著作权法》第 49 条的规定，主张侵权损害赔偿。

行政合同族的边界及其确定根据 *

内容摘要

初始作为行政机关，但并非永远处于行政法律关系之中，可以参与非行政法律关系，充任包括民事主体在内的其他角色。判断国有土地使用权出让等合同是否为实现行政管理职能、目的是否具有公益性，不应将距离合同较为遥远的因素也考虑在内，而应借鉴"近因理论"，或采"直接执行公务说"；抓住合同的主要方面、主要矛盾，而非以次要方面、次要矛盾为据，确定合同应否归属于行政合同之列。将国有土地使用权出让等合同划归行政合同的范畴，意味着让权力从制度的笼子里逃逸出来，行政权力膨胀，市场运行更多地依赖权力而非市场规律，这背离了"把权力关进制度的笼子里"的深邃思想和良苦用心，违背了"法无授权不可为"的原则和精神，不符合中共中央、国务院关于完善产权保护制度的坚定立场，会吓阻外商投资于中国，何况行政法体系内部也不自洽，故这种泛化行政合同的理念及设计极不可取。

关键词

行政合同；族；边界；确定依据；行政优益权；多重角色

---

* 本文最初发表于《环球法律评论》2017 年第 4 期。

一、问题的提出

一段时期以来，有专家、学者乃至司法解释都力主扩张行政合同（或曰行政协议）一族的范围，认为国有土地使用权出让合同、全民所有制企业工业承包合同、公用征收补偿合同、国家科研合同、国家订购合同、公共工程承包合同[①]、农村土地承包合同、计划生育合同[②]、政府招商引资合同、政府采购合同[③]、粮食订购合同、行政协作合同、国有企业租赁承包经营合同、治安管理承包合同、卫生管理承包合同、财政包干合同、经济协作合同、科技协作合同、人事聘用与人员培训合同[④]以及探矿权出让合同等，均属行政合同。司法解释及专家、学者的这些主张事关法律适用、"把权力关进制度的笼子里"及"法无授权不可为"的大原则、相对人的民事权益有无切实保障、社会经济能否健康发展以及学说体系等重大问题，不可不辨，必须论争。本文即为此而作，不当之处恳请大家批评指正。

二、不可忽视行政机关的多重角色性

许多赞同行政合同的专家、学者辨析行政合同与民商合同的异同，观点大体相同，只是侧重点及表述略有差异：行政合同虽然与民事合同一样，也是双方意

---

① 郑绍平、江烨：《行政合同的特点与纠纷处理的法律适用》，载《东方律师》，见 http://www.lawyers.org.cn/info/e3ae35abed564d2b9814de99bee32e3d，最后访问时间：2017 - 04 - 02；《列举我国最常见的行政合同》，载《百度知道》，见 https：//zhidao.baidu.com/question/241173101854951924.html，最后访问时间：2017 - 04 - 04。

② 《列举我国最常见的行政合同》，载《百度知道》，见 https：//zhidao.baidu.com/question/241173101854951924.html，最后访问时间：2017 - 04 - 04。

③ 《最高人民法院关于依法平等保护非公有制经济促进非公有制经济健康发展的意见》（法发〔2014〕27 号）第 12 条。

④ 资料来源：法帮网法律百科，见 http：//baike.fabang.com/doc-view-5819.html，最后访问时间：2017 - 04 - 03。

思表示一致的结果，但相比而言，具有以下特征：一是缔约的一方为行政机关；二是行政合同的目的是实现公共利益；三是行政合同系行政机关实现其行政管理职能的法律手段；四是行政合同双方当事人的法律地位并不完全平等，行政机关享有超越合同相对人的单方面强制性的权利——行政优益权，如指挥权、单方变更协议标的权、单方解除权、制裁权，等等。⑤

行政机关作为合同的一方主体，这是行政合同得以成立和存续的必要条件。合同的当事人没有行政机关，均为普通的市场主体如都是自然人或公司时，该合同肯定不是行政合同，应为民商合同。

不错，诸如国务院及其所属部委、地方人民政府的天然本性是行使行政权的组织，是行政机关，是公法人，而非普通的市场主体。按照《中华人民共和国宪法》（以下简称为《宪法》）第 85 条以下及《中华人民共和国国务院组织法》以及《中华人民共和国地方各级人民代表大会和地方各级人民政府组织法》，设置国务院及其所属部委、地方人民政府的初衷，最想赋予这些机关的功能，是这些机关就其本性而言应为公法人，应为行政机关。它们履行《宪法》及组织法、行政法赋予的职能，应属行政行为，而非民商行为。单就这个层面来说，行政机关作为一方当事人签订合同时，该合同不应是民商合同。

可是，世界上的事物是复杂的，而非单色调的。无论自然人还是公司抑或行政机关都活动在社会生活之中，处于社会关系之中，而社会关系犹如一张大网，且不说自然人和公司等法人，就是行政机关这类公法人，也都是这张大网中的一

---

⑤ 参见余凌云：《行政契约论》，2 版，24 页以下，北京，中国人民大学出版社，2006；宋海东：《新行政诉讼法语境下行政协议若干问题探析——以类型化诉讼为视角》，载《山东审判（山东法官培训学院学报）》，2015（6）（总第 31 卷第 227 期）。见 http：//www. pkulaw. cn/fulltext＿form. aspx? Gid＝1510161536，最后访问时间：2017－04－02；张红梅、张露文、艾庆平：《行政合同与民事合同之辨析》，中国法院网，见 http：//www. chinacourt. org/article/detail/2014/08/id/1363317. shtml，最后访问时间：2017－04－02；邹丽芹：《行政合同中行政优益权的司法审查及控制》，中国法院网，见 http：//www. chinacourt. org/article/detail/2013/08/id/1054824. shtml，最后访问时间：2017－04－02；郑绍平、江烨：《行政合同的特点与纠纷处理的法律适用》，载《东方律师》，见 http：//www. lawyers. org. cn/info/e3ae35abed564d2b9814de99bee32e3d，最后访问时间：2017－04－02；法帮网法律百科：《行政合同的种类》，见 http：//baike. fabang. com/doc-view-5819. html，最后访问时间：2017－04－03；钱宇飞：《行政诉讼法视野下的行政合同探析》，见 http：//www. fx361. com/page/2016/1130/360338. shtml，最后访问时间：2017－04－02。

个一个纽结。其中一个行政机关与其他行政机关组成一个网格，该网格是行政法律关系的化身，该行政机关与一家生产电脑的公司结成另外一个网格，完全遵循价格规律而成，那么，该网格就不会化身于行政法律关系。

为什么会如此？原来，社会生活丰富多彩，社会关系也随之形形色色，且不说一个自然人为了应付、满足各种需求而结成种类和性质不同甚至迥异的网格——法律关系，如同乡关系、同学关系、同事关系、上下级关系、夫妻关系、父母子女关系、买卖面包关系、租赁住房关系等，即使是行政机关也并非、其实客观上也不可能是"不食人间烟火"的神仙，而是为了履行法定职责而必须与方方面面"打交道"、有着多重需要的"人"，虽然形成的网格中主要的和大量的是行政法律关系，但其他类型的法律关系也势所难免，如与中国共产党之间的关系、与民主党派之间的关系、与市场主体依价值规律形成的诸如建设工程施工合同关系、购买文房四宝的法律关系、采购食材的法律关系，等等。

假如国务院及其所属部委无论身处何种法律关系都是固守行政机关的地位、性质和职能，那是违背客观规律的、不现实的，是要"砸锅的"，在不少的情况下缔结不成行政合同，即使强行成立行政合同，也是"强扭的瓜不甜"；必须是"随机应变""见什么人说什么话""在什么山上唱什么歌"，一句话，法律地位和身份不得恒定地是行政机关，扮演的角色不可一成不变。从另外一个视角看，必须落在具体的法律关系之中，才会确定出某行政机关到底是什么身份。例如，北京市工商行政管理局，在从事市场监管时展现的是行政机关，在采购食材时呈现的是平等主体的买受人，在晋升某干部的职级时不但是行政决定权的行使，可能还受中国共产党的党章、党纲及有关组织原则的约束。

由此看来，单纯地以宪法及组织法塑造行政机关的初始性质及职责而忽略其他要素来认定行政合同的"主体说"，不符合客观实际，不宜被采纳。笔者检索的近些年的行政法著述也不这样界定和理解行政合同，而是着重行政合同的目的是实现公共利益，行政合同是行政机关实现其管理职能的手段，行政机关享有超越合同相对人的单方面强制性的行政优益权等因素、标准。

这种理论用于解释和认定行政机关作为当事人一方的纯而又纯的合同，无论

是毫无争议的行政合同，还是各学科均公认的民商合同，都游刃有余。例如，北京市国土资源管理局采购食材而形成的合同，应为民事合同；与各处室签订任务包干合同，则为行政合同。可是，将公益性、实现行政管理职能、具有行政优益权等判断标准用于衡量和判断兼有行政因素与民商因素的合同，诸如政府招商引资合同、政府采购合同、国有建设用地使用权出让合同、探矿权转让合同、农村土地承包合同、国有企业租赁承包经营合同、经济协作合同、科技协作合同等，从检索关于行政合同的著述看，则不容乐观。

问题出在哪里呢？症结在于不少著述使用的方法是"抓住一点不及其余"，只要寻觅到合同含有公益性、实现行政管理职能、载有行政优益权的色彩，哪怕该合同关系及其运作距离实现公益性、行政管理职能相隔着几个因果链条，哪怕所含行政优益权的比重大大低于民商法律关系所占的分量，也就当即将其认定为行政合同。例如，国有建设用地使用权出让合同含有作为出让方的国有土地资源管理局享有收回建设用地使用权的行政优益权，从房地产开发的最终结果着眼促进了社会发展，有些行政合同论者就下结论：国有建设用地使用权出让合同的目的是实现社会公共利益，是国土资源管理机关实现其行政管理职能的法律手段，故为行政合同。笔者认为，这在思考路径及方法论方面明显偏差了，下文集中对此予以剖析。

三、借鉴"近因理论"来界分行政合同与民商合同

行政合同论者把"行政合同的目的是实现公共利益""行政合同系行政机关实现其行政管理职能的法律手段"作为行政合同的法律特征，并据此界分行政合同与民商合同。对此，包括笔者在内的众多民商法学界的专家学者并无异议，论争双方在这方面不存在分歧，理念及看法不同之处只在于：具体合同与实现公共利益、具体合同与实现行政管理职能之间的因果链条自哪个链条之处予以截断？如果把较为遥远的因果链条也纳入其中，就会轻易地认定某具体合同是行政机关实现行政管理职能的手段，是实现公共利益的工具，则结论是该具体合同属于行

政合同；如果将稍远的因果链条截去，如仅仅以第一个因果链条为准，那么，该具体合同距离行政机关实现行政管理职能、实现公共利益的目的相对远些，则该具体合同便不是行政合同，而是民商合同。在这方面，英美合同上的"近因理论"（proximate cause）值得借鉴。

法律人公认，原告请求被告就其违约而造成的损失予以赔偿时，必须证明被告的违约为"前因"与原告遭受的损失为"后果"。此处违约这个前因产生后往往会引发一连串的后果（损失），因果之间实际上是一个连续的、不可逆转的过程，每一项后果都是之后一个后果的前因，形成因果链条（chain of causation），甚至没完没了。假如令被告对这些没完没了的因果链条上的损失都承担赔偿责任，被告会不堪重负，矫枉过正了。由被告对作为"近因"（或曰"最重要原因""主要原因""有效原因""真正原因"）的违约行为给原告造成的损失负责赔偿，对"遥远性"的损失不负赔偿责任，则较为公平合理。特别是，如果在这个过程中间插进了"新介入事件"，中断了因果链条，那么，之后的后果（全部或部分损失）与原来的违约就不存在因果关系了。⑥ 于此场合，假如仍然令被告负责赔偿"之后的后果"，也放纵了"新介入事件"的酿成者，"放跑"了本应承担责任之人，造成了双重不公正。为了避免此种后果的出现，有必要采纳"近因理论"。

这种"近因理论"的理念、着眼点和目的所在及其实现路径，符合有关哲学原理、法律及其理论，确有道理，具有启发性，值得借鉴。

在哲学的视野里，事物之间虽有联系，甚至相互影响，但每个事物终究具有其自身的质的规定性。只要该质的规定性仍在，未被其他事物的影响所改变，就仍然据此认定该事物的性质和归类。该原理及方法同样适用于行政合同与民商合同的界分，即某合同或某类合同可能涉及行政机关，可能受到行政权及其行使的影响甚至左右，程度不同地助于实现社会公益，但法律人不宜不分青红皂白地都将其归入行政合同一族，而应综合相关因素准确判断和归类，考察具体合同与实现公共利益、与实现行政管理职能之间的因果链条，并且，不宜把较为遥远的因

---

⑥ 杨良宜：《损失赔偿与救济》，230～232页，北京，法律出版社，2013。

果链条也纳入视野，不宜将该因果链条所蕴含、体现的因素和属性作为认定该具体合同的法律性质、归属类型的因素；而应截取最接近合同的因果链条，将该最接近合同的因果链条所蕴含、体现的因素和属性作为认定该合同的法律性质、归属类型的依据。

在法律及其理论上，现代法律均为抽象规定，并从各种不同角度规范社会生活，故常发生同一事实符合数个规范的要件，致使数个规范皆可适用的现象，此为规范竞合。⑦ 这是从事物的"横断面"的角度观察所得出的结论，若从"纵向发展"的层面审视，则可能是事物发展、演变的每一个环节各构成一种法律关系，每一种法律关系所受规范的法律不同，发生的法律后果有异。行政机关实施行为也是这样，不同的阶段可能显现不同的法律关系。既然如此，务必针对一种一种的具体的法律关系而援用相应的法律规范，因为法律追求的目标、规范要件、调整手段和法律后果可能大不相同，分别适用法律是必要的、应该的，不然，鸠占鹊巢，法律调整错位，换言之，把几个环节、几种法律关系合并为一个法律关系，仅仅适用调整一个法律关系的法律，就会酿成极不适当的后果。

借鉴"近因理论"，就是截取最接近合同的因果链条，也就是一个环节有个法律定位，一种法律关系的定位和定性主要将最接近该法律关系的因果链条所蕴含、体现的因素和属性作为认定该法律关系的性质、归属类型的依据。

与"近因理论"殊途同归的是法国法上的"直接执行公务说"。按照该说，行政合同应当是行政机关直接参加公务的执行，或是合同本身是执行公务的一种方式。⑧ 否则，尽管距离某具体合同"七八杆子"远之处也有公益性在闪现，也有行政管理职能的波及，但该具体合同也不归属于行政合同。在一定意义上可以说，法国法的"直接执行公务说"更干脆、明快，解决本文所论问题更直接。

对于上述哲学原理、法律及其理论所蕴含、展示的道理，通过下面的具体案型予以印证：

---

⑦ 王泽鉴：《契约责任与侵权责任之竞合》，载王泽鉴：《民法学说与判例研究》（第1册），396～397页，台北，三民书局，1980。

⑧ 王名扬：《法国行政法》，187～188页，北京，中国政法大学出版社，1988。

（1）中央政府与地方政府之间签订财政包干合同，属于实现行政管理职能、实现公益；其合同应为行政合同。

（2）甲地方政府据此分享 100 亿人民币，随之将其中 5 亿人民币下拨给乙工商行政管理局。这应为实现行政管理职能，目的在于公益；其法律关系应为行政法律关系。

（3）乙工商行政管理局分出部分作为价款，采取政府采购的方式，自丙电脑专营店购买 10 台电脑。从乙工商行政管理局使用这些电脑处理公务、管理市场的角度看，该买卖电脑合同具有公益性，有实现行政管理职能的属性。遵循这样的逻辑，似乎就此叫以得出这种关系为行政法律关系的结论，但该买卖电脑合同的订立和履行却遵循了市场规律，这样说来它应为民商合同。

（4）乙工商行政管理局把这些电脑送交维修商店修理，双方签订承揽合同。不修好这些电脑，乙工商行政管理局难以有效地处理有关信息，也就未能管理好市场，修好了则可实现行政管理职能，有益于社会运转，从而体现出公益性。似乎就此可以得出这种关系为行政法律关系的结论，但该电脑维修合同的订立和履行却遵循了市场规律，这样说来它应为民商合同。

（5）乙工商行政管理局将无法使用的电脑卖给废品收购站，双方形成买卖合同。变废品为办公经费，这成为实现行政管理职能的物质基础；行政管理上去了，社会秩序稳定、向好，显现出公益性。遵循这样的逻辑，似乎可以说报废电脑买卖合同也符合行政合同的法律性质；但该报废电脑买卖合同的订立和履行却遵循了市场规律，这样说来它应为民商合同。

不难想象，众多的法律人都会毫不犹豫地认为电脑维修合同、报废电脑买卖合同属于典型的民商合同，不少的法律人也会有底气地认为乙工商行政管理局购买 10 台电脑的合同为民商合同，而非行政合同。尽管这些合同都涉及乙工商行政管理局实现行政管理职能，反映出公益性，但因其距离乙工商行政管理局实现行政管理职能、反映出公益性所在的因果链条相隔得较为遥远，法律人应当较早些地截断这些因果链条，在对这些合同定性和定位时略去行政管理职能、公益性这些因素。

看来，自何处截断因果链条，对于认识和确定政府招商引资合同、政府采购合同、国有建设用地使用权出让合同、探矿权转让合同、农村土地承包合同、国有企业租赁承包经营合同、经济协作合同、科技协作合同等合同的法律性质和类型，至关重要。笔者不赞同把较为遥远的因果链条及其承载的属性、价值、功能等因素吸纳进来，而呼吁借鉴英美法上的"近因理论"和法国法上的"直接执行公务说"，选取最接近合同的因果链条，并根据其所蕴含、体现的属性认定该合同的法律性质、类型归属。如果最接近合同的因果链条所蕴含、体现的是市场规律，如价值规律；如果该合同项下的权利义务呈现的是对等性，而非隶属和服从，那么，就将该合同认定为民商合同，而非行政合同。在笔者看来，政府招商引资合同、政府采购合同、国有建设用地使用权出让合同、探矿权转让合同、农村土地承包合同、国有企业租赁承包经营合同、经济协作合同、科技协作合同等合同，都距离行政机关实现行政管理职能、公益性的目的相对远些，而其自身体现的是价值规律，产生的权利义务具有对等性，而非隶属和服从。

专就农村土地承包合同来说，农村集体经济组织也不是行政机关，《中华人民共和国民法总则》已将其列为非营利法人之一，与行政机关法人并列（第99条），而非二者重合，这也看出未将之作为行政机关对待。发包方农村集体经济组织不是行政机关，却把它作为一方当事人的农村土地承包经营合同作为行政合同，其不合逻辑和事理显而易见。

四、必须根据合同的主要方面、主要矛盾确定其归属法域

世界上的事物复杂多样，单色调的事物只占一部分，有些甚至多数事物都色彩纷呈，属性几样。具体到合同也是如此。有些合同确实一并含有民商属性和行政色彩，即使截取与合同最接近的因果链条，也是如此。这样，仅仅依赖"近因理论""直接执行公务说"，并不总能令人信服地界分行政合同与民商合同，只有同时根据有关主要方面和次要方面、主要矛盾与次要矛盾的哲学思想及思维方法，才有可能周延地定性和定位某合同究竟是行政合同还是民商合同。

哲学原理认为，任何事物都有主要方面和次要方面、主要矛盾和次要矛盾。"事物的性质，主要地是由取得支配地位的矛盾的主要方面所规定的。"⑨ "质是事物内部所固有的一事物区别于他事物的规定性。它决定着一事物是这一事物而非别的事物，使它和其他事物区别开来。世间万物之所以形形色色，千差万别，纷繁复杂，就是因为它们各有自己的特殊质的规定性。"⑩ 据此可知，在一合同关系中同时存在行政性质与民商法律关系的属性的情况下，对该合同的定位应该看哪种性质处于更重要的地位，更起主导作用。⑪ 在此，有必要回顾笔者的下述分析：（1）国有建设用地使用权出让合同中虽有行政因素，如出让人可依法对受让人警告、罚款乃至收回建设用地使用权，但所占比重较小；而民商事法律关系占据主要地位，如双方遵循平等、自愿和有偿的原则签订合同，出让金为建设用地使用权的对价，交易目的乃移转建设用地使用权。遇此情境，应以主要部分的性质确定合同的性质。当然，对于行政因素也不得忽视，应当适用行政法的有关规定。这非常类似于因立法技术的缘故使民法典里含有某些刑法规定。我们不可能因民法典里含有的某些刑法规定就把民法典定位在刑法典。⑫ （2）确定某合同的性质和归属，不单纯是个逻辑问题、学术问题，而是还涉及法律适用。倘若把国有建设用地使用权出让合同定性和定位在行政合同，则必然适用行政法的规定解决纠纷。而行政法上的救济措施至今欠缺恢复原状、排除妨害、消除危险等请求权。（3）违约救济方式是违约责任的方式，而非国家赔偿的方式。就此看来，将国有建设用地使用权出让合同定为行政合同也不妥当。⑬

其实，政府招商引资合同、政府采购合同、国有建设用地使用权出让合同、探矿权转让合同、农村土地承包合同、国有企业租赁承包经营合同、经济协作合

---

⑨　《毛泽东选集》，2版，第1卷，322页，北京，人民出版社，1991。

⑩　张弓长、李树申主编：《马克思主义哲学原理》（修订本），253页，长春，吉林人民出版社，1980。

⑪　崔建远：《行政合同之我见》，载《河南省政法管理干部学院学报》，2004（1）；崔建远：《准物权研究》，2版，96页，北京，法律出版社，2012。

⑫　崔建远：《准物权研究》，2版，96页，北京，法律出版社，2012。

⑬　崔建远：《物权法》，3版，303页，北京，中国人民大学出版社，2014。

同、科技协作合同等许多被行政合同论者认定为行政合同的合同，原则上都是遵循市场规律，对等的权利义务关系占据重要位置、比重，按照上文所述，均应划归民商合同之列。

再者，国土资源管理局与用地者签订国有土地建设用地使用权出让合同，若是代行国家权力，而非代行国家所有权，那么，国有建设用地使用权难以含有占有、使用、收益的物权权能，因为行政权中不含有这些权能。只有代行国家所有权，才会将国家土地所有权中的占有、使用、收益的物权权能"遗传"给国有建设用地使用权。从正面阐释这个原理就是：国土资源管理局于签订出让合同时更多的是在代行国家所有权，身份是国家土地所有权者的代理人；仅仅在十分狭窄的领域内行使着行政权，以行政管理者的面貌出现。依据主要方面、主要矛盾决定事物本质及类型的哲学思想，国有土地使用权出让合同应被定性和定位在民商合同。

上述结论的可靠性和可信度也得到经济基础与上层建筑之间关系理论的支撑。就表面现象看来，行政合同关系和民商合同关系均体现为法律调整的结果，系法律关系，体现为国家意志的法律于此过程中将国家意志烙印在行政合同关系和民商合同关系之中。据此而论，行政合同法律关系和民商合同法律关系应属上层建筑的范畴，而非经济基础的系列。在这个意义上说，确定政府采购合同、国有建设用地使用权出让合同、探矿权转让合同、农村土地承包合同、国有企业租赁承包经营合同、经济协作合同、科技协作合同等合同关系归属于行政法还是民商法，带有很大程度的"主观性"以及论者的理念及理论体系，似无"硬"道理可言。但是，如果"解剖"行政合同关系和民商合同关系，不难发现民商合同关系是法律调整平等主体之间的财产关系的结果[14]，而此处所谓财产关系大部分为商品关系；而行政合同关系乃行政法调整特定领域内行政行为及其运行的结果，也可以说是规制行政管理的表现，而行政行为及其运行或曰行政管理已非经济基础的范围，而属上层建筑的系列。如果说法律不得是立法者的恣意妄为，那么，

----

[14]　诚然，确切地说民商法调整的对象还有平等主体之间的人身关系。但基于本文所论问题和笔者主旨观点的需要，在这个领域暂时忽略平等主体之间的人身关系。

行政管理也不可是行政机关主观任性的运动，而应是尽力反映、符合、满足社会生活实际需要的行政行为及其运作，否则，就不会促进经济发展、社会进步，而是相反。十分明显，政府采购合同、国有建设用地使用权出让合同、探矿权转让合同、农村土地承包合同、国有企业租赁承包经营合同、经济协作合同、科技协作合同等合同关系均属财产关系，其深层是商品交换关系。这样，恰当的、释放正能量的政府采购合同、国有建设用地使用权出让合同、探矿权转让合同、农村土地承包合同、国有企业租赁承包经营合同、经济协作合同、科技协作合同等合同关系，首先必须遵循的是市场规律而非充满"主观任性"的行政管理规则，由此得出的进一步的结论是，政府采购合同、国有建设用地使用权出让合同、探矿权转让合同、农村土地承包合同、国有企业租赁承包经营合同、经济协作合同、科技协作合同等合同关系重在由民商法调整，主干部分应归民商法。

当然，中央财政与地方财政的包干合同、征收补偿合同等一些合同全部或核心（主干）部分都是直接执行公务的表现，目的在于实现社会公益，我们自然心悦诚服地承认它们为行政合同。

五、利弊分析对确定某些合同归属法域的影响

解释和适用法律，不可无视形式逻辑，不然，意思表达得颠三倒四，文书写得杂乱无章，结论就不易服人。不过，同样不可忘记的是，不宜时时处处都拘泥于形式逻辑的桎梏，置利益衡量于不顾。较为可取的理念及方法是，在形式逻辑和利益衡量难以统一之处，形式逻辑应予让位，实质上这是在更高的层次上实现了形式逻辑的要求。认定某个或某些合同归属于行政合同还是民商合同，也是如此，法律人必须重视这样的问题：确定政府招商引资合同、政府采购合同、国有建设用地使用权出让合同、探矿权转让合同、农村土地承包合同、国有企业租赁承包经营合同、经济协作合同、科技协作合同等一些合同归属于行政合同系列，是有利于当事人权益的保护还是相反，是有利于招商引资还是阻吓了外资进入中国的建设，是有利于社会经济的健康发展还是负面后果累累，是推进了依法治国

还是有违法治的真谛，等等。

下文的分析就此展开，以加强上文的结论。其排列顺序不是依循重要性递减的规则，而是基于方便叙述和节约文字的考虑。

1. 法律适用

法律人确定某个或某些法律事实、法律关系归属于哪个法律部门或某个制度或某个规则，首要的便是其法律适用。将政府招商引资合同、政府采购合同、国有建设用地使用权出让合同、探矿权转让合同、农村土地承包合同、国有企业租赁承包经营合同、经济协作合同、科技协作合同等一些合同划归行政合同系列，意味着这些合同要适用行政法，同时排除了《中华人民共和国合同法》（以下简称为《合同法》）、《中华人民共和国侵权责任法》（以下简称为《侵权责任法》）、不当得利法的适用，至多涉及物权本身时可以适用《中华人民共和国物权法》（以下简称为《物权法》），涉及知识产权时适用知识产权法。物权或知识产权受到侵害时，适用《中华人民共和国国家赔偿法》（以下简称为《国家赔偿法》），而不适用《侵权责任法》。

在这种背景下，不难发现作为行政机关的相对人明显处于不利境地。（1）《合同法》第66条规定的同时履行抗辩权、第67条规定的先履行抗辩权、第68条和第69条规定的不安抗辩权等等，相对人都难以有法律及法理依据地援用。（2）国家赔偿设有上限，该相对人所获赔偿有时不足于弥补其损失。（3）行政法因其本性使然，其行政处罚形式依《中华人民共和国行政处罚法》第8条的规定，有警告、罚款、没收违法所得、没收非法财物、责令停产停业、暂扣或者吊销许可证、暂扣或吊销执照、行政拘留，以及法律、行政法规规定的其他行政处罚。可是，国有建设用地使用权出让等合同被违反时，对相对人必需的、有效的救济手段却是继续履行（含修理、重作、更换）、减少价款、退货、支付违约金、赔偿损失、解除合同。在相对人拥有的物权、知识产权、人格权被行政机关不法侵害时，对相对人必需的、有效的救济手段是恢复原状、排除妨害、消除危险、消除影响、返还财产。行政法在这方面显现出短板，充任恶法，得以自己欠缺为由不作救济；作为善法，只好从《合同法》《物权法》和知识产权法中"借

用"。借用，一是必须证成其具有法律及法理上的依据，符合解释论的规则及方法；二是这毕竟不如自己拥有那么名正言顺，得心应手；三是这带给行政法体系内部不自洽，因为恢复原状、排除妨害、消除危险与行政法的天然本性不相符。假如综合各种因素之后较为合理地得出这些合同宜为行政合同的结论，"借用"尚可接受。在全面衡量之后将这些合同划归行政合同范畴勉强的前提下，采用"借用"的技术则极不可取。（4）行政合同天然地含有行政优益权，包括监督权或指挥权、撤销权、解除权或变更权，无须法律以一个一个条文明确授权，出让方等行政机关即可不问相对人的意见而径自行使行政优益权。这意味着行政机关单方面变更、废止合同远比依据民商法处理来得容易，所受约束少，实质上会导致行政权力从制度的笼子里逃逸出来，而非将其关进制度的笼子里。这大大增强了侵害普通市场主体的民事权益的概率。在实务中，一些地方政府借口规划调整而收回已经出让的国有建设用地使用权的纠纷并不鲜见，于此场合，且不说用地者的预期化为泡影，就是其投入的资金及其融资的利息也难获赔偿。与此不同，如果将政府招商引资合同、政府采购合同、国有建设用地使用权出让合同、探矿权转让合同、农村土地承包合同、国有企业租赁承包经营合同、经济协作合同、科技协作合同等合同不视为行政合同，那么，行政机关只有在法律、法规及规章有明文规定时才可以行使行政优益权，才享有监督权或指挥权，才可以行使撤销权、解除权或变更权（形成权性质）。

如果把政府招商引资合同、政府采购合同、国有建设用地使用权出让合同、探矿权转让合同、农村土地承包合同、国有企业租赁承包经营合同、经济协作合同、科技协作合同等合同作为民商合同，前述弊端顷刻间则消失得无影无踪。并且，凡是涉及行政法的，在逻辑上和法理上都不影响相关行政法的适用，正面效果显而易见。

2. 对招商引资、对外贸易的影响

在普通法系，政府采购、公共工程建设等合同由合同法调整，此类合同约定的仲裁条款有效，当事人之间的纠纷通过仲裁途径及方式化解矛盾，已成习惯。中国若把这些合同纳入行政协议且不允许以仲裁方式解决纠纷，至少相当一些外

商会担心行政干预，交易及盈利的不确定性增加，投资的商业风险加大，从而不再在中国交易或减少在中国的交易量。这显然是负面的，与国家扭转经济下行的方向及努力是相悖的。所以，行政合同论者应当三思而后行。

3．"把权力关进制度的笼子里"

在中国，行政权力素来强势，民众为权利而斗争的意识淡薄，逆来顺受倒常见。在这种传统和背景下，某些行政机关滥用权力，更有甚者，某些贪官借机索贿、受贿，在相对人不从或力度不够时，就以废除政府招商引资合同、政府采购合同、国有建设用地使用权出让合同、探矿权转让合同、农村土地承包合同、国有企业租赁承包经营合同、经济协作合同、科技协作合同等合同相威胁，逼迫相对人就范。实务中也确实出现了这样的现象：某些领导借口调整城市发展规划而废除了合法有效的国有建设用地使用权出让合同，给开发商造成了巨大损失，包括前期投入的成本浪费和未来期待的利润收入化为泡影。这是行政权力逃逸出制度的笼子、极端膨胀、予以滥用的结果。

不把政府招商引资合同、政府采购合同、国有建设用地使用权出让合同、探矿权转让合同、农村土地承包合同、国有企业租赁承包经营合同、经济协作合同、科技协作合同等合同划归行政合同之列，仍然作为民商合同，弱化行政权对合同及其履行的干涉，使其遵循更符合其本性的市场规律，有助于改变上述局面，有利于相对人的民事权益的保护。

习近平总书记从实际出发，总结经验、教训，高屋建瓴、意蕴深远且有针对性地提出"把权力关进制度的笼子里"[15]的要求，这实质上是在界分市场运行与行政权力的干预边界，市场运行应尊重和遵循市场规律而非膨胀行政权力，也就是依法治国及依法行政。这也适合于确定政府招商引资合同、政府采购合同、国有建设用地使用权出让合同、探矿权转让合同、农村土地承包合同、国有企业租赁承包经营合同、经济协作合同、科技协作合同等合同归属法域的问题。在笔者看来，把这些合同划归行政合同范畴不符合习近平总书记关于"把权力关进制度

---

[15] 习近平：《依纪依法严惩腐败，着力解决群众反映强烈的突出问题》，载《十八大以来重要文献选编》（上），136 页，北京，中央文献出版社，2014。

的笼子里"的深邃思想、良苦用心和紧迫要求,不适当地扩张了行政权力及其行使的边界。

4. "法无授权不可为"

李克强总理在国务院第二次廉政工作会议上的讲话中指出:"对市场主体,是'法无禁止即可为';而对政府,则是'法无授权不可为'。"⑯《最高人民法院关于依法平等保护非公有制经济促进非公有制经济健康发展的意见》(法发〔2014〕27 号)第 13 条也规定:"人民法院审理行政案件,要正确处理好权利与权力的关系,对非公有制经济主体要坚持'法无禁止即可为'的原则,对行政权力要坚持'法无授权不可为'的原则。"笔者没有见到行政法的专家、学者反对"对政府法无授权不可为"的理念、原则。

笔者在检索的中国现行法中未见将政府招商引资合同、政府采购合同、国有建设用地使用权出让合同、探矿权转让合同、农村土地承包合同、国有企业租赁承包经营合同、经济协作合同、科技协作合同等合同规定为行政合同。这样,遵循"法无授权不可为"的原则,行政机关无权全面干预此类合同,只有在法律明文授权之处才可行使其权力。例如,在符合《中华人民共和国城镇国有土地使用权出让和转让暂行条例》第 17 条第 2 款关于"未按合同规定的期限和条件开发、利用土地的,市、县人民政府土地管理部门应当予以纠正,并根据情节可以给予警告、罚款直至无偿收回土地使用权的处罚"的规定时,国土资源管理局才可行使行政优益权。一句话,只要不把这些合同划归行政合同,行政机关有法律依据的干预就非常有限,相对人可以按照市场规律从事创业、交易。

但是,若将这些合同作为行政合同,情势便会发生根本性的扭转,因为行政合同天然地含有行政优益权,无须法律以一个一个条文明确授权,行政机关即可不问相对人的意见而径自行使行政优益权,"绕开"或弱化市场规律的作用,这颇有些"暗度陈仓"的味道。在行政权力尚未被全部关进制度的笼子的背景下,这是非常危险的。

---

⑯ 李克强:《在国务院第二次廉政工作会议上的讲话》,sina 新闻中心,见 http://news.sina.com.cn/c/2014 - 02 - 24/021829544942.shtml,最后访问时间:2017 - 04 - 03。

所以，遵循行政法关于"法无授权不可为"的原则，不可将政府招商引资合同、政府采购合同、国有建设用地使用权出让合同、探矿权转让合同、农村土地承包合同、国有企业租赁承包经营合同、经济协作合同、科技协作合同等合同规定为行政合同。

5. 完善产权保护制度的精神

《中共中央国务院关于完善产权保护制度依法保护产权的意见》强调："必须加快完善产权保护制度，依法有效保护各种所有制经济组织和公民财产权，增强人民群众财产财富安全感，增强社会信心，形成良好预期，增强各类经济主体创业创新动力，维护社会公平正义，保持经济社会持续健康发展和国家长治久安。""保护产权不仅包括保护物权、债权、股权，也包括保护知识产权及其他各种无形财产权。""坚持权利平等、机会平等、规则平等，废除对非公有制经济各种形式的不合理规定，消除各种隐性壁垒，保证各种所有制经济依法平等使用生产要素、公开公平公正参与市场竞争、同等受到法律保护、共同履行社会责任。""加快推进民法典编纂工作，完善物权、合同、知识产权相关法律制度，清理有违公平的法律法规条款，将平等保护作为规范财产关系的基本原则。"通过上文的分析，不难发现：将政府招商引资合同、政府采购合同、国有建设用地使用权出让合同、探矿权转让合同、农村土地承包合同、国有企业租赁承包经营合同、经济协作合同、科技协作合同等一些合同划归行政合同系列，有违这些要求和期待。

6. 业务熟悉程度

一般说来，民庭的法官更熟悉政府招商引资合同、政府采购合同、国有建设用地使用权出让合同、探矿权转让合同、农村土地承包合同、国有企业租赁承包经营合同、经济协作合同、科技协作合同等一些合同及其相应的法律调整，退休法官、律师、大学教授担任仲裁员居中裁判这些合同纠纷，也得心用手。可是，按照行政合同论者的意见，处理此类合同纠纷，一律由行政庭的法官操作，将民庭的法官和仲裁员排除在外，这在制度设计上等于扬短避长，效果可想而知。

关于制定民法总则的建议 *

内容摘要

能够进入《民法总则》的民法规范需要具备两项资格：（1）提取公因式而形成的具有裁判依据功能的民法规范；（2）立法技术上的剩余。《民法总则》应当明确每项基本原则的功能和适用范围，以及各项基本原则之间的衔接与限制，甚至是位阶关系。平等原则是意思自治原则的基础和前提，意思自治原则必须和必然受到公序良俗原则的限制，同时受制于诚实信用原则。公序良俗原则管控法律行为的效力，诚实信用原则控制民事权利的行使。确立民事主体的标准应是：能够成为民事主体的"人"，须有自身的独立性，必须对第三人有益无害；对内部成员来说应当利多弊少。至于主体意思问题，不宜一概而论地作为要素对待，而应区分情况分别确定。《民法总则》必须规定意思表示的构成和功能，应当确立虚伪表示与隐匿行为的规则，变重大误解制度为错误制度，应当规定自己代理与双方代理，妥当界分狭义的无权代理与表见代理，完善诉讼时效制度，规定除斥期间的一般规则，增设权利失效制度，暂设取得时效制度。

关键词

民法总则；原则位阶；民事主体标准；法律行为；诉讼时效；权利失效

---

* 本文最初发表于《财经法学》2015年第4期。

一、引言

全国人民代表大会常务委员会决定，《中华人民共和国民法典》（以下简称为《民法典》）的编纂工作分两步走，第一步是制定《中华人民共和国民法总则》（以下简称为《民法总则》），以取代现行《中华人民共和国民法通则》（以下简称为《民法通则》）；待《民法总则》颁行之后，再整理现行的各部单行民事法律，编纂成《民法典》。

无论是《民法典》的编纂，还是《民法总则》的制定，都必须摆正民法典与哲学、民法与商法、原则与规则、主张与举证、总则与分则、规则内容与立法技术等几对关系。其中的道理，笔者在《编纂民法典必须摆正几对关系》①一文中阐释过了，不再赘言。本文重在研讨《民法总则》的体系。

之所以重视并研讨《民法总则》的体系，一个重要的原因是，中国民法继受了大陆法系的风格，采取了抽象概括式的法律体裁，使用抽象化的概念，对概念进行严格的界定。②因为立法者的首要目的若是维护法律的稳定性和裁判的可预见性，那么他就会选择抽象概括的方法③；因为立法者若意识到自己不可能预见到所有可能发生的情形，故而准备让法官来决定如何将一般规则适用于具体案件，那么他就会选择抽象概括式或指令准则式的法律体裁，或将两种体裁结合起来使用④，所以，中国民法不会抛弃抽象概括式的法律体裁。如此，"概念之间的逻辑关系和上下属关系，概念之间的相对性或兼容性以及如何将整个法律材料划分为各类总体概念，简单地说就是体系，具有特别重要的意义"⑤。"法律思维

---

① 崔建远：《编纂民法典必须摆正几对关系》，载《清华法学》，2014（6）。
② 崔建远：《债法总则与中国民法典的制定》，载《清华大学学报》（哲学社会科学版），2003（4）。
③④ ［德］卡尔·拉伦茨：《德国民法通论》（上册），王晓晔、邵建东、程建英、徐国建、谢怀栻译，33页，北京，法律出版社，2003。
⑤ ［德］卡尔·拉伦茨：《德国民法通论》（上册），王晓晔、邵建东、程建英、徐国建、谢怀栻译，38～39页，北京，法律出版社，2003。

的理性建立在超越具体问题的合理性之上，形式上达到那么一种尺度，法律制度的内在因素是决定性尺度；其逻辑性也达到那么一种程度，法律具体规范和原则被有意识地建造在法学思维的特殊模式里，那种思维富于较高的逻辑系统性，因而只有从预先设定的法律规范或原则的特定逻辑演绎程序里，才能得出对具体问题的判断。"⑥ 这就是《民法总则》存在的理论基础之一。

诚然，设立抽象概括式的法律规范，被没有受过专门训练、熟悉乃至精通此类民法思维的律师和法官解释和适用，肯定是失败的立法。由于中国的法学教育多年来一直是向学生灌输与此相适应的民法思维，处理系争案件的律师和法官熟悉这种思维，能够解释和适用《民法总则》。这也是支撑设立《民法总则》的重要原因。⑦

从物权法、知识产权法、合同法、侵权法、亲属法、继承法乃至劳动合同法、经济法、行政法等部门法中提取公因式，形成适用于各编的共同规则——民法总则，其优点是多方面的：（1）因为民法总则是自然法学家们为了得到普遍的、基本的法律原则而利用非常抽象的推理方法的结果⑧，民法总则把被提取和抽象的一般性内容汇总在一起⑨，所以，设立《民法总则》可以使民法典简约，避免许多不必要的重复规定。（2）民法的共同规则本应适用于物权法、知识产权法、合同法、侵权法、亲属法、继承法乃至劳动合同法、经济法等相应领域，但若不设民法总则，只好把它们规定于某编分则或某部单行法之中。例如，形成权、抗辩权本为物权法、知识产权法、合同法、侵权法、亲属法、继承法乃至劳动合同法、经济法等部门法所含有，请求权被运用的领域也绝非限于单纯的合同法、侵权法，因而，将它们规定在任何一个领域，规定在民法典中的任何一编的

---

⑥ Max Weber, Max Weber on Law and Rise of Capitalism, *Wiscomsin Law Review*, 1972, p. 730. 转引自 [美] 艾伦·沃森：《民法法系的演变及形成》，李静冰、姚新华译，29 页，北京，中国政法大学出版社，1992。

⑦ 参见崔建远：《债法总则与中国民法典的制定》，载《清华大学学报》（哲学社会科学版），2003（4）。

⑧ [美] 艾伦·沃森：《民法法系的演变及形成》，李静冰、姚新华译，166 页，北京，中国政法大学出版社，1992。

⑨ [德] 迪特尔·梅迪库斯：《德国民法总论》，邵建东译，24 页，北京，法律出版社，2000。

分则之中，都会出现准用的现象。"如果不设总则编，立法者要达到既全面又不重复的目的，就必须运用参引（Verweisungen）的技术。"⑩ 这种人为地错用立法技术导致本为"适用"却不得不"准用"的现象，显然应予避免。（3）设立《民法总则》可以使某些制度及规则更为清晰、准确。这已经有过教训。例如，债权让与、债务承担被规定在《中华人民共和国合同法》（以下简称为《合同法》）（第79条～第86条）中，解除权、终止权是否因债权让与、债务承担而移转？合同关系是否因此而消灭？许多问题随之而来，且不易弄清。如果把债权让与、债务承担规定于债法总则，没有双务合同等形成的数个狭义债的关系组成的广义债的关系等因素的困扰，就比较明确地传输给人们这样的信息和规则：债权让与就是债权的个别转让，只是原债权人退出该狭义的债的关系，如果该原债权人对债务人仍负有债务的话，这一狭义债的关系并不消灭。在该债的关系基于合同而生的情况下，该合同关系自然不会因债权让与而消灭，决定合同消灭的解除权、终止权自然不得轻易地随着债权的让与而移转。债务承担场合，问题也同样如此。⑪

总的说来，笔者赞同《民法总则》采取如下体系：第一章：一般规定（含制定依据、调整对象、基本原则、法律渊源等内容）；第二章：民事主体（含自然人、法人、非法人团体等内容）；第三章：民事权利义务的通则（含民事权利行使、义务履行的通则、请求权、形成权、抗辩权等内容）；第四章：民事权利的客体（含客体规格、客体地位等内容）；第五章：法律行为（含法律行为的成立要件、有效要件、特别生效要件、意思表示规则等内容）；第六章：代理（含代理的构成、代理的类型、代理的效力等内容）；第七章：民事责任通则（含民事责任的竞合、民事责任的聚合等内容）；第八章：民法上的时间（含诉讼时效、取得时效、除斥期间、权利失效、期间、期日等内容）；第九章：民法的适用。

---

⑩ ［德］布德（Budde）：《德国民法典中的参引》，载《法律学习》1984年，578页以下。转引自［德］迪特尔·梅迪库斯：《德国民法总论》，邵建东译，30页，北京，法律出版社，2000。

⑪ 参见崔建远：《债法总则与中国民法典的制定》，载《清华大学学报》（哲学社会科学版），2003（4）。

限于篇幅，本文集中讨论《民法总则》若干"章"的有关问题。

二、进入《民法总则》的民法规范的资格

制定《民法总则》，在宏观上必须解决《民法总则》包含哪些制度及规则的问题，换句话说，何种民法规范才有资格规定在《民法总则》之中？对此，德国民法典制定者的理念及计划是，民法总则应当包括那些适用于民法典五编的规则，亦即民法总则包含的是在某种程度上被提取和抽象的一般性内容。[12] 民法总则把被提取和抽象的一般性内容汇总在一起的功能决定了它的内容。民法总则的规定必须具有一般性的特征，它们适用于民法典第二编"债务关系法"、第三编"物权法"、第四编"亲属法"、第五编"继承法"中的任何一编。[13] 例如，法律行为的抽象及规定，可以起到唯理化效应（Rationalisierungseffekt）。这样，立法者就无须为每一项法律行为都重新规定其生效的要件。[14]

这些意见也被众多的中国专家学者所接受。尹田教授、李永军教授、王轶教授等众多的专家学者都赞同采取提取公因式的方式，从民法分则中提取带有共性的元素乃至规则，最终形成民法总则的规范。笔者本人对此也持赞同态度。[15]

值得指出的是，王轶教授在此基础上更前进一步，概括总结出能够进入《民法总则》的民法规范的两项资格：（1）提取公因式而形成的具有裁判依据功能的民法规范；（2）立法技术上的剩余。对于第二项资格条件，陈甦教授也提出来了，只不过将之命名为"拾遗性"。在这里，借用梅迪库斯教授评论《德国民法典》的话就是：在有些地方，总则编不过是"其他"项下的大杂烩而已，汇集了那些在其他地方难以安排的规定。[16] 所谓提取公因式而形成的民法规范，是指能

---

⑫ ［德］迪特尔·梅迪库斯：《德国民法总论》，邵建东译，22 页，北京，法律出版社，2000。

⑬ ［德］迪特尔·梅迪库斯：《德国民法总论》，邵建东译，23 页，北京，法律出版社，2000。

⑭ ［德］迪特尔·梅迪库斯：《德国民法总论》，邵建东译，30 页，北京，法律出版社，2000。

⑮ 各位专家学者在由全国人大常委会法制工作委员会于 2015 年 3 月 31 日下午召开的"《中华人民共和国民法总则》体系研讨会"上发表了这些意见以及其他建议。

⑯ ［德］迪特尔·梅迪库斯：《德国民法总论》，邵建东译，28 页，北京，法律出版社，2000。

够普遍适用于民法典各分则编的民法规范，如意思表示规则。所谓具有裁判依据功能的民法规范，是指裁判者在司法或仲裁中援引或运用一定规则并将之直接适用于个案的民法规范。这样，具有一般性、抽象性和概括性与具有裁判依据功能二者缺一不可，合在一起，共同决定了民法规范进入《民法总则》的资格。所谓立法技术上的剩余，或曰"拾遗性"的民法规范，是指放置于民法典分则中的任何一编之中都不适当的民法规范，只好收入《民法总则》之中。⑰

对于上述两项资格理论，笔者予以赞同。的确，假如仅仅符合提取公因式的规格，但欠缺裁判依据功能这项要求，那么，所形成的民法规范在价值上会大打折扣，其法律意义会大大降低。反过来，假如一项民法规范仅仅具有裁判依据功能，但欠缺一般性、抽象性和概括性，则该项民法规范放置于相应的分则编中更符合逻辑，更为适当，当然属于"立法技术上的剩余"的除外。

对于"立法技术上的剩余"，在理解上应当更加宽松、开放，即，所谓立法技术上的剩余，不仅包括在客观上放置于民法典各分则编中不太适宜的民法规范，而且包含这样的民法规范：由于现行《合同法》《中华人民共和国物权法》（以下简称为《物权法》）、《中华人民共和国侵权责任法》（以下简称为《侵权责任法》）、《中华人民共和国婚姻法》（以下简称为《婚姻法》）、《中华人民共和国继承法》（以下简称为《继承法》）等单行法在短期内不会修订，《中华人民共和国民法典》（以下简称为《民法典》）在三五年内不见得汇纂而成，本应由其规定的制度及规则却尚付阙如，社会生活又急需，不妨在《民法总则》中给其一席之地，至于科学性、逻辑性的缺憾，可以在《民法典》汇纂时做些微调。

由此提出一个不容回避、刻不容缓的需要全国人大及其常委会拍板的题目、一项立法政策：《民法总则》是追求完美无瑕、科学性极强，还是更注重社会生活的实际需要，在"实用性"的基础上、前提下尽可能地追求科学性？若是前者，则对于"立法技术上的剩余"应当严格把握，刻意收紧；若是后者，那么宜采笔者的"宽松、开发"把握的态度，并据此行事。

---

⑰ 王轶教授和陈甦教授在由全国人大常委会法制工作委员会于 2015 年 3 月 31 日下午召开的"《中华人民共和国民法总则》体系研讨会"上发表了这些意见。

下文所论，都是在上述两项能够进入《民法总则》的规范的资格的前提下展开的，只不过"具体问题，具体分析"罢了。

三、关于民法基本原则的配置

所谓民法基本原则，是指适用于民法全部领域的准则。如公序良俗原则、诚实信用原则、平等原则、意思自治原则等应属基本原则。

尽管境外的民法典未正面规定民法的基本原则，也有个别专家学者对于《民法总则》应否继承中国立法的传统、继续确立民法基本原则有所动摇，但笔者仍认同中国立法的传统，赞同设置民法基本原则的通说，理由如下：（1）民法基本原则是民法的根本准则，贯穿于整个民法，统率民法的各项制度及规范。若不明确它们，会酿成误解，以至于在民法基本原则的认定、解释和适用时发生分歧，导致负面的结果。（2）民法基本原则体现民法的基本价值，是民事立法、执法、守法及研究民法的总指导思想。试想，缺乏了它们会出现什么局面?!（3）有些民法基本原则具有裁判功能，在若干情况下用作裁判的法律依据，包括在全无民法规则的情况下根据民法基本原则处理系争案件。（4）在适用某民法规则解决系争案件会造成极不适当的后果的情况下，宜弃该民法规则而改用民法基本原则裁判系争案件。[18]（5）法律有欠缺或不完备，而为漏洞补充时，亦恒须以诚实信用原则为最高准则加以补充，其造法始不致发生偏失。[19]（6）虽然存在民法规则，但需要依据民法原则限缩或扩张其适用范围，包括依民法基本原则采取目的性限缩或目的性扩张等法律解释方法，限缩或扩张某民法规则的适用范围。[20]

如果上述观点是正确的、可取的，那么接下来的问题便是，《民法总则》应当确立哪些民法基本原则呢？

《民法通则》确立的等价有偿（第4条）不宜再作为《民法总则》中的基本

---

[18] 崔建远：《论民法原则与民法规则之间的关系》，载《江汉论坛》，2014（2）。

[19] 杨仁寿：《法学方法论》，139页，北京，中国政法大学出版社，1999。

[20] 崔建远：《论民法原则与民法规则之间的关系》，载《江汉论坛》，2014（2）。

原则。不难理解，在亲属法、继承法等领域，不宜贯彻等价有偿原则，把等价有偿原则运用于侵权法领域也不太适当。即使在合同法、物权法领域，也有相当多的情形不宜体现等价有偿。

《民法通则》（第4条）及《合同法》（第4条）确立了自愿原则，《民法总则》要不要承继？不少专家学者高倡意思自治原则或私法自治原则，笔者也是如此主张。在这方面，江平老师主张：自愿原则，重在反映当事人内心的意愿，强调的是，当事人自己发动订立、变更、终止合同，以及追究相对人的违约责任，至于这种意愿、自己发动受不受限制，受何种限制，并非自愿原则的应有之义。与此不同，意思自治原则、私法自治原则，则不仅在说当事人的意思要发生一定的法律效果，法律应尽可能地按照当事人的效果意思赋予法律效果，而且具有国家、法律给民事主体的行为划定了一定的四至范围之义。《合同法》应当确立这种含义全面的原则，不再沿用《民法通则》奉行的自愿原则。㉑ 笔者赞同江平老师的这种意见，认为《民法总则》改采意思自治原则。

在民法基本原则方面，一项重要的任务是明确每项原则的功能和适用范围，以及各项原则之间的衔接与限制，在一定意义上，也可以说至少若干项民法基本原则之间存在着位阶关系。

平等乃民法的基本品格。法律地位平等，既是民事法律关系及其运行的起点，又是其终点。平等原则决定着民法的调整对象及调整方法，决定着民法与行政法、经济法、劳动法的区别。没有法律地位平等，难有民事主体的自由，难有意思自治。在这个意义上说，平等原则是意思自治原则的基础和前提。

意思自治原则绝非至高无上的原则，除了上文的阐释隐隐约约地传达出这个信息外，在它与公序良俗原则之间关系的分析中会得到进一步的证明。实际上，意思自治原则必须和必然受到公序良俗原则的限制，不然，就无法解释为什么会存在包括合同、遗嘱在内的法律行为无效制度，为什么会存在事情变更原则，为什么会有瑕疵担保责任？等等。如果说意思自治原则系民事主体实施法律行为的

㉑ 这是江平老师在全国人大常务委员会法制工作委员会主持的中华人民共和国合同法草案研讨会上的发言。

天赋根源，法律应尽可能地按照当事人的效果意思赋予法律效果，那么，公序良俗原则则是确定法律行为效力的最高基准，也是最后的闸门，是国家管控秩序、规范人们行为的尚方宝剑。如果说没有意思自治原则整个社会可能死气沉沉，那么，缺乏公序良俗原则则会纵容人们肆意妄为。

在法律行为的效力方面，这两项基本原则都在发挥作用，意思自治原则在正面作为法律行为有效的条件发挥作用，公序良俗原则在反面制约着法律行为的效力，违反公序良俗原则的法律行为归于无效。例如，瑞士法规定，在合同违反公序良俗原则是否无效有疑义时，有的部分无效，以使无效以及"该缺陷所带来的必然后果"被限制在必要的最小限度内。㉒ 奥地利法的规定较为笼统，理论上和实务中解释出许许多多的"无效的变种"㉓ 来：既有绝对无效，又有相对无效；既有全部无效，又有部分无效；既有自始无效，又有向将来的无效。这些都取决于禁止规范的目的范围和违反善良风俗的理由。㉔

如果说公序良俗原则系衡量法律行为有效无效的利器，那么，诚实信用原则基本上不染指法律行为的效力，至少在绝大多数的立法例上是如此，而是着眼于权利行使的控制，以防止权利的不当行使，防止权利的滥用。㉕ "判断行使权利行为是否构成滥用，并不是以是否违反善良风俗为准，而是以是否违反了诚实信用为准"㉖。通过控制权利的行使，达到衡平当事人各方之间的权利义务关系的结果。

这也表明，意思自治原则同时受制于诚实信用原则。基于法律行为产生的权利之行使，义务之履行，权利义务关系是否衡平，都由诚实信用原则控制。

㉒ BGE 43 Ⅱ，S. 660，661f.；Gauch/Schluep，Obligationenrecht，Rr. 693. 转引自耿林：《强制规范与合同效力》，113 页，北京，中国民主法制出版社，2009。

㉓ Krejci im Rummel，AGBG，1. Bd.，2. Auflage，Wien 1990，Rn. 247ff. m. w. N. zu §879. 转引自耿林：《强制规范与合同效力》，113 页，北京，中国民主法制出版社，2009。

㉔ 耿林：《强制规范与合同效力》，113~114 页，北京，中国民主法制出版社，2009。

㉕ 耿林：《强制规范与合同效力》，122 页，北京，中国民主法制出版社，2009。

㉖ ［德］迪特尔·梅迪库斯：《德国民法总论》，邵建东译，114 页，北京，法律出版社，2000。

四、关于民事主体的确立思路

1. 概说

至少多数说认为，如果说犯罪构成统率着刑法，那么，民事法律关系就贯穿于民法典的始终，整个民法由民事法律关系规范构成。所以，民法典以民事法律关系规范为轴线进行设计，应为科学的选择。

民事法律关系的成立与存续都离不开民事主体，但《民法总则》承认哪些人为民事主体，却见仁见智。例如，《民法通则》规定的个体工商户、农村承包经营户、联营应否被《民法总则》承继下来？就是个颇有争论的难题。笔者认为，欲有理有据地回答这个问题，恐怕先行确定民事主体的规格，则是个既有创见性又非常实用的功课。

民事主体，曾被冠以人格或法律人格的称谓。传统民法理论确立法律人格的标准是：法律人格者必有其意思，必有其独立的财产，必能以其财产独立地承担责任。此处所谓意思，是建立在生物学意义之上的，是以自然人思维活动产生的意思为标准界定的。此处所谓独立的财产，是以享有所有权为标准衡量的，被严格限定的。㉗ 这显然已不符合如今社会生活的实际需要了，需要修正。笔者认为，确立民事主体的标准，或曰能被《民法总则》接受为民事主体的规格应是：(1) 能够成为民事主体的"人"，须有自身的独立性；(2) 能够成为民事主体的"人"，必须对第三人有益无害；(3) 法律确立某团体为民事主体，对内部成员来说应当利多弊少。㉘ 至于主体意思问题，不宜一概而论地作为要素对待，而应区分情况分别确定。

2. 自身的独立性

所谓能够成为民事主体的"人"，须有自身的独立性，表现在财产关系方面是其拥有特殊财产。此处所谓特殊财产，对于自然人而言，是其对某财产享有物

㉗ 吴传颐：《法国、德国和苏联的民法》，34 页以下，南京，美吉印刷社，1948。

㉘ 崔建远：《市场秩序与法制完善》，载《时代论评》，1989 (1)。

权、知识产权、股权甚至债权，从而使该财产区别于其他任何人的财产；对于法人来说，是其拥有独立的财产，既独立于法人内部成员的个人财产，也独立于其他主体的财产，还独立于国家的财产，法人对之享有法人所有权或法人财产权，这使法人能够以之独立地承担债务和责任；对于农户而言，是其对土地承包经营权、宅基地使用权享有独立的权利；对于合伙企业来说，是其对某财产以自己的名义享有物权、知识产权、股权甚至债权，从而使该财产区隔于各个合伙人个人的财产，区别于其他主体的财产，区别于国家的财产；对于设立中的法人而言，它介于合伙企业与合伙合同关系之间的状态，不过更接近于合伙企业，其财产区隔于发起人的自己的财产，独立于其他主体的财产，独立于国家的财产。

因为合伙合同关系对各个合伙人的约束没有密切到使财产成为共有关系的程度，合伙合同名下没有区隔于各个合伙人自己财产的特殊财产，没有独立于其他主体财产的财产，没有独立国家财产的财产，所以，合伙合同关系不具备成为一个独立主体的资格。

《民法通则》上的联营，从如今的社会情况观察，分属于法人、合伙企业、合伙合同。既然如此，对"联营"现象的法律调整，莫不如直接运用法人、合伙企业、合伙合同诸项制度更为清晰、简洁，以免产生对相同或相近的现象却采取若干不同的法律制度予以调整这种人为制造复杂和"添乱"的弊端。

《民法通则》上的个体工商户，在当下有些已经据其情况而采取了公司形式或合伙态样，但不可否认的事实是，由于设立成本、税收政策、运转灵活度等原因的存在，仍有相当数量的个体工商户依然具有生命力。有鉴于此，《民法总则》继续给它留有一席之地，符合客观实际。

单就农户来说，只要土地承包经营权的主体是户而非农民个人，只要宅基地使用权的主体是户而非农民个人，且截至目前看不出来中国法律会废止土地承包经营权和宅基地使用权，那么，农户系民事主体的事实就不容否认。

反对将合伙企业、农户、个体工商户作为各自独立的民事主体的专家学者可能会说：在对外承担责任方面，合伙企业、农户、个体工商户并不是最终的责任承担者，自然人才是最终的民事责任的承担者；在法人为合伙人的合伙企业场

合，法人系合伙企业对外负责的最终责任者。既然如此，不把合伙企业、农户、个体工商户作为各自独立的民事主体，不是更符合逻辑，理论更纯粹、更彻底吗？

对此，笔者回应如下：相对于自然人、法人而言，合伙企业、农户、个体工商户与其内部成员的关联确实过于密切了些，否认它们的法律人格的确说得过去。但是，从利弊分析和权衡的角度看，合伙企业、农户、个体工商户的意思确实不同于其内部成员的个人意思，合伙企业、农户、个体工商户的团体财产的确有别于其内部成员的个人财产，使其能以自己的名义实施法律行为，首先以其团体财产对外履行债务、承担责任，即具有法律人格，更为便利，更有效率，更符合各种不同的需要。

3. 对第三人有益无害

之所以要求能够成为民事主体的"人"，必须对第三人有益无害，是因为假如对自然人、团体赋予民事主体的资格，它们在活动于社会生活之中，活跃于市场经济的舞台之时，屡屡给其他"人"造成损害，就会挫伤其他"人"的积极主动性，使社会生活窒息，使财产流转受阻，因而这种法律人格的赋予是毫无道理的，由此决定了法律对自然人、团体赋予民事主体的资格不得违背对其他"人"有益无害的原则。

自然人对外活动是以其全部财产作为总担保，因此法律赋予其民事主体的资格不会损害第三人的合法权益。法人的独立财产要注册登记，法人章程可被查询，起到了公示作用，因此只要与之交易的第三人尽到了相当注意，就不会遭受不测之损害。而在合伙企业、农户、个体工商户内部，内部成员的责任非但没有减弱，反而明显加重，实际上是以全部内部成员的全部个人财产作为承担义务及责任的总担保，明显对第三人有利。仅就这点来说，连自然人和法人作为民事主体也逊色不少。既然如此，法律有什么理由不对合伙企业、农户、个体工商户赋予民事主体的资格呢？[29]

㉙ 崔建远：《市场秩序与法制完善》，载《时代论评》，1989 (1)。

4. 对内部成员利多弊少

法律确立某团体为民事主体，对内部成员来说应当利多弊少，否则，他们就会不愿意组成合伙企业，不愿意享有民事主体的法律地位；组成家庭也只是为了感情、亲情及本能，并非为了成为民事主体，由此导致立法目的落空。

自然人为维护做人的尊严，为满足其生活和生产的需要，必须享有民事主体的资格。法人的场合，其出资者的个人人格在对外关系上灵光尽逝，法人股东的个人财产已与法人的债务和责任无缘，因此法人成为民事主体不会损害其出资者的合法权益。在一定意义上说，股份有限公司和有限责任公司正是为了避免其出资人倾家荡产才应运而生的。有趣的是，赋予合伙企业、农户、个体工商户以民事主体的法律地位，对其内部成员来说是利弊相伴。这些团体若不被赋予法律人格，就不得以自己的名义活动于社会生活之中，活跃于市场经济的舞台之上，只好借助于代理制度，由个别成员以代理人的身份出现。但这需要其他成员的委托并授权，手续繁杂，贻误良机，不太适合瞬息万变的市场交易。如果赋予这些团体以民事主体的法律地位，就避免了代理制度的迂回曲折，相对而言，比较适应市场供需的变化。这是一利。由于在合伙企业、农户、个体工商户中，内部成员的个人财产与团体的共同财产并未彻底脱离，各个成员对外要承担连带责任，可谓一损俱损，一荣俱荣。这会促使内部成员全力合作，互相信任，经营管理好团体事务，以取得较大利益。这是二利。在合伙企业、农户、个体工商户中，由于每个成员都要承担无限责任，当团体所负债务的数额巨大时，其内部成员可能不堪重负，甚至倾家荡产。这是一弊。不过，这同时表明合伙企业、农户、个体工商户的清偿能力较强，使得债权人的债权相对而言容易实现，于是能够吸引客户，生意兴隆；还能促使全体成员以高度审慎的注意从事经营管理，取得较佳效益，避免破产。就是说，合伙企业、农户、个体工商户的劣势能够转化为优势。既然承认合伙企业、农户、个体工商户为民事主体对其成员来说利多弊少，那么，法律没有理由固守只有自然人和法人方为民事主体的旧制。[30]

---

[30] 崔建远：《市场秩序与法制完善》，载《时代论评》，1989（1）。

5. 意思之于民事主体

民事主体从事交易必须成立以意思表示为要素的法律行为，从事代理必有代理意思，无因管理以管理意思为构成要件，占有他人之物要有占有意思，催告等意思通知同样离不开意思，行使权利和履行义务也时常需要意思及其表达，如形成权的行使，在这个意义上，古典制度及理论要求法律人格者必有其意思，确有道理。但是，应当看到，并非所有的民事主体都从事交易，可以并且能够从事交易的民事主体也未必时时处处都实施法律行为，诸如依法定继承制度继承遗产、无行为能力人纯获利益等都不需要意思发挥作用。换个角度说，在自然人充任民事主体的场合，不宜一律要求必有其意思，因为无行为能力的自然人难谓其有意思，但他（她）却是真正的民事主体。有鉴于此，对于自然人赋予民事主体的资格不必要求意思这个元素。赋予法人以民事主体资格，在意思方面，是法律将符合一定条件、规格的自然人的意思视为法人的意思。这种意思的核心部分凝聚于法人章程，体现在法人机关从事法人事务的活动时所表现出来的意思。至于合伙企业、农户、个体工商户，的确不具备这样的法人意思，但具有区别于内部成员个人意思、不同于其他民事主体的意思的团体意思。这种团体意思通过合伙企业的负责人、农户或个体工商户的户主在从事合伙企业、农户、个体工商户的业务过程中表现出来；也可以从其成员从事合伙企业、农户、个体工商户的业务过程中表现出来。

五、关于法律行为的完善

1. 意思表示规则

意思表示系法律行为的核心甚至是唯一的组成元素，可《民法通则》对此却一笔带过，极不适应实务的需要。

意思表示的构成元素有多少，直接决定着某些案件的结果。如果沿用中国民法学关于意思表示构成元素的通说，则意思表示仅由效果意思和表示行为组成。在表意人欠缺效果意思的情况下，法律行为便不成立，法律行为项下的权利义务会无从谈起。与此不同，如果借鉴德国民法关于意思表示由行为意思、表示意识、效果意思和表示行为构成的学说，则欠缺效果意思不影响法律行为的成立，

外部的表示与内心的意思不一致时乃意思表示错误的问题。③ 而因错误而成立的
法律行为是有效的，除非错误者享有并行使撤销权。再者，意思表示的构成如
何，也直接影响到法律行为的解释。

2. 单独行为

单独行为在实务中出现得越来越多，笔者遇到的亟待解决的问题之一是，它
在何种情况下有效？在无相对人的情况下，固然需要表意人作出意思表示；在有
相对人的场合，固然需要表意人所为意思表示到达相对人。笔者初步觉得，除此
而外，还需要在内容方面有生效要求，即单独行为可以为表意人自己设定负担、
义务和责任，为他人赋权，但不得为他人设定义务、负担和责任。否则，不能对
相对人发生约束力。

遇到的问题之二是，单方允诺作为单独行为可否成为合同的组成部分？假如
对此简单地进行形式逻辑的推演，合同系双方乃至多方的法律行为，单方允诺不
需相对人的同意即发生法律效力，它怎么可能成为合同的组成部分？其实，事情
没有这么简单。（1）在有些文件中，单方允诺明确表示其为合同的不可分割的组
成部分。对此，相对人不予否认。（2）虽然文件没有此类约定，但仲裁或诉讼程
序中，表意人明确表示单方允诺为系争合同不可分割的组成部分。另一造对此不
予否认。（3）即使都不存在这些情形，裁判者综合全部情况判断，单独行为成为
合同组成部分的，也应当予以肯定。在这里，采用法律行为的概念和方法可能更
容易避免争论，即在整体交易系由系列交易组合而成的情况下，法律行为便由一
系列亚法律行为组成，其中，有的是合同（典型的，非典型的），有的是单独行
为。它们都共同构成整体交易意义上的法律行为。

遇到的问题之三是，上个自然段隐含着追问：屡次提及相对人不予否认，这
是否意味着单方允诺属于要约？在仲裁案件中确实有当事人这样主张过。笔者初
步认为，这取决于表意人的意思表示，需要对此进行解释。表意人表示出来的内
心意思确实为要约的，自然应予尊重；表意人表示出来的内心意思是单独行为

---

③ 王泽鉴：《民法总则》，319 页，北京，北京大学出版社，2009。

的，应按单独行为处理。

3. 虚伪表示与隐匿行为的规则

在民法总则草案的讨论会上，一种意见主张法律行为无效的原因只有违反公序良俗、违反强制性规定，将以合法形式掩盖非法目的等置入其中。

笔者坚持保留以合法形式掩盖非法目的等无效原因。在这样的前提下，笔者认为，中国现行法上的以合法形式掩盖非法目的仅仅是一种法律行为无效的原因，无法取代虚伪表示与隐匿行为的类型。有鉴于此，《民法总则》应当新设虚伪表示与隐匿行为制度，虚伪表示固然无效，但隐匿行为于其符合法律行为的有效要件时应当有效。

鉴于迄今为止有些判决误解了虚伪表示，将正常的交易误认为虚伪表示，从而判决其无效，《民法总则》应当明确虚伪表示的构成要件，以免不当扩张虚伪表示制度的适用范围，干扰法律行为制度的作用发挥。例如，在股权转让的交易中，当事人虽然确有通过受让股权以达管控目标公司进而开展房地产项目的动机，但是当事人双方确有转让股权的效果意思，且已经实际履行了合同，这应属真实的股权交易，于此场合仍将股权转让合同作为虚伪表示，称转让股权是假，取得目标公司名下的国有建设用地使用权是真，或曰名为股权转让实为国有建设用地使用权转让，就大错特错了。

即使不存在隐匿行为，虚伪表示也应受到民法总则的规制。区分单独虚伪表示（心中保留）与通谋虚伪表示。借鉴境外的立法例及其学说，对于前者，不因之当然无效，但其情形为相对人明知的，不在此限。[32] 对于后者，它在当事人之间无效，但不得对抗善意第三人。[33]

4. 处分权与法律行为的成立与效力

法释〔2009〕5 号第 15 条、《最高人民法院关于审理买卖合同纠纷案件适用法律问题的解释》（以下简称为法释〔2012〕8 号）第 3 条的规定，涵

---

[32]　中国台湾地区"民法"第 86 条；王泽鉴：《民法总则》（最新版），336 页，北京，北京大学出版社，2009。

[33]　王泽鉴：《民法总则》（最新版），340 页，北京，北京大学出版社，2009。

盖根本没有标的物、虚拟标的物的合同的效力也不因欠缺处分权而受影响的情形。

　　笔者对此不予赞同。在根本没有标的物、虚拟标的物场合签订所谓标的物的买卖合同，相当一些合同并无实质的意思表示一致。未成合意，何谈不支持关于合同无效的请求？在罗马法上，对于不能给付的物品不产生任何债。㉞尽管已就买卖标的达成了协议，但是如果在出售前标的灭失了，那么，买卖不成立。㉟在英国，如果当事人双方均误认为合同标的存在，但事实上在合同订立时该标的并不存在，就视为合同不存在。根据 1979 年《货物买卖法》第 6 条的规定，在以特定物为标的买卖合同中，如果货物在缔约前已经毁损，而卖方在不知情时缔约，则不产生有效的合同。㊱已有若干判例认定此类合同因共同错误而无效。㊲即使在中国，最高人民法院自己也是承认合同不可缺乏标的的。例如，《最高人民法院关于适用〈中华人民共和国合同法〉若干问题的解释（二）》（以下简称为法释〔2009〕5 号）第 1 条第 1 款前段规定："当事人对合同是否成立存在争议，人民法院能够确定当事人名称或者姓名、标的和数量的，一般应当认定合同成立。"此处所谓的标的，按照中国既有的学说，在买卖合同等场合就是标的物，在服务合同场合是指给付；依据目前中国民法多数说，虽然一概指给付，但在买卖合同、转让权利合同中只有存在标的物才有本来意义上的给付（没有标的物时只有民事责任关系中的另外形态的给付，如支付违约金或承担损害赔偿责任等）。由此可知，在根本不存在标的物、虚拟标的物的情况下，依据法释〔2009〕5 号第 1 条第 1 款前段的规定，合同不会成立，更谈不上有效以及违约责任。法释〔2009〕5 号第 15 条、法释〔2012〕8 号第 3 条的规定及其（最高人民法院某些

　　㉞　［罗马］杰尔苏：《学说汇纂》第 8 编，转引自［意］桑德罗·斯奇巴尼选编：《契约之债与准契约之债》，丁玫译，393 页，北京，中国政法大学出版社，1998。

　　㉟　［罗马］保罗：《论萨宾》第 5 编，转引自［意］桑德罗·斯奇巴尼选编：《契约之债与准契约之债》，丁玫译，393 页，北京，中国政法大学出版社，1998。

　　㊱　董安生等编译：《英国商法》，99～100 页，北京，法律出版社，1991。

　　㊲　(1856)，5 H.L.C.673.转引自杨桢：《英美契约法论》，4 版，204～205 页，北京，北京大学出版社，2007。

法官的）解读，显然与法释〔2009〕5 号第 1 条第 1 款前段的规定相冲突，并且很不应该。[38]

5. 错误规则

（1）当事人对于标的、数量、质量、履行期、履行地甚至当事人认识错误，中国现行法按照重大误解进行设计。但境外的立法例及其学说则设置了错误制度。

在此次制定《民法总则》的过程中，尽管有专家学者主张承继《民法通则》确立的重大误解的模式，但更多专家学者则建议变重大误解模式为错误制度。笔者赞同后者，理由如下：一是重大误解，系自表意受领人的角度出发，表述表意受领人对表示的理解错误。可是，"在任何情况下，只有那些在自己作出的表示中发生的错误才应受到关注，对他人所作出的表示的错误理解无须予以关注。如果某人将受要约人对其要约的承诺理解为拒绝，则该错误无须受到关注。即使要约人错误地认为合同不成立，合同也基于承诺表示而生效并且不具有可撤销性。反之，如果基于解释的基本原则应将要约受领人的表示评价为对要约的拒绝，那么，即使要约人因错误而将其相对人所作出的表示理解为对要约的承诺，合同也因要约的消灭（《德国民法典》第 146 条）而不成立。就单方法律行为而言，表示受领人的错误在任何情况下都无须受到关注"[39]。这虽然是德国民法学者的看法，但具有合理性和说服力。对其所论要约、承诺、合同成立与错误之间的关系，中国学者也难以反对。二是不错，"在合同订立过程中，经常会由于表意人对相对人作出表示的错误理解而导致表意人在自己作出表示时发生错误。有鉴于此，如果表意人在合同订立过程中自己所作出的表示仅限于对另一方当事人作出的表示进行同意，且其表示的内容以另一方当事人所作出的表示为基础，那么，针对另一方当事人的表示发生的错误导致自己在作出表示时发生错误"[40]。这属于误解的例子，在该误解严重时构成重大误解。就此说来，重大误解也属于法律予以评价的范畴，《民法通则》设置重大误解制度、《民法总则》予以承继似乎也

---

[38] 崔建远：《无权处分合同的效力、不安抗辩、解除及债务承担》，载《法学研究》，2013（6）。

[39] ［德］维尔纳·弗卢梅：《法律行为论》，迟颖译，497～498 页，北京，法律出版社，2013。

[40] ［德］维尔纳·弗卢梅：《法律行为论》，迟颖译，498 页，北京，法律出版社，2013。

有道理。即使如此，笔者也仍然辩白：重大误解制度依其本来的意义，管辖的领域还是太狭窄了，它的射程达不到表意人错误的范围，而表意人错误的情形更为广泛和常见。鉴于错误制度更为准确和全面地反映并规制了当事人错误的问题，《民法总则》应采纳错误制度，放弃重大误解制度。

（2）按照意思自治原则及自己责任原则，当事人自主自愿实施法律行为，即使发生错误，也应由其自己承担后果，不应否定法律行为的效力，甚至不允许变动法律行为的某个或某些约定。但是，若绝对如此，也会背离实质公平正义，难谓适当。有鉴于此，《查士丁尼法典》以及后世的《法国民法典》《德国民法典》《日本民法典》、英美法、中国台湾地区"民法"都基于一定的理由，允许错误的表意人在一定条件下撤销存在错误的意思表示及其法律行为。

（3）允许撤销错误意思表示，毕竟属于例外。如何确定例外？必然——斟酌。这样，动机错误必不可免地成为考虑的目标之一。即使采取一元论（不再区分动机错误与表达上的错误），也是针对一个一个的允许撤销的情形，包括动机错误，进行概括和总结的结果。不做此类工作而提出的一元论，肯定是盲目的，是"拍脑袋"的。可以这么说：二元论是在其规则及其学说本身体现动机错误及其法律效果，一元论是于其规则及其学说形成前考察动机错误问题。

动机，不少民法制度及理论都要涉及，如错误、合同目的、无因管理，等等。回避不了，只是对待的路径及方法会有不同。

（4）在大多数情况下，动机深藏于表意人的内心，他人难以知晓，于此场合，法律若要评价此类动机，并允许它影响法律行为的效力，就难免被表意人牵着鼻子走，被表意人诓骗，损害交易相对人的权益，不利于交易安全。因此，法律一般置动机于不顾。

可是，若完全、绝对地如此，在动机成为交易基础的因素时，也可能失当，背离公平正义。在这里，不宜认为"动机错误为意思形成阶段的错误""关注的着眼点全在表意人方面。然而与之相反，交易安全的价值诉求考虑的是相对人或者第三人的问题"。虽然在形式逻辑方面，动机及其错误与交易安全之间似乎间

隔着一些因素，但在法律行为的成立的领域，在交易的理念和视野中，动机错误与交易安全之间在一定条件下是关联的。

笔者赞同这样的方案：在当事人已经将其动机表达出来，作为了法律行为的内容的情况下，动机错误应当影响法律行为的效力[41]；即使当事人没有表达其动机，但有确凿证据证明动机系法律行为成立的基础时，动机错误也影响法律行为的效力[42]；当事人的资格或物的性质，若交易上认为是重要的，其错误，视为意思表示内容的错误，允许有权人撤销。[43]

（5）实务中出现了不少的案件，若用行为基础理论处理，就特别适当，但因中国尚无行为基础理论，欠缺这方面的规则，眼睁睁地看着某些案件难以得到妥适的裁判。

总之，行为基础理论是个好理论，在采纳二元论的背景下出现并予以运用，效果不错；如果采用一元论，也应能够解决行为基础理论所能解决的问题，这才是可以接受的，若一元论无法解决行为基础理论所能解决的问题，则该理论是有缺陷的。

（6）对于因错误而成立的法律行为，假如法律不分青红皂白地一律允许错误的表意人撤销法律行为，这就过分地剥夺了无辜当事人的信赖利益乃至期待利益，有害交易安全，过于偏袒错误的一方，肯定不可取。与此相反，中国台湾"民法"最大限度地维护法律行为的效力，严格限制错误表意人的撤销权，只承认错误者对此无过失时才赋予撤销权[44]，这固然符合理性主义、合同神圣原则、鼓励交易原则，但同时也使因错误而成立的法律行为被撤销的可能性大大降低，使得某些仅具轻微过失的错误表意人承受了较大甚至巨大的不利后果。中国大陆

㊶　参见［日］山本敬三：《民法讲义Ⅰ》，3版，148页，北京，北京大学出版社，2012。

㊷　参见［德］迪特尔·梅迪库斯：《德国民法总论》，邵建东译，567页，北京，法律出版社，2000；Pawlowski，Allgemeiner Teil des BGB. Heidelberg；C. F. Müller Verlag，1998；262；Karl Larenz，Manfred Wolf，Allgemeiner Teil des BürgerlicesRechts. München. C. H. Beck'sche Verlagsbuchhandlung，1997.710. 转引自纪海龙：《意思表示错误制度的比较法研究》，清华大学法学院法学硕士学位论文（2002），37页。

㊸　中国台湾地区"民法"第88条第2项；王泽鉴：《民法总则》，352页，北京，北京大学出版社，2009。

㊹　中国台湾地区"民法"第88条第1项但书；王泽鉴：《民法总则》，360页，北京，北京大学出版社，2009。

现行民法允许重大误解者变更或撤销法律行为（《民法通则》第59条第1款第1项，《最高人民法院关于贯彻执行〈中华人民共和国民法通则〉若干问题的意见（试行）》第71条），限制了错误表意人的变更权、撤销权，但没有明确地剥夺故意、重大过失的表意人的变更权、撤销权，这虽然可以通过裁判者援用诚实信用原则来限制故意、重大过失的表意人撤销法律行为，以达到是非分明、利益衡平的目的，但不可否认的是，并非每位裁判者都具有这样的法律造诣。有鉴于此，《民法总则》对于因错误而成立的法律行为，宜采这样的方案：只允许无过失、一般过失的错误表意人变更或撤销在交易上认为重要的法律行为。

6. 经济胁迫

传统的胁迫制度及理论未能涵盖经济胁迫，而经济胁迫在实务中并不鲜见，亟待法律规范。《民法总则》应当承认并设置经济胁迫规则。

7. 乘人之危

所谓乘人之危，是指一方当事人故意利用他人的危难处境，迫使他方订立于其不利的合同的现象。它只是一方利用他方的危难处境而非主动实施胁迫行为，其社会危害性要小于胁迫。

《民法通则》及《合同法》设置的乘人之危制度，乃借鉴德国等民法上的暴利行为制度，又加以改造的结果。中国现行法将暴利行为一分为二，形成乘人之危制度和显失公平制度。其中，乘人之危，又分为两种。第一种类型的乘人之危，既要求行为人主观上恶意，又要求客观上双方当事人间的权益失衡；第二种类型的乘人之危，重在强调行为人主观上恶意，客观方面不再强调双方当事人间的权益关系显失公平，只要有所失衡即可。可见，第一种类型的乘人之危与德国等民法上的暴利行为相当。

第一种类型的乘人之危的构成要件为：（1）他方陷于危难处境。（2）一方当事人故意利用该他方的危难处境。在这里，不得有积极的胁迫行为，只是利用他方处于困境的消极行为。（3）该他方迫于自己的危难处境接受了极为苛刻的条件，不得已地与利用危难处境的一方订立了合同。（4）该合同当事人之间的权益关系显失公平。

　　第二种类型的乘人之危的构成要件为：（1）他方陷于危难处境。（2）一方当事人故意利用该他方的危难处境。在这里，不得有积极的胁迫行为，只是利用他方处于困境的消极行为。（3）该他方迫于自己的危难处境接受了不利于己的条件，不得已地与利用危难处境的一方订立了合同。（4）该合同当事人之间的权益关系有所失衡。就是说，因乘人之危而签订的合同作为可撤销的原因，不苛求结果显失公平。

　　应当承认，中国民法通说只承认第一种类型的乘人之危。⑤ 笔者修正通说，提出乘人之危的二元论，主要是考虑到如下几点：（1）从法律规定的文义看，《民法通则》第58条第1款第3项的表述是，"一方……乘人之危，使对方在违背真实意思的情况下所为的"民事行为；《合同法》第54条第2款的条文为"一方……乘人之危，使对方在违背真实意思的情况下订立的合同"，均未强调结果显失公平。（2）从立法目的观察，《民法通则》及《合同法》之所以将德国等民法上的暴利行为一分为二，目的在于避免因暴利行为的构成过于严格所导致的规范闲置，让乘人之危、显失公平的制度充分发挥作用。将主观因素排除在显失公平的构成之外，将乘人之危解释为包括两种类型，正能达到立法目的。其道理在于：1）只要结果显失公平，不论获取非法利益的一方是否具有主观恶意，受害人就可请求法律救济；2）乘人之危制度重在制裁恶意及其行为，为受害人提供足够的救济途径。如此，乘人之危使合同关系显失公平场合，受害人请求撤销合同并请求乘人之危者负责赔偿，固然体现了制裁恶意及其行为，救济了受害人，实现公平正义；乘人之危导致的合同关系失衡虽然尚不十分严重，受害人为了伸张正义，依然请求撤销合同并请求乘人之危者负责赔偿，法院没有理由因为失衡的程度尚未过分悬殊而驳回这些诉求。公序良俗的贯彻落实，并不一定总是与财产利益的多寡形影不离。（3）从文义的角度理解，乘人之危一词标示着两个状

---

　　⑤ 陈国柱主编：《民法学》，85页，长春，吉林大学出版社，1987；金平主编：《民法学教程》，116页，呼和浩特，内蒙古大学出版社，1987；唐德华主编：《民法教程》，87页，北京，法律出版社，1987；寇志新总编：《民法学》，236页，西安，陕西人民出版社，1998；王利明：《合同法研究》（第1卷），707～711页，北京，中国人民大学出版社，2002；崔建远主编：《合同法》，3版，78页，北京，法律出版社，2003。

态：一个是受害人处于危难状态，另一个是行为人对此明知而为意思表示，即行为人具有主观恶意。至于行为人意在迫使受害人接受苛刻条件，从而获取巨大利益，则为其动机，以及合同履行的结果，非乘人之危概念本身所具有的要素。（4）从构成要件的层面着眼，乘人之危的构成虽然要求"该他方迫于自己的危难处境接受了极为苛刻的条件，不得已地与利用危难处境的一方订立了合同"[46]，但"极为苛刻的条件"不一定是直接的财产方面的无理要求，也可能是非财产方面的条件，如子女入学、提干、不为某种营业、放弃竞标等。在这些情况下，乘人之危导致了合同订立，但当事人双方的财产权关系并未显失公平。（5）考察中国民法学说，并非众口一词地主张显失公平为乘人之危的构成要件。有的学者明确指出："乘人之危有时产生显失公平的后果，有时则不一定。"[47]"有乘人之危的后果。即相对人不得已作出意思表示、实施法律行为的结果，而这种行为在经济利益上往往是于相对人不利或不公平的。就交易结果而言，乘人之危常与显失公平类似，因乘人之危的特征就在于行为人趁表意人处于不利境地时提出不公平的交易条件，迫使表意人接受。"[48] 有的教材不强调显失公平作为乘人之危的构成要件，但是否存在结果未达显失公平的乘人之危，态度较为暧昧："乘人之危迫使对方接受民事行为。当事人一方乘他方处于危难之际，迫使对方不得不接受违背自己真实意思而与其发生民事行为。这种行为的特点是：第一，对方处于紧急危难的境地，如个人或家人生命垂危或处于自然灾害的严重危困之中，迫切需要某种药物或求助行为；第二，行为人明知对方处于危难而趁火打劫，故意提出苛刻的条件；第三，对方迫于无奈而进行违背自己真实的意志的民事行为。可见，从处于危难者方面来看，这种民事行为也属于在外界的压力下所做的不真实的意思表示，应属无效的行为。从乘人之危者方面来看，这种行为显然违背了我国民法的公平、诚实、信用的原则，更不应当承认其行为的法律效力。"[49]（6）不容否认，《关于民法通则的意见》第70条规定："一方当事人乘对方处于

---

[46] 崔建远主编：《合同法》，3版，78页，北京，法律出版社，2003。
[47] 佟柔主编：《中国民法学·民法总则》，241页，北京，中国人民公安大学出版社，1990。
[48] 刘凯湘：《民法总论》，338页，北京，北京大学出版社，2006。
[49] 李由义主编：《民法学》，132页，北京，北京大学出版社，1988。

危难之际，为牟取不正当利益，迫使对方作出不真实的意思表示，严重损害对方利益的，可以认定为乘人之危。"这一规定显然强调了乘人之危"严重损害对方利益"，似乎在证成乘人之危以显失公平为构成要件。在孤立地解释乘人之危的路径中，似乎也应当如此运行。但是，如果联系乘人之危和显失公平两项制度的分工、衔接，采取法意解释和目的解释的方法，则不难知道这样理解该条司法解释并不妥帖。有鉴于此，不妨把该条司法解释看成是对乘人之危类型的列举，而非对乘人之危的定义。这是所谓"列举说"。《关于民法通则的意见》第70条中所谓"……可以认定为乘人之危"的表述，也为"列举说"的立足提供了一席之地。

8. 显失公平

显失公平与乘人之危相互结合，可能较二者并列，分别作为可变更、可撤销的原因，利多弊少。所以，笔者倾向于《民法总则》将显失公平与乘人之危相互结合。假如《民法总则》仍然沿袭《民法通则》《合同法》的模式，那么，应当设置限制显失公平规则适用的条件。

其实，无论是在大陆法系还是在英美法系，法院都不轻易地认定某个合同关系显失公平。

美国的法院之所以愿意执行当事人之间的交易而不考察实质内容是否公平，是因为：（1）执行合同法的效率要求法院不对价格进行确定；（2）关于强制执行效力的判断应当确定（certain），不应当以"公平"或"合理"之类的模糊字眼作为合同效力的判断标准；（3）还有一些老式的学说认为，成年并且理智健全的人除了可以谨慎地订立合同外，同样也有草率地订立合同的自由。[50]此外，对财富分配中的根本性的不均衡，法官们知道自己并没有受到足够的训练去进行矫正。[51]正所谓"每个涉及此类合同案件中支付给中间商的价格……是否合理，那么实际上就是法院承担起价格管制的职责……我并不认为法院有

[50] Patterson, "An Apology for Consideration", 58 *Colum. L. Rev.* 929, 953 (1958). 转引自［美］E. 艾伦·范斯沃思：《美国合同法》，葛云松、丁春艳译，222～223页，北京，中国政法大学出版社，2004。

[51] ［美］E. 艾伦·范斯沃思：《美国合同法》，葛云松、丁春艳译，223页，北京，中国政法大学出版社，2004。

职责根据其关于什么是充分对价的信念，来对普通商人之间签订的合同的效力进行决定"㉜。

诚然，普通法院不愿意由于合同实质内容上的不公平而对其进行规制的传统态度，从来没有被衡平法院认同过，并且随着时间的经过，这种传统见解正在衰落。㉝

《美国统一商法典》第 2 - 302 条的评注第 1 条给出了显失公平含义的一般性的指引：显失公平的"基本的判断标准是，根据特定行业或特定案件中的一般商业背景以及商业上的需求，在合同独立时存在的特定事实之下，有关的条款是否对一方当事人片面有利并达到了显失公平的程度"㉞。在欠缺明确定义的情况下，法院在威廉姆斯诉沃克-托马斯家具公司案中对显失公平的下述理解较为稳定持久："一般认为，显失公平的要件包括，一方当事人无法作出有意义的选择，并且合同条款对另一方当事人过分有利。"㉟ 在此后的数十年里，很少有对这一表述进行细化的工作。法院依然关注"过分有利"和"无法作出有意义的选择"两个方面。渐渐地，很时髦的做法是，将前者称为"实体法上的"显失公平，把后者叫作"程序法上的"显失公平。程序上的显失公平被认为是一个宽泛的概念，不仅仅包括使用不正当的谈判手段以及使用极小号字体和费解的语言㊱，而且包括不理解合同内容㊲以及谈判能力的不平等㊳——谈判能力这个词在使用上经常

㉜　Black Indus. v. Bush, 110 F. Supp. 801，805~806（D. N. J. 1953）. 转引自［美］E. 艾伦·范斯沃思：《美国合同法》，葛云松、丁春艳译，223 页，北京，中国政法大学出版社，2004。

㉝　［美］E. 艾伦·范斯沃思：《美国合同法》，葛云松、丁春艳译，223 页，北京，中国政法大学出版社，2004。

㉞　转引自［美］E. 艾伦·范斯沃思：《美国合同法》，葛云松、丁春艳译，308 页，北京，中国政法大学出版社，2004。

㉟　Williams v. Walker-Thomas Furniture Co., 350 F. 2d at 449（D. C. Cir. 1965）. 转引自［美］E. 艾伦·范斯沃思：《美国合同法》，葛云松、丁春艳译，310 页，北京，中国政法大学出版社，2004。

㊱　John Deere Leasing Co. v. Blubaugh, 636 F. Supp. 1569（D. Kan. 1986）. 转引自［美］E. 艾伦·范斯沃思：《美国合同法》，葛云松、丁春艳译，310 页，北京，中国政法大学出版社，2004。

㊲　Weaver v. American Oil Co., 276 N. E. 2d 144（Ind. 1971）. 转引自［美］E. 艾伦·范斯沃思：《美国合同法》，葛云松、丁春艳译，310 页，北京，中国政法大学出版社，2004。

㊳　Martin v. Joseph Harris Co., 767 F. 2d 296（6th Cir. 1985）. 转引自［美］E. 艾伦·范斯沃思：《美国合同法》，葛云松、丁春艳译，310 页，北京，中国政法大学出版社，2004。

包括谈判技巧。⑤但是，如同《美国统一商法典》第 2 - 302 条之评注第 1 条所说，谈判能力的不平等这一事实本身尚不足够，因为作为本条规定之基础的原则并不是"因为一方有优越的谈判能力就去干涉双方原本通过合同进行的风险分配"⑥。从整体上说，法院在适用显失公平规则时是谨慎的。法院承认，当事人常常必须快速签订合同，并且双方的谈判能力很少能够平等，而且法院对社会财富分配的不平等问题并无很好的处理能力。大多数关于显失公平的案件涉及程序性和实体性显失公平的结合，并且得到普遍赞同的是，如果其中之一很严重，那么另一个的要求程度可以轻一些。⑥

当只存在程序上的显失公平而没有实体上的不公平时，曾有法院拒绝适用显失公平规则。⑥因此，如果合同是附合合同，这一事实本身一般来说不会被认为至关重要，特别是当合同条款中并无出乎意料的内容时。如同罗伯特·布罗彻（Robert Braucher）所说："毫无疑问，［抵押人］与银行之间的合同是'附合'合同，但是我们并不准备认为在这里发生争议的几个问题上存在显失公平……那些符合于标准化合同条款的消费者通常'知道，他们正在同意缔结的是自己没有阅读，也并不理解的合同条款，但是这些条款可能要受到法律上的限制'。"⑥法院在得出一个符合合同的条款并非显失公平的结论时，常常要强调货物或劳务并非必需，或还可以从别处获得。⑥

---

⑤ Kerr-McGee Corp. v. Northern Utils., 673 F. 2d 323 (10th Cir. 1982). 转引自［美］E. 艾伦·范斯沃思：《美国合同法》，葛云松、丁春艳译，310 页，北京，中国政法大学出版社，2004。

⑥ See Hydraform Prods. Corp. v. American Steel & Aluminum Corp., 498 A. 2d 339 (N. H. 1985). 转引自［美］E. 艾伦·范斯沃思：《美国合同法》，葛云松、丁春艳译，310 页，北京，中国政法大学出版社，2004。

⑥ Phoenix Leasing Inc. v. Sure Broadcasting, 843 F. Supp. 1379 (D. Nev. 1994)；［美］E. 艾伦·范斯沃思：《美国合同法》，葛云松、丁春艳译，311 页，北京，中国政法大学出版社，2004。

⑥ Communications Maintenance v. Motorola, 761 F. 2d 1202 (7th Cir. 1985). 转引自［美］E. 艾伦·范斯沃思：《美国合同法》，葛云松、丁春艳译，311 页，北京，中国政法大学出版社，2004。

⑥ Carpenter v. Stuffolk Franklin Sav. Bank, 346 N. E. 2d 892, 900 (Mass. 1976). 转引自［美］E. 艾伦·范斯沃思：《美国合同法》，葛云松、丁春艳译，311～312 页，北京，中国政法大学出版社，2004。

⑥ Dean Witter Reynods v. Superior Court, 259 Cal. Rptr. 789 (Ct. App. 1989). 转引自［美］E. 艾伦·范斯沃思：《美国合同法》，葛云松、丁春艳译，311 页，北京，中国政法大学出版社，2004。

法院还判定，仅仅存在实体上的显失公平是不够的。[65] 不过，纽约州的最高审级法院曾经设想过，"在例外的案件中，如果合同中的一个条款不公平到令人无法容忍的程度，那就有正当理由仅仅根据实体上的显失公平而确定其不可强制执行"[66]。

法院比较不愿意对价格条款的公平与否进行判断。[67]

大多数成功地援用了显失公平规则的当事人是消费者。[68] 但是，并非百分之百如此。例如，在 Gianni Sport Ltd. v. Gantos, Inc. 案中，服装制作商认为零售商的解约条款显失公平，获得了法院的支持，因为"服装行业的'巨鲨'可以将这些条款强加给独立的小制作商"[69]。这一规则也曾经被加油站经营者以及其他特许经营权人援用。例如，在 Johnson v. Mobil Oil Corp. 案中，法院认为，限制石油公司的责任，从而排除其嗣后的损害赔偿责任的约定，构成了显失公平。[70]

在德国法系，在给付和对待给付的均衡与否的判断上，通说采取主观等值原则，即当事人主观上愿以此给付换取对待给付，即为公平合理，至于客观上是否等值，在所不问。[71] 这也表明了严格限制当事人以显失公平为由撤销合同的理念

---

[65] Wade v. Austin, 524 S. W. 2d 79 (Tex. Civ. App. 1975). 转引自［美］E. 艾伦·范斯沃思：《美国合同法》，葛云松、丁春艳译，312 页，北京，中国政法大学出版社，2004。

[66] Gillman v. Chase Manhattan Bank, 534 N. E. 2d 824, 829 (N. Y. 1988). 转引自［美］E. 艾伦·范斯沃思：《美国合同法》，葛云松、丁春艳译，312 页，北京，中国政法大学出版社，2004。

[67] Morris v. Capitol Furniture & Appliance Co., 280 A. 2d 775 (D. C. 1971). 转引自［美］E. 艾伦·范斯沃思：《美国合同法》，葛云松、丁春艳译，313 页，北京，中国政法大学出版社，2004。

[68] Vasque v, Glassboro Serv. Assn., 415 A. 2d 1156 (N. J. 1980). 转引自［美］E. 艾伦·范斯沃思：《美国合同法》，葛云松、丁春艳译，312 页，北京，中国政法大学出版社，2004。

[69] Gianni Sport Ltd. v. Gantos, Inc., 391 N. W. 2d 760 (Mich. App. 1986). 转引自［美］E. 艾伦·范斯沃思：《美国合同法》，葛云松、丁春艳译，312 页，北京，中国政法大学出版社，2004。

[70] Johnson v. Mobil Oil Corp., 415 F. Supp. 264 (E. D. Mich. 1976). 转引自［美］E. 艾伦·范斯沃思：《美国合同法》，葛云松、丁春艳译，312 页，北京，中国政法大学出版社，2004。

[71] ［德］卡尔·拉伦茨：《德国民法通论》（上册），王晓晔、邵建东、程建英、徐国建、谢怀栻译，谢怀栻校，63～64 页，北京，法律出版社，2003；［德］迪特尔·梅迪库斯：《德国民法总论》，邵建东译，657 页，北京，法律出版社，2000；王泽鉴：《民法债编总论·基本理论·债之发生》（总第 1 册），70～71 页，台北，三民书局，1993。

及其做法。

中国法亦应如此，但宜区分消费者合同和公司之间的商事合同而分别处理。在消费者合同场合，消费者若能够举证证明合同关系失衡，自己处于不利境地，则应当支持消费者基于显失公平而撤销合同的主张。至于商事合同，因双方都是商人，具有理性，尤其是均具实力，有能力了解合同项下的利益关系是否均衡，于是，只要一方不能举证相对人有欺诈、胁迫、乘人之危等主观恶意，仅仅以显失公平为由主张撤销合同，就不宜获得裁判机构的支持。在这个问题上，江平和尹田等教授主张，公司之间签订合同，明知合同条款的全貌却不提异议地签署，事后再主张合同显失公平，不能得到支持。[72] 可资赞同。在这方面，美国的一些判例值得我们借鉴。在 Hydraform Prods. Corp. v. American Steel & Aluminum Corp.[73] 案中，法院拒绝以有利于成熟老练的公司的方式来适用显失公平规则。美国第九巡回上诉法院在驳回一家航空公司就购买飞机的合同主张构成显失公平时说："对两个大型的、在法律上成熟老练的公司适用……显失公平规则是没有道理的"[74]。

9. 附条件法律行为

另有专文，此处省略。

10. 新型交易形式规则

网络交易平台的运作、电子缔约，规模巨大，且日益普遍化，《民法总则》对此予以规制义不容辞。

11. 准法律行为规则

迟延履行等场合的催告，债权让与等场合的通知，诸如此类的准法律行为所需要的成立要件和法律效果，它们是否准用、何时准用法律关于法律行为的规

---

[72] 这是江平、尹田二位教授在讨论一起丝绸空运合同案件时发表的意见。

[73] Hydraform Prods. Corp. v. American Steel & Aluminum Corp.，498 A. 2d 339（N. H. 1985）. 转引自［美］E. 艾伦·范斯沃思：《美国合同法》，葛云松、丁春艳译，313 页，北京，中国政法大学出版社，2004。

[74] Continental Airlines v. Goodyear Co.，280 A. 2d 775（D. C. 1971）. 转引自［美］E. 艾伦·范斯沃思：《美国合同法》，葛云松、丁春艳译，313 页，北京，中国政法大学出版社，2004。

定,《民法总则》对此正面规定肯定好于熟视无睹。

12. 法律行为的称谓

《民法通则》要求法律行为必须合法,否则只能冠以"民事行为"的头衔,这带来了一些不便:比如,合法的合同叫作"合同",不法的合同称为什么呢?叫"协议"?其实,人们日常习惯将合法的、不法的协议、合同都称为"合同"或"协议",不习惯于将合法的叫"合同",把不法的命名为"协议"。遗嘱的情况也是如此,不必细说。有鉴于此,《民法总则》不如依然沿用传统民法的用语习惯,将意思表示为要素的行为都叫法律行为,在法律行为的内部再进一步区分合法的、不法的,并分别赋予不同的法律效果,可能是较好的选择。

《民法通则》使用民事法律行为的概念,可能是为了区别其他部门法中的法律行为,为了作为法哲学上的法律行为概念的下位概念,其实,民法上的法律行为重在强调以意思表示为构成要素,按照效果意思赋予法律效果,这非常不同于法哲学上的所谓法律行为,不同于其他部门法上的所谓法律行为。有鉴于此,《民法总则》使用法律行为概念,不必加上"民事"一词的限定,完全可行。

六、关于代理规则及其理论的改进

另有专文,此处省略。

七、关于时间效力制度的设想

1. 概说

时间在民法上具有重要意义,表现在方方面面,如它决定民事主体的民事权利能力和民事行为能力[75],决定某些事实的推定,决定法律关系由不确定到确定,决定权利的取得、存续和丧失,制约着权利的行使和义务的履行,决定着法

---

[75] 郭明瑞、房绍坤、唐广良:《民商法原理(一)·民商法总论·人身权法》,312~313 页,北京,中国人民大学出版社,1999。

律行为的存续，等等。⑦ 其中，期间制度、期日制度、除斥期间制度、权利失效制度完全符合通过提取公因式而形成的具有裁判依据功能的民法规范这个要求，诉讼时效制度自其适用于请求权的场合这个意义上讲，也未局限于债权请求权这个单一的领域，而是可以延伸到某些物上请求权、知识产权请求权，所以，也可以说它符合民法规范进入民法总则的规格标准。此次制定《民法总则》应当设置诉讼时效、除斥期间、权利失效、期间、期日诸项制度。

2. 权利失效

所谓权利失效，也叫权利失效期间（制度），包括两种类型：一种是现行法已经明确规定的民事权利在一定期间届满时未行使便归于消灭的权利失效期间，《民法通则》第137条中段规定的20年保护权利的期间，《海商法》第265条前段规定的保护有关船舶发生油污损害所生请求权的6年期间，《担保法》第15条、第2条等规定的保证期间，以及《合同法》第157条、第158条规定的质量异议期间，为其典型。另一种权利失效是，现行法尚无明文规定，但权利人在相当期间内不行使权利，依特别情事足以使义务人信任权利人不欲使其履行义务时，则基于诚实信用原则不得再为主张。⑦ 此处所谓相当期间，即为权利失效。

《民法总则》应当增设权利失效制度，一方面统率中国现行法上的保证期间、质量异议期间等诉讼时效期间、除斥期间以外的期间，另一方面为符合诚实信用原则的要求，对于长期不行使物权、知识产权、请求确认合同无效之权等权利的不再积极保护，以适当保护义务人在这方面的信赖。

在法无明文而个案情形确实需要适用权利失效，才符合诚实信用原则的要求，已有发生。例如，某学校建造教学楼时占用了某机关的部分建设用地，该机关一直没有行使其物权，待该学校建成该教学楼并投入使用时，该机关才主张排除妨害、恢复原状。若支持此类请求，拆除该教学楼的相应部分，不但财产损失巨大，还导致学生无处上课。于此场合，承认权利失效制度，才符合诚实信用原

---

⑦ 崔建远、韩世远、申卫星、王洪亮、程啸、耿林：《民法总论》，2版，崔建远执笔，253页以下，北京，清华大学出版社，2013。

⑦ 王泽鉴：《民法学说与判例研究》（第1册），155～156页，北京，北京大学出版社，2009。

则的要求。当然，若该学校恶意占用该建设用地的，则不得依据权利失效制度处理此案。这也是诚实信用原则的题中应有之义。再有，中国现行法没有规定当事人请求确认合同无效的期间，合同履行完毕多年，其结果已经形成了固定的法律秩序，仍然允许当事人请求确认合同无效，裁判机关予以支持，会破坏该法律秩序，得不偿失。在不动产交易的情形尤其如此。为了改变这种状况，法律应当尽快规定请求确认合同无效的期间。在目前，宜承认权利失效制度解决这个问题。

毋庸讳言，权利原得自由行使，义务本应适时履行，故权利失效是一种例外的限制权利及其行使的制度，适用之际，宜特别慎重，在现行法没有明文规定具体的权利失效的场合，尤其如此。就要件言，必须有权利在相当期间内不行使的事实，并有特殊情况，足以使义务人正当信任权利人已不再主张其权利，权利若再行使反倒违背诚实信用原则。在作此项判断时，必须斟酌权利的性质、法律行为的种类、当事人之间的关系、经济社会状态，及其他主客观因素综合考量，予以决定。[78] 有学者则总结为，权利失效期间的构成要件有时间要素、信赖要素和状况要素。[79]

权利失效构成的第一个要件是，须有权利在相当期间内不行使的事实。此处所谓权利，包括物权、债权、人格权、知识产权等民事权利。"对于一切权利，无论请求权、形成权、抗辩权，均有适用之余地。"[80] 所谓权利不行使，是指权利人在客观上没有向义务人主张权利。例如，商标专用权人未行使权利，而其他未登记的商标已经长期流通，因信赖关系成立一种具有价值的占有状态时，商标专用权人不得对之提出异议。[81] 此处所谓相当期间，为一弹性概念，需要基于个案情形依据诚实信用原则加以确定。

---

⑱　王泽鉴：《民法学说与判例研究》（第 1 册），157 页，北京，北京大学出版社，2009。

⑲　吴从周：《权利失效之要件变迁》，载《月旦法学教室》，2006（49），12 页。

⑳　德国通说，参见 Enneccerus/Nipperdey, Allgemeiner Teil des BGB, 1960, S. 1932f.；Esser, Schuldrecht I. 1969, S. 31f.；Larenz, Allgemeiner Teil, S. 245f.；Lehmann/Hübner, Allgemeiner Teil des BGB, 1966, S. 100, 346. 王泽鉴：《民法学说与判例研究》（第 1 册），157 页，北京，北京大学出版社，2009。

㉛　RG134，38；BGHZ 21，66. 王泽鉴：《民法学说与判例研究》（第 1 册），160 页，北京，北京大学出版社，2009。

权利失效构成的第二个要件是，足以使义务人正当相信权利人已不再主张其权利。一般地说，权利人长期不行使其权利，极有可能使义务人相信权利人不再行使其权利。在权利人明知或因重大过失地不知义务人侵害了其权利的情况下，尤其如此。对此，试举一例，加以说明。被告砌墙时无意中占用了邻居 B 的土地，23 年后，该邻居 B 提起诉讼，要求回复原状，即拆除该墙，而非损害赔偿。比利时最高法院驳回了原告的诉讼请求，理由为：鉴于这种情形已经存在 23 年，以及这种损害的有限性，鉴于这种损害与拆墙后将造成的对被告的损害的不相称，初审法院认为，拆墙的主张明显超出了一个谨慎细心的人实现其权利的要求。因而，在这种情况下，不得回复原状，而应对这块狭窄的土地按比例补偿已经造成的损失。[82] 诚哉斯言！土地所有权人（原告）长达 23 年没有行使物权请求权，足以使侵占者（被告）相信该所有权人不再主张排除妨害、回复原状。所以，当土地所有权人（原告）主张回复原状时，法院不予支持。

关于权利失效制度的法律效果，在保证期间、质量异议期间届满，权利本体消灭；在法无明文的个案情况下，裁判机关基于特殊情形，依据诚实信用原则，确定要运用权利失效期间制度，是否也消灭权利本体？有的持赞同态度；有的认为仅仅发生义务人抗辩，理由是该项制度系禁止权利不当行使的一种特别形态，仅仅赋予其发生抗辩的效力，较为妥适[83]；在物权、知识产权、人身权的场合，可不消灭权利本体，只消灭请求权。

3. 除斥期间制度

在除斥期间制度方面，《民法总则》至少在如下方面予以明确：（1）区分法定除斥期间与约定除斥期间，以便在约定的除斥期间不明确或过长时，可依据诚实信用原则等加以限制。例如，《合同法》第 95 条没有明确解除权行使的期限，当事人也未事先约定的，解除权人在相当长的时期内没有行使解除权的意向和表露，在客观上已使相对人信赖解除权不会行使，从而以该合同项下的权利义务为

---

[82] Torts Liability for One's Own Act，International Encyclopedia of Comparative Law，王利明译，载中国人民大学法律系编：《外国民法论文选》（第 2 辑），1985，443 页。

[83] 王泽鉴：《民法学说与判例研究》（第 1 册），158 页，北京，北京大学出版社，2009。

基础又从事了新的交易。在这种背景下，法律再认可解除权的行使，会给相对人造成不小的损害，甚至影响到善意的第三人。有鉴于此，《民法总则》赋权裁判者依据诚实信用原则限制此类解除权的行使，甚至运用权利失效期间制度认定解除权业已消灭。（2）将除斥期间的客体限于形成权，以界分除斥期间与诉讼时效、权利失效等项制度。（3）设有一总括的形成权消灭的期间，以备在具体的形成权欠缺明确期间时（如《合同法》对解除权未设行使期间）适用该总括的期间规定。（4）在某些情况下，有必要把解除权及其行使与违约责任两者受时间限制的问题联系起来加以考察。在法律、当事人双方均未规定解除权的除斥期间，当事人也未催告的情况下，若认定无论经过了多长期间解除权都可以行使，在给付的返还、违约责任等却已经罹于时效的情况下，就会形成如下局面：守约方一方面行使解除权将合同解除，另一方面请求违约方返还给付、承担违约责任时遭到时效完成的抗辩，致使解除的预期效果落空。换言之，"解除权原本是债务不履行的效果之一，所以，在原债务因时效而消灭时还剩下一个解除权，颇显滑稽"㉞。为了改变这种局面，令解除权的行使或存续受制于返还给付、违约责任的时效期间，即，在返还给付、违约责任已经罹于时效的情况下，解除权归于消灭或不得行使。㉟《民法总则》应当将这种思想规则化，设立明文。当然，《民法总则》同时要注意，诉讼时效的完成只是债务人可以对抗债权人的请求，给付返还、违约责任的本体并不消灭，如果解除权也受制于诉讼时效，解除权是归于消灭，还是继续存在但不得行使呢？不好回答。此其一。债务人明知诉讼时效已经完成，却不行使时效完成的抗辩权，甚至主动地履行其债务或承担损害赔偿责任，于此场合，债权人一方面接受债务人的给付及承担的责任，另一方面解除合同，使自己不再受该合同的束缚，放手开展新的交易，仍然具有积极的意义。可是，按照返还给付、违约责任已经罹于时效时解除权消灭或不得行使的模式，则

㉞ ［日］星野英一：《日本民法概论·Ⅳ·契约》，姚荣涛译，刘玉中校，88页，台北，五南图书出版公司，1998。

㉟ 这是清华大学法学院教授王洪亮博士向笔者介绍的德国民法的思路，谨表谢意。

达不到这种目的。此其二。⑱

4. 诉讼时效制度

关于诉讼时效制度，《民法通则》的有些规定不尽合理，《民法总则》应当予以完善。

（1）在诉讼时效的客体方面。

1）需要注意，《物权法》第36条规定的恢复原状，在法律性质上属于损害赔偿，而非物权请求权，应当作为诉讼时效的客体。⑰ 排除妨害请求权、消除危险请求权不宜适用诉讼时效制度。至于物的返还请求权是否适用诉讼时效的规定，在法律不承认取得时效制度的背景下，应作否定的回答。因为当物被他人无权占有，物权人未请求返还超过诉讼时效期间，便视为诉讼时效完成，无权占有人可以对抗物权人的返还请求权，可以继续占有本属于物权人的物，形成物权人空有物权之名而无物权之实，占有人拥有物权之实却无物权之名的不正常局面，社会秩序处于不稳定的状态。这不应为善法所允许。此其一。在法律同时承认取得时效和诉讼时效的背景下，可以借鉴德国民法关于登记物权所生物的返还请求权不适用消灭时效制度、不登记物权所生物的返还请求权适用消灭时效制度的模式。⑱ 不过，有学说和司法解释坚持，即使中国现行法未设取得时效制度，也承认不登记物权场合的返还请求权适用诉讼时效的规定。此其二。

2）人身权请求权包括人格权请求权和身份权请求权。人格权请求权，是基于人格权而生的请求权，具体表现为停止侵害请求权、排除妨害请求权、消除危险请求权、恢复名誉请求权、消除影响请求权。至于侵害人格权而产生的损害赔偿，属于侵权责任，也不具有使人格权回复到原来状态的功能，不属于人格权请求权的范畴。人格权请求权，为人格权的有机构成因素，是人格权的效力，与人格权密不可分，可由人格权本体不断地滋生，其行使能使人格权回复到原有状

---

⑯ 崔建远：《解除权问题的疑问与释答（上）》，载《政治与法律》，2005（3）。
⑰ 详细分析，见崔建远：《土地上的权利群研究》，373页以下，北京，法律出版社，2004。
⑱ 详细分析，见崔建远：《绝对权请求权抑或侵权责任方式》，载《法学》，2002（11）；崔建远：《土地上的权利群研究》，411页以下，北京，法律出版社，2004；崔建远：《物权法》，122页以下，北京，中国人民大学出版社，2009。

态，应成为人格权的请求权。⑧ 它们不应适用诉讼时效制度，其道理如同物权请求权中的停止侵害请求权、排除妨害请求权、消除危险请求权不应作为诉讼时效的客体一样。

身份权本身不因时效而消灭。基于身份关系而发生的请求权，表现为生父母对养子女的返还请求权，亲属间扶养、赡养、抚养的请求权，离婚后扶养的请求权等。对于此类请求权，有的学者主张不适用诉讼时效的规定，有的学者认为纯粹身份关系的请求权不适用诉讼时效的规定，但以财产利益为目的的请求权，如赡养费请求权、抚养费请求权等，与一般请求权并无不同，应作为诉讼时效的客体，适用诉讼时效的规定。⑩ 通说认为身份权请求权以不适用诉讼时效的规定为宜。

3）共有物分割请求权，并非请求权，即不是某个共有人或某些共有人请求其他共有人对共有物实施分割行为的权利，而是形成权。⑪ 需要注意，共有人成立不动产协议分割合同之后，其分得部分所有权的移转请求权，系请求履行协议分割合同的权利，具有债权请求权的性质，应当适用诉讼时效的规定。⑫ 这些观点确有道理，值得赞同。

4）买卖物、承揽物等存在瑕疵，买受人或定作人等享有请求出卖人或承揽人等减少价款或酬金的权利。此类减价权，亦非请求权，而是形成权⑬，不应适用诉讼时效的规定。

5）基于不动产相邻关系的请求权，如停止侵害请求权、排除妨害请求权，消除危险请求权，系维持相邻关系所不可或缺的权利，与相邻关系形影相随，不

---

⑧　关于人格权请求权的详细阐释，见崔建远：《债法总则与中国民法典的制定——兼论赔礼道歉、恢复名誉、消除影响的定位》，载《清华大学学报》（哲学社会科学版），2003（4）。

⑩　施启扬：《民法总则》，346～347页，台北，三民书局，1997。

⑪　参见中华民国最高法院1940年上字第1529号判例；王泽鉴：《民法总论》，498页，北京，北京大学出版社，2009。

⑫　中国台湾地区"最高法院"1978年台上字第2647号判例；王泽鉴：《民法总论》，498页，北京，北京大学出版社，2009。

⑬　参见中国台湾地区"最高法院"1982年台上字第2996号判例；王泽鉴：《民法总则》，496页，北京，北京大学出版社，2009。

应适用诉讼时效的规定。至于基于相邻关系而产生的损害赔偿，如相邻一方通行于另一方的不动产时损害了秧苗，因而成立的损害赔偿请求权，为债权请求权，则可以脱离相邻关系而独立存在，适用诉讼时效的规定不会影响相邻关系准则。

（2）在诉讼时效期间的起算方面。

《民法通则》第 137 条前段关于"诉讼时效期间从知道或者应当知道权利被侵害时起计算"的规定，确立了诉讼时效期间起算的两项要素：一是客观的，即权利受到侵害；二是主观的，即权利人知道或应当知道其权利受到侵害。当然，对权利人应当知道其权利受到侵害的判断，宜采客观标准，即一个理性人在此情况下能够知道其权利受到侵害，就认定权利人应当知道其权利受到侵害。必须声明，这是先进的，应予坚持。但是它较为概括，因法律关系及请求权的情形不尽相同，在个案中，诉讼时效期间的起算点也有差异，需要具体规定：A. 履行期限明确的债权请求权，其诉讼时效期间的起算点为该期限届满的次日。B. 无履行期限的债权请求权，依照《合同法》第 61 条、第 62 条的规定，可以确定履行期限的，诉讼时效期间从履行期限届满之日起计算；不能确定履行期限的，诉讼时效期间从债权人要求债务人履行义务的宽限期届满之日起计算，但债务人在债权人第一次向其主张权利之时明确表示不履行义务的，诉讼时效期间从债务人明确表示不履行义务之日起计算［《最高人民法院关于审理民事案件适用诉讼时效制度若干问题的规定》（以下简称为法释〔2008〕11 号）第 6 条］。C. 同一债务被确定为分期履行的，如分期付款买卖场合的付款债务、借款合同场合的利息债务等，诉讼时效期间从最后一期履行期限届满之日起计算（法释〔2008〕11 号第 5 条）。准确地说，诉讼时效期间应自届满之日的次日起算。D. 附条件的债权请求权，该条件成就仅仅使法律行为生效，但债务履行期尚未届至的，诉讼时效期间不开始起算，只有待债务履行期届满时债务人仍未履行债务的，诉讼时效期间自次日开始起算；该条件成就时不仅使法律行为开始生效，而且债务的履行期也已经届满的，诉讼时效期间自该条件成就的次日开始起算；该条件成就时，法律行为开始生效且履行期也届至，但未届满的，诉讼时效期间则非自条件成就时起算，而是自履行期届满的次日起算。E. 附期限的债权请求权，该期限的届至

仅仅使法律行为生效，但债务履行期尚未届至的，诉讼时效期间不开始起算，只有待债务履行期届满时债务人仍未履行债务的，诉讼时效期间自次日开始起算；该期限届至时不仅法律行为开始生效，而且就是债务履行期届满的，诉讼时效期间自该期限届至的次日开始起算；该期限届至时，法律行为开始生效且债务履行期也届至，但未届满的，诉讼时效期间则非自该期限届至时起算，而是自债务的履行期届满的次日起算。F. 不登记物权场合的物的返还请求权，有学说和司法解释认为适用诉讼时效的规定。若采纳这种意见，则物的返还请求权的诉讼时效期间的起算点应为，无权占有成立、物权人请求无权占有人返还、无权占有人拒不返还之时。同理，占有人返还请求权的诉讼时效期间的起算点应为，无权占有成立、占有人请求无权占有人返还、无权占有人拒不返还之时。G. 合同被撤销，返还财产、赔偿损失请求权的诉讼时效期间从合同被撤销之日起计算（法释〔2008〕11 号第 7 条第 3 款）。需要说明，此处所谓返还财产，为不当得利返还的，法释〔2008〕11 号第 7 条第 3 款的规定可资赞同，若为物的返还请求权的，依多数说认为，只有在非登记物权的场合，物的返还请求权才适用诉讼时效的规定，其诉讼时效期间的起算点应为，无权占有成立、物权人请求无权占有人返还、无权占有人拒不返还之时。H. 合同被确认为无效，赔偿损失请求权的诉讼时效期间从确认合同无效的裁判生效之日起计算，至于返还财产是否适用诉讼时效的规定，以及时效期间起算，与合同撤销场合的情形一样。⑭ I. 返还不当得利请求权的诉讼时效期间，从当事人一方知道或应当知道不当得利事实及对方当事人之日起计算（法释〔2008〕11 号第 8 条）。J. 管理人因无因管理行为产生的给付必要管理费用、赔偿损失请求权的诉讼时效期间，从无因管理行为结束并且管理人知道或应当知道本人之日起计算（法释〔2008〕11 号第 9 条第 1 款）。本人因不当无因管理行为产生的赔偿损失请求权的诉讼时效期间，从其知道或应当知道管理人及损害事实之日起计算（法释〔2008〕11 号第 9 条第 2 款）。K. 侵害财产权益的场合，损害赔偿请求权的诉讼时效期间的起算点应确立如下规则：损害

---

⑭　崔建远：《合同无效与诉讼时效》，载《人民法院报》，2002 - 02 - 22，3 版。

事实发生时，受害人知道或应当知道的，诉讼时效期间自损害发生时（亦即受害人知道时）起算；损害事实发生时，受害人不知道也不应当知道，其后受害人才知道或应当知道的，损害赔偿请求权的诉讼时效期间自其知道或应当知道时起算。《专利法》第 68 条第 1 款关于"侵犯专利权的诉讼时效为二年，自专利权人或者利害关系人得知或者应当得知侵权行为之日起计算"的规定，第 68 条第 2 款前段关于"发明专利申请公布后至专利权授予前使用该发明未支付适当使用费的，专利权人要求支付使用费的诉讼时效为二年，自专利权人得知或者应当得知他人使用其发明之日起计算"的规定，即体现了这种思路。侵占他人不登记财产的场合，返还财产的诉讼时效期间的起算点应为，无权占有成立、物权人请求无权占有人返还、无权占有人拒不返还之时。在人身损害赔偿中，侵害当时即发现受伤的，损害赔偿请求权的诉讼时效期间从侵害当日起算；侵害当时未曾发现的，事后经检查确诊并证明是由该侵害引起的，从伤势确诊之日起算。L. 请求他人不作为的债权请求权，其诉讼时效期间应自义务人违反不作为义务、权利人对此知道或应当知道时起算。

需要指出，《中华人民共和国保险法》（以下简称为《保险法》）第 26 条第 1 款规定，向保险人请求赔偿或给付保险金的诉讼时效期间自其知道或应当知道保险事故发生之日起计算。笔者认为，这不妥当，分析如下：按照《民法通则》第 137 条的规定，诉讼时效制度不调整中性的原权利（原义务），仅仅管辖救济权（义务违反所产生的第二性义务），具体到合同关系，就是诉讼时效制度仅仅适用于违约责任，合同债权、合同债务由履行期限、合同的存续期限管辖，并非诉讼时效制度染指的领域。如此，债务履行期限、债权行使期限、合同存续期限、诉讼时效期间之间衔接、配合得恰到好处，值得肯定。据此衡量，《保险法》第 26 条第 1 款关于 2 年诉讼时效期间的规定则值得商榷，因为它是以知道或应当知道保险事故发生之日为起算点的。如此，《保险法》第 26 条第 1 款的规定，是由诉讼时效制度调整了保险合同项下的保险金请求权这个原权利，违反保险合同项下义务时产生的违约责任，却无相应的制度调整。之所以说"违反保险合同项下义务时产生的违约责任，却无相应的制度调整"，是因为《保险法》第 26 条系关于

诉讼时效的规定，且为特别法，《民法通则》第 137 条等亦为关于诉讼时效的规定，且为普通法，按照特别法优先于普通法的规则，《保险法》第 26 条的规定优先于《民法通则》第 137 条等规定而适用，故而《民法通则》第 137 条等规定于保险合同场合无适用余地。即便保险公司无理拒赔，应当向被保险人承担违约责任，该违约责任本应适用诉讼时效的规定，也因《保险法》第 26 条第 1 款规定的存在而排除了《民法通则》第 137 条等规定的适用。之所以说《保险法》第 26 条第 1 款的规定调整了保险合同项下的保险金请求权这个原权利，而非救济权（被保险人请求保险公司承担违约责任的权利），是因为《保险法》第 26 条第 1 款规定诉讼时效期间"自其知道或者应当知道保险事故发生之日起计算"，而保险事故发生只是产生被保险人请求保险公司理赔的债权，而非向保险公司主张承担违约责任的债权。被保险人请求保险公司承担违约责任的债权，产生于保险公司无理地拒绝理赔之时，这是保险事故发生之后的某个时间点出现的事实。此其一。《保险法》第 26 条第 1 款的规定，排除了当事人双方约定被保险人向保险公司主张保险合同项下权利的行使期限。本来，保险事故发生，保险公司承担理赔义务。为了避免承担不应承受的不利益（如保险事故并未发生），保险公司有必要查清事实真相；即便保险事故果真发生，也有必要要求被保险人及时行使权利。所有这些，都决定了当事人双方有必要约定被保险人及时向保险公司告知保险事故发生及请求理赔的期间（履行期间）。但遗憾的是，《保险法》第 26 条第 1 款的规定，没有留给当事人做这些约定的空间、机会。这是不适当的。此其二。《保险法》第 26 条第 1 款的规定不合国际贸易及其保险的惯例。在国际贸易中，进出口信用保险等业务基本上都于保险合同中约定了被保险人请求保险公司理赔的期限。若被保险人主张得有依据，保险公司却拒绝理赔，成立违约责任，时效制度开始发挥作用。《保险法》第 26 条第 1 款的规定，剥夺了当事人双方做此类约定的机会，不合国际贸易及其保险的惯例。此其三。当事人双方约定被保险人请求保险公司理赔期限，实质上延长了《保险法》第 26 条第 1 款规定的 2 年时效期间。而《最高人民法院关于审理民事案件适用诉讼时效制度若干问题的规定》（法释〔2008〕11 号）第 2 条规定，当事人违反法律规定，约定延长或者缩

短诉讼时效期间、预先放弃诉讼时效利益的，人民法院不予认可。就是说，当事人双方关于被保险人请求保险公司理赔的约定，不能发生法律效力。此其四。综上所述，可知《保险法》第26条第1款的规定弊端明显，《民法总则》不应承认。

《中华人民共和国海商法》（以下简称为《海商法》）第246条规定的2年诉讼时效期间，是以保险事故发生之日为起算点的。如此，《海商法》第246条的规定，存在着与《保险法》第26条第1款同样的问题，在立法论上应予修正，在解释论上亦应限缩其适用范围。

（3）在诉讼时效中断事由方面。

不宜对《民法通则》第140条后段关于"从中断时起，诉讼时效期间重新计算"的规定望文生义，即，不宜认为中断事由出现，已经进行的诉讼时效期间归于消灭，新的诉讼时效期间马上开始起算。其道理在于，这样理解《民法通则》第140条后段的规定，会出现下述不适当的后果：如在2年诉讼时效期间的场合，在诉讼时效期间进行18个月时债权人提起诉讼或申请仲裁，诉讼时效期间中断，马上重新计算诉讼时效期间，则会因裁判机构审理的时间长达2年，致使重新起算的诉讼时效期间届满，给债权人造成不应有的后果。再说，债权人提起诉讼或申请仲裁，已经是在积极行使权利，不得视为中断事由消失。

如果我们将《民法通则》第140条后段的规定解释为"待中断事由消失后，诉讼时效期间重新计算"，就不会出现上述不适当的结果。有鉴于此，《民法总则》应将《民法通则》第140条后段的措辞改为"待中断事由消失后，诉讼时效期间重新计算"的表述。

《最高人民法院关于审理涉及金融资产管理公司收购、管理、处置国有银行不良贷款形成的资产的案件适用法律若干问题的规定》（以下简称为法释〔2001〕12号）第10条规定："债务人在债权转让协议，债权转让通知上签章或者签收债务催收通知的，诉讼时效中断。原债权银行在全国或者省级有影响的报纸上发布的债权转让公告或通知中，有催收债务内容的，该公告或通知可以作为诉讼时效中断证据"。《最高人民法院对〈关于贯彻执行最高人民法院"十二条"司法解

释有关问题的函〉的答复》（以下简称为法函〔2002〕3 号）规定："金融资产管理公司在全国或省级有影响的报纸上发布的有催收内容的债权转让公告或通知所构成的诉讼时效中断，可以溯及至金融资产管理公司受让原债权银行债权之日；金融资产管理公司对已承接的债权，可以在上述报纸上以发布催收公告的方式取得诉讼时效中断（主张权利）的证据。"法释〔2008〕11 号第 19 条第 1 款规定："债权转让的，应当认定诉讼时效从债权转让通知到达债务人之日起中断。"

概括地说，上述司法解释在一定领域承认了债权让与通知为诉讼时效中断的事由，这存在不少的疑问：A. 权利人主张权利、义务人同意履行义务，要求更高，不仅需要债权人清醒，而且要有他主张权利的积极行动；不仅债务人承认权利的存在，而且有其进一步的同意履行。B. 债权让与通知是一种观念通知，让与人或受让人将债权让与这种事实告知债务人⑤，无论通知的主体内心是如何想的，意欲发生何种法律效果，都改变不了法律预定的结果——债权让与对于债务人具有拘束力，债务人向受让人履行才发生债的清偿、债务人的债务归于消灭的效果。显然，这不同于债权人请求债务人履行义务、提起诉讼和债务人同意履行义务。债权人请求债务人履行义务，为民法上的意思通知，属于准法律行为的范畴。⑥ C. 日本民法、中国台湾地区的"民法"规定债务人承认为时效中断事由。债务人承认，系指有可能享受时效利益之人向有可能因时效而失去权利之人表示已知其权利之存在。承认之所以为中断事由，不仅因为权利的存在由此得到确认，更重要者在于即使权利人不行使权利，也无从责备其怠慢。故而承认只被认为系以观念通知而生时效中断的效力，不须以"对相对人之权利有处分之能力与权限为必要"⑦。与此有所不同，中国大陆《民法通则》规定的中断事由之一，

---

⑤ 〔日〕於保不二雄：《日本民法债权总论》，庄胜荣校订，293 页，台北，五南图书出版有限公司，1998；郑玉波：《民法债编总论》，修订 2 版，陈荣隆修订，441 页，北京，中国政法大学出版社，2004。

⑥ 史尚宽：《债法总论》，586、588 页，台北，荣泰印书馆股份有限公司，1978。当然，也有观点认为，债权人请求债务人履行义务属于意思表示。见王泽鉴：《民法总则》，508 页，北京，北京大学出版社，2009；黄立：《民法总则》，479 页，北京，中国政法大学出版社，2002。

⑦ 〔日〕四宫和夫：《日本民法总则》，唐晖、钱孟姗译，朱柏松校订，328 页，台北，五南图书出版有限公司，1995。

不是债务人承认，而是债务人同意履行义务，其法律性质如何，值得讨论。有学说认为它属于意思表示。[⑧] 中国台湾"民法"第 77 条规定："限制行为能力人为意思表示及受意思表示，应得法定代理人之允许。"其中法定代表人的允许，乃事先的同意。事后的同意，称为承认。允许系有相对人的单独行为，其意思表示须向限制行为能力人或其相对人为之。[⑨] 债务人同意履行债务，与此类似，可作相同的解释，即它属于债务人的承诺，为意思表示。众所周知，意思通知、意思表示与观念通知显然存在实质的不同，除非有重大的理由，不得赋予其相同的法律效果。就此看来，法释〔2008〕11 号第 19 条第 1 款关于"债权转让的，应当认定诉讼时效从债权转让通知到达债务人之日起中断"的规定，法释〔2001〕12号第 10 条关于"债务人在债权转让协议，债权转让通知上签章或者签收债务催收通知的，诉讼时效中断。原债权银行在全国或者省级有影响的报纸上发布的债权转让公告或通知中，有催收债务内容的，该公告或通知可以作为诉讼时效中断证据"的规定，以及法函〔2002〕3 号关于"金融资产管理公司在全国或省级有影响的报纸上发布的有催收内容的债权转让公告或通知所构成的诉讼时效中断，可以溯及至金融资产管理公司受让原债权银行债权之日；金融资产管理公司对已承接的债权，可以在上述报纸上以发布催收公告的方式取得诉讼时效中断（主张权利）的证据"的规定，在理论上有说不通之处。再者，笔者还认为，在法释〔2001〕12 号第 10 条后段关于"原债权银行在全国或者省级有影响的报纸上发布的债权转让公告或通知中，有催收债务内容的，该公告或通知可以作为诉讼时效中断证据"的规定中，所谓的"有催收债务内容"，已经表明它含有债权人向债务人主张债权的意思表示，符合《民法通则》第 140 条规定的诉讼时效中断的事由的规格，应当引起诉讼时效的中断。至于该条前段的规定，如"债务人在债权转让协议，债权转让通知上签章或者签收债务催收通知的，诉讼时效中断"，过于绝对，此次制定《民法总则》应当区分如下类型而异其效力：1）债务人签收债务催收通知，可以视为债务人收到债权人主张其债权的意思表示，从而引发

---

⑧ 魏振瀛主编：《民法》，2 版，202 页，北京，北京大学出版社、高等教育出版社，2006。

⑨ 王泽鉴：《民法总则》，307～308 页，北京，北京大学出版社，2009。

诉讼时效的中断。不过，在该债权的诉讼时效期间已经届满时，不会发生诉讼时效中断的效果。2）债务人在不含有债务催收内容的债权转让通知上签章，仅仅表明债务人收到了该通知，没有表现出债务人同意履行该债务的意思，故不构成诉讼时效中断的事由 3）债务人在债权转让协议上签章，如果该债权转让协议未载有要求债务人履行债务或债务催收的内容，那么，原则上不发生诉讼时效中断的效果；反之，则引起诉讼时效的中断。

（4）在诉讼时效期间的长短方面。

相对于中华民族数千年来形成的欠债还钱、难以张口催促债务人还钱的习俗，《民法通则》第135条规定的普通诉讼时效期间显得过短，使许多法律知识欠缺的平民百姓于不知间丧失了权益，使得某些背信之人扬扬得意。《民法总则》应当适当增长诉讼时效期间。

（5）中国现行法欠缺关于诉讼时效与解除权行使的除斥期间之间衔接的规定，在实务中也出现了问题，制定《民法总则》时对此也应予以明确。

5. 取得时效

《民法通则》设置了诉讼时效制度，规定了期间、期日及其起算点，对于除斥期间采取了零散规定的模式，欠缺权利失效，没有承认取得时效。《物权法》沿袭《民法通则》的立场，同样没有规定取得时效。这不能不说是个遗憾，因为取得时效在中国大有作为，如一项不动产的登记所需时间较为漫长，在房地产价格飙升的背景下，某些背信的出卖人便一房多卖，使得最先签订买卖合同甚至付清了全部房款的买受人无法实现合同目的。如果设有取得时效制度的话，该买受人很可能基于取得时效的规定而取得了所购房屋。这样的结果最为理想。

诚然，取得时效制度适用于物权领域，单就这点说来，《民法总则》设置取得时效制度不太符合民法规范进入《民法总则》的规格标准。但是，考虑到距离《民法典》的颁行尚需时日，而当下又需要取得时效制度，加之编纂《民法典》时可以将取得时效后移至物权法编，笔者呼吁《民法总则》增设取得时效制度。

民法制度移植的背景因素和内部和谐问题 *

一、引言

中国民法学属于继受类型，制定中国民法典，相当的制度及规则需要参考、借鉴境外的立法例及其理论。由于被继受的每项制度及规则都属于其整个民法的构成部分，均有其所处的背景，每一有机体的自为自得，均有赖于其整体与部分间的均衡之维持，有赖于每一部分的各有其分，各尽其责，因而，只要它们是理性的产物而非立法者的恣意妄为，它们的存在构成了民法的内部和谐性，我们在借鉴时就必须注意到它们所处的背景、它们所受制的原则、它们的制度功能。不然，当它们被植入中国民法典时就会出现内部的抵触、冲突。在这方面，存在着教训。例如，《中华人民共和国合同法》（以下简称为中国合同法）同时规定了减轻损失规则（第 119 条）和与有过失规则（第 120 条的解释），而这两者所作用的领域虽有些许差异，但大体相同；其功能可以说一致。这给解释和适用带来了不小的困难。原来，普通法以减轻损失规则来限制损害赔偿的范围，除此而外不

---

　　* 本文最初发表于《法学家》2003 年第 4 期。

再有与有过失规则，其内部是和谐的。大陆法系采用与有过失规则来限制损害赔偿的范围，除此而外不再有减轻损失规则，其内部没有矛盾。我们一起"拿来"，人为地制造了麻烦，需要花很大的气力来研究它们之间的关系，界定各自的适用领域，考察其竞合的情形①，实在划不来。

再如，《合同法》第 68 条、第 69 条、第 108 条和第 94 条之间的关系如何，至今都争论不休。对于其中的第 68 条、第 69 条的规定，虽然一致认为它们确立了不安抗辩权制度，但对于第 108 条规定的意义却认识不一，通说坚持它是关于先期违约（预期违约）的规定。② 那么，第 94 条在表述上与第 108 条接近，又该如何理解呢？

众所周知，不安抗辩权为大陆法系的制度，先期违约则系普通法系上的规则，两者的功能大体相当。尽管有人认为，德国民法上也有先期违约③，但通说认为大陆法系无先期违约制度，普通法系无不安抗辩权制度。如此，它们各自的内部是和谐的。中国《合同法》一并采纳，尤其是把第 108 条解释为规定了先期违约，就带来了较大的问题：其一，《合同法》第 108 条规定的情形与普通法系的先期违约存在出入。先期违约包括拒绝和预期不能履行两种类型，后者既指因不可归责于债务人的原因导致的预期不能履行，也包括因债务人自己的行为造成的预期不能履行。中国《合同法》第 108 条规定的情形欠缺因不可归责于债务人的原因导致的预期不能履行这种类型。其二，在普通法上，先期违约行为发生在履行期限届至前；而中国《合同法》第 108 条规定在履行期限届满之前。这个差别可能导致效果的巨大不同：在一时的合同场合，债务人虽然表示过拒绝履行或者在客观上预期不能，但在履行期限届满前，债务人又实际履行，或者恢复了履行能力并愿意实际履行，就不宜认定为债务人违约，债务人有权抗辩债权人的违

---

① 参见崔建远主编：《合同法》，274～275 页，北京，法律出版社，2003。

② 在草拟和讨论中国合同法草案的过程中，王利明教授和我一直坚持中国合同法要采纳先期违约制度，但这是以不同时规定不安抗辩权制度为前提的。一旦该方案未被采纳，而设置了不安抗辩权制度，那么，我就不把《合同法》第 108 条的规定理解为承认了先期违约，而是把它解释为关于拒绝履行的规定。

③ 参见［德］罗伯特·霍恩等：《德国民商法导论》，楚健译，谢怀栻校，113 页，北京，中国大百科全书出版社，1996。

约请求权，除非债务人原来表示的拒绝履行已经给债权人造成了重大损失。与此有别，在继续性合同的情况下，于履行期届至前，债务人表示拒绝履行或者在客观上预期不能，构成先期违约；于履行期限内，债务人拒绝履行或者在客观上预期不能，就现实地构成违约（而非先期违约），须向债权人承担违约责任，除非存在免责事由。由此可见，中国《合同法》第108条规定确实不同于普通法系上的先期违约，并且把判断先期违约的期限定在合同履行期届满之前，有时混淆了先期违约和真正违约的界限，不尽科学。其三，依据先期违约制度，债权人可以立即同意债务人的先期违约，并马上请求债务人承担违约责任；也可以拒绝债务人的先期违约行为，请求他信守合同，履行其债务，不过，要承担于此期间发生的不能履行的风险。中国《合同法》第108条仅仅规定了同时马上请求债务人承担违约责任的救济方式，未提请求债务人信守合同，履行其债务的路径；实际上，是否可以解除合同也不清楚。如果主张解除合同，必须援引《合同法》第94条第2项。可是，第94条第2项与第108条在表述上又存在差异，就文义而言，尚不能保证一律援引成功。这又表现出它与先期违约的不同。其四，适用《合同法》第68条和第69条的规定，主张不安抗辩权，需要承担繁重的举证责任，而援引第108条的规定，则无此类举证负担。功能相近的两项制度，如此失去权衡，难谓成功。其五，最大的问题在于，上述设计违反了同一部法律不宜规定功能相同或相近的制度这个原则。如何补救？在解释论的层面上，应当把《合同法》第108条规定的制度解释为拒绝履行；站在立法论的立场上，就是制定中国民法典时明确地把《合同法》第108条完全按照拒绝履行的规格加以表述。

由于历史、文化等方面的原因，我们学习德国民法学说和中国台湾"民法"及其理论更为经常。中国民法未奉行物权行为独立性和无因性理论，而后两者恰恰采纳了这个理论。忽视了这个差异，在任何领域都完全因袭德国民法及中国台湾"民法"及其理论，就会出现严重的问题。下文就围绕这个问题加以讨论。

二、避免不当得利的泛化

我国曾经出现过将不当得利泛化的现象，原因之一就是照抄了德国民法和中国台湾地区"民法"关于不当得利的理论。事实是，德国民法采用物权行为制度，给付不当得利请求权具有调节因物权行为无因性理论而生财产变动之特殊规范功能，乃为立法者用来治疗自创的伤痕。④ 物权行为无因性之缓和或废除将减少不当得利的适用范围。⑤ 的确如此，我国民法未采纳物权行为独立性和无因性制度，德国民法上的某些不当得利类型，在中国民法上则由物的返还请求权取而代之，不当得利的适用范围相对于德国民法上的为窄。⑥

例如，在合同解除的情况下，因为我国法律未承认物权行为独立性与无因性的理论，合同标的物所有权转移的效力首先取决于合同（相当于德国民法上的债权合同）的效力，而不由什么物权合同的生效所决定。这样，如果解除有溯及力并采取直接效果说，在给付物为动产的情况下，就使给付物的所有权复归于给付人，给付人可基于所有权请求返还。在该给付物已经办理了过户登记手续场合，受领人负有注销权属登记的义务，给付人享有请求权属登记的权利。待这些工作完成时，给付人就重新取得给付物的所有权。与此不同，德国法因奉行物权行为无因性原则，给付物的所有权不因合同解除而复归于给付人，给付人至多可以基于不当得利请求受领人返还。可见，同样是合同解除，但因奉行物权行为制度与否的不同，在法律效果上却差异不小。因此差异，进一步导致利益分配的不同：在不实行物权行为制度的法制上，由于给付人享有的是所有物返还请求权，而所有权的效力优先于普通债权的效力，所以在受领人的财产不足以清偿数个并存的债权时，给付人最容易得到给付物的返还。在奉行无权行为无因性的德国民法

---

④ Dernburg, Das Burgerliche Recht, Die Schuldverhaltnisse, Bd. Ⅱ/2. 4. Aufl. S. 77. 转引自王泽鉴：《债法原理·不当得利》第 2 册，修正版，26 页，台北，三民书局，1999。

⑤ 参见王泽鉴：《债法原理·不当得利》第 2 册，修正版，26 页，台北，三民书局，1999。

⑥ 参见崔建远：《不当得利研究》，载《法学研究》，1987（4）。

上，给付人所享有的是不当得利返还请求权，而不当得利的返还，往往以受领方的现存利益为限，受领方取得的给付因意外事故减少或不复存在，就不负返还义务[7]；加之不当得利返还请求权只是普通债权，在受领人的财产不足以清偿数个并存的债权时，给付人可能实际上得不到给付的全部返还。既然差异如此之大，我们制定中国民法典时不可不察。

上述现象在合同无效、被撤销、不被追认等情况下都可能存在，制定民法典时必须予以注意。

三、债权让与的正本清源

中国大陆民法区别债权让与和债权让与合同两个范畴。债权让与，是指债权自其主体处移转到受让人之手的过程，是债权变动的一种形态，因不承认物权行为制度及其理论，它属于事实行为；同时，它也是债权归属于受让人的一种结果。而债权让与合同则为引起债权让与的一种法律事实，并且，因其以当事人的意思表示为要素，故它属于一种法律行为；因其在让与人和受让人之间产生了债权债务，故它属于债权行为。[8] 但在德国民法、中国台湾地区的"民法"上，按照日本民法的多数说，在行为的层面观察，它属于准物权行为；在结果的意义上，它也不是债权让与合同（债权行为）生效的结果，而是债权让与契约这个准物权行为[9]引发的结果。

按照中国大陆民法，债权让与合同这个债权行为成立并生效，债权就发生让与的效果，不需要履行行为，至少不需要履行主给付义务，但有时需要履行诸如

---

[7]　一种学说认为，给付不当得利在返还范围上不因受领人是善意抑或恶意而变化。但在中国民法上，尚无这方面的法律依据。

[8]　参见崔建远主编：《合同法》，165 页，北京，法律出版社，2003。

[9]　为了区别作为债权行为的债权让与合同与作为准物权行为的债权让与行为两个概念，本文把前者叫作债权让与合同，或者直接根据上下文及其内容而命名为买卖合同、赠与合同或代物清偿等；将后者取名为债权让与行为或者债权让与契约。虽然在中国大陆的现行法上，在概念上不再区分契约与合同，但因笔者的词汇贫乏，本文才不得已地如此使用契约和合同的概念。

交付债权凭证等附随义务。但在德国民法和中国台湾地区的"民法"上，债权的转移，不是借助于债权让与合同这个债权行为，而是通过债权让与契约这个准物权行为来实现的。理论上虽然如此，可在外观上，只要当事人双方没有特别的约定，那么，他们一经签订完毕债权让与合同（债权行为），债权就发生移转。不论是中国、法国的民法，还是德国民法、中国台湾地区的"民法"，抑或日本的民法，概莫能外。这更促使我们思考，在债权让与场合，区分债权行为和准物权行为的价值到底如何？在这里，所谓债权意思主义和债权形式主义的区分，也失去了有形的意义。

造成上述奇怪现象的另一原因，在于债权让与不同于物权变动。这不仅是因为债权不同于物权，而且表现在对于公示的要求不同。物权变动必须通过移转占有、登记等公示形式对外表现出来。⑩ 至于债权让与，除非法律、行政法规规定转让债权应当办理批准、登记手续的，则无须采用特别的公示方式（《合同法》第87条）。除票据债权等以外，债权让与无登记、占有移转的要求。至多对已经做成债权证书的债权进行让与时，必须交付债权证书。这属于履行附随义务。如此，在德国民法上，失去了交付、登记这些识别物权行为的外观标志，也使得交付、登记是否为物权行为的组成部分的争论不再必要。使得法国民法的债权意思主义彰显出简洁合理性。

我们还应区分债权让与合同（基础行为）和产生债权的行为。此处所谓产生债权的行为，是指产生将要被转让的债权的法律行为，亦即产生债权让与合同的标的物的法律行为。产生债权的行为大多是合同，如买卖合同、赠与合同、互易合同等。

至于所谓基础行为，并非上述产生将被转让的债权的法律行为，而是指债权让与合同（债权行为）的具体表现形式，可能是买卖合同，可能是赠与合同，也可能是代物清偿合同，还可能是信托合同等。有学者认为，以委任（委托）索取债权的目的或者委任（委托）保管财产的目的等，可以作为债权让与这个准物权

---

⑩　参见［德］迪特尔·梅迪库斯：《德国民法总论》，邵建东译，169页，北京，法律出版社，2000。

行为的目的。[11] 换言之，债权让与合同（债权行为）是个总称谓，在个案中，债权让与合同（债权行为）或者是买卖债权的合同，或者是赠与债权的合同，或者是代物清偿合同，或者是信托合同，等等。不过，德国民法和中国台湾地区的"民法"及其理论，不使用债权让与合同的范畴，要么具体地、直接地称为买卖合同或赠与合同或委任合同或代物清偿等，要么使用基础行为或基础合同的概念，要么叫作负担行为，要么称为债权行为。日本民法的多数说称为负担行为，或者原因行为，或者债权行为等。

还必须注意，虽然都叫买卖合同、赠与合同等，但作为产生债权的行为中的买卖合同、赠与合同不同于作为基础行为的买卖合同、赠与合同。

在中国大陆、法国、德国民法以及中国台湾地区的"民法"上，它们的定性和法律效果存在着差异。现在通过案例加以说明。

案例：甲公司和乙于 2002 年 6 月 2 日订立一个买卖奥迪车的合同，约定甲公司于 2002 年 9 月 1 日将奥迪车交付与乙，乙同时支付价款 32 万元。乙于 2002 年 7 月 15 日和丙签订转让奥迪车请求权的合同，并于当日把书面通知送达与甲公司。乙和丙之间的转让奥迪车请求权的合同，实际上是乙把该奥迪车请求权出卖给了丙，丙将向乙支付价款 30 万元。

按照中国大陆民法解释，上述甲公司和乙之间的买卖合同是产生债权的行为。乙和丙之间的奥迪车请求权转让合同就是基础行为，也叫债权让与合同。奥迪车请求权于 2002 年 7 月 15 日由乙转让丙的现象，就是债权让与。在这里，买卖奥迪车的合同（产生债权的合同）提供转让奥迪车请求权的合同（债权让与合同）的标的物，转让奥迪车请求权的合同（债权让与合同）系奥迪车请求权让与（债权让与）的法律事实，换言之，转让奥迪车请求权的合同（债权让与合同）是奥迪车请求权让与（债权让与）的原因行为；奥迪车请求权让与（债权让与）为转让奥迪车请求权的合同（债权让与合同）生效的结果（相当于有体物买卖合同履行的结果）。

---

① 参见孙森焱：《民法债编总论》，修订 10 版，694 页，台北，三民书局，1997。

在德国民法、中国台湾地区"民法"的视野里，对于甲公司和乙之间的买卖合同、乙和丙之间的奥迪车请求权转让合同的认识，与中国大陆民法的相同。但对于奥迪车请求权于 2002 年 7 月 15 日由乙转让丙，则认为属于准物权行为。乙和丙之间的奥迪车请求权转让合同这个负担行为，是奥迪车请求权让与这个准物权行为的原因行为。

中国大陆某些民法著述，包括我自己的在内，曾经把产生债权的行为，如上文所举甲公司和乙之间的买卖奥迪车的合同，作为债权让与的原因行为。这存在以下不妥：其一，未清晰地反映当事人之间的分层次的、功能不同的法律关系。其二，意味着略去了债权让与合同和产生将要被转让的债权的合同之间的联系。实际上，（1）产生将要被转让的债权的合同无效、被撤销、被解除、不被追认，使得债权不存在，即债权让与合同的标的物不存在。债权让与合同成立时该债权就不存在的（如在产生将要被转让的债权的合同无效场合），构成自始不能，如果该债权的不存在对于任何人均为如此，例如，行刺某公民的债权，买卖走私汽车的债权等，就是自始客观不能，债权让与合同自始失去其目的，失去其意义，失去其客体，故不发生法律效力。⑫ 如果该债权的不存在只是对于让与人而言，他人可以拥有该债权，就是自始主观不能，于此场合，让与人订立债权让与合同，属于让与他人的债权，成为无权处分的一种，应当准用《合同法》第 51 条的规定，债权让与合同的效力未定。假如在债权让与合同履行期限届满前，让与人仍无债权，那么该合同无效，债权让与的后果不发生；倘若在债权让与合同履行期限届满前，让与人取得了债权，如无效行为转换为有效行为，使让与人享有债权，债权让与合同有效，待其履行时引起债权让与。实际上，除非当事人另有约定，因债权让与合同生效债权就移转，故订立合同时无债权，合同无效应为常态。这是债权让与合同不同于有体物买卖在无权处分上的不同。（2）如果债权不存在出现于债权让与合同成立之后的，构成嗣后不能。在嗣后不能场合，债权转让合同有效，只是构成违约，让与人向受让人承担违约责任。

---

⑫ ［德］Larenz, Schuldrecht, Bd. I, S. 88. 转引自王泽鉴：《民法学说与判例研究》第 3 册，59 页，北京，中国政法大学出版社，1998。

债权让与必有原因及其行为，债权让与合同是其原因行为。客观上虽然有原因，但法律却不一定采取有因性原则。德国民法、中国台湾地区的"民法"及其理论，对债权让与这个准物权行为采取独立性和无因性原则。法国、中国大陆的民法及其理论则相反，于是，对于债权让与这个事实行为和债权让与合同之间的关系，不能笼统地以无因性原则予以说明。实际上，讨论事实行为的原因及其行为远远比不上研究法律行为与其原因之间关系具有意义。尽管如此，鉴于既有的著述大多论述债权让与的原因及其行为，且存在不适当的观点，笔者仍要简单地表明态度：一是因债权让与自债权让与合同生效时完成，故讨论有因、无因在我国法上大多是债权让与合同是否有因；二是应该类型化，不可一概而论：（1）票据债权让与采取无因性原则，这是票据法的原则要求。（2）在日本法、中国台湾"法"上，证券化的债权采取无因性原则，这符合商事交易的特点和商事法的特殊性。"受让人之善意取得债权，除了在有价证券之情形，原则上并不可能……因为在债权并无可资认定权利存在之外在表征。"⑬ 在中国大陆，票据债权以外证券化债权是否采取无因性原则，尚不明确，笔者认为应当借鉴日本法在这方面的规定。（3）普通债权的让与合同存在《合同法》第 52 条规定的原因时，让与合同无效，因中国大陆民法未承认物权行为独立性和无因性制度，故不发生债权让与的效果。可以说，在这些情况下，债权让与是有因的。并且，由于中国大陆民法上的无效是绝对的无效，法律对于存在无效原因的合同决不允许发生法律效力。所以，如果当事人以其意思排除上述原因，该排除的意思表示无效。（4）债权让与合同存在《合同法》第 54 条规定的原因时，如果撤销权人行使撤销权，同样因中国大陆民法未承认物权行为独立性和无因性制度，故不发生债权让与的效果。可以说，在这些情况下，债权让与仍然是有因的。撤销权人不行使撤销权，合同继续有效，发生债权让与的效果。但这不是债权让与无因的例证，相反，可以解释为是债权让与有因的表现。债权让与合同存在可撤销的原因场合，双方当事人达成协议，排除撤销权的行使，按照合同自由原则，应当允许。可以

---

⑬ 黄立：《民法债编总论》，611 页，北京，中国政法大学出版社，2002。

将这种现象解释为撤销权人不行使其撤销权。为防止当事人一方故意欺诈、胁迫或乘人之危，又利用约定无因性阻却撤销权的行使，法律不应承认当事人之间的下述事先约定：债权让与合同存在撤销原因场合，债权让与仍然具有无因性。

（5）其他情况下，当事人可以约定债权让与具有无因性，即债权让与的效力不受债权让与合同不成立、无效、被撤销、被解除影响。当事人无此类约定，债权让与为有因。这是由中国大陆民法总体上采取有因原则所决定的解释原则。

之所以呈现出上述巨大差异，根本原因在于是否奉行物权行为独立性和无因性原则。如果在制定中国民法典时忽视这一点，就会出现不小的问题。

民法，给程序以应有的地位 *

民法在总体上忽视程序机制，尤其是把诉讼程序统统交由民事诉讼法去规定。这已经带来不良后果。由于未充分考虑到程序机制来设计民法制度，因而有的民法制度不合理，有的过于复杂，有的增加了设计难度，有的适用时疑问迭生。这种状况必须改变，民法必须高度重视程序所起的巨大作用。

程序决定实体权利有无的现象在今天仍不鲜见。例如，按照我国法规定，只有经过登记程序，国有土地使用权、矿区土地使用权、房屋所有权、采矿权、探矿权等才会产生，无此程序便无上述权利。程序消灭权利的例子有：诉因选择错误而招致败诉，其实体权利便得不到法律的积极保护。

程序可以使实体权利发生质变。例如，在按标准价出售公房的合同中，购房人不办理过户登记手续，他对公房的权利均为合同债权；办理完过户登记手续，他便享有住房有限产权，由债权变为所有权。

程序可以使实体权利的效力增强。例如，在商品房预售合同中，登记备案程序使预购人的期房债权变得类似物权，效力增强，能对抗基于该期房后产生的一切权利，如债权、质权等。

---

* 本文最初发表于《政治与法律》1998 年第 2 期。

缔约程序详尽规定要约、承诺制度，使洽商过程制度化，缔约人在每个阶段的权利、义务及责任明晰、固定，拘束机制增强。

追认程序使权利人有机会选择，可审时度势，决定法律行为有效抑或无效，趋利避害。监护人确认程序使有关部门有职权和机会选择最佳人选，确定出监护人这个法律角色。

无效确认程序可坚持立法目的，否定当事人的恣意妄为。

公证程序使法律事实的证据力增强，法院可以直接用经过公证的法律事实裁判，体现出公证的权威和效率原则。

举证责任程序可使难以确定的权利义务关系得以确定，使运作复杂的案件裁决变得简便易行。

既然如此，万不可因民法与民事诉讼法分别为独立的法律部门而切断它们之间固有的内在联系，改变在民法中不得规定民事诉讼程序的内容，在民事诉讼中看不到实体权利的规范的现状，而应采取适当渗透的立法技术。例如，《中华人民共和国合同法》在规定作为合同保全的代位权时，直接规定原告、被告或第三人的诉讼地位，便于问题的解决。作为民法学，更应摒弃抛开程序研究民法问题的旧习，以使民法研究更周全、更深透。

实体法与程序法相辅相成 *
——法释〔2016〕5 号之解读、评论与升华

内容摘要

法释〔2016〕5 号第 1 条关于民事审判庭与行政审判庭不得相互推诿的规定，突破了孤立主义与封闭主义的藩篱，为了便民和效率而转换逻辑，具有启发性。第 2 条所谓证据因需要确定的物权及其形成原因的不同而不同，其寻觅和确定受制于实体法和程序法。第 4 条没有扩展预告登记的客体范围，未就预告登记的权利人在两种情况下是否享有优先于其他权利人的权利表态，这构成不足。不过，预告登记制度值得称道之处在于，它不但彰显了程序正义，而且确保了实质正义。这与有些领域虽有程序正义但无法确保实质正义的情形不同。第 5 条有得有失，其失在于受让人能否对抗转让人的债权人的规则没有结合《物权法》第106 条第 1 款、第 230 条以及法释〔2012〕8 号第 10 条第 2 款的规定予以设计，适用范围过宽。第 9 条得以形成的重要源泉是意思自治、伦理价值，但这并不意

---

* 本文系国家哲学社会科学基金重点项目《法学方法论与中国民商法研究》（批准号：13AZD065）的阶段性成果；清华大学自主科研计划课题《中国民法典编纂重大理论问题研究》（批准号：2015THZWJC01）。对于资助谨表谢意！

本文最初发表于《现代法学》2016 年第 6 期。

味着程序法毫无作为，同等条件的形成及其机制就属于程序制度，它也是继承、遗赠场合排除优先购买权行使的原因之一。第11条第2～4项的规定可资赞同，但第1项的规定却忽视了优先购买权人接到通知后思考、决断是否购买所必需的时间。如果通知中载明行使优先购买权的期间过短，不合交易习惯，不合情理，就不宜以通知中载明优先购买权的行使期间为准。

关键词

实体法；程序法；相辅相成；证据；意思自治；伦理

理论研究，特别是实务中处理案件纠纷，法律人务必关注实体法与程序法相互间的衔接和配合，将其整体把握、予以运用，方为正途。《最高人民法院关于适用〈中华人民共和国物权法〉若干问题的解释（一）》（以下简称为法释〔2016〕5号）在这方面做得较好，当然也有提升的空间。笔者选取法释〔2016〕5号的若干条款予以解读、评论，并为实体法和程序法结合方面的升华，就教于大家。

一、不得推诿：逻辑转换的例证

按照法释〔2016〕5号第1条的规定，因不动产物权的归属，以及作为不动产物权登记基础的买卖、赠与、抵押等产生争议，民事审判庭已经受理的，不要外推给行政审判庭；行政审判庭已经受理的，不要外推与民事审判庭。这体现了便民精神和效率原则，值得肯定。

有关不动产物权归属以及作为不动产物权登记基础的买卖、赠与、抵押等产生争议的案件，究竟由哪个审判庭审理，理论上争论不休，实务中相互推诿，已不止一例、两例。例如，有个儿子擅自将本属父亲的房屋登记在自己名下，父亲得知后诉请人民法院确认该房归其所有。基于该父亲所举《商品房销售合同》中的买受人、付款人均为其自己，税法关系中的纳税人也是他本人的证据，应将系争房屋的所有权确认给该父亲，这在主审法院内部并无分歧。当然，在系争案件

究竟是适用《中华人民共和国物权法》（以下简称为《物权法》）第 19 条第 1 款的规定，还是适用《物权法》第 35 条关于排除妨害的规定以及第 34 条关于返还原物的规定方面，意见不一。与法释〔2016〕5 号以及本文最直接相关的分歧是：民事审判庭坚持该案应由行政审判庭审理，裁判更正登记；行政审判庭认为该案属于房地产权属之争，理应由民事审判庭审理。这使作为系争房屋的真实所有权人的父亲很无奈，干着急。

之所以出现这样的问题，存在不同见解，是因为人们对不动产登记的法律属性及由此决定的法律适用的看法不同。

行政行为说认为，在中国，不动产物权登记由行政部门或由其授权的事业单位实施，故不动产物权登记系行政行为。[1] 依据该说，此类案件由行政审判庭管辖，符合逻辑。当然，如此确定管辖，有其弱点，那就是从概率的角度看，行政审判庭的法官一般而言不如民事审判庭的法官熟悉民法及不动产物权变动制度及其理论。

组合行为说主张，登记行为不是一个一次性行为，而是一系列行为的组合……一个完整的登记行为由两部分组成，其一为当事人独立完成的部分；其二为由登记机关完成的部分。前者是前提和基础，后者是一定的国家机关所进行的审查和批准行为。在这个意义上，笼统地说登记行为就是一个公法行为，显然是不妥当的。严格说来，登记行为作为一个整体，是当事人所实施的申请登记的私法行为和登记机关所实施的登记许可的公法行为的结合。其中成为构成物权行为要件障碍的，仅是登记机关所实施的登记许可的公法行为……我们完全可以将登记行为认定为物权行为分而治之，即将其中当事人所实施的申请登记的私法行为认定为物权行为的特别成立要件；而将登记

---

① 应松年：《行政法学新论》，246 页，北京，中国方正出版社，1998；崔建远、孙佑海、王宛生：《中国房地产法研究》，238 页，北京，中国法制出版社，1995；梁慧星主编：《中国物权法研究》（上），199 页，北京，法律出版社，1998；王利明主编：《中国物权法草案建议稿及说明》，187 页，北京，中国法制出版社，2001；王达：《物权法中的行政法问题：不动产登记制度》，载《人民法院报》，2007 - 03 - 27；［德］Lent-Schwab, Sachtbenrecht, 17Aufl. 1979, S. 43f. 转引自王泽鉴：《民法学说与判例研究》（第 5 册），5 页，北京，北京大学出版社，2009。

机关所实施的登记许可的公法行为与其他主管机关的审查和批准行为同等看待，认定为物权行为的生效要件。[②]据此学说，不动产物权变动以及出现于登记申请环节的争议由民事审判庭审理，顺理成章。至于出现于登记许可领域的纠纷，是由行政审判庭管辖还是由民事审判庭处理，取决于"拍板者"的理念及所遵循的逻辑。如果孤立地看待登记许可与不动产物权变动，机械地适用法律，就很可能遵循登记许可为行政行为→适用行政法→由行政审判庭管辖的结论。反之，如果侧重点和视角转换，看重登记机关所实施的登记许可的公法行为系不动产物权变动的生效要件这个性质和功能，坚持它应被纳入不动产物权变动制度之中、不可将之与不动产物权变动制度割裂开来的观点，那么，不动产登记错误由民事审判庭于审理不动产物权变动的纠纷时一并处理，这在逻辑上也是顺畅的。

关注事物的核心和关键的理论，一方面承认不动产登记的行为本身在中国现行法上属于行政行为，另一方面主张不动产登记系不动产物权变动的生效要件，这与合同法上的吸收说具有异曲同工之妙。在典型合同附其他种类的从给付（双方当事人所提出的给付符合典型合同，同时附带负有其他种类的从给付义务）的场合，如甲商店向乙酒厂购买散装酒，约定使用后返还酒桶，属于买卖合同附带借用合同的构成部分类型。其中，买卖合同为主要部分，借用合同的构成部分为非主要部分。对此，原则上仅适用主要部分的合同规范，非主要部分被主要部分吸收。[③]

在这里，至少存在孤立的行政法主义、封闭的民法主义和相机而定的变通主义及其选取的问题。按照前两种主义中的任何一种，不动产物权登记错误的诉争均须固定地由行政审判庭或民事审判庭管辖，不然，就不合逻辑；而不动产物权变动本身以及引发这种变动的买卖、赠与、互易等原因行为领域的纠纷，一律由民事审判庭处理，否则，就事理不通。可是，为了便民与效率，转换逻辑——哪个审判庭先受理不动产物权归属以及作为不动产物权登记基础的买卖、赠与、抵押等产生争议的案件，就确定地由其处理到底，这也是可以接受的。法释〔2016〕5号第1条显然运用了这种逻辑的转换。

---

② 王轶：《物权变动论》，93页，北京，中国人民大学出版社，2001。

③ 王泽鉴：《民法债编总论·基本理论·债之发生》（总第1册），97页，台北，三民书局，1993。

受理、审理，首先是程序，程序为实体法的运行开辟通道，提供平台，使得不动产物权的归属与作为不动产物权登记基础的买卖合同等原因行为方面的争议得到解决。民事审判庭与行政审判庭的分工，固然为程序法上的现象，但实则内在于实体法的本质属性及要求，事关民法和行政法的分野、运行与演化。

二、法释〔2016〕5号第2条所谓证据究为何指？

1. 总说

法释〔2016〕5号第2条规定："当事人有证据证明不动产登记簿的记载与真实权利状态不符、其为该不动产物权的真实权利人，请求确认其享有物权的，应予支持。"通过对登记簿上不正确登记的纠正，使登记所昭示的权利状态符合真实的权利状态，进而避免真实的权利人因登记公信力受到损害，这是更正登记制度的目的所在。就此看来，可以说法释〔2016〕5号第2条的规定是在贯彻、落实《物权法》第19条等条款的规定。这值得肯定。当然，该条所谓证明不动产登记簿的记载与真实权利状态不符的证据，究为何指，乃问题的关键，也是需要法律人予以探讨的题目。

正确地解决这个问题，首先需要正确理解和确定《物权法》第16条第1款的适用范围。换句话说，《物权法》第16条第1款确立的不动产登记的公信力，并非作用于所有的物权法领域：在交易场合，交易相对人有权援用该条款的规定，有时需要同时援用《物权法》第106条第1款的规定，主张自己已经取得标的物的物权，对抗真实的物权人关于该物权的主张；真实的物权人与交易相对人之间的关系，也适用《物权法》第16条第1款的规定。但在登记名义人与真实的物权人之间的关系方面，登记名义人不得援用该条款的规定来对抗真实的物权人关于该物权的主张。换句话说，《物权法》第16条第1款的规定不适用于登记名义人与真实的物权人之间的关系。④ 如此说来，法释〔2016〕5号第2条的规

---

④ 参考谢在全：《民法物权论》（上册），修订5版，120页以下，台北，新学林出版股份有限公司，2010。

定是正确的。对其理解，可从证明土地权利与建筑物、构筑物及其附属设施的物权、担保物权所需证据以及错误登记四个方面把握。

2. 确认土地权利（地权）的真实物权人所需证据

确认土地权利（地权）所需证据，可区分各种不同的土地权利而寻觅和锁定所需证据。（1）确认行政划拨的国有建设用地使用权的真实物权人，所需证据应当是有关行政主管机关的行政划拨的决定，或政府会议纪要；若无法举证出此类证据，"事实自证"应受重视，即占有人举证出其长期占有、使用和收益该行政划拨的土地，从而完成由占有到本权的证明，否定相对人关于其享有行政划拨的建设用地使用权的主张。（2）出让的国有土地使用权的场合，确认真实的物权人所需证据为国有建设用地使用权出让合同，异地安排建设用地的决定，征地制度中补偿由开发商提前垫付的事实。（3）转让的国有建设用地使用权的场合，确认真实的物权人所需证据为国有建设用地使用权转让合同，或置换合同（互易合同），或（拍卖场合的）成交确认书，或（强制执行场合的）民事裁定。（4）宅基地使用权的场合，确认真实的物权人所需证据为宅基地使用权审批文件，或遗赠扶养协议，或住宅买卖合同。（5）集体建设用地使用权的场合，确认真实的物权人所需证据为乡镇企业的设立及有关批件；历史上占有、使用建设用地的事实；集体组织与用地者之间的协议等。有必要指出的是，在广东省，集体建设用地使用权享有和行使的主体在范围方面明显扩大了。《广东省集体建设用地使用权流转管理办法》第8条第1项规定，兴办各类工商企业，包括国有、集体、私营企业、个体工商户、外资投资企业〔包括中外合资、中外合作、外商独资企业、"三来一补"（来料加工、来样加工、来件加工、补偿贸易）企业〕、股份制企业、联营企业，可以使用集体建设用地。确认这些主体是否享有集体建设用地使用权所需证据，是集体组织与用地者之间的协议、建设用地置换协议以及其他证据。（6）土地承包经营权的场合，确认真实的物权人所需证据为农村土地承包合同，或集体经济组织组织召开的社员大会或社员代表大会的决议。（7）地役权的场合，确认真实的物权人所需证据为地役权合同。

3. 确认建筑物、构筑物及其附属设施的真实物权人所需证据

确认建筑物、构筑物及其附属设施的真实物权人所需证据，同样需要区分各种不同的物权类型而寻觅和锁定所需证据。(1) 在新建建筑物、构筑物及其附属设施的情况下，最重要的证据是主张自己须有物权者享有土地权利的证据，这由《物权法》第 142 条正文所决定。其道理在于，建筑物、构筑物及其附属物的所有权，不能凭空而立，必须依赖土地的权利（地权），即必须具有权源或曰正当根据。⑤ 至于土地权利是物权还是债权，要看具体情形。大产权房的所有权以国有建设用地使用权为正当根据（权源），农民住宅所有权以宅基地使用权为权源，农村集体组织的房屋所有权以集体土地所有权为权源，农林牧渔经营所必需的构筑物及其附属设施的所有权以土地承包经营权为权源。但有些建筑物、构筑物及其附属设施的所有权，是以债权（如土地租赁权、土地借用权）为权源的。(2) 通过交易的形式，确定真实物权人所需证据：交易文书所载明的身份为买受人或互易的一方或受赠人或抵押权人、完税人，至于交易对价（款项）的来源不处于重要地位，赠与人的口头承诺也不可靠，何时作出的家庭会议决议不确定的场合，即使该决议明确谁是真实的物权人，这也难以起到作用。(3) 在家庭共有的场合，确定真实的物权人所需证据，包括亲属关系、对共有财产形成的贡献、无分别财产制的协议。(4) 借名登记建设用地使用权或房屋所有权的场合，确定真实的物权人所需证据，可有如下表现形式：借名协议；建设用地使用权出让或转让合同中的受让人是谁，或商品房买卖合同中的买受人是谁；按揭贷款中的抵押人是谁，完税人是谁；至于房款项由谁出，这不关键。(5) 在开发商与小业主之间确认房屋或停车库、停车位的所有权人所需证据，包括 a. 买卖合同的约定（若尚未过户登记，属于债法上的继续履行，不是物权法的问题）；b. 公摊的项目及面积；c. 面积测绘及其记载。(6) 国有建设用地使用权租赁的场合，确认建筑物、构筑物及其附属设施的真实所有权人所需证据，最为关键的是国有建设用地使用权租赁合同（《规范国有土地租赁若干意见》第 4 条）。

---

⑤ 王泽鉴：《民法物权·通则·所有权》（总第 1 册），增补版，250～251 页，台北，三民书局，2003。

4. 确认担保物权的真实权利人所需证据

由法释〔2016〕5 号第 2 条的文义与规范意旨决定，不以登记为生效要件的留置权不适用其规定。

动产抵押权、浮动抵押权在生效要件方面不需要抵押登记，即便作为对抗要件需要抵押登记，但此类登记不属于不动产登记，也不适用该条款的规定。不过，一旦发生登记名义人与真实抵押权人之间的纷争，可以类推适用该条款的规定。如此，真实的抵押权人需要举证抵押合同等文件。

5. 注销错误登记所需证据

登记错误的场合，只要举证成功登记错误，就可推翻登记的物权关系，注销错误登记，将真实的物权人登记于相应的簿页。

证据及举证证明，本身即为实体法与程序法交融之所在[6]，并属于将登记的不动产物权人与真实的物权人统一的关键。何为使登记机构、裁判机构"拍板"更正登记或保持既有登记的证据？直接的、表层的确定规则在程序法，但深层的、起决定性的依据却是物权法、债法的相关规则及法律关系。只有全面地、有机地把握和领会程序法和实体法及其结合，并融会贯通，才能寻觅到法释〔2016〕5 号第 2 条指向的证据，才不会偏离《物权法》设置的物权归属及其确定的规则。

三、预告登记制度的本分与张力

法释〔2016〕5 号第 4 条完全重复了《物权法》第 20 条第 1 款的意思和精神，在这方面无须再论。本文于此所要强调的有以下三点：

1. 《物权法》第 20 条第 1 款的立法本意是通过预告登记制度强化债权的效力，优惠地保护预告登记权利人的权益。[7] 这有所不够，未使预告登记制度的功

---

[6] ［德］莱奥·罗森贝克：《证明责任论——以德国民法典和德国民事诉讼法典为基础撰写》，庄敬华译，3 页以下，北京，中国法制出版社，2002。

[7] 胡康生主编：《中华人民共和国物权法释义》，61～62 页，北京，法律出版社，2007。

能发挥至极致，有些"资源浪费"的意味，法律人有必要将预告登记制度的适用范围扩展到物权领域。⑧《不动产登记暂行条例实施细则》将之变成了现实，例如，以预购商品房设立抵押权的场合，债权人固然可以径直请求办理抵押登记，一般说来，其法律效果也最为理想，但若因种种原因不便或不易或不宜办理抵押登记的，允许债权人请求办理预告登记，不失为一种较好的选择。于是，以预购商品房设立抵押权的场合，《不动产登记暂行条例实施细则》允许当事人申请办理预告登记（第85条第1款第3项）。

2. 预告登记有效期内，尚未办理本登记时，预告登记的权利人就预告登记的对象享有优先于其他权利人的权利吗？笔者认为，预告登记的效力在于阻止他人取得预告登记对象的所有权、抵押权等物权，并无使预告登记的权利人自预告登记时起取得物权的效力，除非办理完毕本登记。就此说来，只要就预告登记的对象没有办理完毕本登记，预告登记的权利人就预告登记的对象不享有优先于其他权利人的权利。

3. 预告登记有效期内没有办理本登记，预告登记失去效力后，预告登记的权利人就预告登记的对象能够优先于其他权利人办理本登记，取得该对象的物权吗？回答是否定的，因为预告登记失效后，预告登记的权利人就预告登记的对象享有的权利至多与他人处于平等地位，不会享有优先权。

预告登记制度，充满程序因素，甚至首先是一项程序制度⑨，但其却将民事权利的效力强化变成了现实，为债权换取物权提供了制度保障。只要债权人乃至物权人不懈怠、不疏忽、不睡眠，积极地申办预告登记，就可有效地阻击住转让人继续处分其物权，不会让背信弃义酿成物权法领域的恶果。⑩ 这不但彰显了程序正义，而且确保了实质正义。这与有些领域虽有程序正义但无法确保实质正义的情形不同。

---

⑧ 崔建远：《物权：规范与学说》（上册），190页，北京，清华大学出版社，2011。

⑨ 《不动产登记暂行条例实施细则》（国土资源部部令第63号）第9条、第85~89条；［德］鲍尔、施蒂尔纳：《德国物权法》（上册），张双根译，428页，北京，法律出版社，2004。

⑩ 参见［德］鲍尔、施蒂尔纳：《德国物权法》（上册），张双根译，418页以下，北京，法律出版社，2004。

四、程序法和实体法共同调整

依照法释〔2016〕5 号第 5 条的规定，交付，系船舶、航空器和机动车的所有权移转的生效要件；登记，是船舶、航空器和或机动车的所有权的受让人对抗包括转让人的债权人在内的第三人的要件。转让人的债权人借助于强制执行而主张并实现其权利，凸现了强制执行的程序性和手段性，成就了债权实现这种民法结果。如果说交付仅属于实体法而不属于程序法上的法律事实，那么，登记和强制执行则同时具有程序法和实体法上的意义。若将法释〔2016〕5 号第 5 条涵盖的情形类型化，则有些类型同时受程序法和实体法的调整。

在笔者看来，法释〔2016〕5 号第 6 条所谓"转让人的债权人""不属于《物权法》第 24 条所称善意第三人"，这涵盖过宽，应予限缩：总的讲（尽管这不很周延），转让人有权处分的场合，取得占有并已付款的受让人即使尚未办理过户登记手续，也能对抗转让人的债权人，只有该债权人也是船舶、航空器或机动车的买受人或互易人或赠与等少数情况下才可能发生对抗与否的问题（下文具体分析）。在转让人有权处分的领域产生对抗与否的分歧、争执，大多发生在强制执行的过程中。在转让人无权处分的场合，取得船舶、航空器或机动车占有的受让人能否对抗转让人的债权人，这一问题可能会凸现出来。对此，具体分析如下：

1. 如果转让人的债权人是因另外的标的物或服务而发生的债的关系，那么，该债权人不得否定受让人对特殊动产的所有权，换言之，受让人可以对抗该债权人。于此场合，法释〔2016〕5 号第 6 条的规定正确。

2. 如果转让人的债权人是侵权之债的债权人，那么，该债权人不得否定受让人对特殊动产的所有权，换言之，受让人可以对抗该债权人。于此场合，法释〔2016〕5 号第 6 条的规定正确。

3. 如果转让人的债权人享有的债权系基于承租或借用船舶、航空器或机动车合同而形成的请求所有权人交付租赁物或借用物的债权，那么，该债权人不得

否定受让人对特殊动产的所有权，换言之，受让人可以对抗该债权人。于此场合，法释〔2016〕5号第6条的规定正确。

4. 如果转让人的债权人享有的债权系基于修理船舶、航空器或机动车合同而形成的修理费债权，该债权人行使留置权的，能够对抗受让人。于此场合，法释〔2016〕5号第6条的规定不正确。该条在该领域应当设置但书——但适用《物权法》第230条以下关于留置权的规定的除外。不过，维修公司没有行使留置权的，该债权人不得否定受让人对特殊动产的所有权，换言之，受让人可以对抗该债权人。

5. 如果转让人的债权人本来是船舶、航空器或机动车的所有权人，由于种种原因船舶、航空器或机动车被转让人无权占有，他基于不当得利制度享有请求转让人返还不当得利（利益表现为占有船舶、航空器或机动车）的债权，于此场合，受让人对抗不了此处的债权人（所有权人）。法释〔2016〕5号第6条的规定若适用于此类情形，则不正确。换句话说，该条在该领域应当设置但书——但符合《物权法》第106条第1款的规定的除外。

6. 如果转让人的债权人也是船舶、航空器或机动车的买受人，且不知转让人一物二卖，那么，他有权不承认受让人的所有权，援用法释〔2012〕8号第10条第2款关于"均未受领交付，先行办理所有权转移登记手续的买受人请求出卖人履行交付标的物等合同义务的，人民法院应予支持"的规定，对抗受让人。如果援用成功，则受让人对抗不了该债权人。法释〔2016〕5号第6条的规定若适用于此类情形，也是不正确的。

五、实体与程序互为表里

法释〔2016〕5号第7条将"在分割共有不动产或者动产等案件中作出并依法生效的改变原有物权关系的……调解书"纳入《物权法》第28条所称法律文书之中，这是将法律文书"滋蔓"，依据不足。诚然，"民一庭解读"较为详细地反驳了调解书不能直接引起物权变动的否定说，为法释〔2016〕5号第7条辩

护，并且区分给付性调解书、确权性调解书和形成性调解书，主张形成性调解书经过人民法院的最终认可，体现出国家公权力，具有引起物权变动的形成力，故应属于《物权法》第 28 条所言的法律文书。至于给付性调解书、确权性调解书因其不具有引起物权变动的形成力，故不属于《物权法》第 28 条所言的法律文书。[①] 如此辩解和阐释尽管具有一定道理，但仍然存在如下值得商榷之点，最为关键的一点是忘记了实体与程序互为表里的原则，竟置实体于不顾，赋予程序脱离实体内容的效力。

1. 法释〔2016〕5 号第 7 条所言调解书并未将给付性调解书、确权性调解书排除在外，而是笼而统之地规定调解书直接引发（其指向的不动产或动产的）物权变动。所以，"民一庭解读"无讹证成法释〔2016〕5 号第 7 条关于（所有的）调解书直接引发（其指向的不动产或动产的）物权变动的规定是正确的。

2. 一般而言，诉讼两造于诉讼程序中和解，是成立了一个协议，或曰合同，在中国现行法上，该和解协议产生债权债务。既然产生债权债务，那么只有履行债务、实现债权时才会发生不动产或动产的物权变动，而不是德国民法上的物权行为，不是和解协议直接引发不动产或动产的物权变动。进而，这种产生债权债务的和解协议即使采取调解书的形式，得到了国家公权力的保障，但因其"基因"和"功效"的缘故，不会因披上了调解书的"外衣"，"罩上"了国家的公权力，或者说经过了诉讼程序，就"蜕变为"直接引发物权变动的物权行为；同样由于和解协议的"基因"和"功效"的缘故，调解书也不会质变为形成性文书。

3. 按照《物权法》的立法计划和法律体系，《物权法》第 28 条所规制的物权变动属于非基于法律行为所产生的物权变动，该条所列调解书径直引发物权变动应属非基于法律行为所产生的物权变动。可是，和解协议系法律行为，同样依《物权法》的立法计划和法律体系，由其引发的物权变动应属基于法律行为的物权变动，应适用《物权法》第 9 条、第 14 条（不动产物权变动的场合）或第 23 条（动产物权变动的场合）等规定，以公示为生效要件。依旧根据《物权法》的

[①] 最高人民法院民事审判第一庭：《物权法司法解释（一）：理解与适用》，218～226 页，北京，人民法院出版社，2016。

立法计划和法律体系，遵循物权应当尽可能地公示这个大原则、大方向、大理念，在由法律行为引发物权变动的领域，首先应适用《物权法》第9条、第14条、第16条等规定（不动产物权场合），或者首先适用《物权法》第23条等规定（动产物权场合），不宜适用本来用于调整非基于法律行为所产生的物权变动之一种类型的《物权法》第28条的规定。可是，按照"民法室解释"、法释〔2016〕5号第7条及"民一庭解读"，根植于和解协议这个法律行为所产生的物权变动却错位地适用《物权法》第28条及法释〔2016〕5号第7条的规定，还"滋蔓"地由调解书制度管辖，按照非基于法律行为所产生的物权变动的规则发生法律效力。这是颠倒了实体法与程序法之间关系的理论，是偏离《物权法》关于物权应当尽可能地公示这个大原则、大方向、大理念的观点，是违反《物权法》体系、非逻辑的解释和解读。依此逻辑和操作，甲和乙签订A房买卖合同，双方发生争执，诉讼到法院，最终通过和解和制作调解书了事。于此场合，适用《物权法》第28条及法释〔2016〕5号第7条的规定，《物权法》第9条、第14条、第16条等统统派不上用场。以此类推，租赁合同纠纷、运输合同纠纷等等，只要最终通过和解和制作调解书的，就都适用《物权法》第28条及法释〔2016〕5号第7条的规定，而非适用《物权法》第9条、第14条、第16条等等。这就变相地取消了基于法律行为而发生的物权变动制度及规则，实质性地废除了公示原则乃至公信原则，有害于交易安全。

4. "民一庭解读"为了证成其观点，举例合同变更，当事人经法院调解达成合同变更的调解书，则该调解书因变更了合同关系而具有形成力。[12] 这存在着缺陷：《物权法》第28条及法释〔2016〕5号第7条都是调整（非基于法律行为所产生的）物权变动的，由此决定，此处所谓和解协议必须是引发物权变动的合同，否则，和解协议不属于此处所论的对象。可是，按照中国现行法的立法计划和立法目的，中国现行法上的合同没有物权合同，在物权法和债法领域运用的合同都是产生债权债务的合同（相当于德国法所说的债权行为），即使涉及物权变

---

⑫ 最高人民法院民事审判第一庭：《物权法司法解释（一）：理解与适用》，219页，北京，人民法院出版社，2016。

动的，也是通过履行合同项下的债务而达到目的。尽管有学说认为国有建设用地使用权出让合同、质押合同、抵押合同等合同为物权合同，但这是混淆了"约定"与"设定"物权的结果，更不要说这是采取德国民法区分债权行为与物权行为的分析结构，而无视中国现行法没有承认物权行为理论的现实了，这种观点不足取。⑬ 在这种背景下，中国现行法上的此类合同变更，所能变更的法律关系也只能是变更债权、债务或标的物，标的物的变更也是导致债权、债务的变更，不可能直接变更物权关系。因此，即使如"民一庭解读"所说"调解书因变更了合同关系而具有形成力"，也是变更了债权债务关系，而非变更了物权关系。就是说，在中国现行法上，不会有径直导致物权变动的调解书。此其一。即使是当事人之间分割其共有物的合意，包括和解协议在内，在中国现行法上也不是径直引发所有权变化这种物权变动，而是此类和解协议等合意产生债权债务，即共有人负有分割共有物/共有权的债务，适当履行该债务导致物权变动。以此为内容的调解书怎么能直接引发共有权分解的物权变动呢？此其二。诚然，关于共有人请求分割共有物的权利，即共有物分割请求权，有专家、学者采形成权说：共有物分割请求权是各共有人得随时以一方的意思表示，请求其他共有人终止共有关系，而不是请求其他共有人同为分割的权利。因为该项权利的行使足以使其他共有人负有与之协议分割的义务，在协议不成时，得诉请法院裁判共有物分割的方法。⑭ 其实，由此并不能得出共有物分割请求权的行使就即刻发生物权变动的结论。原来，形成权的类型不同，其法律属性和法律效力不尽一致。与撤销权、解除权之类的形成权一经行使便确定地发生一定的法律效果（如合同立即消灭）不同，共有物分割请求权的形成权性质和效力表现在：共有人（形成权人）行使共有物分割请求权时，其他共有人负有与之协议分割的义务，该义务属于债法上的债务，而非物权法上的义务；其他共有人履行该债务表现为全体共有人之间成立

---

⑬ 崔建远：《物权：规范与学说》（上册），95~113 页，北京，清华大学出版社，2011；崔建远：《物权法》，3 版，451 页，北京，中国人民大学出版社，2014。

⑭ 王泽鉴：《民法物权》，242 页，北京，北京大学出版社，2009；谢在全：《民法物权论（上）》，546 页，台北，新学林出版股份有限公司，2010。

协议分割共有物合同，该合同在德国民法、中国台湾地区的"民法"上属于债权行为；嗣后依该协议分割共有物合同履行，使共有人按约定取得一定的所有权，在德国民法、中国台湾地区的"民法"上，这个阶段涉及物权行为，发生物权变动的结果。[15] 其演变路线图为：共有物分割请求权行使→成立协议分割共有物合同→履行债权行为项下的债务→出现使共有人按约定取得一定的所有权的物权合意（物权行为）→共有人按约定实际取得一定的共有物的所有权（物权变动结果）。这是共有物协议分割方法与共有物上的物权变动的情形，我们不难看出，共有物分割请求权行使距离物权变动相差几个因果链条，绝非共有人（形成权人）一经请求分割共有物，就确定地形成新的物权关系。中国现行法虽未采纳物权行为理论，但在共有物分割请求权行使与物权变动之间的因果链条方面，也大体如此。共有物协议分割方法采取调解书的形式，不会改变基本的格局。接下来再看共有物裁判分割方法下的物权变动情形：全体共有人就共有物分割达不成协议，或于协议分割共有物合同成立后因时效完成经共有人拒绝履行的，任何一个共有人均可诉请法院，裁判分割共有物。在这种裁判分割的方法中，诉讼结构为，同意共有物的共有人为原告，不同意的为被告，持其他态度的也列为被告，全体共有人均须参加。只要原告享有共有物分割请求权，且共有物无不得分割的限制的，主审法院即应予分割。判决的结果足以使各共有人之间的共有关系变成单独所有权关系或共有关系的其他变更，创设共有人之间的权利义务关系，判决为形成判决。[16] 简言之，共有物分割采取裁判分割方法时，形成判决直接导致共有权的变动。但须注意，是形成判决直接引发物权变动，而非共有物分割请求权的行使直接引发物权变动。此其三。即使按照德国民法及其理论，由物权行为引发物权变动，和解协议就是物权合同，也难谓和解协议及其调解书直接引发物权变动。因为按照物权行为系由物权意思表示加上公示构成的学说，仅有和解协议，尚无登记（不动产场合）或交付（动产场合）的，物权行为尚不存在，这显然无法引发物权变动。以这样的和解协议为内容作成的调解书怎么能直接引起物

---

⑮　谢在全：《民法物权论》（上），551 页，台北，新学林出版股份有限公司，2010。

⑯　谢在全：《民法物权论》（上），555～558 页，台北，新学林出版股份有限公司，2010。

权变动呢？否则，巧妇难为无米之炊就不成立了！依据物权行为纯由物权意思表示构成的理论，仅有和解协议，尚无登记（不动产场合）或交付（动产场合）的，物权行为虽然存在，但仍无引发物权变动的法律效力。以这样的和解协议为内容作成的调解书照样无法直接引起物权变动。此其四。

六、实体法·程序制度·民法之美

法释〔2016〕5 号第 9 条限缩了《物权法》第 101 条的适用范围，在继承和遗赠的场合不承认其他按份共有人享有优先购买权；同时允许共有人协议运用《物权法》第 101 条确立的规则。这有其道理，阐释如下：

1. 共有人的优先购买权制度，无论就其文义还是规范意旨观察，都是作用于有偿转让财产（交易）领域的法律制度，无偿移转财产领域不存在"共有人在同等条件下优先购买"的问题。因此，将《物权法》第 101 条关于"按份共有人可以转让其享有的共有的不动产或者动产份额。其他共有人在同等条件下享有优先购买的权利"的规定中的"转让"与"共有人在同等条件下享有优先购买的权利"联系起来观察，只能得出此处所谓"转让"仅具有偿转让之意的结论。而继承、遗赠都不是共有份额的有偿转让，故不适用《物权法》第 101 条的规定。[⑰]

2. 遗赠和继承中的遗嘱继承，均非交易，而是无偿转让财产，施惠于人，更应尊重立遗嘱人的意志。既然立遗嘱人意在将其遗产无偿地移转给中意的遗嘱继承人、受遗赠人，那么，法律没有理由违背立遗嘱人的意志，"逼迫"其将财产无偿地移转给另外的人，甚至是其不喜欢的人，除非遗嘱违背了公序良俗或违反了法律、行政法规的强制性规定。假如法律硬性地规定共有人的优先购买权制度适用于继承、遗赠的领域，只要不涉及公序良俗、强制性规定，就是没有理由地违背立遗嘱人的意志，"逼迫"其将财产无偿地移转给另外的人，甚至是其不喜欢的人。其正当性值得怀疑。

---

⑰ 杜万华主编，最高人民法院民事审判第一庭编著：《最高人民法院物权法司法解释（一）理解与适用：背景依据·条文理解·典型案例》，259、262 页，北京，人民法院出版社，2016。

3. 法定继承制度的宗旨之一是，使遗产转归被继承人的有关血亲或配偶，倘若允许优先购买权运用其中，导致作为遗产的共有份额落入与被继承人无血亲或配偶之手，就背离了法定继承制度的立法目的。法释〔2016〕5号于法定继承场合否定其他按份共有人的优先购买权，是彻底贯彻伦理的表现。在这个领域，伦理的价值位阶高于其他按份共有人的优先购买权所体现的价值。

4. 《物权法》第101条所谓"共有人在同等条件下享有优先购买的权利"中的"同等条件"，首先是指价格，这是法律人的共识。而继承、遗赠的场合不存在同等条件的问题，也就没有优先购买权运用的余地。

5. 法律设立共有人的优先购买权制度，是为了减少共有人的人数，防止因外人的介入而使共有人内部关系复杂化，从而简化甚至消除共有物的共同使用关系，实现对共有物利用上的效率。而继承场合，至少在理论上推定不具备行使优先购买权的条件。

6. 行使优先购买权的结果是在转让人（被继承人、立遗嘱人）与受让人之间成立份额转让合同。而继承、遗赠的场合，遗产所有权人（被继承人、立遗嘱人）已经不复存在，欠缺份额转让合同的一方当事人，谈不上洽商、确定"同等条件"等事宜，无法成立份额转让合同。

7. 当然，贯彻意思自治原则，按份共有人之间另有约定允许共有人享有并行使优先购买权的，依其约定。同样需要明确，此种优先购买权源自当事人的约定，属于约定优先购买权，而非法定优先购买权，它不具有《物权法》第101条规定的优先购买权那样的较为强大的效力。换句话说，它仍然受制于合同的相对性，仅仅在共有人之间发生法律效力，不具有对抗其他人的法律效力。在共有份额转让人侵害了约定优先购买权的情况下，约定优先购买权人可以基于合伙等合同请求转让人承担违约责任，但无权否定交易相对人与共有份额转让人之间的合同的效力。

不难发现，法释〔2016〕5号第9条体现着民法之美。本来，意思自治原则成为在遗嘱继承、遗赠领域排除共有人的优先购买权的核心依据，伦理乃在法定继承领域排斥共有人的优先购买权的基石性理由，遵循理论只有彻底才最有力量

的哲学思想，应当是在继承、遗赠领域绝对地、永远地拒绝共有人的优先购买权的，可是法释〔2016〕5号第9条关于"但按份共有人之间另有约定的除外"的但书一出，似将这些核心依据、基石性理由彻底击穿、粉碎，使人觉得法律人"头头是道"的理论及其论证纯属欺人之谈，或者惊讶于法释〔2016〕5号第9条的自相矛盾。其实，沉思下来，就会发现该但书是在共有人之间的关系方面贯彻意思自治，仅此而已；而法释〔2016〕5号第9条正文贯彻的意思自治，体现的伦理价值，不但适用于共有份额转让人与交易相对人之间的转让合同关系，而且适用于共有份额转让人与其他共有人之间的共有关系及份额处分关系。两个意思自治原则作用于两个领域。换句话说，法释〔2016〕5号第9条的但书因其仅具在共有人之间的债的效力，故无否定法释〔2016〕5号第9条正文之力。

行文至此，回归本文的主旨，即实体法与程序法相辅相成，可有这句话：法释〔2016〕5号第9条得以形成的重要源泉是意思自治、伦理价值，但这并不意味着程序法毫无作为，同等条件的形成及其机制就属于程序制度，它也是继承、遗赠场合排除优先购买权行使的原因之一。

七、主观状态、形成权本性与利益衡量的综合作用

法释〔2016〕5号第11条规定的优先购买权的行使期间，有可资赞同的一面，也有可商榷之点。其第2项和第3项兼顾了转让人未约定优先购买权行使的期间或所约期间过短这种主观状态、形成权因其破坏力较强而不宜较长期间地存续与优先购买权人思考、决断所需时间诸项因素，考虑问题全面、周到。对此，笔者表示赞同。其第4项系综合考量形成权的除斥期间不宜过长、转让人未发问询其他共有人是否优先购买的通知这种主观状态，权衡转让人、其他按份共有人、受让人之间的利益关系而后作出规定。所有这些，都值得肯定。但其第1项的规定却存在缺点：以转让人向其他按份共有人发出的包含同等条件内容的通知中载明的行使期间为准，乃贯彻意思自治原则的体现，虽可接受，但它忽视了优先购买权人接到通知后思考、决断是否购买所必需的时间。如果通知中载明行使

优先购买权的期间过短，不符合交易习惯，违背情理，就不宜以通知中载明优先购买权的行使期间为准。

通知，这种程序实施与否，左右着法律赋予优先购买权的除斥期间的长短，进而直接影响着享有优先购买权的共有人与份额转让人的实体权利。法释〔2016〕5号第11条综合各种因素，权衡几项利益，区分类型规定除斥期间，确有必要。

论民法原则与民法规则之间的关系*

内容摘要

在全无民法规则的情况下适用民法原则裁判系争案件，实质上是裁判者依据民法原则所内涵的价值/精髓在自己内心里形成包含构成要件和法律后果的民法规则，然后将之适用于系争案件；虽然存在民法规则，但适用该规则裁判系争案件会产生极不适当的后果时，需要放弃该规则而改用民法原则裁判案件；其他的情形是，运用民法补充不完全法条，或者限缩或扩张民法规则的适用范围。

关键词

民法原则；民法规则；漏洞补充；限缩；扩张

一、民法原则与民法规则的区别

民法原则，是适用于民法的特定领域乃至全部领域的准则。适用于民法特定领域的准则，是民法的具体原则。如适用于债务履行的实际履行原则、适当履行原则，适用于损害赔偿范围的完全赔偿原则等，均属此类。适用于民法全部领域

---

* 本文最初发表于《江汉论坛》2014 年第 2 期。

的准则，是民法的基本原则。如公序良俗原则、诚实信用原则、平等原则、意思自治原则等即属基本原则。

民法基本原则与民法具体原则之间存有如下差异：（1）基本原则是民法的根本准则，贯穿于整个民法，统率民法的各项制度及规范；具体原则是某个或某些制度的一般准则，适用于特定的范围。（2）基本原则体现民法的基本价值，是民事立法、执法、守法及研究民法的总指导思想；具体原则虽然也体现基本价值，但直接反映的是特定的普通价值，仅是特定领域或环节的指导思想。（3）基本原则是统治阶级对民事关系的基本政策的集中体现，反映社会经济生活条件的本质要求；具体原则对此体现和反映得往往间接些。

民法规则，是由构成要件与法律后果组成的具体明确的法律规则，具有如下两个特征：（1）它必须具备有效性的要求，质言之，它系有拘束力的行为要求，或有拘束力的判断标准，也就是具有规范性特质；（2）它非仅仅适用于特定事件，反之，于其地域和时间的效力范围，对所有"此类"事件均有其适用，这就是一般性特质。[①] 它与民法原则虽然同为法律规范，但二者存在明显的区别：（1）在内容上，民法规则明确而具体，具备构成要件与法律后果，裁判者自由裁量的余地相对小些。与此相比，民法原则则概括和抽象，或者没有明确的构成要件、法律后果，或者欠缺一些构成要件、法律后果。在法律适用时需要裁判者予以价值补充。（2）在适用范围上，民法规则因其内容具体明确，故只适用于某一类型的民事行为或民事关系。而民法原则因其覆盖面广和抽象性强，故为民法的通用价值准则，适用范围远比民法规则的宽广。（3）在适用方式上，民法规则是以"全有或全无的方式"适用于个案的：如果某一民法规则所规定的事实是既定的，或这条规则是有效的，就必须接受该规则所提供的解决办法；或者如果该规则是无效的，就对裁判不起任何作用。民法原则的适用则不同，不是以"全有或全无的方式"适用于个案的，因为不同的民法原则具有不同的"强度"，强度较高的民法原则对个案的裁判具有指导性的作用，但另一民法原则并不因此无效，

---

① ［德］卡尔·拉伦茨：《法学方法论》（学生版），陈爱娥译，149 页，台北，五南图书出版公司，1996。

也并不因此被排除在民法制度之外，因为在另一个案中，这两个原则的强度关系可能会改变。(3) 在作用上，民法规则具有比民法原则强度大的显示性特征，即相对于民法原则，法官更不容易偏离民法规则作出裁判。因此，可以说，民法规则形成了民法制度中坚硬的部分，没有民法规则，民法制度就缺乏硬度。但另一方面，民法原则也是民法必不可少的部分，它们是民法规则的本源和基础；它们可以协调民法规则之间的矛盾，弥补民法规则的不足与局限，它们甚至可以直接作为法官裁判个案的法律依据；同时，法律原则通过对法官"自由裁量"的指导，不仅能保证个案的个别公正，避免僵化地适用法律规则可能造成的实质不公正，而且使民法制度具有一定的弹性张力，在更大程度上使民法规则保持安定性和稳定性。②

二、民法原则于全无民法规则场合的适用

民法原则，不仅仅是民法的基本价值/基本精神之所在，而且具有裁判功能，在若干情况下用作裁判的法律依据，包括在全无民法规则的情况下根据民法原则处理系争案件。

当然，即使在全无民法规则的情况下，适用民法原则裁判案件，也并非单纯地、直接地把民法原则作为请求权基础适用于系争案件，而是依然将目光反复地巡视于民法原则与系争案件之间，裁判者遵循民法原则所内含的价值/精髓，历经较为复杂的自由心证，在内心里将民法原则化为具有构成要件和法律后果的具体规范，将之适用于个案。这是因为，民法原则，有些不具备构成要件和法律效果，如《中华人民共和国民法通则》(以下简称为《民法通则》) 第 5 条规定的"合法的民事权益受法律保护"原则；有些具备部分构成要件和法律效果，如《中华人民共和国合同法》(以下简称为《合同法》) 第 8 条规定的合同严守 (合同神圣) 原则；有些具备部分构成要件但欠缺法律效果，如《合同法》第 6 条规定的诚实信用原则；有些具备部分构成要件但法律后果不明确，如《中华人民共和国物权法》(以下

---

② 参见《百度百科》，见 http：// baike. baidu. com/link? url ＝ YWBbp3LaNkeVZAJTApM0IIBR5gfL _ 30KiAlb4F3lBfW _ uGc2mxM5e0h1JlSmU _ Lz.，最后访问时间：2013 - 12 - 02。

简称为《物权法》）第7条规定的公序良俗原则。众所周知，没有构成要件和法律效果的条文不是请求权基础，难以据此裁判案件。对此，结合个案论及。

银行甲向银行乙开出一份《不可撤销的信用担保函》，受益人为银行乙。该保函规定："现我行应申请人丙公司的要求，开立以贵行为受益人的不可撤销的人民币信用担保函。我行保证：当申请人丙公司收到外贸代理人丁公司收取合同预收金的通知书时，应立即将款汇入外贸代理人丁公司在贵行开立的指定账户。如申请人丙公司不能按期将所需资金调入外贸代理人丁公司在贵行的指定账户，使贵行无法对外支付，贵行可主动将上述款项从银行甲的账户划账，并按照贵行的规定支付利息或罚息。我们保证不以任何理由拒付。由于汇率变化而引进的本担保函金额不足支付时，本担保金额做相应调整。本担保函自出具之日起生效，有效期至引进设备贷款支付完毕日终止。"

在笔者看来，该《不可撤销的信用担保函》所产生的保证关系，既不同于国际贸易中的独立保证，也不属于《中华人民共和国担保法》（以下简称为《担保法》）及其司法解释上的保证及反担保，完全是一个崭新的无名合同，且不存在类推适用、目的性限缩、目的性扩张《担保法》及其司法解释关于保证、反担保的余地③，只好尊重当事人的意思，适用自愿原则/意思自治原则。具体些说，我们应当全面审视银行甲承担责任的条件，不能断章取义。"委托方不能按期将所需资金调入买方在贵行的指定账户，使贵行无法对外支付"，是两个条件的统一，缺一条，银行甲都不承担责任。虽然"委托方不能按期将所需资金调入买方

---

③ 之所以说《不可撤销的信用担保函》不是国际贸易中的独立保证，是因为我国司法实务中仅仅对国际贸易中的独立保证承认其效力，却不承认国内贸易中的独立保证。系争《不可撤销的信用担保函》属于国内贸易中的信用担保，主审法院不承认其独立保证的效力，但利用无效法律行为的转换技术，将其定性为具有从属性的信用担保。之所以称《不可撤销的信用担保函》不是《担保法》及其司法解释上的反担保，是因为反担保人必须由债务人委托，在系争案件中是外贸代理人丁公司委托，但事实正相反，所谓反担保人银行甲不是由外贸代理人丁公司委托的，而是由丙公司委托的。这就不符合反担保的法律结构。之所以说《不可撤销的信用担保函》不是《担保法》及其司法解释上的保证，是因为它约定的保证人承担责任的条件是"委托方不能按期将所需资金调入买方在贵行的指定账户，使贵行无法对外支付"，而不是《担保法》规定的债务人不履行债务；再就是《担保法》上的保证乃为担保主债务而设，但系争《不可撤销的信用担保函》所针对的受益人银行乙却无主债务。

在贵行的指定账户"成为了事实，但由于银行乙及时、如数地用外贸代理人丁公司的款向出卖人（外方）付清了价款，致使"贵行无法对外支付"的条件没有成就，所以，银行甲无须承担责任。

在这里，存在的疑问之一是，究竟是把自愿原则/意思自治原则作为请求权基础，还是将"不可撤销的信用担保函"的约定作为请求权基础，对此尚有争论，需要进一步探讨。

在这里，需要继续研究的是，所谓"将民法原则化为具有构成要件和法律后果的具体规范"，是裁判者自创的具体规范，有些法律续造的意味。这在英美法系完全不是问题，甚至在不少大陆法系的法制上也被允许，但在中国却存在如何解释立法法关于立法权的分配的难题。

三、放弃民法规则而改用民法原则裁判系争案件

现行法存在民法规则，在构成要件和法律后果方面完全符合系争案件的要求，至少在表面看来如此。但是，假如适用该民法规则解决系争案件，会造成极不适当的后果。于此场合，宜弃该民法规则而改用民法原则裁判系争案件。对此，虽有反对说④，但肯定说认为，诚实信用原则不仅有法律漏洞补充的功能，而且有修正现行法规定的功能。如德国学者 Stammier 教授认为，法律的标准应为人类最高理想，诚实信用原则即此最高理想的体现。如果法律规定与最高理想不合，则应排除法律规定而适用诚实信用原则。⑤ 中国民商法学大家谢怀栻教授在讨论制定《中华人民共和国合同法立法方案》的会议上建议，在现行法虽有具体规定，而适用该具体规定所获结果违反社会公正时，法院可以不适用具体规定而直接适用诚实信用原则，但在这样情形，应报经最高人民法院核准。⑥ 梁慧星

---

④ ［日］石田穰：《法解释学的方法》，122 页，青林书院新社，1980。

⑤ 转引自史尚宽：《债法总论》，319 页，台北，荣泰印书馆股份有限公司，1978；梁慧星：《民法解释学》，311～312 页，北京，中国政法大学出版社，1995。

⑥ 见《中华人民共和国合同法立法方案》第 1 条的说明；梁慧星：《民法解释学》，312 页，北京，中国政法大学出版社，1995。

教授赞同此说并阐释了理由。⑦

放弃民法规则而改用民法原则处理系争案件，在中国确有实例。在改革开放的初期，开发商取得国有土地使用权，根本没有也无力开发，就以该国有土地使用权设立抵押权，从银行贷款；同时或稍后将期房预售给千家万户，而后卷款潜逃。待还本付息的期限届满，作为抵押权人的银行援用《中华人民共和国城镇国有土地使用权出让和转让暂行条例》（以下简称为《城镇国有土地使用权出让和转让暂行条例》）第36条第1款关于"抵押人到期未能履行债务或者在抵押合同期间宣告解散、破产的，抵押权人有权依照国家法律、法规和抵押合同的规定处分抵押财产"的规定，行使抵押权，似乎无可非议。但是，千家万户的小业主则会钱房两空，会酿成严重的社会问题。于此场合，有些主审法院放弃《城镇国有土地使用权出让和转让暂行条例》第36条第1款的适用，不支持抵押权人关于行使抵押权的诉求。海南省是由政府与抵押权人协商处理，由政府取代潜逃的开发商的地位。从民法规则与民法原则之间关系的层面分析，这可能是运用几种民法原则解决系争案件的表现。

在这里，需要辨析的是，这是否属于对《城镇国有土地使用权出让和转让暂行条例》第36条第1款的规定，依据民法原则而添加但书，以便排除该条款在这些案型中的适用，即目的性限缩？回答是否定的，因为此类不适用《城镇国有土地使用权出让和转让暂行条例》第36条第1款的情形，超出了抵押权制度本身的目的、功能、射程，而非根据抵押权制度的目的而自然产生出来的但书，这已经属于制定法外的法律续造了。

四、民法原则的运用是对不完全法条的补充

民法规则具有"法律语句"（法条）的语言形式。法条是语词与语词的组合，借此，以一般方式描述的案件事实（构成要件）被赋予同样以一般方式描绘的法

---

⑦ 梁慧星：《民法解释学》，312页，北京，中国政法大学出版社，1995。

律效果。⑧ 法律通常包含多数法条，但未必是完全法条。⑨ 法条欠缺部分或全部的构成要件，或者欠缺法律效果，都是不完全法条。对于不完全法条，需要将之补充为完全法条。有的是用其他法条补充不完全法条，正所谓法律中的诸多法条彼此间并非单纯并列，只有透过它们的彼此交织和相互合作才能产生一个规整。⑩ 有些法条，它们或就构成要件，或就法律效果的部分，指示参照另一法条。⑪ 而另外一些不完全法条，则是用民法原则予以补充。法律有欠缺或不完备，而为漏洞补充时，亦恒须以诚实信用原则为最高准则加以补充，其造法始不致发生偏失。⑫

运用民法原则补充不完全法条，在我国现行法上存在例证。例如，《物权法》在留置权的成立要件上只规定了积极要件（第 230~232 条），缺乏消极要件，而诸如动产的留置不得违反公序良俗民法原则之类的消极要件，是留置权成立所必须考虑的。此类消极要件需要依赖基本民法原则而产生并承认。

再如，在民法上，必要费用与赔偿责任系属不同的范畴，支付必要费用属于第一性义务，而承担赔偿责任则为第二性义务，前者受债务履行期的制约，而后者则适用于诉讼时效制度。在这样的理念及制度分工的背景下，依据无因管理制度的本质设置管理人的权利义务，不难发现《民法通则》第 93 条关于"没有法定的或者约定的义务，为避免他人利益受损失进行管理或者服务的，有权要求受益人偿付由此而支付的必要费用"的规定，在法律后果方面显然欠缺受益人（本人）对于管理人在从事无因管理过程中所受实际损失的赔偿责任。这里的管理人所受的实际损失，包括受益人（本人）没有过错时管理人在管理事务的过程中仍

---

⑧ ［德］卡尔·拉伦茨：《法学方法论》（学生版），陈爱娥译，150 页，台北，五南图书出版公司，1996。

⑨ ［德］卡尔·拉伦茨：《法学方法论》（学生版），陈爱娥译，155 页，台北，五南图书出版公司，1996。

⑩ ［德］卡尔·拉伦茨：《法学方法论》（学生版），陈爱娥译，162 页，台北，五南图书出版公司，1996。

⑪ ［德］卡尔·拉伦茨：《法学方法论》（学生版），陈爱娥译，155 页，台北，五南图书出版公司，1996。

⑫ 杨仁寿：《法学方法论》，139 页，北京，中国政法大学出版社，1999。

然遭受的事实损失，以及受益人（本人）有过错地造成了管理人在管理事务的过程中遭受了实际损失。对前一种实际损失予以赔偿，属于名为民事责任实为第一性义务。对后一种实际损失予以赔偿，则属于典型的民事责任，不是第一性义务，而是第二性义务。《民法通则》第 93 条规定的法律后果，显然欠缺这两种赔偿责任，有违无因管理制度的本质要求，不符合公平原则，必须借助于法律解释的方法予以补充。对于名为民事责任实为第一性义务的赔偿责任，可以通过文义解释和普通的扩张解释的方法，将之纳入必要费用的范围，从而达到目的。《最高人民法院关于贯彻执行〈中华人民共和国民法通则〉若干问题的意见（试行）》第 132 条即采取了这样的解释方法，值得赞同。对于属于典型的民事责任的赔偿责任，法律人无法通过必要费用的文义解释和普通的扩张解释达到将其纳入必要费用之中的目的，因为属于典型的民事责任的赔偿责任不在必要费用概念的涵盖范围及射程之内。只有依赖公平原则，根据无因管理的规范目的，补充管理人的权利类型／受益人（本人）的义务种类，增加属于典型的民事责任的赔偿责任一项，与必要费用一项并列，才符合公平原则。《最高人民法院关于贯彻执行〈中华人民共和国民法通则〉若干问题的意见（试行）》第 132 条忽视了这样的解释方法，应予修正。

五、依据民法原则限缩或扩张民法规则的适用范围

存在着民法规则，但需要依据民法原则限缩或扩张其适用范围。这需要区分目的性限缩和目的性扩张的法律解释方法与除此而外的限缩或扩张其适用范围两种基本情况。

关于依据民法原则限缩民法规则的适用范围，在中国现行法的解释上实有其例。例如，中国现行法关于请求确认合同无效的民法规则，欠缺恶意的缔约人不得通过主张合同无效而牟取不当利益的限制要件。可是，按照诚实信用民法原则，法律应设置此类限制。最高人民法院有关司法解释已经这样做了，例如，《最高人民法院关于审理建设工程施工合同纠纷案件适用法律问题的解释》（法释

〔2004〕14 号）第 5 条关于"承包人超越资质等级许可的业务范围签订建设工程施工合同，在建设工程竣工前取得相应资质等级，当事人请求按照无效合同处理的，不予支持"的规定，第 7 条关于"具有劳务作业法定资质的承包人与总承包人、分包人签订的劳务分包合同，当事人以转包建设工程违反法律规定为由请求确认无效的，不予支持"的规定，《最高人民法院关于审理商品房买卖合同纠纷案件适用法律若干问题的解释》（法释〔2003〕7 号）第 6 条第 1 款关于"当事人以商品房预售合同未按照法律、行政法规规定办理登记备案手续为由，请求确认合同无效的，不予支持"的规定，《最高人民法院关于审理涉及国有土地使用权合同纠纷案件适用法律问题的解释》（法释〔2005〕5 号）第 8 条关于"土地使用权人作为转让方与受让方订立土地使用权转让合同后，当事人一方以双方之间未办理土地使用权变更登记手续为由，请求确认合同无效的，不予支持"的规定等，都体现了人民法院不支持恶意之人请求确认合同无效的主张的精神。⑬ 这些都属于依据民法原则而限制民法规则的适用范围的例证。

关于依据民法原则扩张民法规则的适用范围，在中国现行法的解释上也有表现。例如，债权人代位权的成立，需要"债务人享有对于第三人的权利"这一要件。关于债务人对于第三人所享权利的范围，《合同法》规定为"到期债权"（第 73 条），《最高人民法院关于适用〈中华人民共和国合同法〉若干问题的解释（一）》（以下简称为法释〔1999〕19 号）进一步限定于"具有金钱给付内容的到期债权"（第 13 条第 1 款）。如此限缩债务人对于第三人所享权利的范围，过于狭窄，对于债权人实在不公平，不符合债权人代位权制度的立法目的，这使该制度难以发挥应有的效能，应予目的性扩张。理由如下：（1）如果债务人的债权未到期，则第三人可以此为由拒绝提前履行，债权人当然无法行使代位权。但在第三人破产的场合，由于破产宣告时未到期的债权，视为已到期债权，债权人当然可以代位申报加入破产债权，在债务人怠于申报时尤应如此。在不修正《合同法》第 73 条的规定及法释〔1999〕19 号第 13 条第 1 款的规定的背景下，为使债

---

⑬　崔建远：《合同效力瑕疵探微》，载《政治与法律》，2007（2），66 页。

权人在这种情况下可以代位行使债务人的债权，且具有直接的法律依据，只好采取拟制的技术，把本未到期的债权视为已经到期的债权。站在立法论的立场上，未来修法时应当放宽在履行期限方面的限制。⑭ （2）构成债务人的责任财产者，不限于债权，包括已经罹于时效的债权、物权及物权请求权、形成权、抵销权、债权人撤销权、受领权、继承回复请求权、扣减请求权、时效抗辩权等⑮，只要行使的结果能使债务人的责任财产得以维持，就应在可被代位之内。不仅如此，诉讼法上的公权利，如起诉、申请强制执行、申请发还担保物、申请注销登记等⑯，同样有助于债务人责任财产的维护，亦应允许代位行使。（3）从比较法的角度看，《法国民法典》第1166条规定，债权人得行使债务人对第三人的一切权利和诉权；日本民法和中国台湾地区的"民法"及其理论认为，可代位行使的债务人对第三人的权利十分广泛，以至于采用了"属于债务人的权利"的概括。⑰

通过以上的分析，可知《合同法》第73条仅仅将到期债权，法释〔1999〕19号第13条第1款进一步限定于"具有金钱给付内容的到期债权"，作为债权人代位权的标的，过于狭窄，有违债权人代位权制度的目的，不符合公平原则，应采取目的性扩张的方法，适当地扩张债权人可代位行使的权利范围。笔者认为，基于债权人代位权在于维持债务人责任财产的目的要求，考虑到被代位权利可否由他人代为行使的属性，兼顾各方当事人的利益衡平，可代位行使的债务人对于第三人的权利，应包括如下几类：（1）债权，包括基于合同产生的债权、不当得

---

⑭　崔建远：《合同法总论》（中卷），245页，北京，中国人民大学出版社，2012。

⑮　参见中国台湾"最高法院"1959年台上字第209号判例；中国台湾"最高法院"1963年台上字第681号判例；中华民国最高法院1932年上字第305号判例；中国台湾"最高法院"1970年台上字第4045号判例；邱聪智：《新订民法债编通则》（下），305页，北京，中国人民大学出版社，2004。

⑯　中国台湾"最高法院"1980年台抗字第204号裁定；中国台湾"最高法院"1984年台抗字第472号裁定；邱聪智：《新订民法债编通则》（下），305页，北京，中国人民大学出版社，2004。

⑰　当然，专属于债务人的权利，不适于强制执行，自不得作为债权人代位权的标的。总的来讲，不得作为债权人代位权标的的权利，大致有如下几类：（1）非财产权，如婚姻撤销权、离婚请求权、亲权等权利；（2）禁止查封让与的权利，如退休金请求权、抚恤金请求权、禁止融通物使用权，以及不作为债权、劳务债权等权利；（3）专由债务人行使的权利，如非财产损害赔偿请求权、扶养请求权等；（4）性质上不得由他人行使的权利，如提起上诉的权利、抗告的权利、声明异议的权利等。参见邱聪智：《新订民法债编通则》（下），306页，北京，中国人民大学出版社，2004。

利返还请求权、基于无因管理而生的债权、基于单方允诺产生的债权、缔约过失场合的损害赔偿请求权、可由他人代为行使的侵权损害赔偿请求权、相邻关系中的损害赔偿请求权等;(2)物权及物上请求权,包括所有权及其请求权、土地承包经营权及其请求权、建设用地使用权及其请求权、地役权及其请求权、抵押权及其请求权、质权及其请求权、留置权及其请求权等;(3)以财产利益为目的的形成权,如变更权、撤销权、解除权、抵销权等;(4)以财产利益为目的的让与权、清偿受领权等;(5)诉讼上的公权利,如代位提起诉讼的权利、申请强制执行的权利、申请注销登记的权利。⑬

---

⑬ 崔建远:《合同法总论》(中卷),246~247页,北京,中国人民大学出版社,2012。

基本原则及制度本质乃解释的基点 *

内容摘要

法律基本原则或法律制度的本质要求在许多情况下都是解释法律或法律行为的基点。法释〔2016〕5 号第 7 条赋予调解书直接引发物权变动，颠倒了实体法和程序法关于实体为里、程序为表的根本原则，应予修正。解释《合同法》第402 条关于"合同直接约束委托人和第三人"的规定，应当甚至必须依据代理制度的本质要求，于是，该合同项下的权利义务不由外贸代理人承受就是理所当然的。确定合同法关于解除权及其行使的规定的性质和效力，不如放弃强制性规定、任意性规定的思考、衡量的路径，改采依据合同解除制度的目的及功能、诚实信用原则、交易习惯，考量个案案情，综合多项因素进行判断，然后得出结论，这将更为现实，更为允当。

关键词

基本原则；制度本质；调解书；法律关系；解除权行使

法律人解释法律或法律行为，路径及方法固然多种多样，但依据法律的基本

---

* 本文最初发表于《求是学刊》2017 年第 1 期。

原则或法律制度的本质要求，在不少情况下都是必要的，甚至是必须的。换句话说，法律基本原则或法律制度的本质要求在许多情况下都是解释法律或法律行为的基点。在这方面，笔者积累了一些心得体会，兹整理出来，供大家批评、指正。

一、颠倒了实体为里、程序为表的根本原则

这一问题已在本书中《实体法与程序法相辅相成》中讨论过，此处不赘。

二、法律关系—法律适用—民商法的逻辑—法律之美

某《股权转让协议》第2条前段约定，甲方（转让方）将其持有的丙方（目标公司）70％股权28 000万元人民币（其中7 000万元人民币为增资注册资本金；2 000万元人民币为股权对价款）转让给乙方（受让方）。第3条第4款第1项约定，2014年12月31日前付28 000万元人民币，不足注册资本金的7 000万元人民币增资款……

路径之一：以上约定，28 000万元人民币为股权转让款，应为乙方即受让方的义务，请求权人为甲方即转让方，其中含有的7 000万元的支付义务人为乙方，请求权人亦为甲方即转让方。这种法律关系纯属合同关系，没有公司制度的因素，故应适用合同法，不适用公司法。所以，甲方作为申请人，其仲裁请求之一是乙方（受让人，被申请人）向丙方（目标公司，案外人）支付该7 000万元人民币增资注册资本金，就违反了合同的相对性，似乎是依据公司法的规定主张了。这属于法律适用错误，请求权基础错误。

路径之二：当然，不按照上述路径理解，而是仍将甲方（转让人，申请人）作为乙方支付7 000万元人民币的请求权人，依甲方的指令乙方将7 000万元人民币打给丙方（目标公司），在甲方与目标公司丙公司之间公司法的适用，即甲方这个股东有义务将其7 000万元人民币出资到丙公司，只不过甲方采取了指令

乙方将款打入丙公司的账号的方式。换言之，付给丙方 7 000 万元人民币的义务人是甲方而非乙方。如果依此思路，则甲方的仲裁请求仍有依据。

路径之三：与此不同，如果系争合同约定，7 000 万元增资注册资本金的义务人是乙方，那么，7 000 万元人民币的请求权人便是丙方，处理这个法律关系，就不仅适用合同法，还要适用公司法。因为增资扩股属于公司法的调整范围。

路径不同，抗辩也不相同。路径之三中，多出了公司法上的抗辩。

三、理解《合同法》第 402 条所谓直接约束委托人和第三人的思考路径

对《中华人民共和国合同法》（以下简称为《合同法》）第 402 条所谓直接约束委托人和第三人的理解，有"受托人地位保留说"与"受托人地位取代说"之争。"受托人地位保留说"认为，即使第三人在订立合同时知道受托人与委托人之间有狭义的间接代理关系的，并且该合同直接约束委托人和第三人，也没有将受托人排除于该间接代理合同关系之外，受托人依然要负担该间接代理合同项下的债务。其理由有二：其一，《合同法》第 402 条的文义没有规定受托人不承担该间接代理合同项下的义务；其二，从原对外贸易经济合作部于 1991 年颁行的《关于外贸代理制的暂行规定》第 11 条关于"因委托人不按委托协议履行其义务导致进出口合同不能履行、不能完全履行、迟延履行或履行不符合约定条件的，委托人应偿付受托人为其垫付的费用、税金及利息，支付约定的手续费和违约金，并承担受托人因此对外承担的一切责任"的规定，以及第 20 条关于"因外商不履行其合同义务导致进出口合同不能履行、不能完全履行、迟延履行或履行不符合约定条件的，受托人应按进出口合同及委托协议的有关规定及时对外索赔，或采取其他补救措施"的规定看，受托人应当承受外贸代理合同项下的权利义务。

笔者赞同"受托人地位取代说"，因为原对外贸易经济合作部出台的《关于外贸代理制的暂行规定》颁行于《合同法》制定之前，加之它为部门规章，位阶

较低，其规定与《合同法》的相冲突的，自然不得适用。此其一。对《合同法》第 402 条规定的解释，"受托人地位取代说"的理由更为充分。此其二。此外，按照合同相对性原则，受托人以自己的名义与第三人签订合同，应由他自己而非委托人承受该合同项下的权利义务。循此逻辑，若令受托人承受该合同项下的权利义务，《合同法》无须就此再设特别条文，依据合同法总则、典型的委托合同条文及其原理，就可十分容易地解决问题。但事实是，《合同法》特设第 402 条，正面规定受托人（外贸代理人/狭义的间接代理人）所签"合同直接约束委托人和第三人"，而未规定"受托人承受合同项下的权利义务"，显然是不符合合同相对性原则的。也正因为《合同法》于狭义的间接代理（外贸代理）领域不想遵循合同相对性原则，而是运用代理制度，让委托人承受受托人所签合同项下的权利义务，才有必要特设第 402 条的规定。该项结论的可取性，从《合同法》第 402 条的但书仅仅是"但有确切证据证明该合同只约束受托人和第三人的除外"，而未言明"不得与合同相对性原则相抵触"，也可看出。简言之，《合同法》第 402 条的规定，属于代理制度的范畴，应尽可能地依代理制度及其原理予以解释，而不宜囿于合同相对性原则。所以，"受托人地位保留说"不合《合同法》第 402 条的立法计划和立法目的，不合法解释论的规则。此其三。

四、如何界定法律关于解除权产生条件的规定？

无论是审判实务界还是理论界，都有观点认为，《合同法》第 94 条规定的解除权产生的条件，第 410 条关于任意解除权的规定，均为强制性规定。[①] 如此认识会使问题变得难以处理，也增加不少的烦恼。例如，在某 500 吨大米的买卖合同中，当事人约定，买受人不按时付款，须经两次催告，买受人仍不付款的，出卖人方可解除合同。又如，在某建设用地使用权出让合同中，当事人约定，受让人不依约定的时间和数额支付出让金，无须催告，出让人即可解除合同。这些约

---

① 在中国法学会民法学研究会 2011 年年会及学术研讨会期间（2011 年 7 月 26 日至 7 月 27 日·长春），又有专家学者主张这种观点。

定虽然不合《合同法》第94条第3项的规定，但无涉社会公共利益，没有破坏市场秩序，不宜被认定为无效。扩而广之，在诸如普通货物买卖、普通承揽、动产租赁等情况下，当事人双方约定，一方迟延履行不定期行为时，无须催告，守约方可径直解除合同。该项约定并未损害社会公共利益，在不存在欺诈、胁迫、乘人之危等因素，也不损害相对人的合法权益时，应当有效。该项结论的得出，要以《合同法》第94条第3项的规定是非强制性规定为前提，若按照上述强制性规定说，就难有该项结论。可是，若一律将《合同法》第94条的规定认定为非强制性规定，也会出现偏差。例如，在不可抗力致使合同目的不能实现的情况下，若将《合同法》第94条第1项的规定认定为任意性规定，就意味着允许当事人通过约定排除解除权及其行使，也就意味着面对不能履行的合同当事人也得受其束缚，难以脱身，这不利于当事人从事新的交易。显然，这也不妥当。再如，在学生租赁住房的合同场合，双方约定迟延支付租金时出租人无须催告即可将合同解除，则会严重干扰学生的学习和生活，与在迟付租金场合出租人解除租赁合同的惯例也不一致，明显不当。该项约定应予无效。还如，某《房屋租赁合同补充协议》第7条规定："本协议签订后，承租人不得以任何理由在3个月免租期后提出解除合同的要求，否则，承租人除按原合同赔偿出租人外，还需赔偿由此给出租人造成的各项损失：人民币200万元整。本条款在承租人于2008年8月10日支付下一季度租金后自动失效。"该约定应予无效，因为租赁合同关系以当事人之间的相互信赖为基础，一旦该信赖消失，租赁合同便失去了存续的基础，应予消灭。而该约定恰恰限制了当事人于此场合的解除权，显然不符合租赁合同的本质特征。此其一。出租人违约，经过催告仍不纠正，或根本违约致使合同目的落空的，应赋予承租人解除权，以实现惩恶扬善。但该约定却使该立法目的无法达到。此其二。由于主客观的原因，租赁合同对于承租人而言没有积极的价值，只有允许承租人解除合同，才会使局面改观。该约定却阻碍了这个进程。至于承租人解除合同给出租人造成损失的问题，可通过损害赔偿或支付违约金等途径解决。此其三。

有鉴于此，不如放弃强制性规定、任意性规定的思考、衡量的路径，改采依

据合同解除制度的目的及功能、诚实信用原则、交易习惯，考量个案案情，综合多项因素进行判断，然后得出结论，这将更为现实，更为允当。

这种思路和结论同样适合于任意解除权的情形。任意解除权，在德国民法、中国台湾地区的"民法"上，称为终止权，对于当事人可否以特约将之预先抛弃，中国台湾学者的看法不一。有的认为，中国台湾地区"民法"第549条为强制性规定，当事人预先以特约抛弃终止权者，其抛弃无效。因为任意解除权涉及当事人信赖的维护，勉强不能信赖之人维持委任关系，实属困难。如此，委任人或受任人仍得随时终止委任合同。② 然若其委任不独以委任人的利益为目的，受任人就其事务的处理亦有正当的利益关系，而有处理完毕的必要时，如许委任人自由终止委任，将使受任人蒙受不测的损害，故于此时应当例外地承认当事人抛弃终止权的特约为有效。例如，以债务清偿的目的，委任人将其对于第三人的债权，对于自己的债权人委任为其债权的收取。全然以受任人的利益为目的时，固不待论，即使把委任事务的处理所产生的利益分配给当事人，系以双方的利益为目的时，也不妨允许当事人以特约抛弃终止权。因为该特约并不违背委任合同的性质，亦不违反公序良俗原则。③ 也有学者认为，抛弃终止权的特约，并不违背公序良俗，原则上应认为有效，不过，委任系一种继续性的法律关系，若日后有当初未得预料的情事发生者，纵有此项抛弃终止权的特约，当事人仍得适用情事变更原则终止合同，自不待言。④ 中国台湾地区的民法实务采纳抛弃终止权的特约无效说。⑤ 本文赞同折中说，认为宜据个案情形，确定当事人抛弃任意解除权的特约是否有效。首先，即上文所分析的思路及方法，截然地认定《合同法》第410条的规定是强制性规定抑或任意性规定，十分困难，莫不如另辟蹊径，根据

② Oser, zu§401，Ⅰ，b. 转引自史尚宽：《债法各论》，385页，台北，荣泰印书馆股份有限公司，1981。
③ 史尚宽：《债法各论》，385页，台北，荣泰印书馆股份有限公司，1981。
④ ［日］末川博：《委任与解除》，388页。转引自郑玉波：《民法债编各论》（下），450页，台北，三民书局，1981。
⑤ 中国台湾"最高法院"1970年度台上字第1944号判决。转引自邱聪智：《新订债法各论》（中），183页，北京，中国人民大学出版社，2006。

解除制度的目的及功能、诚实信用原则和交易习惯，考虑具体案情，综合多项因素进行判断，来确定当事人以特约排除其适用的效力。其次，一律认为当事人抛弃任意解除权的特约有效，意味着任何一方当事人都不得解除委托合同，除非具备了《合同法》第94条等规定的法定解除条件。这就限制乃至剥夺了当事人的人身自由，无论双方产生的敌意多么深重，也必须被束缚于委托合同关系之中，继续履行合同义务。这颠倒了价值位阶，不合现代伦理。最后，一律认为当事人抛弃任意解除权的特约无效，意味着任何一方当事人随时可以解除委托合同，解除的一方当事人即使承担损害赔偿责任，也因数额有限而给受托人造成重大的损失，在实行民商合一的海峡两岸的立法模式背景下，尤其如此。就此看来，允许当事人通过约定限制任意解除权，不失为对《合同法》第410条规定的不足的一种补救。有鉴于此，宜根据个案情形确定双方当事人抛弃任意解除权特约的效力。

五、如何确定对方未于3个月内对解除通知提出异议的法律效果？

发出解除通知后对方未于3个月提出异议，合同是否解除？《最高人民法院关于适用〈中华人民共和国合同法〉若干问题的解释（二）》（以下简称为法释〔2009〕5号）第24条已经在中国首次明确：当事人对《合同法》第96条规定的合同解除虽有异议，但在约定的异议期限届满后才提出异议并向人民法院起诉的，人民法院不予支持；当事人没有约定异议期间，在解除合同或债务抵销通知到达之日起3个月以后才向人民法院起诉的，人民法院不予支持。对此，在原则上肯定的大前提下需要指出：该条司法解释适用于发出解除通知的当事人一方享有解除权的场合应无问题，既应得出合同解除的效果已经产生的结论，又应认定合同解除的时间点为解除通知到达相对人势力范围的时刻，而非相对人提出解除异议的时间点，更非相对人向人民法院起诉之时。但在发出"解除通知"的当事人一方根本就不享有解除权或虽然享有解除权但不具备解除权行使的条件场合，该条司法解释则无适用的余地，即，在当事人各方约定有解除异议期限的情况

下，即使约定的异议期限届满，合同也未被解除，无论此期间相对人是否就合同解除提出了异议，均应如此；在当事人没有约定异议期间的情况下，即使自解除合同通知到达之日起已满3个月，合同也未被解除，无论此期间相对人是否就合同解除提出了异议，均应如此。如此解释的理由在于：其一，法释〔2009〕5号第24条是解释《合同法》第96条第1款的，而该条款是专门确立解除权行使的规则的。没有解除权及其行使的现象，就不会有该条款的适用。既然如此，法释〔2009〕5号第24条不得适用于无解除权及其行使的情形。其二，行使解除权的解除，顾名思义，必须有解除权及其行使，才会是行使解除权的解除；无解除权及其行使自无此处所言解除可言。其三，解除权是形成权，形成权的行使才不依对方的意志为转移地发生特定的法律效果，如变更法律关系、终止法律关系，在解除问题上就是发生合同解除的效果。没有解除权谈何行使解除权的合同解除？其四，在无解除权人发出解除通知、对方当事人于3个月内未提异议，就认为发生了合同解除的结果，这不是形成权在起作用，而是承认了无解除权人的单方意思表示就发生了消灭合同关系的结果，这都超出了法律对于单方法律行为的容忍态度，违背了合同严守原则。其五，不然，就会使本不享有解除权或不具备解除权行使条件的当事人一方，利用相对人不懂法律或其疏忽大意，恶意发出"解除通知"，一俟约定的异议期限届满或于当事人没有约定异议期间时自解除通知到达之日起满3个月，就发生"合同解除"的结果，逃避本应履行的合同义务，不承担违约责任。这是违反公平正义的。其六，法释〔2009〕5号第24条有缺点，也有积极意义，若无此异议期间，当事人就系争合同是否解除发生争议时，裁判者得按照程序审理，如当事人举证（较多、增加难度）、质证（相应地增加工作量及难度），裁判者予以审核、判断，等等。有了该异议期间，当事人的举证就简单得多，只需举证自己享有解除权并具备行使条件和在异议期间对方未提出异议。对方的质证也简单许多。

论我国民法的公平原则 *

《中华人民共和国民法通则》（以下简称《民法通则》）把公平原则作为我国民法的基本原则，使多年来有关我国民法应否承认公平原则的争论在立法上有了肯定的结论。但我国民法承认公平原则的理论依据是什么、公平原则具有什么功能等问题，仍然需要探讨，以期正确适用《民法通则》和深化民法理论。

公平原则，是以公平观念作为价值判断标准，来调整民事主体之间的物质利益关系，确立其民事权利义务乃至民事责任的一项民法原则。《民法通则》不仅在第 4 条明确规定了这一原则，而且在民事行为的有效无效、诉讼时效的中止和中断、无过错责任的构成、过错责任中赔偿数额的减轻等方面，也都运用了公平原则。所以，我国民法确立了公平原则。

按照立法论和比较法的要求，一项法律原则的确立和一种法律制度的创设，一要与该国的道德准则相一致，二应与该国的法律体系相协调，三应是该国经济制度要求的反映。《民法通则》把公平原则作为我国民法的一项原则，确实是反映了有计划的商品经济的要求，与社会主义道德准则相一致，与我国民法体系融为一体，因而是非常必要与科学的。

　＊　本文最初发表于《西北政法学院学报》1987 年第 1 期，作者为袁久强、崔建远。

　　马克思主义认为，统治阶级的道德和法作为社会关系的调节器，具有共同的宗旨，二者相互衔接与协调，在不同的层次上发挥着一致的作用。作为人们行为准则的道德，其作用的发挥，主要凭借社会舆论以及人们内心的自我约束；其调整程度，是和社会生产力的水平以及竖立其上的人们的是非观点、觉悟程度相适应的。而法律则是承继道德的宗旨，以国家强制力作保证来调整人们的行为，发挥道德欲为而不能为的作用。由此可知，道德所倡导的内容应是法律所保护的内容，道德所谴责的现象也应是法律所否定的现象。法律不能与道德相抵触。我国民法确立公平原则也不例外。倡导公正而谴责偏私，是社会主义道德规范的内容之一。从我国目前的生产力发展水平和人们的认识程度看，这一道德准则尚不能为任何人自觉地遵守，需要借助法律的强制力使之实现。我国民法确立的公平原则，就是将社会主义道德规范中的公平内容上升为法律规范的结果，社会主义道德规范中的公平观念则是我国民法上公平原则的核心内容。社会主义道德与民法上的公平原则，相得益彰，共同约束人们的行为，达到稳定社会秩序的目的。应该指出，社会主义道德不仅倡导公正而谴责偏私，而且颂扬真善美而否定假丑恶。它们都在调整人们的行为，不能贬低其中的某些准则而抬高或夸大另一些准则。过去不承认公平原则的原因之一，就是夸大了否定假恶丑亦即惩罚过错的意义，致使一些人一谈到民事责任，就认为承担责任者在主观上必有过错，无过错就无责任。这明显地遗忘了公平也是社会主义道德规范的内容。其实，在社会主义道德规范的内部结构中，善与公正、恶与偏私是紧密相连的。善同恶相对，其基本内涵就是行为正当，而公正就是行为正当的一种，是善的一个方面。不正当就是偏私，就是不善，就应该被否定。如果说法律应将社会主义道德倡导真善美而谴责假恶丑的内容置于重要地位，并上升为过错责任原则，那么法律也同样应将社会主义道德规范颂扬公平而否定偏私的内容置于应有的席位，并上升为公平原则。事实上，在诸如相邻关系中的致人损害、高度危险作业致人损害、产品缺陷致人损害、无民事行为能力人致人损害等场合，若因相邻权人、危险来源制造者、产品制造者、监护人等主观上无过错，就免除他们的责任，这并不符合公平观念，也不完全符合社会主义道德的要求，只有令他们承担适当的赔偿责任，才

公平合理，为广大人民群众所接受。

我国民法确立公平原则反映了有计划的商品经济的要求，有计划的商品经济要遵循价值规律，实行等价原则。该原则不但要求商品交换者的地位平等，而且要求商品交换应该等价。正如马克思所讲的，"商品是天生的平等派"①。有计划的商品经济这种性质反映在民法上，则是当事人的法律地位平等，当事人的民事权利和民事义务对等。这种正常的关系遭到破坏时，便需要民事责任来矫正，行为人承担的赔偿责任原则上与另一方因此所受到的损失相等。当然，可以根据具体情况适当减免，以防止行为人的财产状况极端恶化，影响国家计划的执行。所有这些方面，用高度抽象的术语来概括，就是"公平"，就是民法上的公平原则。

我国在过去相当长的历史时期内，视商品经济如洪水猛兽，视民事主体的合法权益为资产阶级法权，只强调牺牲精神，忽视民事主体之间的物质利益平衡，对确立民事责任及赔偿数额调整的必要性视而不见，因此也就谈不上在民法上确立公平原则了。这与大力发展有计划的商品经济是格格不入的，必须加以改变。《民法通则》明确承认公平原则，标志着在民事立法的指导思想上已经开始摒弃过去那种错误的观念。

我国民法确认公平原则的合理性与必要性，还表现在它与我国民法体系融为一体。首先，公平原则与当事人的地位平等原则、等价有偿原则、诚实信用原则的基本精神是一致的，与守法原则、公序良俗原则也是相互配合的。其次，公平原则与民事权利义务对等、民事责任具有补偿性等民法特点也是吻合的。还有，就民法的具体制度来讲，诸多都渗透着公平原则的精神。通过以下对公平原则功能的分析，就可以明了这一点。

分析《民法通则》及其他民事法律的规定，可以发现公平原则具有多方面的功能，主要表现在以下几个方面：

（一）公平原则是确定民事行为无效或可撤销的标准之一

《民法通则》第58条第1款第3项规定，一方以欺诈、胁迫的手段或者乘人

---

① ［德］马克思：《资本论》，第1卷，104页，北京，人民出版社，2004。

之危，使对方在违背真实意思的情况下所为的民事行为无效。在这里，就欺诈、胁迫、乘人之危一方当事人的主观上而言，是存在着故意的；就受欺诈、受胁迫或处于困难境地的当事人来说，是在违背自己真实意思的情况下为意思表示的；从双方当事人的物质利益关系看，则是产生了不公平的结果。我国民法所以认定这类民事行为无效，既是由于它不符合意思表示真实这一有效要件，也是由于它违反了公平原则。从终极的意义上讲，主要还在于后者。试想，假若一方以欺诈、胁迫的手段或乘人之危使对方为意思表示，能否带来公平的结果？如果双方都满意，并未造成不公平的结果，法律还认定这类民事行为无效有什么实际意义呢？

《民法通则》第 59 条第 1 款第 1、2 项规定，行为人对行为内容有重大误解或者显失公平的民事行为，可以变更或撤销。这里的显失公平是就由于欺诈、胁迫或乘人之危致使民事行为显失公平之外的情况而言的。这一规定的根据很明显是由于这类民事行为违反了公平原则。我国民法之所以规定行为人对内容有重大误解的民事行为可以变更或撤销，其主要理由也在于这类民事行为违反了公平原则，尽管当事人没有恶意，但既然有重大误解，就会给误解一方带来不公平的后果。如果仅仅从有误解的一方意思表示不真实这点上考虑，就难以解释为什么法律不允许因一般误解而成立的民事行为可以变更或撤销。

（二）公平原则是确定诉讼时效中止和中断制度的重要依据

诉讼时效，是权利人不行使其请求权的事实，经过一定期间，胜诉权归于消灭的一种制度。在本质上它是不利于权利人的。从一定意义上来说，它是对怠于行使请求权人的一种惩罚。但是，如果不是由于权利人自己的原因，而是由于不可抗力或其他障碍致使权利人不能行使请求权，或者权利人在诉讼时效期间的某一时刻纠正了自己不行使权利的错误，而提起诉讼或直接请求义务人履行义务的，那么，再不保护权利人的利益即仍让时效期间继续进行，显然不公平合理。正因如此，民法才确认了诉讼时效的中止和中断制度。

（三）公平原则是无过错责任原则建立的理论依据

《民法通则》第 106 条第 3 款规定："没有过错，但法律规定应当承担民事责任的，应当承担民事责任"，并且在第 43、83、121、122、123、124、127、

129、132、133 等条中又规定了具体的无过错责任。既然如此，应该说我国民法确实建立了无过错责任原则。有的同志对此持有异议，认为上述无过错责任只是过错责任原则的例外，尚不构成无过错责任原则。其实，这是不理解原则的内涵的表现。所谓原则，不过是适用于一定范围的基本规则。无过错责任原则，也无非是调整特定类型的不幸损害如何分配（即适用于一定范围）的归责原则。既然我国民法在这么多情况下承认不幸损害应该合理分配，既有关于无过错责任的总规定，又有具体规定，怎能说还未确立无过错责任原则？

无过错责任原则建立的理论依据是多方面的，一个重要的依据，就是公平原则。从总的方面讲，无过错责任原则的基本思想在于合理分配不幸损害，这正是公平原则的要求。从具体情况看，比如企业法人之所以应对一般工作人员的经营活动负过错责任（《民法通则》第 43 条），原因之一就在于，一般工作人员进行经营活动是为了企业法人的利益，依据谁获得利益谁承担风险这一公平观点，企业法人即使无过错也应负赔偿责任。为了生产和生活的方便，为了社会财富的增加，法律一方面允许相邻权人截水、排水、通行、通风、采光等；另一方面，规定相邻权人在截水、排水、通行、通风、采光等过程中损害了另一方利益，要赔偿损失，这也是谁获得利益谁承担风险这一公平原则的体现。无民事行为能力人和限制民事行为能力人致人损害，尽管监护人认真履行了监护责任，无过错可言，但若固守过错责任原则，免除监护人的责任，使受害人完全承受无端的灾祸，显然有失公平，所以《民法通则》第 133 条规定在上述情况下监护人也要负适当的民事责任，即无过错责任。《民法通则》第 132 条规定："当事人对造成损害都没有过错的，可以根据实际情况，由当事人分担民事责任。"这可以说是公平原则的典型运用。其他如《民法通则》第 122 条规定的产品责任、第 123 条规定的危险责任、第 129 条规定的紧急避险人的无过错责任、第 109 条规定的受益人给予合理补偿等，都体现了公平原则。基于上述，完全有理由说，公平原则是无过错责任原则建立的基础。

（四）公平原则在减轻赔偿数额方面的功能

首先，依据公平原则能使过错责任的赔偿数额减轻。按照《民法通则》第

112 条关于"当事人一方违反合同义务的赔偿责任，应当相当于另一方因此所受到的损失"的规定，过错合同责任的赔偿数额应是直接损失和可得利益损失的总和，按照《民法通则》第 117 条第 3 款、第 119 条及其他条款的规定以及侵权责任理论，过错侵权责任的赔偿范围也是直接损失和间接损失。但这是原则，在特殊情况下也可以减轻，减轻的依据往往是公平原则，考虑责任者的经济状况减少赔偿额即是例证。

其次，依据公平原则使无过错责任的赔偿数额减少。《民法通则》第 129 条规定，如果危险是自然原因引起的，紧急避险人有时承担适当的民事责任。之所以承担适当的民事责任而非完全的民事责任，就在于承担全部责任等于把全部损失都推给了紧急避险人一方，另一方毫无损害，这是不公平合理的。第 132 条关于"当事人对造成损害都没有过错的，可以根据实际情况，由当事人分担民事责任"的规定，也排除了一方承担全部民事责任的情况，或者说减少了无过错责任的赔偿数额。之所以如此规定，也是基于公平原则的要求，我们以无过错合同责任来说明其道理：按照资产阶级民法的规定及解释，不可归责于当事人双方原因的不能履行，按风险负担处理。在英美法系是由所有权人承担风险，在法国是由债权人承担风险，在德国是由债务人承担风险。这实际上等于把不能履行所造成的损失几乎全部推给了一方当事人（或是所有权人或是债权人或是债务人），这是不公平合理的。《民法通则》一反资产阶级民法理论，基于公平原则的要求，规定由当事人双方分担民事责任，即分担损失，这是十分正确的。此外，公平原则还是不当得利之债成立的依据，也是无因管理之债中必要费用返还的依据。

论民事法律关系的本质特征 *

　　商品经济的顺利发展需要的条件很多，民法对商品经济的调整是不可缺少的一个。在《中共中央关于经济体制改革的决定》（以下简称《决定》）将我国经济明确定性为"公有制基础上的有计划的商品经济"，要求"必须大力发展商品生产和商品交换"的今天，制定系统而完善的民法典愈加显出其重要性与迫切性。而一部科学的社会主义民法典的制定，离不开民事法律关系通论研究的深化与民事法律关系体系的确立。这是因为：民法的调整对象是作为民事法律关系基础的商品经济关系；民法的基本原则是商品经济也是民事法律关系本身性质的表现；民法的任务必须通过民事法律关系的产生、变更或消灭来实现；民事主体、民事权利与义务就是民事法律关系的构成因素。

　　民事法律关系的核心是民事法律关系的本质属性及其特征。本文着重探讨民事法律关系的本质特征，同时也必然涉及其本质属性。

　　民事法律关系是一种人与人之间的关系，属于上层建筑的一种社会现象，是符合民事法律规范的具有权利义务内容的社会关系。有人称这是关于民事法律关系性质的表述，有人认为这是民事法律关系的本质特征。我们认为，说它是民事

---

　　* 本文最初发表于《吉林大学社会科学学报》1985 年第 2 期，作者为于晔（曹焕忠）、崔建远。

法律关系的性质固然不错，但作为民事法律关系的本质属性却不无疑问。因为作为本质属性，必须是反映民事法律关系区别于其他法律关系的质的规定性。所谓"人与人之间的关系，属于上层建筑的一种社会现象"之说，仅仅指出了法律关系同物质社会关系的区别点，并未揭示民事法律关系质的规定性。它有助于我们认识民事法律关系的本质，却难以据此把握民事法律关系的本质属性。如果说在社会主义民事法律关系学说创立初期，为了揭穿资产阶级法学家所谓法律关系是物与物或人与物的关系的谎言，从而确认它是人与人之间的关系，这样的表述尚为必要的话，那么，在为数不少的资产阶级法学家亦承认民事法律关系为人与人之间的社会关系的今天，面对诸如经济法律关系、劳动法律关系、婚姻法律关系等均已上升到独立的理论体系的状况，仍然停滞于这样的认识，就远远不够了。"民事法律关系……是符合民事法律规范的具有权利义务内容的社会关系"的论述，虽然在某种程度上揭示了民事法律关系的本质属性及其同其他法律关系的区别，但不进而阐述其本质属性的外部表现即本质特征，就难于深入了解民事法律关系同其他法律关系的区别。至于有人将上述观点视为民事法律关系的本质特征，更令人不敢苟同。

我们赞同关于民法的调整对象是商品经济关系的观点。据此，关于民事法律关系质的规定性，可以这样表述：民事法律关系就是民事法律规范调整商品经济关系而形成的人与人之间的权利义务关系。这就是我们同本部分开头所引观点的根本区别。

为了进一步认识民事法律关系的本质属性，有必要逐一考察它的本质特征。

1. 法人作为主体。任何社会关系的形成及其延续都须有主体参加，法律关系的成立与存在也是如此。不过，主体的性质和表现形式却因作为法律关系基础的社会关系不同而异。民事法律关系的基础是商品经济关系。商品经济的高度发展，在客观上要求商品生产者以团体的形式出现并参加商品生产和交换。如果说，在简单商品生产条件下，自然人作为商品生产单位尚能勉强维持的话，那么，到了商品生产高度发达的时代，由于社会化分工与协作的要求、价值规律的作用，就必须以相当数量的团体取代一定数量的个人而成为商品生产者与交换

者。在社会主义商品经济条件下尤其如此。有的团体并无自己的独立财产与财产责任，作为其债务担保的是每个成员的全部财产。有的团体则享有独立的财产、承担独立的财产责任，能以自己的名义而不是其各个成员的名义参加商品流转，取得权利、承担义务。在民法上，将前者称为合伙，把后者叫作法人。不过，最重要、最普遍存在的要首推法人。全面理解《决定》，可知：赋予一百多万个城市企业具有法人资格，"对于我国经济的全局和国家财政经济状况的根本好转，对于党的十二大提出的到本世纪末工农业年总产值翻两番的奋斗目标的实现，是一个关键问题"。由此可推知，我国法律创设法人制度的重大意义。

尽管我国《经济合同法》明确规定法人为经济合同的主体（第 2 条），但在国家对国营企业的财产享有所有权的前提下，国营企业在商品交换中，能否以其占有和使用的财产承担民事责任，简言之，国营企业是否为法人，一直是个有争论的问题。《决定》主要基于不能把全民所有同国家机构直接经营企业混为一谈、所有权同经营权可以适当分开的理论，做了明确的回答。它明确规定："要使企业真正成为相对独立的经济实体，成为自主经营、自负盈亏的社会主义商品生产者和经营者，具有自我改造和自我发展的能力，成为具有一定权利和义务的法人。"当然，在我国，承认国营企业及其他社会组织为法人，并不意味着它们不受国家计划的约束与国家的管理。这是我国法人不同于资产阶级法上的法人的特点之一。

经济法律关系的主体虽然也有符合法人条件的社会组织，但其中也有不符合法人条件的经济组织的分支机构和生产单位、职能科室等。可见，法人概括不了作为经济法律关系主体的社会组织的全部，同时，社会组织在参加纵向关系时，也不以具备法人条件为必要。为了统一起见，称享有经济权利和承担经济义务的社会组织为经济法律关系的主体，比较适宜。此外，符合法人条件的社会组织作为经济法律关系的主体，还要受国家指令性计划、上级机关的命令或指令的束缚，并且受束缚的程度远比在民事法律关系中所受束缚的程度深得多、直接得多。如果仅把民事法律关系和经济法律关系的主体加以比较，还可看出，前者的主体在具体的关系中只是一个商品所有者和交换者，其他属性则隐而不露；后者

的主体却以集管理职能、生产职能和交换职能于一身的姿态出现并起作用。

在社会主义法律体系中，人的商品属性已经消亡，婚姻关系的买卖性质也随之消失，这是婚姻法律关系从民事法律关系中分离出来的理论依据。婚姻家庭关系的实质是亲属血缘性质的人身关系，附属于婚姻家庭关系的财产关系则是这种人身关系的派生物。于是，事物从旧的质产生了飞跃，为新的质所取代，婚姻法律关系的自然面目恢复了，它的自然属性和社会属性获得了有机的统一。在温情脉脉的充满天伦之乐的社会主义婚姻家庭关系领域，当然是自然人在一统天下，而没有法人的立锥之地。

劳动法律关系形成于劳动法律规范调整劳动关系的过程之中。其主体的一方为公民，另一方为企业、机关、集体组织等单位以及个体经营者。在劳动法律关系中，公民是国家的主人，企业、机关、集体组织等单位只是以劳动组织与管理者的身份出现的，而不呈现承担独立的财产责任的性质。因此，作为劳动法律关系主体的单位并不需要法人资格。

2. 主体之间地位平等。这里的所谓平等有它的基本规格：第一，主体都具有平等地参加商品生产和交换的权利能力；第二，主体之间在具体的法律关系中没有隶属和服从关系，意思表示是自主的；第三，彼此间处于权利义务对等的状态。这三个特点正是商品经济关系的要求。商品交换无须国家权力的强制，只需要双方互相默认他们是那些欲让渡的商品的所有者，"从而彼此当作独立的人相对立就行了"，这是一种"彼此当作外人看待的关系"①。就商品经济关系和民事法律关系的相互关系而言，上述商品经济关系的要求就是民事法律关系的特征。这是民事法律关系主体间的地位具有平等性的根源所在。

作为经济法律关系基础的经济关系产生于商品经济形态，可以说是一种新类型的商品经济关系，因此，就不可能不具有自愿、等价和主体间地位平等的特色。这些特点突出表现在横向经济关系领域。但是，这种关系毕竟是由于国家组织管理经济活动而形成的具有"经济"性质却采用了"国家"形式的、兼有财产

---

① ［德］马克思：《资本论》，第 1 卷，107 页，北京，人民出版社，2004。

因素和行政因素的特殊的经济关系。② 作为这种经济关系的法律形式，经济法律关系就具有这样的特点：主体间的法律地位平等与不平等的双重属性。这种不平等具体表现为：第一，作为主体的社会组织各有其不同的权利能力。他们的生产经营范围不同，允许参加的交换领域也不同。第二，上级组织依法享有与下级组织强行缔结经济法律关系和制裁下级机关违反经济法的行为的权限。第三，在有的经济法律关系中，一方主体仅享受经济权利，另一方主体只承担经济义务。

劳动法律关系中的主体之间的关系在社会主义国家呈现出错综复杂的格局。一方面，由社会主义国家的性质所决定，公民是国家的主人，而企业、机关、集体组织等单位则是公仆，形成了主仆关系；另一方面，当公民以个人身份同具体的单位结成具体的劳动法律关系时，其权利义务又受单位的劳动纪律与行政命令的制约。两者之间的地位并不具备平等的特征。

3. 主体之间的权利义务呈现对等性。主体间处于平等地位，表现在民事法律关系的内容上，就是主体间的权利义务具有对等性。就这种对等的质而言，主体享有权利就必须承担义务，同样，在承担义务的同时也享有相应的权利。一方主体享受的权利的内容，就是另一方主体所应承担的义务；反之亦然。就它的量来看，主体之间权利的移转是等价的，这是价值规律调整商品经济关系的作用在民事法律关系中的反映。买卖合同中的买方欲取得买卖标的物，就必须付给卖方相应的价金。赠与则属例外。量的考察结果证明，民事法律关系正是以其量的特殊性明显地区别于其他法律关系。横向经济法律关系在这一点上表现得比较突出，而纵向经济法律关系却不具备这个特征。所以，起码不能笼统地说经济法律关系的主体间也存在权利义务的对等性。

社会主义劳动法律关系不是商品经济关系的法律化，而是劳动关系的法律形式。作用其中的是按劳分配规律而不是价值规律。劳动者为社会劳动而获得的报酬，并不是不折不扣的劳动所得，而是作了各项合理扣除之后的剩余部分。但是，我们的原则是取之于民，用之于民。所以获得报酬，是因为劳动者仍然要通

---

② 参阅周沂林等：《论经济法调整对象》，载《中国社会科学》，1982 (5)。

过商品交换取得生活必需品；所以作各项必要的扣除，是因为在保证其生活需要的前提下，劳动者还要建设自己的国家。每个劳动者所获得的劳动报酬，并不一定与他提供的社会劳动量完全相等，有的要高些，有的则相对低些。因此，这里的权利义务呈现出高低错落的不平衡状态。

婚姻家庭关系的核心是夫妻之间的人身关系以及由此派生的父母子女关系。涉及权利义务问题，其中可用价值来表示的，只是所占比重很小的财产权；而所占比重极大的人身权，则不能用价值来表现。后者反映的主要是人的自然属性，即姻亲和血缘关系，几乎谈不到权利义务的对等性问题。那么，作为依附于人身关系的财产关系，其中之财产不论作为家庭共同财产，还是作为继承的标的，在权利义务方面往往是不对等的。③

4. 充分体现主体的自主自愿性。商品是使用价值和价值的对立统一体。并且，"一切商品对它们的占有者是非使用价值，对它们的非占有者是使用价值。因此，商品必须全面转手。这种转手就形成商品交换，而商品交换使商品彼此作为价值发生关系并作为价值来实现"④。交换的目的和动力完全是交换双方各自的需要——商品所有者需要通过交换取得对方的货币或特定商品，以实现自己所有的商品的价值，另一方需要对方商品的使用价值。双方需要的结果是他们自愿地进行了商品交换。其中起作用的只是客观经济规律，却没有也不需要行政的甚至特权的干预。商品交换须双方自愿的要求，获得了民法的确认，并成为民事法律关系的重要特征。其具体表现形式，首先是成立民事法律关系的自愿性。当事人是否为某种民事法律行为，同谁在什么时间结成什么内容的民事法律关系，都基于当事人（单方或双方）的自愿。在他人的诈欺、胁迫下所结成的民事法律关系，违反了当事人自愿的原则，因而应视作无效或予以撤销。其次是主体有时单方或双方变更、撤销、解除或废止民事法律关系的自愿性。单方自愿主要有以下几个方面：立遗嘱人对其所立遗嘱是否变更或废止，基本上由他自己决定；解除

---

③ 参阅邹瑞安：《试论我国民法调整的对象——兼谈民事立法的改革》，载《政治与法律》丛刊，1982（2）。

④ ［德］马克思：《资本论》，第1卷，104页，北京，人民出版社，2004。

权人有权决定是否解除已有效成立的民事法律关系；撤销权人是否对某些意思表示有瑕疵的民事法律关系予以撤销，听其自愿。双方自愿变更或解除民事法律关系，主要表现在无变更或解除权的当事人经过协商一致，变更或解除非计划合同。再次，有权人自愿放弃其民事权利。这在物权法律关系和债权法律关系中均有发生。如所有权人自愿放弃所有权，抵押权人或留置权人自愿放弃抵押权或留置权，被侵权人自愿放弃损害赔偿请求权，均属此类。还有，在违反合同场合，非违约方还有要求违约方继续履行合同或请求解除合同的选择的自愿，等等。但是，必须指出，绝对的无条件的自愿，在任何社会都不存在。资本主义条件下的自愿自不待言，就是在我国现有条件下，由生产资料公有制基础上的计划经济的性质所决定，上述自愿不得损害社会主义生产资料公有制，不得违背计划原则，也不得损害利害关系人和一般第三人的合法权益。

与其说经济法律关系主体具有自愿性，倒不如说它具有"遵命性"更能反映问题的实质。纵向经济法律关系中，作为一方主体的下级组织，必须服从作为另一方主体的上级组织的指令。横向经济法律关系的主体虽然在客体的规格、质量、数量、价金、存续期限等方面，既有自愿的因素，也有遵命的特色，但在不同情况下，两者的比重也不一样。

在劳动法律关系中，主体双方兼备管理者与被管理者的双重属性；劳动活动的正常进行必须由劳动纪律作保证。这些都决定了主体首先是"遵命"，其次才有"自愿"可谈。

婚姻法律关系中主体的自愿性是基于两性关系的爱情内容，与民事法律关系中主体的自愿性由商品经济关系的性质所决定有着天壤之别，无须详述。

5.民事制裁更注重直接保护主体的物质利益，这种保护通常是借助排除妨害、恢复原状、强制执行、损害赔偿、支付违约金等制裁方式实现的。侵权行为（广义的）出现后，在尚未造成损害时，主要是保证原民事法律关系规定的权利得以实现；一旦造成损害事实，还要尽可能补偿被侵权人的物质损失。在这里，不管采取哪种制裁方式，都是为了直接保护主体的物质利益，进而维护正常的民事法律关系。

经济法律关系不仅采取损害赔偿、支付违约金等民事制裁措施，而且惯用罚款、强制收购、没收财产等行政制裁措施，甚至刑事制裁方式。但是，其损害赔偿、罚款、没收财产等往往并不能完全补偿被侵权人的经济损失，它是重在教育、警诫侵权人，也教育一般第三人，以达预防目的。这是经济法律关系同民事法律关系在制裁方面的明显差别。

维护正常的婚姻家庭法律关系的制裁方式，主要是行政的和刑事的。即使涉及经济利益内容，也主要是为了保障家庭成员的生活需要，与民事制裁具有尽可能完全的补偿性的特点截然不同。

劳动法律关系的制裁重在"约束性"而非补偿性，主要目的是维护正常的生产经营秩序或工作秩序。虽然最终也保护主体的物质利益，但这种保护往往是间接的。

我们把民事法律关系同其他法律关系相比较，认识了它的上述本质特征。但是，就我国和资产阶级国家两种不同类型的民事法律关系（以下简称两种不同类型的民事法律关系）的差异，尚不能从中得到清晰的印象，下面的分析就是试图解决这个问题。

婚姻家庭法律关系、劳动法律关系及土地法律关系等的归属问题，在两种不同类型的民事法律中迥然不同。

在资本主义制度下，"人们一向认为不能出让的一切东西，这时都成了交换和买卖的对象，都能出让了"[⑤]。不要说自《汉谟拉比法典》、罗马法以来一直作为流转物的土地如此，爱情亦然。与资本主义生产关系利害攸关的，首推劳动力成为自由买卖的商品。随之，土地买卖关系、婚姻家庭关系、雇佣合同关系等都成了商品经济关系，进而跻身于民事法律关系的行列。

由我国的社会主义性质所决定，土地关系、劳动关系、婚姻家庭关系，都失去了商品经济关系的性质而成为新型的社会关系，自然也不再是民法调整的内容，土地法律关系、劳动法律关系和婚姻家庭法律关系都已独立于民事法律关系

---

⑤ 《马克思恩格斯全集》，第4卷，79页，北京，人民出版社，1960。

之外。应该指出的是，有的学者还认为，继承关系亦非民法调整的对象，应该放到婚姻家庭关系之中。⑥ 这个观点应予重视。由上述可见，我国民事法律关系的范围确比资本主义国家的窄得多。

是否体现阶级剥削的性质，是两种不同类型的民事法律关系的本质区别。

马克思指出："商品生产按自己本身内在的规律越是发展成为资本主义生产，商品生产的所有权规律也就越是转变为资本主义的占有规律。"⑦ 因此，其物权法律关系实质上就是资产阶级通过资本原始积累和榨取剩余价值而占有生产资料，无产阶级却一贫如洗这种关系的法律表现。"货币形式——债权人和债务人的关系具有货币关系的形式——所反映的不过是更深刻的经济生活条件的对抗。"⑧ 这种对抗的实质，就是资产阶级强行与无产阶级进行不等价交换来实现剩余价值。继承法律关系则是资产阶级使其剥削和压迫无产阶级的物质手段得以世代相续的法律形式。

在我国，生产资料不再是资本，商品生产和交换没有剥削阶级参加，生产目的不再是追逐剩余价值，而是满足社会和人民物质文化生活的需要。民事法律关系当然不再具有阶级剥削的性质。

对此，资产阶级及其法学家一直讳莫如深。起初，民事法律关系的本质被说成是物与物或人与物的关系，随着资产阶级与无产阶级之间矛盾的日益公开化、表面化，马克思主义对民事法律关系本质的揭示日益深入人心，某些资产阶级法学家才不得不承认民事法律关系是人与人之间的社会关系，而当涉及这种社会关系的具体内容时，他们就不能再前进一步了。

国内对资产阶级民事法律关系理论的批判，一直停留在揭露资产阶级只承认民事法律关系是物与物或人与物之间的关系这一点上。这种批判虽为必要，却有其明显的不足：一是没有注意到资产阶级及其法学家已经承认民事法律关系是人

---

⑥ 参阅佟柔主编：《民法概论》，6 页，北京，中国人民大学出版社，1982；邹瑞安：《试论我国民法调整的对象——兼谈民事立法的改革》，载《政治与法律》丛刊，1982（2）。

⑦ ［德］马克思：《资本论》，第 1 卷，678 页，北京，人民出版社，2004。

⑧ ［德］马克思：《资本论》，第 1 卷，159 页，北京，人民出版社，2004。

与人之间的社会关系这一事实，说服力不强；二是容易使人产生这样的错觉，似乎资产阶级及其法学家承认了民事法律关系是人与人之间的社会关系，就达到了对资本主义制度下民事法律关系本质的揭示。我们认为，称"人与人之间的社会关系"是资本主义制度下的民事法律关系的本质并不彻底，而明确指出它是资产阶级剥削和压迫无产阶级的社会关系才切中要害。这一观点，通过下文关于两种社会制度下民事法律关系主体间地位平等和自愿、自由的比较研究，将得到更进一步的论证。

两种不同类型的民事法律关系在主体间地位平等的彻底性上存在重大差别。

尽管两种不同类型的民法均以商品经济关系为调整对象，都承认商品经济关系对主体间地位平等的要求，并将这种要求上升为基本原则，因而两种不同类型的民事法律关系都具有主体间地位平等的特征，但是，由于所有制的形态和性质不同，主体间地位平等的实际意义也大不一样。首先，资本主义国家的民事法律关系中，平等是形式上的而不是实质上的。马克思说："由于社会各成员的资本多寡不等，所以他们之间也不平等，资本成为决定性的力量，而资本家，资产者则成为社会上的第一个阶级。"⑨ 其次，形式上的平等也没有完全实现。以《拿破仑法典》为例，在夫妻关系和亲子（女）关系上，该法典规定了夫（父）是一家之长的原则。在亲子（女）关系、非婚生子女继承关系等方面，也充满了不平等。⑩ 近来在资本主义世界标准合同泛滥。标准合同关系，是垄断组织凭借经济上的控制力量，强迫对方接受苛刻条件的法律关系。对此，连资产阶级法学家也不敢否认。在合同关系中，债务人迟延履行时，债权人有权请求解除合同；而债权人受领迟延，债务人却无合同解除权（只有日本民法等承认有例外）。诚然，资产阶级民法对某些不平等的规定逐渐地作了一些修改，如现在的《法国民法典》，在婚姻与家庭方面加强了"平等"的倾向。⑪ 但在许多方面，主体间地位

---

⑨ 《马克思恩格斯全集》第4卷，386页，北京，人民出版社，1960。
⑩ 参阅［英］P. S. 阿蒂亚：《合同法概论》，程正康等译，13～14页，北京，法律出版社，1982。
⑪ 参阅王作堂等所撰译者序《〈法国民法〉及其新变化》，载《法国民法典》，马育民译，4页，北京，北京大学出版社，1982。

不平等的现象仍十分严重，如它至今拒不承认，在债权人受领迟延场合债务人的解除权；对标准合同不平等条款的限制也不够积极彻底，就是二例。

同其他社会主义国家一样，我国民事法律关系主体间地位的平等是迄今为止最彻底的。按照商品经济关系对主体地位平等的要求，凡是不与生产资料公有制和计划经济相违背的，都得到法律的确认。其原因之一，"在社会主义全民所有制的范围内，全社会劳动者在生产资料所有关系上是平等的，是这些生产资料的共同的主人。"⑫ "在一个集体经济内部，人们在生产资料的占有关系上是平等的。"⑬虽然我国目前是多种所有制形式并存，但由于社会主义公有制居于统治和领导地位，决定生产关系的性质，因而在商品流转的意义上，国营企业之间、集体企业之间、国营企业与集体企业之间、它们同公民个人之间以及公民个人之间的关系，都是平等的。原因之二，同资本主义社会资产阶级整体利益与资本家个人利益存在尖锐对立不同，我国的生产资料公有制基础上的计划经济与公民个人或法人的利益尽管存在这样或那样的矛盾，但基本上是一致的。这样，我国民事法律关系主体间地位的平等就真实与彻底得多。

毋庸讳言，我国民事法律关系主体间地位的平等同样是相对的和有条件的。如仅就权利能力而言，法人的权利能力因所承担的社会分工而有所区别：在暂时的资金不足或急迫需要的条件下，成立有利于一方的民事法律关系，并不鲜见；在目前阶段，由于电力供应紧张和运输能力不足，供电法律关系和运输合同关系中，供电方和承运方承担的责任往往小于用电方和托运方的责任，也是事实；在为搞活经济而日益增多的雇工合同关系中，雇工方或多或少地占有了被雇方的剩余劳动。所有这些，都是主体间地位不平等的表现。对这些现象予以正视，进行深入的研究，弄清哪些不平等在现阶段乃至今后一个很长的历史时期内是不可避免的，甚至具有存在的合理性，法律应予承认；哪些不符合社会主义公有制和计划经济的性质与要求，法律应予以否认；哪些暂时尚有存在的必要，但应予严格限制。各个企业在权利能力

---

⑫⑬ 蒋学模主编：《政治经济学教材》，206、214 页，上海，上海人民出版社，1980。

方面存在差别，是社会化大生产、计划经济的客观要求，法律不承认这种现实，就违背了客观经济规律。供电法律关系或运输合同关系中的供电方或承运方的某些"特权"，则是不合理的现象，法律不仅不应承认，而且有必要予以限制直至规定严格的制裁措施。其他权利义务不对等的民事法律关系，法律一概否认其效力并不一定适宜，根据它们对生产资料公有制以及计划经济的损害有无和大小，对当事人利益损害的大小，分别采取确认其无效、允许撤销或变更的态度，比较恰当，如雇工合同关系在一定的范围内，即允许其存在。⑭同时必须看到，社会主义公有制本身的发展趋势，就是逐步创造条件，消灭这些不平等现象。尽可能地充分认识和发挥社会主义制度的优越性，是消除这些不平等现象的根本途径。

两种不同类型的民事法律关系尽管都具有自由和自愿的特征，但是，这方面的差别仍然是很明显的。

资本主义国家民事法律关系主体的自由和自愿是私法自治原则的具体表现，是资本家自由和自愿地取得原料、雇用劳动力、追逐剩余价值的必然要求。在自由竞争时期，资本家的这种要求得到了资产阶级法最大限度的确认。其限制，主要靠诚实信用原则。国家的职能只是保护私人活动，而不得妄加干涉。由于资本家的贪得无厌，利用"自由"和"自愿"的幌子不顾一切地追逐剩余价值，导致阶级矛盾空前激化和社会秩序严重紊乱，到垄断资本主义时期尤为突出。为了改变这种状况，资产阶级国家和法对私法自治原则（包括民事法律关系主体的自由和自愿）进行了限制：一是加强了对法官权限的限制，如法官对缔约自由、约定赔偿额进行增减的权限；二是限制国家行政机关直接干涉合同关系。此外，垄断组织凭借其经济上的优势和政治上的特权创造的标准合同形式，也是对自由和自愿的限制。但是，不管哪种限制，都没有也不可能真正改变资产阶级民事法律关系主体享有自由和自愿的固有本质。

我国经济是建立在公有制基础上的有计划的商品经济。按照公有制和国民经

---

⑭　参阅《当前农村经济政策的若干问题（摘要）》，载《北京日报》，1983－04－11；《中共中央关于一九八四年农村工作的通知》，载《河北日报》，1984－06－12。

济有计划按比例发展规律的要求，民事主体的行为必须符合国家计划，国家机关也有权积极管理；按照价值规律的要求，法律应充分尊重主体的自由和自愿。因经济规律综合作用的缘故，我国民事法律关系的自由和自愿，是在保障国家计划前提下受到充分尊重的自由和自愿。由于国家利益和民事主体的利益在根本上是一致的，故民事主体的合法权益并不会因保障国家计划而受到侵害。

民法总则如何反映民事权利?*

内容摘要

民法总则虽然不宜再沿用《民法通则》一字排开式地规定财产所有权、与财产所有权有关的财产权、债权、知识产权、继承权等类型,但并不可将民事权利的规范完全交给民法典的各分则编,而是应当设置民事权利的一般规则,其规范范围受制于民法总则的体系及其章节内容,受制于民法典所规制的内容,受制于民法典奉行的理念、指导思想。民法总则不但应规定民事权利的设立及行使不得违背公序良俗原则,应当遵循诚实信用等原则,而且应就期待权、抗辩权的构成、类型、效力等内容设置必要的规范。即使民法总则乃至民法典无法将所有的民事权利规范收拢在怀,也不可盲目地高倡"法不禁止即自由"。

关键词

民法总则;民事权利;规范;期待权;抗辩权

一、不宜沿用《民法通则》设置民事权利规范的模式

《中华人民共和国民法通则》(以下简称为《民法通则》)专设"第五章民事

---

* 本文系全国哲学社会科学基金重点项目《法学方法论与中国民商法研究》(批准号:13AZD065)的阶段性成果。对于资助谨表谢意!

本文最初发表于《求是学刊》2015 年第 4 期。

权利"一章，宣示财产所有权和与财产所有权有关的财产权、债权、知识产权和人身权皆为中国现行法承认并予以保护的民事权利。紧随其后的"第六章民事责任"，不但确定了违约责任和侵权责任，而且扩张了民事责任的责任方式，将德国法系中本属物权请求权的救济方式纳入民事责任的体系之内。这在逻辑上使得民事责任当然成为民事权利保护的法律制度及措施。

对民事权利在立法上如此表现，在当时的背景下具有合理性形式，因为当时由全国人大制定的民事法律只有《中华人民共和国婚姻法》（以下简称为《婚姻法》）、《中华人民共和国经济合同法》和《中华人民共和国继承法》（以下简称为《继承法》），合同权利、继承权被法律确定下来了，但所有权、用益物权、担保物权、不当得利债权、无因管理债权、知识产权、名誉权等人格权是否及如何被法律所承认，难谓明确。特别是物权概念及体系都被怀疑，隐私权更难上台面。在这种背景下，《民法通则》用一章宣示主要的民事权利，无疑是必要的，也是"适时的"，称《民法通则》为权利宣言书①不为过。此其一。《民法通则》既不是民法总则，也不是民法典。站在民法总则的立场，《民法通则》设置了不少超出民法总则框架的制度及规则，如果一定要以民法总则为坐标，《民法通则》是"肥胖"的民法总则。之所以如此断言，是因为按照王轶教授关于能够进入《民法总则》的民法规范的标准，即（1）提取公因式而形成的具有裁判依据功能的民法规范；（2）立法技术上的剩余②，《民法通则》设计的民事权利和民事责任两章之中，关于所有权、合同的定义、合同漏洞补充、违约责任、侵权责任等规则显然不符合以上两项能够进入民法总则的资格条件。基于民法典的标准，《民法通则》仅有民法典的骨干，明显"瘦弱"了许多。正因如此，加上当时物权法、债法、著作权法、专利法、商标法能否出台、何时出台尚不确定，《民法通则》历数财产所有权和与财产所有权有关的财产权、债权、知识产权和人身权，

---

① 柴春元：《民法通则：中国的民事权利宣言》，人民网，见 http：// theory. people. com. cn/GB/9958859. html，最后访问时间：2015－06－03。另见王泽鉴：《民法学说与判例研究》（第6册），216页以下，北京，北京大学出版社，2009。

② 王轶教授和陈甦教授在由全国人大常委会法制工作委员会于2015年3月31日下午召开的"《中华人民共和国民法总则》体系研讨会"上发表了这些意见。

是可以理解的，可能也是必须的。

与此不同，制定《民法总则》面临的背景是，《中华人民共和国物权法》（以下简称为《物权法》）、《中华人民共和国合同法》（以下简称为《合同法》）、《中华人民共和国侵权责任法》（以下简称为《侵权责任法》）、《婚姻法》《继承法》均已颁行多年。如此，《民法总则》再沿袭《民法通则》对待民事权利的立法技术，肯定费力不讨好。一是这不符合能够进入民法总则的民法规范的两项资格条件，不伦不类；二是若规定物权则无论如何都会差于《物权法》，若规定合同债权则无论如何都难以与《合同法》比肩，若规定侵权责任则无论如何都简陋于《侵权责任法》，等等；三是不当得利、无因管理在现行法上倒是过于概括，缺乏可操作性，亟待丰富，只是它们却远离民法总则，应当尽可能科学的《民法总则》不应规定它们。

但是，这绝不是在说《民法总则》不可染指民事权利，而是旨在呼吁：民法总则编中设置民事权利的规范，应当采取另外的模式。

二、民事权利规范的设置模式受制于《民法总则》体系

1. 法律行为一章对于民事权利是否进入《民法总则》的影响

《民法通则》是否规定法律行为，在当时存在不同意见，但时至今日，未见有人反对《民法总则》规定法律行为。法律行为作为法律事实，本质上要引发民事权利、民事义务及其关系。其中的民事权利，不但包括债权、物权、知识产权等基本的民事权利，也伴随着形成权、抗辩权等作用性的权利。如果说债权、物权等基本的民事权利因《民法典》分设合同法编、侵权法编、物权法编而自然有其所在的位置，《民法总则》无须重复规定，以免叠床架屋，那么，形成权、抗辩权则不然，至少现行法对于形成权、抗辩权的规定十分简陋，不敷使用，在这种背景下《民法总则》就它们设置一般性的规则，十分必要。即使《民法典》在有关分则编规定了某些形成权、抗辩权，也不妨碍《民法总则》规定它们的一般性问题。

2.《民法总则》与绝对权请求权体系③

既然是制定民法典，就必须就整部民法典进行体系化思考，满足民法的总则编、物权编、人格权编（假如如此设计的话）、知识产权编、合同编、侵权行为编各自的目的和功能要求，使这些制度衔接配合得妥当、适宜。在大陆法系，物权、人格权、知识产权各有其积极的权能，也有其消极的权能，后者就是物上请求权、人格权的请求权、知识产权的请求权。温德沙伊德甚至将对物权的内容仅仅理解为对他人的禁止，仅仅理解为某种消极的东西。④ 这种思想至今都在影响着不少学者，例如克尼佩尔指出："完全的所有权自由的社会意义不在于所有权人的积极能力，而在于其'消极'一面，即禁令，排除所有其他'法律主体'对于所有权客体的侵犯是该权利的本质时刻。"⑤

人们把这些权利统称为绝对权的请求权，具体表现为停止侵害请求权、排除妨碍请求权、消除危险请求权、物的返还请求权、废弃请求权、获取信息请求权等请求权。这是绝对权自身具有的，是它们为使自己保持或者恢复其圆满状态所必需的。法律若使物权成为真正的物权、人格权成为真正的人格权、知识产权成为真正的知识产权，就必须赋予这些绝对权这些绝对权请求权。只要绝对权受到侵害，不管行为人有无过失，不论该行为是否构成侵权行为，绝对权人就当然有权行使这些绝对权请求权，完全不受侵权行为法的种种严格的要求，从而使绝对权能够自行或者通过诉讼机制使自己保持或者恢复其圆满状态。况且，令行为人承受这些请求权行使的结果，并未使他承受任何额外的负担，未遭受任何不利，只是使物权人的物权、人格权人的人格权、知识产权人的知识产权，以及他们的相关利益得到了维护。所以，没有必要以过失为要件。一言以蔽之，民法立法，

---

③ 崔建远：《绝对权请求权抑或侵权责任方式？》，载《法学》，2002（11）。

④ Bernhard Windscheid, Lehrbuch des Pandektenrechts, Erster Band, Literarische Anstalt, Frankfurt a. M., 1900. achte Auflage, S. 140, 141 Anm. 3. 转引自金可可：《温德沙伊德论债权与物权的区分》，载王洪亮、张双根、田士永主编：《中德私法研究》（2006年第1卷），165页，北京，北京大学出版社，2006。

⑤ ［德］罗尔夫·克尼佩尔：《法律与历史——论〈德国民法典〉的形成与变迁》，朱岩译，杜景林、卢谌校，251页，北京，法律出版社，2003。

尤其是制定良法的话，必须给绝对权配置绝对权请求权。

当然，假如民法典把绝对权与其请求权分割开来，把停止侵害、排除妨碍、消除危险、返还财产、销毁不法作品或产品、获取信息作为侵权责任的方式，侵权行为法内部和谐如初，功能正常发挥，也是可以接受的方案，尽管它并非最佳。

事实恰恰相反。把停止侵害请求权、排除妨碍请求权、消除危险请求权、物的返还请求权、废弃请求权、获取信息请求权等请求权，从物权、人格权、知识产权的制度中分割出来，放置于侵权行为法中，作为侵权责任的方式，有种种不妥。

其一，在大陆法系，民事责任为债的一般担保。损害赔偿属于债的一般担保，名副其实。但停止侵害请求权、排除妨碍请求权、消除危险请求权、物的返还请求权、废弃请求权、获取信息请求权等请求权起不到一般担保的作用，可见，把它们作为民事责任的方式不合民事责任的质的规定性。

其二，侵权责任的方式，在大陆法系，属于债权债务的范畴，有若干学者主张物上请求权在性质上为债权或者准债权⑥，更表明了这一点。而债权以平等性为原则，若未附加上担保物权或基于立法政策的考虑予以特别规定，则无优先性。物的返还请求权作为物上请求权，呈现出优先的效力，物权人优先获得物的返还，受到有力的保护。与此相反，把返还财产作为责任方式，反倒使物权人处于与其他债权人平等的地位，尤其在占有物之人进入破产程序的情况下，物权人不能优先于其他债权人取回其所有物，只能就破产财产按比例受偿，从而使物权名存实亡。即使是停止侵害请求权、排除妨碍请求权、消除危险请求权、物的返还请求权、废弃请求权、获取信息请求权等请求权作为绝对权请求权，与物权、人格权、知识产权密切联系在一起，它们的法律地位由物权、人格权、知识产权的法律地位决定，也比把它们从物权、人格权、知识产权中分割出来，作为侵权责任的方式，以债的身份出现，更有利于绝

---

⑥ 参见［日］我妻荣：《日本物权法》，有泉亨修订，李宜芬校订，20页，台北，五南图书出版公司，1999。

对权人。

其三，诉讼时效的对象基本上是债的请求权，而非物权、人格权、知识产权的本体，把停止侵害、排除妨碍、消除危险、返还财产、销毁不法作品或产品、获取信息等措施作为侵权责任的方式，意味着它们属于债的范畴。而债在逻辑上属于诉讼时效的对象，如此，依据民法解释学，人们无须说明理由，停止侵害请求权、排除妨碍请求权、消除危险请求权、物的返还请求权自然应该适用诉讼时效制度。如果法律规定它们不适用诉讼时效制度，则必须充分阐明理由。我们知道，如果停止侵害请求权、排除妨碍请求权、消除危险请求权适用诉讼时效制度，在人格权遭受侵害或受到现实的极可能发生的威胁的情况下，显然不合伦理。例如，怎么能因时间的经过，就任凭行为人侵害权利人的生命、健康、身体、自由、名誉、隐私等，而无权令其停止?! 在知识产权、物权遭受侵害的情况下，因时间的经过，侵权人就可以永续地侵害他人的物权、知识产权，真无效益、无正义可言，违反社会秩序的要求。再说，侵害行为正在进行中，属于一个侵权行为尚未结束，诉讼时效不开始起算，该侵权行为停止时，诉讼时效的起算又失去其意义。所以，停止侵害请求权不会产生诉讼时效问题。一句话，停止侵害请求权、排除妨碍请求权、消除危险请求权不应适用诉讼时效制度，在任何时候，权利人都有权请求行为人停止侵害物权、人格权或者知识产权，有权请求行为人排除妨碍、消除危险。反之，如果把停止侵害请求权、排除妨碍请求权、消除危险请求权、物的返还请求权作为绝对权的请求权，它们属于绝对权的效力，属于绝对权的防御系统，与绝对权不可分离，因为绝对权不适用于诉讼时效制度，所以，人们不必说明理由，就可以规定它们不适用诉讼时效制度。如果法律规定它们适用诉讼时效制度，反倒必须充分阐明理由。

至于物的返还请求权，可以见仁见智，不同的立法例的态度不尽相同。例如，《德国民法典》原来区分登记的物权和不登记的物权，对基于后者产生的物的返还请求权，适用于消灭时效（第 194 条第 1 项及其解释）。民法理由书论证其理由，物上请求权若不因时效而消灭，则容许有许多年不行使的权利继续存

在，有害于交易安全。⑦物上请求权因时效而消灭的结果是，对于占有人不得请求返还，而所有权仍继续存在，所有人得因其他原因再取得占有，或者对于非占有人的承继人（如盗取人）请求返还，以举所有权之实。《德国民法典》之所以这样规定，是因为当时大部分德国各邦的法律向来是这样规定的，然而，这样规定的结果并不理想。⑧为此，《德国民法典》有所补救，于第 902 条第 1 项规定，由已登记的权利所产生的请求权，不因超过时效而消灭。德国《债法现代化法》在消灭时效制度方面修改动作较大，于第 197 条第 1 项第 1 款明确规定，基于所有权和其他物权产生的返还请求权，因 30 年不行使而罹于消灭时效，法律另有规定的除外。由于《德国民法典》第 902 条的规定未被修改，继续有效，故在德国现行法上仍然是，已经登记的物的返还请求权，不适用于消灭时效。《日本民法》规定，债权因 10 年间不行使而消灭。债权或所有权以外的财产权，因 20 年间不行使而消灭（第 167 条）。物上请求权是否也适用该条款，并非没有疑问。不过，有判例作出了明确判示："鉴于所有物返还请求权系物权的一个作用，非由此所发生的独立的权利，因此所有物返还请求权与所有权本身一样，不罹于消灭时效。"⑨在学说上，也有主张，物上请求权没有理由离开物权而独立存在，因此不能脱离物权单独地罹于消灭时效，如果物上请求权罹于消灭时效，则所有权将变成没有实质内容的空虚的所有权。因此，只要出现物权的侵害，物上请求权就会不断发生，应该不因时效而消灭。⑩

对此，笔者的初步看法如下：（1）在法律不承认取得时效制度的背景下，物的返还请求权不宜适用诉讼时效制度。因为当物被他人无权占有，物权人未请求返还超过诉讼时效期间，便视为诉讼时效完成，无权占有人可以对抗物权人的返

---

⑦ 德国民法理由书，第 203 页，转引自史尚宽：《民法总论》，568 页，台北，正大印书馆，1980。

⑧ 史尚宽：《民法总论》，567 页，台北，正大印书馆，1980。

⑨ 日本大审院判例大正 5 年 6 月 23 日民录，第 1161 页，转引自梁慧星主编：《中国物权法研究》（上），100 页，北京，法律出版社，1998。

⑩ ［日］我妻荣：《民法总则》，378 页，东京，有斐阁，1988；［日］久保木康晴：《最新物权法论》，35 页，东京，有斐阁，1992。转引自梁慧星主编：《中国物权法研究》（上），100 页，北京，法律出版社，1998。

还请求权，可以继续占有本属于物权人的物，形成物权人空有物权之名而无物权之实，占有人拥有物权之实却无物权之名的不正常局面，社会秩序处于不稳定的状态。这不应为良法所允许。（2）在法律同时承认取得时效和诉讼时效的背景下，虽然可以规定物的返还请求权适用诉讼时效制度，但仍存在一段物权人空有物权之名而无物权之实，占有人拥有物权之实却无物权之名的不正常局面，社会秩序处于不稳定的状态。这是因为，法律一般对于取得时效和诉讼时效（或者称作消灭时效）分别规定了长短不等的时效期间，一般情况下是取得时效的期间长，而消灭时效的期间短。当消灭时效期间届满，无权占有人可以抗辩物权人的返还请求权时，无权占有人因取得时效期间尚未届满而未获得对于占有物的物权。当然，学说可以辩解到，倘若法律坐视物权人空有物权之名而无物权之实，占有人拥有物权之实却无物权之名的不正常局面不管，该法算不上良法，但是法律已经尽力地设计方案予以解决，只是无力做到两种时效制度的契合衔接，则从方法论的角度看应当予以允许。笔者通情达理，对此说不予反驳，但这不意味着这种方案没有瑕疵。还有，有学者为避免两种时效在衔接上的一段空当，将两种时效的期间设计得一样长短。笔者认为，这仍然消除不了上述空当，因为两种时效期间的起算点不同，取得时效期间自占有开始起算，而诉讼时效期间，在中国现行法上，自权利人知道或者应当知道其权利被侵害时起算。

其四，把停止侵害、排除妨碍、消除危险、返还财产、销毁不法作品或产品、获取信息作为侵权责任的方式，不合请求权基础的思维规律。按照请求权基础理论，我们遇到个案，解决法律适用问题，应尽量避免在检讨某特定请求权基础时，必须以其他请求权基础作为前提问题。易言之，即尽量避免在检讨某特定请求权基础时，受到前提问题的影响。由于合同关系的存在对其他请求权有所影响，对无因管理、所有物返还请求权、不当得利、侵权行为而言，合同关系均为前提问题，所以，要首先考虑合同上的请求权，首先审查诉争案件是否为合同案件，如果是，则首先适用合同法；若否，则依次考虑无权代理等类似合同关系上的请求权、无因管理上的请求权、物上请求权、不当得利返还请求权、侵权损害赔偿请求权等。如此思维，才能养成邃密深刻的思考，避免遗漏，确实维护当事

人的合法权益。⑪ 把停止侵害、排除妨碍、妨害预防、返还财产、销毁不法作品或产品、获取信息作为侵权责任的方式，把本应第四顺序乃至首先检讨的请求权基础，延后到第六顺序检讨，违反了请求权基础的思考顺序，时常要作无用功。

其五，停止侵害、排除妨碍、妨害预防、返还财产、获取信息常用于一般侵权场合，而一般侵权行为的构成，公认地要求以过失为要件。可是，连主张停止侵害、排除妨碍、妨害预防、返还财产作为侵权责任的方式的论者都认为，停止侵害、排除妨碍、妨害预防、返还财产、获取信息的构成，不宜要求过失这个要件。而在一个一般侵权行为已经给权利人造成损害的情况下，对于损害赔偿的构成要求过失，对于停止侵害、排除妨碍、妨害预防、返还财产、获取信息的构成，不要求过失，会出现一个侵权行为同时实行两个归责原则：一个过失责任原则，一个无过失责任原则。这实际上造成了侵权行为法内部的不和谐，不好理解。反之，如果把停止侵害请求权、排除妨碍请求权、消除危险请求权、物的返还请求权、获取信息请求权作为绝对权的请求权，逻辑地不要求以过失作为构成要件，一般侵权的损害赔偿实行过失责任原则，在个案中，几项制度同时适用，就既避免了上述困扰，又妥当地解决了问题。何乐而不为！

其六，主张把停止侵害、排除妨碍、妨害预防、返还财产作为侵权责任的方式的论者，在论证其观点的可取性时，认为普通法系的侵权行为法如此。不可否认，在普通法系，侵权行为法领域确实存在"返还不法扣留动产之诉（detinue）""返还不法取得动产之诉（replevine）""回复不动产之诉（ejectment）"及"侵害禁止令（injunction）"等。⑫ 笔者认为，外国法固有的制度及其配置领域，受制于许多因素，如历史背景、文化传统⑬，以及特殊的法律部门分工等。所以，普通法系的侵权行为法如此配置，不一定是中国侵权责任法必然如此设计的理由。由于英美法上的财产法更多的是有关合同、信托和侵权法的要素的聚合，把财产

---

⑪ 王泽鉴：《法律思维与民法实例》，86～91页，台北，三民书局，1999。

⑫ V. A. Grifth：《英美法总论》，姚淇清译，214、218、219页，台北，正中书局，1983；John G. Fleming, *The Law of Torts*, Sydney，47，52，73（1977）. 转引自梁慧星主编：《中国物权法研究》（上），88页，北京，法律出版社，1998。

⑬ 梁慧星主编：《中国物权法研究》（上），88页，北京，法律出版社，1998。

法和侵权行为法当作相邻的法律领域，是错误的；每一个制度都是另一个制度的要素；普通法……从来不知道有动产的返还请求权；由于普通法中绝对权的概念并未被认可，侵权行为法上的移物行为（的侵权请求权）取代了所有者的返还请求权。⑭ 既然英美的财产法未提供足够的物上请求权制度，权利人受到的侵害又应得到救济，由侵权行为法完成此项任务，就无可厚非。但是，无可厚非不等于说这种解决问题的方案最佳，尤其在中国法承认物权为绝对权，民法典拟完善物权制度，给物权配置物上请求权的背景下，也就是说，中国民法和普通法在具体制度的配置领域存在不同，普通法的制度设计不一定是证明把停止侵害、排除妨碍、妨害预防、返还财产、销毁不法作品或产品、获取信息作为侵权责任的方式为合理的理由。由此引出比较法和法律移植上应该注意的问题，体系化思考不可丢弃。

3.《民法总则》与救济权规范的所在位置

民事责任制度是否进入《民法总则》，看法不一。有观点认为，合同法编设置缔约过失责任和违约责任，侵权法编规定侵权责任，不当得利返还义务违反的责任和无因管理义务违反的责任显然不是通过"提取公因式"途径形成的民法规范，这样，不同类型的民事责任被分散到《民法典》有关分则编中去了，《民法总则》便无必要规定民事责任了。

与此相反的意见则认为，《民法总则》可以、也应当规定责任的种类、责任的竞合、责任的聚合、免责条款，也可以规定民事责任与行政责任、经济法上的责任之间的关系及法律适用规则。

之所以规定民事责任的种类，首先是因为它不违反能够进入《民法总则》的民法规范应是"提取公因式而形成的具有裁判依据功能的民法规范"这项规格要求，其次是因为现行法凸现了违约责任、缔约过失责任、侵权责任，却对不当得利返还义务违反的责任、无因管理义务违反的责任未加规范，学说对此亦重视不够。在这种背景下，《民法总则》明确民事责任的种类，显然具有积极价值。

---

⑭ ［德］克雷斯蒂安·冯·巴尔：《欧洲比较侵权行为法》，张新宝译，650～651 页，北京，法律出版社，2004。

　　之所以规定责任的竞合、责任的聚合，首先是因为它不违反能够进入《民法总则》的民法规范应是"提取公因式而形成的具有裁判依据功能的民法规范"这项规格要求，其次是因为《合同法》第 122 条规定的违约责任与侵权责任的竞合存在弱点：（1）责任竞合不限于违约责任与侵权责任的竞合，也可能是不履行不当得利返还义务的责任与侵权责任的竞合，或者是违反无因管理制度的责任与侵权责任的竞合，还可能是缔约过失责任与侵权责任的竞合。（2）现行法大大扩张了侵权责任的方式，停止侵害、排除妨碍、消除危险、返还财产、恢复原状、赔偿损失、赔礼道歉、消除影响、恢复名誉均为侵权责任的方式（《侵权责任法》第 15 条）。《合同法》承认的违约责任的方式也多种多样，如继续履行、支付违约金、违约损害赔偿等（第 107 条等）；瑕疵担保责任的方式包括修理、更换、重作、退货、减少价款或者报酬等（第 111 条）。需要注意，所谓违约责任与侵权责任的竞合，绝非上述违约责任的所有方式与侵权责任的全部方式都能竞合，只是部分责任方式的竞合，主要是赔偿损失的竞合。现行法对此未予明确，需要《民法总则》完成该项任务。（3）在实际生活中，违约责任与侵权责任并非一律竞合，在个案中也有二者聚合的必要。[15] 由于《合同法》第 122 条硬性地规定竞合一种模式的局限性，在个案中若裁判违约责任与侵权责任的聚合，就缺乏法律依据。为了解决这个问题，《民法总则》设置债务不履行责任与侵权责任聚合的规则便义不容辞。（4）问题还有另一方面，即《合同法》第 122 条没有显现出限制竞合的意思。其实，法律承认违约责任与侵权责任的竞合，并不意味着完全放任当事人选择请求权而不作任何限制。如果法律直接规定，在特定情形下只能产生一种责任，排除责任竞合的发生，那么就应遵守法律的这种规定。即便法律没有明文，就其立法目的应予限制责任竞合的，亦应限制。[16]《合同法》关于赠与物瑕疵担保责任的设计为一例证，对此，详细分析如下：在甲将赠与物交付与乙，乙因该物的隐蔽瑕疵受到伤害的情况下，时常符合《侵权责任法》第 6 条或

　　[15]　北京航空航天大学法学院的刘保玉教授认为，个案中应承认违约责任与侵权责任的聚合，《合同法》第 122 条只承认二者的竞合具有缺陷。
　　[16]　张民、崔建远：《责任竞合的"收"与"放"》，载《国家检察官学院学报》，2011（5）。

第 7 条或其他条款规定的侵权责任的构成。但是，按照《合同法》第 191 条的规定，赠与的财产有瑕疵的，赠与人不承担责任（第 1 款前段）。赠与人故意不告知瑕疵或保证无瑕疵，造成受赠人损失的，应当承担损害赔偿责任（第 2 款）。可知赠与人对其不知的隐蔽瑕疵给受赠人造成的损害不负责任，只有在赠与人故意不告知瑕疵或保证无瑕疵时，才会承担责任，才会与侵权责任的产生同样。显然，《合同法》坚持对于赠与人宽容的态度，而《侵权责任法》关于侵权责任的构成则没有如此考虑问题，在这样的情况下，允许当事人任意选择，并选择侵权责任作为请求权基础，《合同法》的上述规定就形同虚设了。为了贯彻法律宽恕无偿奉献者的精神，于此场合，必须优先适用《合同法》第 191 条的规定，限制竞合。⑰《民法总则》对此宜明确表态。

之所以规定民事责任与行政责任、经济法上的责任之间的关系及法律适用规则，首先是因为它不违反能够进入《民法总则》的民法规范应是"提取公因式而形成的具有裁判依据功能的民法规范"这项规格要求，其次是因为经济法上的责任还在发展过程中，它与民事责任之间的关系也是如此，但是现行法及其学说对此却暧昧不清，甚至理论分歧严重，妨碍了法律的正确适用。笔者认为，经济法上的责任，不应是民事责任和行政责任的"拼盘"，没有自己的质的规定性及其本质属性，而应构建不同于民事责任、行政责任的独特的责任及其体系。在笔者看来，（汽车）召回、惩罚性赔偿、补种树苗等责任应为经济法上的责任。如此，经济法上的责任与民事责任的聚合难以避免，《民法总则》对此应予正视。

如果以上论述能够站得住脚，《民法总则》设置民事责任一章，那么，由于民事责任的对面是救济权，而救济权为民事权利的一大类，《民法总则》设置民事权利一章便顺理成章。

这个结论的合理性也可以从诉讼时效、权利失效期间与民事权利之间的关系角度得到加强。（1）《民法通则》第 137 条前段规定，诉讼时效期间从知道或应当知道权利被侵害时起计算，并且该规定及其精神已经深入人心。因为权利被侵

---

⑰ 崔建远：《论违约的精神损害赔偿》，载《河南省政法管理干部学院学报》，2011（1）；崔建远：《精神损害赔偿绝非侵权法所独有》，载《法学杂志》，2012（8）。

害所生权利为救济权，所以，诉讼时效的对象便是救济权，而非原权利。例如，在合同法领域，诉讼时效制度适用于违约责任，至于合同权利则由履行期限、合同存续期限等制度管辖⑱；在侵权法领域，侵权损害赔偿请求权这个救济权适用法律关于诉讼时效的规定，至于侵权法保护的物权、人格权、身份权等原权利，则不适用诉讼时效制度，而由权利失效制度管辖。（2）所谓权利失效期间，也叫失权期间，包括两种类型：一种是现行法已经明确规定的民事权利在一定期间届满时未行使便归于消灭的权利失效期间，《民法通则》第137条中段规定的20年保护权利的期间，《中华人民共和国海商法》第265条前段规定的保护有关船舶发生油污损害所生请求权的6年期间，《中华人民共和国担保法》第15条、第2条等规定的保证期间，及《合同法》第157条、第158条规定的质量异议期间，为其典型。另一种权利失效期间是，现行法尚无明文规定，但权利人在相当期间内不行使权利，依特别情事足以使义务人信任权利人不欲使其履行义务时，则基于诚实信用原则不得再为主张。⑲ 此处所谓相当期间，即为权利失效期间。⑳ 在基于诚实信用原则在个案中适用的权利失效期间的场合，权利失效期间的构成要有时间要素、信赖要素和状况要素。㉑ 换个角度说，要件之一是，须有权利在相当期间内不行使的事实；要件之二是，足以使义务人正当相信权利人已不再主张其权利。具备这些要件时，发生如下法律效果：保证期间、质量异议期间届满，权利本体消灭。对于权利是否失效法无明文，在个案情况下，裁判机关基于特殊情形，依据诚实信用原则，确定要运用权利失效期间制度，是否也消灭权利本体？对此有的持赞同态度，有的认为仅仅发生义务人抗辩，理由是该项制度系禁止权利不当行使的一种特别形态，仅仅赋予其发生抗辩的效力，较为妥适。㉒ 这

⑱ 崔建远主编：《合同法》，3版，崔建远执笔，63页，北京，法律出版社，2003；崔建远：《合同法总论》（上卷）（修订版），239页，北京，中国人民大学出版社，2011。

⑲ 王泽鉴：《民法学说与判例研究》（第1册），155～156页，北京，北京大学出版社，2009。

⑳ 崔建远、韩世远、申卫星、王洪亮、程啸、耿林：《民法总论》，2版，崔建远执笔，288页，北京，清华大学出版社，2013。

㉑ 吴从周：《权利失效之要件变迁》，载《月旦法学教室》，2006年第49期。

㉒ 王泽鉴：《民法学说与判例研究》（第1册），158页，北京，北京大学出版社，2009。

需要积累经验，再做决断。㉓

《民法总则》设置诉讼时效、权利失效诸项制度，为救济权的一般规则进入《民法总则》提供了一定的合理性。

三、民事权利规范的设置模式受制于《民法典》的体系

1.《民法总则》与人格权规范的所在位置

人格及人格权作为民事主体构成的内在元素必须受到《民法典》的重视，这是民法人的共识。不过，在人格权规范的设置模式上却意见不一。有学说力倡人格权单独成编，理由是人格权独立成编符合民法典体系结构的内在逻辑，是中国民事立法宝贵经验的总结，已被实践证明是先进的立法经验。㉔有观点固守传统民法关于人格权由民法总则设置的模式，从人格权与人格相始终，人格权是存在于主体自身的权利，不是存在于人与人之间关系上的权利，人格权不能依权利人的意思、行为而取得或处分等角度，证成人格权应当留在民法总则。㉕人格权不是交易性的权利，这与物权和债权不同，故人格权法不应单独成编。再者，人格权法单独成编会使人格权规范复杂化，这是不适当的。㉖中国民法典基本上采取潘德克顿体系，而该体系是按照民法总则、相对权（债权）编、绝对权（如物权）编的逻辑展开、排列的。这样，物权法、合同法、侵权责任法单独成编符合潘德克顿体系的内在要求，而人格权法编则同时含有绝对权规则（关于人格权自身的规范）与相对权规则（关于人格权受到侵害时的救济规则），这就不符合潘德克顿体系的内在要求了。就此看来，人格权法单独成编不合逻辑。㉗人格权在

㉓ 崔建远、韩世远、申卫星、王洪亮、程啸、耿林：《民法总论》，2 版，崔建远执笔，288～289页，北京，清华大学出版社，2013。

㉔ 王利明：《民法典体系研究》，427 页以下，北京，中国人民大学出版社，2008。

㉕ 梁慧星主编：《中国民法典草案建议稿附理由·总则编》，15 页，北京，法律出版社，2004。

㉖ 此种观点是孙宪忠教授为其无法参加中国法学会民法典编纂项目领导小组成立大会而通过手机短信向与会代表们阐明的观点。

㉗ 这种意见系冯珏博士在 2015 年 10 月 25 日上午举行的中国民法学研究会年会"全面推进依法治国与编纂民法典"的小组会上的评论意见之一部。

现代法上向宪法权利回归，人格权的保护不再囿于民法规范本身，若将人格权在民法典中独立设编，表面上突出了对人格权的保护，实质上使人格权降格减等，使其从宪法权利沦落为由民法创设的民事权利。这种做法完全隔断了在自然人基本权利的保护领域，民事司法直接向宪法寻找裁判规范依据的进路，完全否定了被宪法直接赋予自然人的许多被视为"公法权利"的人格权获得民法保护的可能，所以，民法应当担负起对自然人人格权保护的任务，在必要时也应当将具体的人格权益予以权利类型化处理。但不应将人格权在民法典中单独设编，而应在《民法总则》中的自然人一章专设"自然人人格权保护"一节。[28]

在这种背景下，需要全国人民代表大会常务委员会拍板，如果决定人格权单独地成为《民法典》的一编，则《民法总则》无须设置人格权和身份权的规范；如果全国人大决定人格权和身份权不单独地作为《民法典》的一编，则《民法总则》必须设置人格权和身份权的规范，并且，《民法总则》要反映 21 世纪的新理念，尊重人格和自由，就更应设计详细的人格权规范。

2.《民法总则》与亲属法是否为《民法典》一编

与人格权与《民法典》及《民法总则》之间的关系类似，如果沿袭几十年来婚姻法学关于《婚姻法》独立于民法的理论，加上《婚姻法》对于身份权的调整不够全面，那么，《民法总则》非常有必要规定身份权。如果采纳亲属法为《民法典》的不可或缺的组成部分的理念，《民法典》将"亲属法"作为一编，那么，《民法总则》设置身份权的一般规则便有其合理性。

四、民事权利规范的设置模式受制于《民法典》的理念、指导思想

不但有形的制度设计模式影响着《民法总则》对待民事权利的态度及处理方式，已如上述，其实，《民法典》及其编纂的理念、指导思想可能在更深的层面左右着《民法总则》是否规定以及如何规定民事权利。

---

[28] 尹田：《民法典总则之理论与立法研究》，308～311 页，北京，法律出版社，2010。

其表现之一是，理念、指导思想的不同导致《民法总则》承认的权利类型会有变化。例如，沿袭潘德克顿学派及《德国民法典》的理念、思路及学说，物权与债权的界限分明，优先权难有存身之地。与此不同，立足于中国实际，优惠保护消费者的利益，便利普通百姓设立物权，反映和固定新型财产形式，《民法典》及《民法总则》认可的权利类型及生成方式、阶段便会具有自己的特色。例如，《物权法》对于土地承包经营权、地役权、动产抵押权、浮动抵押权的设立没有采取登记生效主义（第 127 条第 1 款、第 158 条、第 188 条、第 189 条），使得这些权利的物权效力减弱了些许，在一定程度上模糊物权与债权，这为优先权的存在且规模化提供了空间。

其表现之二是，理念、指导思想的不同导致《民法总则》调整民事权利的模式会有变化。例如，《民法总则》对于基于法律行为而产生的民事权利，可通过公序良俗原则否定法律行为[29]的方式来消灭民事权利，用诚实信用制约也保护民事权利的行使。[30] 而直接基于法律的规定产生的民事权利，公序良俗原则和诚实信用原则发挥作用的空间则比较有限。现行法较多地设置了直接基于法律规定或行政命令产生的民事权利类型，如宅基地使用权、行政划拨的国有建设用地使用权等，这在一定程度上限缩了公序良俗原则和诚实信用原则发挥作用的领域，不见得最佳。《民法总则》乃至整个《民法典》宜适当扩大意思自治原则作用的空间，尽可能地承认法律行为实施的领域，进而使公序良俗原则和诚实信用原则限制、保护由此产生的民事权利。

其表现之三是，《民法典》若采取涵盖广泛的财产权理念和模式，则《民法总则》适用的财产权的类型就丰富多彩，并应尽可能地创设与之相适应的全新的至少是较新的规制原则及规则；反之，如同《德国民法典》基本上限于有体物及其物权的调整的那样，《民法总则》规范的权利种类就相对减少，限制、保护的

㉙　BGE 43 Ⅱ，S. 660，661f.；Gauch/Schluep，Obligationenrecht，Rr. 693. 转引自耿林：《强制规范与合同效力》，113 页，北京，中国民主法制出版社，2009。

㉚　［德］迪特尔·梅迪库斯：《德国民法总论》，邵建东译，114 页，北京，法律出版社，2000；耿林：《强制规范与合同效力》，122 页，北京，中国民主法制出版社，2009。

原则及规则也大体上沿用《德国民法典》的旧制。

其表现之四是，若更倾向于采取对一件事情提供完整的解决方案，则会更多地采取英美法的风格，而不是像《德国民法典》那样将解决同一件事情的法律规则分散于相距较远的编章。在《德国民法典》上，如像买卖这等日常事实的法律涵摄也要求，眼光要及于不同的规范部分，总则（第 116 条以下；第 145 条以下），债的关系的一般规定（例如第 175 条），合同债的关系的一般规定（第 305 条以下；例如第 323 条），最后是买卖合同的部分（第 433 条以下；例如第 446 条）。③ 由于历史等原因，中国现行民法在风格上类似于德国民法，故关于民事权利的规定也会分散于《民法总则》《民法典》各分则编。

其表现之五是，现行法设置的保护民事权利的保护机制独具特色，《民法总则》乃至《民法典》似有必要对之予以适当修正。对于民事权利的保护机制，更多地依赖侵权法，忽视物权请求权、知识产权请求权、人格权请求权的途径及方法，《民法通则》首开先河（第 134 条等），《侵权责任法》集大成。这存在若干弊端：（1）《侵权责任法》将停止侵害、排除妨害、恢复原状、返还财产等救济方式作为侵权责任的方式（第 15 条等），但未明确其成立是否以过错为要件，由于《侵权责任法》采取过错责任原则和无过错责任原则的双轨体系（第 6 条、第 7 条等），给解释和适用带来了困难。实际情形是，有些情况需要停止侵害或排除妨害，却不存在过错。若采取物权请求权、人格权请求权、知识产权请求权等救济路径，就不会出现此类尴尬的局面。（2）恢复原状、返还财产归入侵权法，使之不具有优先效力，对于权利人不利，而它们回归物权法，则会使局面大为改观。③ （3）本来，民法的各项制度及规则时常有衔接、配合的必要，如物权法的方法、侵权法的方法、合同法的方法、不当得利法的方法，甚至行政法的方法、经济法的方法（如召回制度、补种树苗、惩罚性损害赔偿等），应当形成综合调整机制，效果最佳。但现行法在这方面存在缺陷。例如，《最高人民法院关于审

---

③ ［德］弗朗茨·维亚克尔：《近代私法史》（下），陈爱娥、黄建辉译，457 页，上海，上海三联书店，2006。

③ 崔建远：《论归责原则与侵权责任方式的关系》，载《中国法学》，2010（2）。

理城镇房屋租赁合同纠纷案件具体应用法律若干问题的解释》（法释〔2009〕11号）将本来应由不当得利调整的事项交由损害赔偿制度及规则规制，使得权利人难获理想的救济。[③]

从民事权利的角度描述和规制以上所述，就是救济权应当丰富多彩，不宜仅为单调的请求行为人承担侵权责任的请求权。

其表现之六是，注意到侵权法催生民事权利的机制及机理，《民法总则》设置的制度及规则不应堵塞侵权法催生民事权利的道路，而应铺平道路，提供空间。在这方面，隐私权等人格权的诞生及成长的经验值得总结，应为《民法总则》乃至《民法典》所重视。

其表现之七是，无论如何努力，《民法总则》乃至《民法典》设计的民事权利规范不可能是穷尽一切的，不可能是终极定型的，更不得成为社会生活和生产的桎梏。有鉴于此，《民法总则》除了明文规定民事权利的类型、构成、效力外，应当最大限度地尊重、保护甚至激发民事主体的主观能动性，在法律行为领域充分发挥意思自治原则的作用，允许民事主体在不违背公序良俗的前提下创设债权，以实现其利益；再就是充分利用期待权等机制，在债法、物权法等领域承认并保护正在生成中的权利和法益。

五、《民法总则》可设置期待权、抗辩权等民事权利的一般规则

1. 概说

《民法总则》关注、关怀、规制、保护的民事权利，应当是全部的而非部分的民事权利，但因《民法典》分则编会分别设置物权制度及规则、债权制度及规则、知识产权制度及规则（若进入《民法典》的话）、继承权制度及规则等，《民法总则》就不宜直接规定以权利的效力范围作区分标准的民事权利。但这不妨碍《民法总则》对以作用为区分标准的民事权利直接设置规范，也不妨碍《民法总

---

③ 崔建远：《租赁房屋的装饰、装修物的归属及利益返还》，载《法学家》，2009（5）；崔建远：《合同法》，2 版，505 页以下，北京，北京大学出版社，2013。

则》直接就生成过程中的某些权益设置规范。期待权、抗辩权便属于此类。

2.《民法总则》有必要设置期待权的一般规则

《民法总则》会设置附停止条件的法律行为、附始期的法律行为，在所附停止条件尚未成就时，在所附始期尚未届至时，当事人应当享有期待权。[34]

如果《民法典》甚至《民法总则》创设取得时效制度，则时效取得占有人在时效期间届满前的法律地位，因其具有一定的确定性，具有独立的权利机能，应受法律保护，故而构成期待权。[35]

预告登记权利人在将来的权利取得、权利顺位利益等方面均有制度保障，应构成期待权。[36] 在以登记为生效要件的物权设立中，在尚未登记时，受让人应享有期待权。

在所有权保留买卖关系中，买受人对买卖物以其意思行使占有、使用、收益等所有权的部分权能，对买卖物所有权享有期待利益，该期待利益受到法律的保护而上升为期待权。[37] 保留买受人期待权作为所有权的先期阶段，正如德国司法判例所指出的那样，"其与所有权相比，并非异质，而系本质相同的缩型"[38]。保留买受人期待权正处于向所有权发展的路上，其适用规则及效力可以类推法律关于所有权的规定。所以，保留买受人期待权在本质上必然是一种物权。[39]

遗失物制度中，若承认拾得人的报酬求偿权，则应承认拾得人的这种法律地位构成一项期待权。[40]

理论所承认的上述多种类型的期待权，在中国现行法上并非清楚明白，大多是暧昧不清的。《民法总则》就期待权的一般规则予以明确，既符合能够进入

---

[34]　王泽鉴：《民法总则》（最新版），406 页以下，北京，北京大学出版社，2009；申卫星：《期待权基本理论研究》，59～65 页，北京，中国人民大学出版社，2006。

[35]　申卫星：《期待权基本理论研究》，67～69 页，北京，中国人民大学出版社，2006。

[36]　申卫星：《期待权基本理论研究》，86～87 页，北京，中国人民大学出版社，2006。

[37]　余能斌、侯向磊：《所有权保留买卖比较研究》，载《法学研究》，2000（5）。

[38]　BGHZ28，16，21. 转引自申卫星：《期待权基本理论研究》，238 页，北京，中国人民大学出版社，2006。

[39]　申卫星：《期待权基本理论研究》，238 页，北京，中国人民大学出版社，2006。

[40]　申卫星：《期待权基本理论研究》，72 页，北京，中国人民大学出版社，2006。

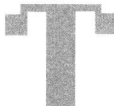

《民法总则》的民法规范的规格条件，又具有实用价值，何乐而不为呢！

3.《民法总则》有必要设置抗辩权的一般规则

抗辩权的应用价值极高，被运用的机会很多，但其构成、类型、效力发生的前提条件、与抗辩的联系和区别，在现行法上并非明确无疑。这显然不适应实际生活的需要，应予改变，《民法总则》设置抗辩权的一般规则，明确抗辩权的构成、类型、效力发生的前提条件，显现出抗辩权与抗辩的联系和区别，是必要的。

六、民事权利规范的局限性及其处理原则

《民法总则》乃至《民法典》设计民事权利及其体系，一定会尽最大努力做到尽善尽美。然而残酷的事实是，这只是愿景，不可能是客观现实。其原因在于，法律自制定公布之时起，即逐渐与时代脱节，它与现实的社会价值或多或少地发生矛盾。[41] 法律之设，目的在于规范社会生活，但因社会生活不断发展变化而法律条文有限，特别是中国的改革仍在进程之中，社会关系的发展演变还会非常明显和幅度较大，欲以一次立法来解决所有的法律问题，实属不能。[42] 《民法总则》乃至《民法典》关于民事权利规范的设计，当然如此。何况人的理性有限，不可能全部认识世界，更不可能完整地、准确地反映世界。

对于《民法总则》乃至《民法典》的这种短板，法律人应取什么态度？一种观点是套用西方法谚，"法不禁止即自由"，只要《民法总则》乃至《民法典》未设规定的，便都是自由而行的。对此，笔者不敢苟同，理由如下：

首先，意思自治原则须受公序良俗等原则的限制，乃公认的理念。在当事人设立的民事权利违背物权法定、"人格权法定"、公序良俗时，尽管此类约定完全出于自愿，法律也不会予以支持，恐怕这为多数法律人的意见。

---

[41] ［德］F. K. v. Savigny, Grundgedanken der Historischen Rechtsschule, 3Aufl. , 1965, S. 13. 转引自黄建辉：《法律漏洞・类推适用》，13 页，台北，蔚理法律出版社，1988。

[42] 梁慧星：《民法解释学》，247 页，北京，中国政法大学出版社，1995。

其次，"法不禁止即自由"中所谓禁止性法律，是仅指具体的禁止性规范，还是包括依据公序良俗、公平正义等原则推导出某项行为应被禁止？界定的不同，直接影响到"法不禁止即自由"能否成立。

如果是指后者，则禁止当事人广泛地设立民事权利及行使方式，乃中国法律的应有之义。因为中国现行法都设置了公序良俗、公平等项基本原则，当事人设立的民事权利及行使方式违反公序良俗、公平等项原则时，不应当得到法律的支持。在这种语境下，所谓"法不禁止即自由"，意在说明：中国现行法尚无禁止当事人设立民事权利及行使方式的规定，因而，只要当事人有了此类约定，就应当有效。笔者认为，这是不能成立的，因为公序良俗、公平等基本原则就是禁止某些关于民事权利及其行使方式的约定的法律规范。

如果"法不禁止即自由"中所谓禁止性法律，仅仅指具体的禁止性规范，那么，其弊端极为明显。其一，这种理解不符合公序良俗、公平等原则与禁止性规范之间关系的架构及其理论。在德国民法上，第138条规定的是善良风俗原则，第134条规定的是强制性规定的违反禁止规则。学说主张，应当对第138条作规定目的保留的目的限缩解释。这里的保留，是指善良风俗为强制性规定的违反禁止规则的适用保留空间。第138条的规定，相对于第134条的规定是普通法；第134条的规定相当于第138条的规定则为特别法。第134条的规定不是自闭的。对于中国《合同法》第52条第5项规定的强制性规定的违反禁止规则，第52条第4项规定的公序良俗原则，以及它们相互之间的关系也应如此理解。[43] 同理，《民法总则》规定的公序良俗原则，与许许多多的具体的强制性规定相互之间的关系亦然。就是说，各种法律文件规定的具体的强制性规定再多，也难免挂一漏万，需要公序良俗原则发挥作用。其二，这已经告诉我们，几乎所有的立法例都难以将禁止性规定全部规定出来。这就表明，将"法不禁止即自由"中的禁止规范理解成仅仅限于具体的禁止性规定，是不符合客观实际的。例如，中国现行法尚无具体的明文禁止为维系不正当的两性关系而将财产赠与"二奶"，法律没有

---

[43]　耿林：《强制规范与合同效力》，清华大学法学院博士学位论文（2006），80、82 页。

相应的禁止商场强行搜查顾客人身的规定，等等。但绝对不可以说某男士为维系不正当的两性关系而将财产赠与"二奶"的合同有效，某商场告示可强行搜查顾客人身为有效。再如，中国现行法没有明文禁止集体土地建设用地使用权流转，但决不可以"法不禁止即自由"为由而认定某乡镇企业将其集体土地建设用地使用权转让给某开发商的合同为有效。这是因为，在中国土地流转的发展史上，在相当长的历史时期内，《中华人民共和国宪法》（以下简称为《宪法》）是禁止集体土地的所有权及使用权依民事程序流转的。例如，1982 年《宪法》第 10 条第 4 款规定："任何组织或者个人不得侵占、买卖、出租或者以其他形式非法转让土地。"1986 年的《土地管理法》第 2 条第 2 款复述了该款规定。只是到了 1988 年《宪法》才修正了 1982 年《宪法》第 10 条第 4 款的规定，宣布"土地的使用权可以依照法律的规定转让。"1988 年的《中华人民共和国土地管理法》（以下简称为《土地管理法》）作出相应的修正，并予以具体化，于第 2 条第 4 款规定："国有土地和集体所有的土地的使用权可以依法转让。土地使用权转让的具体办法，由国务院另行规定。"如此，问题不再是西方倡导的那种"具体的'法律不禁止即自由'"，而是中国式的"具体的法律未规定土地使用权可以转让的，仍然不允许转让。"哪些法律规定了土地使用权可以转让呢？经过检索，《中华人民共和国城镇国有土地使用权出让和转让暂行条例》《外商投资开发经营成片土地暂行管理办法》、1988 年、1998 年和 2004 年的《土地管理法》《中华人民共和国城市房地产管理法》《物权法》等法律、法规，规定了国有土地使用权可以转让。《中华人民共和国农村土地承包法》《物权法》等法律、法规规定了集体土地承包经营权在一定条件下可以转让。迄今为止，尚未发现中国现行法规定集体土地建设用地使用权可以转让，国务院至今没有出台集体土地的建设用地使用权转让的规定。在这种特定的背景下，中国现行法没有规定集体土地建设用地使用权可以转让，就是不允许集体土地建设用地使用权转让，绝不可以"法不禁止即自由"为借口而转让集体土地的建设用地使用权。否则，就是无视历史发展、演变的事实，曲解中国现行法。

最后，"法不禁止即自由"作为一个基本的权利推理或自由推定，如果是一

项正义的推定原则,就必须符合一定的前提条件。法律将本应禁止的行为都规定得一览无遗,为其中之一。如同上文所述,立法例无法做到将全部应有的禁止性规定都明确规定出来,《民法总则》乃至《民法典》在禁止性规定的设置上存在遗漏,于是,要么有这样的结论:《民法总则》乃至《民法典》本应设置明文,禁止某些民事权利设立及行使方式的约定,但因立法技术的原因而没有设置,形成法律漏洞,现在应予填补;要么有如下的结论:《民法总则》乃至《民法典》制定之时,立法者对于某些民事权利设立及其行使方式的约定的效力把握不准,特意暂不规定,留待判决及学说去发展,待时机成熟时再作规定;要么有下述结论:《民法总则》乃至《民法典》的立法者否认此类约定的效力。无论何者,都表明"法不禁止即自由"的命题不成立,至少在中国是如此。

意思表示的解释规则论 *

——对《中华人民共和国民法总则》（草案）设计的意思表示解释规则的肯定与完善建议

内容摘要

几个版本的中国民法总则（草案）设计的意思表示解释规则，可圈可点，但也有需要完善之处。解释有相对人的意思表示也要同时顾及表意人，应区分相对人为特定人与相对人为不特定的多数人的情形而设置有所差异的解释规则，视意思表示的不同类型而分别确定以"主观"意义为准还是以"客观"意义为准，视格式条款与普通条款的不同而设计有所区别的规则。应借鉴普通法承认的解释合同的规则及其理论，有条件地增设意思表示的解释规则。增设以法律的任意性规范、可推断的意思表示、补充（性）解释的解释规则以及沉默表示着何种意思的解释规则。特别是社会发展到今天，实务中时常出现数个意思表示相互组合、衔接、配合、制约，开展、实现特定的交易及其目的。这种情况下的意思表示解释至少有时具有自己的特点。我们有必要更新理念及处理模式，在若干案件中需要

---

    * 本文系国家哲学社会科学基金重点项目《法学方法论与中国民商法研究》（批准号：13AZD065）的阶段性成果；清华大学自主科研计划课题《中国民法典编纂重大理论问题研究》 （批准号：2015THZWJC01）。对于资助谨表谢意！

    本文最初发表于《法学家》2016 年第 5 期。

树立和遵循整体审视的思维方式，将若干（亚）合同（自然包含意思表示）联系起来，而非孤立地看待和处理单个的（亚）合同（自然包含意思表示）。

关键词

民法总则；意思表示；解释；规则；类型化

一、意思表示解释规则（草案）及其评论

中国法学会民法典编纂项目领导小组于 2015 年 4 月 18 日定稿的《中华人民共和国民法典·民法总则专家建议稿》（征求意见稿），于其第六章"法律行为"中专设第二节"意思表示的解释"，包括两个条文：其一是第 130 条，条名是"无须受领意思表示的解释"，条文内容为："无须受领意思表示的解释，不能拘泥于所使用的文字，应当结合相关条款、行为人的目的、习惯等，遵循诚实信用原则确定其含义。"其二是第 131 条，条名是"须受领意思表示的解释"，条文内容为："须受领意思表示的解释，应当按照所使用的文字，结合相关条款、行为人的目的、习惯等，遵循诚实信用原则确定其含义。"

全国人民代表大会常务委员会法制工作委员会（以下简称为法工委）草拟了向有关单位征求意见稿《中华人民共和国民法总则》（草案），于其第六章"民事法律行为"第二节"意思表示"中就意思表示的解释设置一条，即第 99 条，其第 1 款为："有相对人的意思表示的解释，应当按照所使用的词句，结合相关条款、行为的性质和目的、习惯、受领人的合理信赖以及诚实信用原则，确定意思表示的含义。"其第 2 款为："无相对人的意思表示的解释，不能拘泥于所使用的词句，应当结合相关条款、行为的性质和目的、习惯以及诚实信用原则，确定行为人的真实意思。"

法工委于 2016 年 5 月 27 日拟就的《中华人民共和国民法总则》（草案）征求意见稿依然就意思表示的解释设置一个条文，即第 118 条，安排在第六章"民事法律行为"第二节"意思表示"之中，其内容完全承继了上个自然段所引述的第 99 条的规定，二者不但在精神实质方面一脉相承，连表述都一字不差。

全国人民代表大会常务委员会于 2016 年 7 月 5 日公布的《中华人民共和国民法总则》（草案）（征求意见稿）将意思表示的解释规则放置于第 120 条，一字不差地复制了前述几个版本的民法总则草案关于意思表示解释规则的规定。①

几个版本的《中华人民共和国民法总则》（草案）设计的意思表示解释规则，无疑有值得肯定之处：（1）"有相对人的意思表示的解释"，之所以"应当按照所使用的词句"，是因为意思表示以文字的方式表示于外部的场合，欲确定其意义，须先了解其所用词句，确定其词句的意义。因此，意思表示的解释必先由词句入手。② 学术界和司法判例一致认为，对需受领的意思表示的解释，应当考虑到意思表示受领人的理解可能性。③ 在需受领的意思表示，解释的目的并不是要确定表意人的真实意思。毋宁说，解释旨在查知相对人可以被理解为表意人的意思的东西。我们把这个东西称作"规范性的意思"（normativen Willen）。④ 自动化的意思表示也必须考虑到受领人的理解可能性。⑤ （2）"无相对人的意思表示的解释"，之所以"不能拘泥于所使用的词句"，一是因为若拘泥于表意人所使用的词句，在出现笔误或口误时会无法查明表意人的真实意思⑥；二是无需受领的意思表示，不涉及受益人的信赖利益及其保护问题，故应尽可能地按照表意人的真意赋予法律效果，在表意人所使用的词句未能准确地反映其真意甚至根本扭曲的情况下，不宜拘泥于表意人所使用的词句，有必要探求表意人的真意。（3）"意思表示的解释"之所以"应当……结合相关条款"，是因为在意思表示由若干条款表达出来的场合，这些条款应当是相互衔接的、相互补充的、相互印证的，也可

---

① 文献来源：中国人大网，见 http：//www.npc.gov.cn/npc/lfzt/rlyw/2016-07/05/content_1993427.htm，最后访问时间：2016-07-06。

② 参考梁慧星：《民法解释学》，214 页，北京，中国政法大学出版社，1996。

③ ［德］卡尔·拉伦茨：《德国民法通论》（下册），王晓晔、邵建东、程建英、徐国建、谢怀栻译，谢怀栻校，460 页，北京，法律出版社，2003。德国众多的著述，如冯·图尔教授的《德国民法总则》、弗卢梅教授的《法律行为论》、克勒教授的《德国民法总则》、梅迪库斯教授的《德国民法总论》等，都坚持这种观点。

④ ［德］迪特尔·梅迪库斯：《德国民法总论》，邵建东译，239 页，北京，法律出版社，2000。

⑤ ［德］迪特尔·梅迪库斯：《德国民法总论》，邵建东译，249 页，北京，法律出版社，2000。

⑥ ［德］汉斯·布洛克斯、沃尔夫·迪特里希·瓦尔克：《德国民法总论》，33 版，张艳译，杨大可校，64 页，北京，中国人民大学出版社，2014。

能是相互制约的，甚至有的是存在矛盾或抵触的。有鉴于此，只有将这些条款作为一个整体进行审视、理解，才可能对意思表示作出较为妥适的解释，不至于断章取义。因此，笔者不太赞同弗卢梅教授关于"与法律解释有所不同的是，法律行为解释无须考虑体系解释这一要素"⑦的看法，同时注意到并赞同弗卢梅教授的下述替代方案：解释法律行为"……那些在法律行为表示作出时赋予其意义的事实情形可以取代解释的体系要素。特别值得注意的是，此处的事实情形指的是那些涉及表示的事实情形，而不是那些涉及参与表示当事人个人的情形"⑧。

（4）"意思表示的解释"之所以"应当结合……行为的性质和目的"，是因为行为的性质和目的不同，解释时所遵循的原则及采取的方法可能甚至必然不尽一致。例如，"死因法律行为与生前法律行为具有根本性不同"⑨，解释时会有以"主观"意义为准还是以"客观"意义为准的区别。再如，法官在填补漏洞时如何考虑当事人的评价取决于个案中的情形。因此，必须考虑案件中的所有情况（动机、交易习惯、利益状况）。通常来说，考虑当事人在合同中所追求的目的会有所帮助。⑩ 如果说"立法旨趣之探求，是阐释法律疑义之钥匙"⑪，那么意思表示目的之探寻，亦有如此重要性。《中华人民共和国合同法》（以下简称为《合同法》）第125条明确规定了符合合同目的原则，这可以适用于意思表示解释的场合。

（5）"意思表示的解释"之所以"应当结合……习惯"，是因为交易惯例是某种在确定意思表示实际所指的意义以及在对意思表示作规范性解释时，都应予以重视的事实因素。⑫ 作为事实要素，交易习惯对表示的理解起到决定性作用。⑬ 人们

---

⑦ ［德］维尔纳·弗卢梅：《法律行为论》，迟颖译，362页，北京，法律出版社，2013。

⑧ ［德］维尔纳·弗卢梅：《法律行为论》，迟颖译，363页，北京，法律出版社，2013。

⑨ ［德］维尔纳·弗卢梅：《法律行为论》，迟颖译，365页，北京，法律出版社，2013。

⑩ ［德］汉斯·布洛克斯、沃尔夫·迪特里希·瓦尔克：《德国民法总论》，33版，张艳译，杨大可校，70页，北京，中国人民大学出版社，2014。

⑪ ［德］Oertmann, Interesse und Begriff in der Rechtswissenschaft，1931，S. 12. 转引自王泽鉴：《民法思维》，190页，北京，北京大学出版社，2009。

⑫ ［德］卡尔·拉伦茨：《德国民法通论》（下册），王晓晔、邵建东、程建英、徐国建、谢怀栻译，谢怀栻校，468页，北京，法律出版社，2003。

⑬ ［德］维尔纳·弗卢梅：《法律行为论》，迟颖译，353～354页，北京，法律出版社，2013。

当下已经承认，交易习惯可以"自动"适用于表示的规范解释，亦即无论表意人或表示受领人是否明知或应知交易习惯的存在，它都可以适用。⑭ 交易惯例的重要性产生于下列事实：在交易中，某种表达方式通常被赋予特定的意义，而根据一般的生活经验，人们可以期待，任何人都会在这个意义上使用和理解该表达方式。⑮ 当事人没有说出话语亦未写下文字，而是使用其他某种具有特定的、法律行为意义上的符号的，在符合当事人之间的约定或交易惯例时，成立可推断的意思表示。⑯（当然，如果法律规定意思表示必须以"明示的"方式发出，那么仅为可推断的意思表示通常还是不够的。⑰）（6）"有相对人的意思表示的解释"之所以应当"结合……受领人的合理信赖"，是因为在有相对人受领的意思表示的场合，存在着保护受领人合理信赖的必要性。⑱（7）"意思表示的解释"之所以"遵循诚实信用原则确定其含义"，是因为诚实信用原则是"帝王条项""君临法域"，它是衡平当事人之间权利义务的重要原则及尺度，是制约意思自治原则的基本原则之一。

尽管几个版本的《中华人民共和国民法总则》（草案）设计的意思表示的解释规则具有上述必要性和可取性，但仍有不小的完善空间。这是因为意思表示的解释是在个案中所开展的具体工作，这决定了意思表示的解释规则不宜仅仅限于理念的宣示，不仅仅起到指引方向的路标的作用，而且应当具有可操作性。换句话说，意思表示解释规则不但包括法律原则层面上的解释原则，而且包括法律规则意义上的解释规则及方法。据此衡量，几个版本的《中华人民共和国民法总则》（草案）关于意思表示解释规则的规则，算不上理想的设计，尚有较大的提升空间。

---

⑭ ［德］丹茨：《解释》，3 版，54 页，N. 5 引注；［德］厄尔特曼，§157 N. 2b & 科英-施陶丁格，§133 N14；《联邦最高法院判例——林登迈尔-墨林编联邦最高法院参考资料》，§157（B）Nr.1. 转引自［德］维尔纳·弗卢梅：《法律行为论》，迟颖译，366 页，北京，法律出版社，2013。

⑮ ［德］卡尔·拉伦茨：《德国民法通论》（下册），王晓晔、邵建东、程建英、徐国建、谢怀栻译，谢怀栻校，468 页，北京，法律出版社，2003。

⑯ ［德］迪特尔·梅迪库斯：《德国民法总论》，邵建东译，252 页，北京，法律出版社，2000。

⑰ ［德］迪特尔·梅迪库斯：《德国民法总论》，邵建东译，253 页，北京，法律出版社，2000。

⑱ ［德］迪特尔·梅迪库斯：《德国民法总论》，邵建东译，237 页，北京，法律出版社，2000。

二、意思表示的元素性与关联性

所谓意思表示的元素性，不但在说意思表示不是法律行为本身（全部），它只是法律行为的构成元素，尽管是核心要素；笔者的用意更在于，意思表示的周边情形在解释意思表示时起着不可小视的作用。

意思表示是构成法律行为的因素，且为核心甚至是唯一的元素。所谓意思表示是构成法律行为的唯一元素，如普通的遗嘱即为一个意思表示构成一个法律行为。当然，实务中较多的是一个意思表示与另外的意思表示相互关联，这首先表现为买卖合同、租赁合同、承揽合同等旧时所称之契约，其典型特征是当事人的目的相反、意思表示的方向相对，相反相成；其次表现为合同行为，如合伙合同，其典型特征是当事人的目的一致，意思表示的方向相同。

行文至此，疑问产生：解释遗嘱中的意思表示、"契约"中的意思表示与合同行为中的意思表示时，是遵从相同的解释原则、规则及方法，还是有所区别？

从《德国民法典》第 133 条和第 157 条的规定看，似乎在说：意思表示的解释与合同的解释之间存在重大差异。特别是可以据此认为，在解释意思表示时，比在解释合同时更应注意表意人的真实意思。然而，这种看法是不正确的，因为合同通常是由两项意思表示组成的。既然如此，合同的解释，如何又能迥异于作为合同构成要素的意思表示的解释呢？[19] 事实上，意思表示的解释与合同的解释并不存在这样的差异。所以，今天的学者们大多将《德国民法典》第 133 条和第 157 条放在一起加以评注。[20] 尽管总的讲这没错，但也不可漠视某些情况下单个的意思表示的解释与合同解释之间的差异。例如，对遗嘱进行解释，所考虑的只是表意人的利益并查明其真实意思，但在解释合同时除考虑表意人的利益以外还要考虑表示受领人的利益，因为他必须能够适应表示所创设的法律状况。[21]

---

[19][20] ［德］迪特尔·梅迪库斯：《德国民法总论》，邵建东译，236 页，北京，法律出版社，2000。

[21] ［德］汉斯·布洛克斯、沃尔夫·迪特里希·瓦尔克：《德国民法总论》，33 版，张艳译，杨大可校，65 页，北京，中国人民大学出版社，2014。

社会发展到今天，实务中时常出现数个意思表示相互组合、衔接、配合、制约，开展、实现特定的交易及其目的。这种情况下的意思表示解释至少有时具有自己的特点。但传统的处理模式是，孤立地、割裂地看待每个合同，自然包含意思表示，不要说对典型合同附其他种类的从给付采取吸收说，原则上仅适用主要部分的合同规范，非主要部分被主要部分吸收㉒，这肯定略去了当事人的部分意思表示，未能顾全事情的全部，处理问题有些粗糙（尽管这是不得已而为之的）；即使对类型结合合同采取结合说，分解各构成部分，分别适用各部分的典型合同规范，并依当事人可推知的意思调和其歧义㉓，这也是整体审视弱化了些。

时至今日，我们有必要更新理念及处理模式，在若干案件中需要树立和遵循整体审视的思维方式，将若干（亚）合同（自然包含意思表示）联系起来，而非孤立地看待和处理单个的（亚）合同（自然包含意思表示）。这是因为，假如孤立地看待和处理单个的（亚）合同（自然包含意思表示），很可能得出显失公平的结论，于是不愿承认合同（自然包含意思表示）的法律效力，而如果整体审视全部合同（自然包含意思表示），即完整的交易，就会发现各方当事人之间的利益是衡平的。对此，再结合具体案例细说如下：

当事人的主张能否得到支持，必须将该主张落实到具体的法律关系之中，即该主张得有事实依据，而后寻觅该法律关系所对应的法律规范，或相近的法律规范。在这个意义上说，合同（自然包含意思表示）解释，必须聚焦于合同条款及其项下的权利义务，不得"王顾左右而言他"。一般情况下的确是这样。不过，在若干情况下，此合同（自然包含意思表示）如此约定，如此设置权利义务，乃因彼合同（自然包含意思表示）约定的结果，没有彼合同（自然包含意思表示）那样的约定，那样的权利义务配置，就不会有此合同（自然包含意思表示）的如此约定，如此设置权利义务。在这种相互关联的若干合同关系中，解释合同（自然包含意思表示）时就不宜甚至不得仅仅局限于此合同（自然包含意思表示）的约定，而忽视彼合同（自然包含意思表示）的约定，而是应当根据其关联及其程度来解释合同（自然包含意思表示）。例如，甲开发商与乙国土资源管理局签订

㉒㉓　王泽鉴：《民法债编总论·基本理论·债之发生》（总第 1 册），97 页，台北，三民书局，1993。

A、B两份《国有土地使用权出让合同》，按照A《国有土地使用权出让合同》的约定，甲开发商基本上是无偿地修建一条宽阔的市政主干道。依据B《国有土地使用权出让合同》的约定，甲开发商只承担数额较少的土地使用权出让金。就是说，B《国有土地使用权出让合同》项下的土地使用权出让金数额与A《国有土地使用权出让合同》项下的开发商基本上无偿地修建一条宽阔的市政主干道相关联、相呼应、相匹配。于此场合，对于B《国有土地使用权出让合同》项下的土地使用权出让金条款的解释，具体地说，对于该条款是否无效或是否可变更或可撤销的认定，万不可单纯地局限于B《国有土地使用权出让合同》的约定，必须联系A《国有土地使用权出让合同》的约定，整体审视，全面衡量。如此，B《国有土地使用权出让合同》关于土地使用权出让金数额的约定，是合理的、公正的，而非是无效的或应被变更或撤销的。

将以上所论予以升华，形成合同（自然包含意思表示）解释的规则，应当是：在某合同（自然包含意思表示）的约定其实源于其他法律关系的设计时，解释合同（自然包含意思表示）时不宜甚至不得局限于该合同条款，而应将视野扩展于另外的法律关系，整体审视，全面衡量。

三、意思表示解释规则（草案）宜再细化

几个版本的《中华人民共和国民法总则》（草案）设计的意思表示解释的规则，似嫌笼统，类型化不够，有必要完善。

1. 解释有相对人的意思表示也要同时顾及表意人

尽管流行的说法是解释有相对人的意思表示时要考虑受领人的理解可能性，但近来的"矫正"学说认为，意思表示的规范解释必须同时顾及表意人。弗卢梅教授指出，意思表示的意义，作为表意人意思表示的意义，必须是可归责于表意人的。[24] 卡纳里斯教授认为，表示受领人所顾及的情形，表意人并不能察知的案

____

㉔ ［德］维尔纳·弗卢梅：《法律行为论》，迟颖译，364页，北京，法律出版社，2013；另见［德］迪特尔·梅迪库斯：《德国民法总论》，邵建东译，242页，北京，法律出版社，2000。

件，应当予以特别对待。㉕梅迪库斯教授赞同这些意见：在解释意思表示时，为维护表意人的利益，那些表意人绝对无法知道的，并且更应归入受领人领域的情形，至少不应加以考虑。㉖这些意见值得我们重视，《中华人民共和国民法总则》在设置意思表示解释规则时应予以吸收。

2. 应区分相对人为特定人与相对人为不特定的多数人的情形而设置有所差异的解释规则

如果表意人和受领人双方都属于同一个交易阶层，那么，只要不存在特殊的、反常的情形，受领人就可以认为，表意人是在该交易阶层通常所理解的意义上表达其话语的。㉗在表意人和受领人双方不属于同一个交易阶层，而交易惯例仅仅存在于一方当事人所属交易阶层的情况下，原则上应在受领人所属交易阶层的一般交易惯例或表达方式所指的意义上来理解意思表示。不过，如果受领人知道表意人不属于该交易阶层，或受领人有其他理由可以推知表意人指的不是这个意义，那么，受领人就必须分析他可资认识的所有情形，以探求表意人的意思。㉘

向不特定的多数人发出的表示，如悬赏广告、流通证券上的表示等，无须考虑受领人的理解可能性。在解释这些表示时，应以普通的交易参与人或表示所涉及的阶层中的某个成员的理解可能性为准。因此，除了表示文件本身以及表示中援引的、公众可以查阅的文书外，只能将任何人或有关阶层的每一个成员都能认识到的情形，用作解释表示的手段。㉙

3. 视意思表示的不同类型而分别确定以"主观"意义为准还是以"客观"意义为准

意思表示的类型不同，解释时是以"主观"意义为准，还是以"客观"意义为准，存在着区别。换个表述方式就是："如果从表意人的利益出发进行解释，

㉕ ［德］卡纳里斯：《德国私法中的信赖责任》，344 页，1971。转引自［德］迪特尔·梅迪库斯：《德国民法总论》，邵建东译，242 页，北京，法律出版社，2000。

㉖ ［德］迪特尔·梅迪库斯：《德国民法总论》，邵建东译，242 页，北京，法律出版社，2000。

㉗㉘ ［德］卡尔·拉伦茨：《德国民法通论》（下册），王晓晔、邵建东、程建英、徐国建、谢怀栻译，谢怀栻校，469 页，北京，法律出版社，2003。

㉙ ［德］卡尔·拉伦茨：《德国民法通论》（下册），王晓晔、邵建东、程建英、徐国建、谢怀栻译，谢怀栻校，470 页，北京，法律出版社，2003。

那么所得出的就是其真实意思。相反，如果从表示受领人的利益出发，那么得出的则是规范性的意思。它无须与表意人的真实意思一致。"㉚

在遗嘱行为中，表示的关键意义原则上是遗嘱人自己通过表示所表达的意义。在这里无须顾及受领人的理解角度这一规范性解释的准则。㉛ 对遗嘱的解释是以其"主观"意义为准的，而非以不同于"主观"意义的"客观"意义和规范意义为准的。㉜ 遗嘱仅旨在实践立遗嘱人的意思。有鉴于此，当基于"解释"而获得的遗嘱的客观含义与遗嘱人的"意思"不相符时，倘使允许遗嘱按照其客观含义生效，那么有违遗嘱的本意。㉝ 因此，对遗嘱的解释，既非取决于某个特定的受领人的理解可能性，也不取决于遗嘱人针对的相关多数人的理解可能性，而原则上仅以其自行所指的内容为准。㉞

4. 视格式条款与普通条款的不同而设计有所区别的规则

就不明确的表述而言，原则上应当作出不利于草拟者一方的解释，这一法谚在解释的传统中发挥着重要作用，但也仅在一般交易条件和保险条款的解释中得以严格适用。除此之外，该原则不具有一般适用性。㉟《合同法》持有同样的立场，在格式条款中，不利于条款草拟人的解释尤为适当（第41条）。

四、应予增设的意思表示解释的规则

实际情形是，几个版本的《中华人民共和国民法总则》（草案）设计的意思

㉚ ［德］汉斯·布洛克斯、沃尔夫·迪特里希·瓦尔克：《德国民法总论》，33版，张艳译，杨大可校，93页，北京，中国人民大学出版社，2014。

㉛ ［德］卡尔·拉伦茨：《德国民法通论》（下册），王晓晔、邵建东、程建英、徐国建、谢怀栻译，谢怀栻校，471页，北京，法律出版社，2003。

㉜ 这是德国民法界的通说，迪佩尔教授、梅迪库斯教授等都持有该说。但维亚克尔教授、拉伦茨教授等持有批评见解。见［德］卡尔·拉伦茨：《德国民法通论》（下册），注45，王晓晔、邵建东、程建英、徐国建、谢怀栻译，谢怀栻校，471页，北京，法律出版社，2003。

㉝ ［德］维尔纳·弗卢梅：《法律行为论》，迟颖译，369页，北京，法律出版社，2013。

㉞ ［德］卡尔·拉伦茨：《德国民法通论》（下册），王晓晔、邵建东、程建英、徐国建、谢怀栻译，谢怀栻校，471页，北京，法律出版社，2003。

㉟ ［德］维尔纳·弗卢梅：《法律行为论》，迟颖译，369页，北京，法律出版社，2013。

表示解释规则并未涵盖全部的解释规则，有增设的必要。

1. 借鉴普通法承认的解释合同的规则及其理论，有条件地增设意思表示的解释规定

普通法承认如下解释合同的规则：（1）明示其一就排斥其他的解释规则，即如果当事人在合同中列明了特定的款项，未采用更为一般性的或包罗万象的术语，那么，其意图就是排除了未列明的项目，尽管未列明的项目与列明的项目类似。[36]（2）同样种类的解释规则，或曰"较大者包含较小者"的解释规则，即如果当事人列明了特定的项目，随后又使用了更为一般性、包容性的术语，那么，其意图就包含了与特定项目类似的项目。[37]（3）推定每一条款具有意思与目的规则，即如果一份合同或合同条款可能具有两种合理的推定解释，其中之一会使它充满意思，而另一种解释则使它无实际意义，那么，使合同或条款充满意思的推定解释必须优先采纳。[38]（4）推定不违法规则，即如果一份合同或一个条款可能有两种合理的解释，其中一种解释与制定法、行政法规或普通法相一致，另一种解释则相反，法院将采用使之合法的方式解释该合同或合同条款。[39]（5）推定明示条款优先于默示条款或随后行为规则。（6）有利于公共利益的规则，即如果合同用语可合理地得出两种解释，且只有一种解释有利于公共利益，那么该解释将被优先考虑。该规则常用于支持对限制性合同所作的严格解释。它与违反公益的合同及其条款无效的规则有关联。（7）对合同中的模糊的文句作不利于草拟特别文句的一方当事人的解释。[40]（8）合同中的特别用语优先于一般条款。[41]（9）推

---

[36] Farnsworth, *Farnsworth on Contracts*, Little Brown and Company, 261 - 269 (1990).

[37] Farnsworth, *Farnsworth on Contracts*, Little Brown and Company, 261 - 269 (1990); Genina Marine Services, Inc. v. Mobil Exploration & Prod. Southeast, Inc. , 506 So. 2d 922, 929 (La. App. 1st Cir. 1987).

[38] See Harris v. Rome, 593 S. W. 2d 303, 306 (Tex. 1979).

[39] See Smart v. Tower Land & Inv. Co. , 597 S. W. 2d 303, 306 (Tex. 1979).

[40] Car Kits, Inc. v. Bolt on Parts, Inc. , 439 So. 2d 479 (La. App. 1st Cir. 1983); ［德］维尔纳·弗卢梅：《法律行为论》，迟颖译，369 页，北京，法律出版社，2013。

[41] See Guadalupe Blanco River Auth. v. City of San Antonio, 145 Tex. 611, 200 S. W. 2d 989, 1001 (1947).

定协议中先陈述的条款优先于后陈述的条款规则，即在协调书面协议的条款时，"一份协议中先陈述的条款必须优先于随后陈述的条款"[42]。（10）在清楚的书面文句与数字或符号之间存在不同时，书面文句优先。[43]（11）除非当事人双方清楚地显示出相反的意思，手写的合同条款在同打字的或印刷的合同条款相比较时被优先认定，打字的合同条款在同印刷的合同条款相比较时被优先认定。[44]（12）作有利于债务人的解释规则，即如果适用其他规则也不能解决疑义，那么，合同必须作不利于特定债的关系中的债权人而有利于债务人的解释。

以上各项解释规则具有合理性，特别是其中的"有利于公共利益的解释规则""明示其一就排斥其他"的解释规则、"同样种类"规则，等等，十分允当，值得《中华人民共和国民法总则》有条件地借鉴，扩充自己的意思表示的解释规则。所谓有条件地借鉴，例如，推定不违法规则在中国不宜如此绝对，如果合同条款违反《合同法》第52条第1项、第3项、第5项的规定，就应当是绝对无效的，而不得推定该合同不违法。

2. 增设以任意性法律规定补充意思表示漏洞的规则

填补法律漏洞，或用类推适用的方法，或用目的性限缩的方法，或用目的性扩张的方法等，不会用任意性法律规定填补漏洞。与此不同，对合同漏洞的补充，时常要援用任意性法律规定，用于调整那些当事人在订立合同时没有想到的或他们因信赖法律规定而未加调整的问题。[45]民法通过其强制性和任意性的规范

---

[42] Coker v. Coker，650 S. W. 2d 391，393 (Tex. 1983)；see also Southland Royalty Co. v. Pan Am. Petrolem Corp. ，378 S. W. 2d 50，57 (Tex. 1964)；Hughes v. Aycock，598 S. W. 2d 370，376 (Tex. Civ. App. -Houston [14th Dist.] 1980，writ ref'd n. r. e.). But see Mid Plains Reeves, Inc v. Farmland Indus. ，768 S. W. 2d 318，321 (Tex. App. -El Paso 1989，writ deied). （认为如果两个冲突的条款中的第一个是书面的一般条款的形式，第二个条款是特别条款，那么，第二个条款优先于第一个条款。）

[43] Guthrie v. National Homes Corp. ，394 S. W. 2d 494，496 (Tex. 1965).

[44] See Southland Royalty Co. v. Pan Am. Petrolem Corp. ，378 S. W. 2d 50，57 (Tex. 1964)；Mcmahon v. Chrristmann，157 Tex. 403，303 S. W. 2d 341，344 (1957).

[45] ［德］卡尔·拉伦茨：《德国民法通论》（下册），王晓晔、邵建东、程建英、徐国建、谢怀栻译，谢怀栻校，475页，北京，法律出版社，2003。

对法律行为规则予以补充。除那些涉及法律行为有效成立的条款以及限制法律行为形成可能性的条款之外，民法中有关法律行为的规范都属于对法律行为规则进行补充的规范。[46]

并且，需要特别强调，在合同就特定事项约定不明的场合，若法律对此已有明文，则应按法律的规定确定该合同条款的含义，而不得抛开法律的明文规定，依自己的偏好为任意解释。对此，通过下面的案例加以说明。

某《合资合同》第 11 条约定："甲、乙双方出资的具体情况为：甲方：以厂房折价 17.8 万美元，以人民币现金折合 4.7 万美元（美元对人民币汇率以入资当日市场汇价为准），共计 22.5 万美元作为出资；乙方：以 27.5 万美元的现金作为出资。"第 14 条第 1 款第 2 项约定：甲方"按第十一条的规定提供出资资金和用于出资的房产。"第 42 条约定："合资公司的期限为十二年，合资公司的成立日期为合资公司营业执照签发之日。"

在甲方出资义务及其履行与否的认定上，双方当事人认识不一。乙方认为，依据该《合资合同》第 11 条前段的约定及其他证据材料，以及缔约当时及其后的有关法律、法规的规定，甲方出资义务应是将涉案的土地使用权交由合资公司使用 12 年，涉案厂房的所有权过户到合资公司名下。迄今为止，甲方仍未将涉案厂房的所有权移转给合资公司，构成违约，应当承担违约责任。甲方则反对乙方的解释，坚持系争合同并未约定甲方将涉案厂房的所有权移转给合资公司，因而，甲方早已将涉案土地使用权、厂房交由合资公司使用，已经适当履行了合同义务，不负违约责任。

笔者反对甲方的观点，赞同乙方的意见，理由如下：

（1）从文义解释方面看：系争《合资合同》第 11 条的用语是"甲方以厂房……出资"，第 14 条第 1 款第 2 项的用语是"……房产"。笔者知晓，按照一般理解，"出资"，必须将出资的财产权利移转给目标公司。"资产"，得为一项独立的权利，在标的物系房屋的情况下，仅仅是房屋使用权并非一项独立的权利，仅

46　［德］维尔纳·弗卢梅：《法律行为论》，迟颖译，377 页，北京，法律出版社，2013。

为一项权能。而权能是不得单独移转的，只能作为权利的一部分与权利一起移转。所以，将"出资""资产"联系起来考虑，甲方将涉案厂房的所有权移转给合资公司才算完成了出资义务，仅仅将涉案厂房的使用权交给合资公司不算适当履行了出资义务。此其一。评估人高级建筑工程师于某出具的评估文件中描述："六、评估：……2、建筑……本评估按增期 20 年计，成新率计算为：40－30＋20 除以 40＋20（年）＝50％"。此处所谓"按增期 20 年计"，就是按折旧 20 年计。假如仅仅是将涉案厂房的使用权交由合资公司，就无须按折旧 20 年计。只有评估涉案厂房的所有权的价值时，才有必要考虑折旧。此其二。

（2）从体系解释角度看：涉案证据确实有不利于乙方的，例如，乙方在合资公司运营多年的过程中，从未向甲方指出过出资不到位的问题，在合资公司的董事会记录中，乙方的法人代表谈及涉案土地使用权届期时可能会增设租金，仍未向甲方主张出资不到位及其责任。对此，笔者认为，乙方何时向甲方主张权利，涉及方方面面，包括策略的考虑，也包括其法律错误。只要其权利的行使仍在权利行使的期限之内，没有超过诉讼时效期间，没有构成权利失效，就不得令其承担不利后果。在系争案件中，乙方请求甲方承担其出资不到位的责任，不适用诉讼时效制度，也不符合权利失效的要件，因而，以这些不利于乙方的证据认定乙方认可甲方不负移转涉案厂房所有权的义务，是没有法律根据、合同依据的，不合法理。

但是，有利于乙方的证据不少，举其要者如下：1）某会计师事务所受托出具的涉案合资公司《……资产评估报告》于其"七、评估的方法"标题下称："房屋建筑物采用重置成本法进行评估。"2）评估人高级建筑工程师于某出具的评估文件中描述："五、评估方法：占用地成本采用市场法，建筑物采用重置成本法。""六、评估……2、建筑：依现行有关资料评估此建筑基本造价为 480 元/平方米，合计：844.7 平方米×480 元/平方米＝40.55 万元。……建筑评估价值为：20.28 万元。"3）原国家国有资产管理局对涉案厂房的资产评估结果的《确认通知》附件《对……中外合资项目资产评估报告的审核验证意见》称："3、评估采用重置成本法，固定资产的重置价值根据现行建筑费用标准，并考虑有关费

用确定，成新率均通过技术鉴定得出。评估结果基本合理。"4）合资公司《专项审计报告》描述："……房地产评估总值内包括土地征用、开发费用及建筑物造价，但不包含土地使用价格。……我们未能获得到该厂房在出资后变更所有权人的相关记录。"这些证据都表明，涉案厂房作为出资的财产是需要移转所有权的，不然，假如只移转使用权，就没有必要"采用重置成本法进行评估""采用重置成本法"，《专项审计报告》就不会声明"我们未能获得到该厂房在出资后变更所有权人的相关记录"。

（3）从涉案房屋的评估价值方面看：甲方为与乙方合资向原国有资产管理局呈送的《中外合资企业中方房产评估立项申请报告》中称："……中方以房屋、现金作为投资……中方需要评估的资产是房屋。该房坐落在北京市丰台区东铁匠营顺五条 25 号我所动物繁育场院内，始建于六十年代，砖结构平房，共 24 间，建筑面积 844.7 平方米。"评估人高级建筑工程师于某出具的评估文件中描述："五、评估方法：占用地成本采用市场法，建筑物采用重置成本法。""六、评估……2、建筑：依现行有关资料评估此建筑基本造价为 480 元/平方米，合计：844.7 平方米×480 元/平方米＝40.55 万元。……建筑评估价值为：20.28 万元。"笔者在此强调指出，按照出具《中外合资企业中方房产评估立项申请报告》当时的市场状况，由涉案厂房所处的地理位置、折旧程度、不包含地价等因素决定，涉案厂房的使用权根本不值 20.28 万元人民币。其实，即使按照涉案厂房的所有权定价，20.28 万元人民币也是高估了。

（4）从相关法律、法规的规定看：《公司注册资本登记管理规定》（国家工商行政管理总局令第 11 号，2004 年 6 月 14 日颁布，2006 年 1 月 1 日失效）第 7条规定："公司股东或者发起人必须以自己的名义出资。以实物、工业产权、非专利技术出资的，股东或者发起人应当对其拥有所有权；以土地使用权出资的，股东或者发起人应当拥有土地使用权。"第 9 条规定："公司设立登记，以实物、工业产权、非专利技术、土地使用权出资的，公司章程应当就上述出资的转移事宜作出规定，并于公司成立后六个月内依照有关规定办理转移过户手续，报公司登记机关备案。"《公司注册资本登记管理规定》（国家工商行政管理总局令第 22

号，2006年1月1日起实施）第12条第1款规定："股东或者发起人应当按期足额缴纳公司章程中规定的各自所认缴的出资额或者所认购的股份。以货币出资的，应当将货币出资足额存入公司在银行开设的账户；以非货币财产出资的，应当依法办理其财产权的转移手续。"《最高人民法院关于适用〈中华人民共和国公司法〉若干问题的规定（三）》（法释〔2011〕3号）第10条第1款规定："出资人以房屋、土地使用权或者需要办理权属登记的知识产权等财产出资，已经交付公司使用但未办理权属变更手续，公司、其他股东或者公司债权人主张认定出资人未履行出资义务的，人民法院应当责令当事人在指定的合理期间内办理权属变更手续；在前述期间内办理了权属变更手续的，人民法院应当认定其已经履行了出资义务；出资人主张自其实际交付财产给公司使用时享有相应股东权利的，人民法院应予支持。"十分明显，这些法律规范都明确了以房屋出资应当办理过户手续，超过一定期限不予办理的，按照该条款的规定，以及按照《最高人民法院关于审理外商投资企业纠纷案件若干问题的规定（一）》（法释〔2010〕9号）第4条第1款关于"外商投资企业合同约定一方当事人以需要办理权属变更登记的标的物出资或者提供合作条件，标的物已交付外商投资企业实际使用，且负有办理权属变更登记义务的一方当事人在人民法院指定的合理期限内完成了登记的，人民法院应当认定该方当事人履行了出资或者提供合作条件的义务。外商投资企业或其股东以该方当事人未履行出资义务为由主张该方当事人不享有股东权益的，人民法院不予支持"规定的反面推论，甲方应被认定为没有履行出资义务。

既然法律、法规、司法解释对于不动产出资已设规定，那么，退一步说，即使系争合同对涉案厂房是否办理过户登记手续约定不明，也应当按法律、法规、司法解释的规定确定系争合同条款的含义，而不得抛开法律的明文规定，依自己的偏好为任意解释。何况系争合同的约定本身以及优势证据更倾向于甲方应当将涉案厂房过户登记在合资公司名下呢?!

（5）从不动产物权变动的规范及原理方面看：《中华人民共和国物权法》（以下简称为《物权法》）第9条第1款、第14条、第16条第1款等关于不动产物权变动的规定，为强制性规定，当事人不得依其约定加以改变或排除。出资，就

是物权变动；以厂房出资，就是不动产物权变动。它们都得遵循《物权法》的上述规定，即不动产物权变动需要办理过户登记手续，不依当事人认识是否正确、约定是否明确为转移，也不受当事人改变甚至排除的影响。就此看来，涉案厂房也得过户登记在合资公司名下。

（6）从企业法人原理方面看：出资，构成企业法人从事经营活动的物质基础，是向债权人承担债务及民事责任的必要财产（责任财产）。试想，出资不动产不移转物权，如何向债权人以该责任财产承担债务及民事责任？

3. 增设可推断的意思表示的解释规则

表意人在为意思表示时，有时未用话语（口头和书面）的形式，而使用了其他某种具有特定的、法律行为意义上的符号。例如，根据交易习惯，点头或摇头意为回答某个问题，将一枚硬币投入自动售货机，登上一辆收费乘坐的公共汽车，将定日扔弃的丢弃物品放在门口等待运走，等等。这种意义可以产生于当事人之间的约定（Vereinbarung），或更经常地产生于交易习惯（Verkehrssitte）。这就是所谓"可推断的意思表示"（konkludenre Willenserklärung），更确切些的表述应为"通过可推断的行为表示的意思表示"。它通常与通过话语表达的意思表示具有相同的效果。[47] 这种意思表示的解释规则应被《中华人民共和国民法总则》所承认。

4. 增设以补充（性）解释填补意思表示漏洞的解释规则

在个案中，任意性法律规定并不适合填补漏洞，或者干脆没有任意性规范，于此场合法官就不应以任意性法律规定而应通过补充（性）解释（ergänzende Auslegung）来填补漏洞。[48] 补充性解释包括对表示的补充和对意思的补充，通过此种解释查明当事人的意思，不但必须查明效果意思，还必须对引起效果意思的动机以及情况进行分析。[49] 通过补充（性）解释认定的意思，不是当事人的真

---

[47] ［德］迪特尔·梅迪库斯：《德国民法总论》，邵建东译，252～253 页，北京，法律出版社，2000。

[48][49] ［德］汉斯·布洛克斯、沃尔夫·迪特里希·瓦尔克：《德国民法总论》，33 版，张艳译，杨大可校，69 页，北京，中国人民大学出版社，2014。

实意思，而是"可推测的当事人的意思"⑤，或者说是假设的意思。对假设的意思的查明必须从当事人在合同中的评价出发并提出以下问题，在知道该漏洞的情况下当事人会如何合理地进行约定？⑤

务必注意，对意思的补充（性）解释必须控制在非常狭窄的范围内。在通常情形下，应当从任意性法律规定出发来对不完整的意思表示作出补充。在任意性法律规定例外地不适用时，才进行补充（性）解释，其作业至少要在三个层面上说明理由，即可推测的当事人意思、通常的意义及衡平的意义。⑤

几个版本的《中华人民共和国民法总则》（草案）均欠缺补充（性）解释规则，应予增设，以满足实务中不断提出的填补意思表示的漏洞的需要。

5. 增设沉默表示着何种意思的解释规则

沉默（wirkliches Schweigen），通常情况下没有任何法律意义。但是，当事人可以约定具有表示的意义⑤，只不过在格式条款约定沉默具有表示的意义时，存在一定的限制。例如，格式条款的使用人应当再次向相对人提请注意。⑤此其一。其二，法律明文规定沉默具有意思表示的意义时⑤，应依其规定。这些合适的观点切合中国的客观实际，若干沉默类型确实符合意思表示的构成，值得《中华人民共和国民法总则》予以确认。对此简述如下：（1）合同约定了一定事实所导致的法律效果，在该事实出现以后，当事人一方所为一定行为含有的意思与该合同约定的法律效果正好相反，另一方当事人对此保持沉默，没有主张该合同约定的法律效果，此时，应当认定当事人一方所为行为与另一方当事人的沉默达成了变更该合同的合意，该合同已经变更。（2）当事人一方实施了特定的行为，相对人对此保持沉默，可否认定系争合同已被变更？对此，应区别不同情况加以讨论。若系争合同明文约定，当事人一方实施了特定的行为，相对人对此明知而不作反对表示的，视为其同意，那么，这对于系争合同是个变更，若系争合同无此

---

⑤　[德]迪特尔·梅迪库斯：《德国民法总论》，邵建东译，257 页，北京，法律出版社，2000。

⑤　[德]汉斯·布洛克斯、沃尔夫·迪特里希·瓦尔克：《德国民法总论》，33 版，张艳译，杨大可校，70 页，北京，中国人民大学出版社，2014。

⑤　[德]迪特尔·梅迪库斯：《德国民法总论》，邵建东译，257、260 页，北京，法律出版社，2000。

⑤⑤⑤　[德]迪特尔·梅迪库斯：《德国民法总论》，邵建东译，261 页，北京，法律出版社，2000。

约定，法律亦无此类规定，那么，当事人一方实施的行为和相对人对此保持的沉默，都不构成对系争合同的变更。

五、解释意思表示须整体把握的实例分析

甲塑料制品厂作为出卖人与乙新型建材有限公司作为买受人于 2014 年 8 月 12 日签订《购销合同》，其中第 1 条约定，标的物为法国英世力石墨 660 吨，单价 20 000 元人民币每吨，总金额为 13 200 000 元人民币，货物到港后 30 日提清；第 2 条约定交货地点为买受人的仓库；第 4 条约定质量要求为符合国家 B1 级标准；第 5 条约定，缔约后 3 日付总金额的 15％定金，每次提货货款按照货款金额 15％扣减；第 6 条约定，买受人付货款 15％定金后 60 日内出卖人到货，60 日未到货按所付定金每年息 8％计息，买受人付货款 15％定金后 75 日仍然没有到货，出卖人应无条件退还买受人所付货款 15％定金及按年息 8％计算利息。买受人在货物到港后 30 日内全部提清，30 日后按照未销售货物金额 8％计息。付款如发生违约行为，违约方向守约方支付总价款的 10％的违约赔偿金。

买受人认为，上述约定表明系争《购销合同》约定的标的物是法国产的英世力石墨 660 吨，且为缔约后才进口的；而实际履行过程中，出卖人于系争《购销合同》缔结时便有石墨，其证据证明生产厂家是瑞士注册的公司，货物起运自安特卫普港。这说明出卖人交付的货物不是系争《购销合同》项下的标的物，构成违约，应承担相应的责任。

乍看系争《购销合同》特别是其中第 6 条的约定，买受人的主张似乎有些道理，但若整体地观察和把握，则不宜对其持赞同态度。其道理在于，从种类物与特定物、可替代物与不可替代物之间的相互关系看：众所周知，种类物在未经特定化之前是可替代的，即使债务人起初交付的种类物不符合约定的标准，但只要他于履行期届满前更换了另一同种类、同性质的物（种类物）且符合约定的规格，法律仍予允许，债务人的交付行为和更换行为不构成违约。当然，种类物经过特定化则变为特定物，一般情况下也随之成为不可替代物。此种特定化的表现

方式，可以是当事人通过意思表示将某种类物从众多的种类物中独立出来，区分开来；也可以是将种类物交付给相对人；还可以是经债权人指示将种类物移转给特定第三人占有。具体到系争《购销合同》案件，该合同约定的"法国英世力石墨 660 吨"，若其指向的是石墨的品牌时，则所谓"法国英世力石墨 660 吨"肯定是种类物、可替代物，而非特定物，更非不可替代物。其实，即使其指向的是产自法国的英世力石墨，甚至是某特定公司生产的法国英世力石墨，在无其他证据证明已经通过有关方式特定化的前提下，所谓"法国英世力石墨 660 吨"也不是特定物，不是不可替代的，因为它们系石墨堆中的一部分，这一部分石墨与另外的一部分石墨是可以相互替代的。只有有证据证明该"法国英世力石墨 660 吨"已被特定化时，才可以认定该"法国英世力石墨 660 吨"是特定物。

至此，问题便成为：有无证据证明"法国英世力石墨 660 吨"业已特定化了呢？因为系争《购销合同》第 2 条约定交货地点为买受人的仓库，现有证据显示出卖人一直没有将系争石墨送到买受人的仓库，所以，系争标的物没有通过交付的方式特定化。由于没有证据证明出卖人将石墨存放于第三人的仓库是基于买受人的指示，系争《购销合同》亦未约定将系争标的物存放于第三人的仓库视为交付，因而系争标的物亦未通过交付第三人实现特定化。系争《购销合同》第 6 条关于"买受人付货款 15％定金后 60 日内出卖人到货，60 日未到货按所付定金每年息 8％计息，买受人付货款 15％定金后 75 日仍然没有到货，出卖人应无条件退还买受人所付货款 15％定金及按年息 8％计算利息。买受人在货物到港后 30 日内全部提清，30 日后按照未销售货物金额 8％计息"的约定，可否被认定为将系争标的物特定化了呢？买受人也正是据此认为系争标的物是特定物的。看来，回答这个问题需要多说几句。如果将目光完全局限于系争《购销合同》第 6 条的约定，尽量优惠于买受人，对通过当事人的意思表示将种类物特定化采取最为宽松的标准，那么，或许可以十分牵强地说系争标的物不同于典型的种类物，因为该约定限缩了石墨的范围——"法国英世力石墨 660 吨"，而非"英国英世力石墨 660 吨"，亦未"德国英世力石墨 660 吨"。但是，这样限缩石墨的范围仍未达到将种类物特定化为特定物的程度，因为如同上文所述，"法国英世力石墨 660

吨"系英世力石墨堆中的一部分，这一部分石墨与另外的一部分石墨是可以相互替代的。换句话说，按照严格的判断标准，系争《购销合同》第6条仍未将系争标的物特定化。

究竟是采取最为宽松的判断标准，还是运用严格的判断标准呢？不宜凭裁判者的主观偏好，而应从整体把握有关制度及规则、有关约定的高度审视，然后作出取舍。

所谓从整体把握有关约定的高度，包括重视系争《购销合同》第5条约定的"缔约后3日付总金额的15％定金"，第6条约定的"买受人付货款15％定金后60日内出卖人到货"。这些约定告诉我们，系争标的物通过意思表示/交付等方式特定化，要以买受人先行支付货款"总金额的15％定金"为前提的，没有买受人支付这些定金，就没有出卖人的到货，也就难以达到将系争标的物通过意思表示/交付等方式特定化的结果。没有证据证明买受人向出卖人于"缔约后3日付总金额的15％定金"，于是，出卖人有权援用该约定对抗买受人将系争标的物通过意思表示/交付等方式特定化的主张，也就没有实际上的系争标的物通过意思表示/交付等方式特定化。

所谓从整体把握有关制度及规则，包括这样的理念和制度：处理包括系争案件在内的货物买卖纠纷时法律更关注什么。合同解释和法律适用把握的尺度是，对于诸如某商品房的买卖、某建设用地使用权的出让或转让等纠纷，特别看重标的物的特定、不可替代；但对于大宗商品的买卖，普通货物的买卖，则更关注所交货物的质量和数量，即，只要质量和数量符合要求，就认定出卖人在这方面没有违约，至于所交货物是这列车上的还是那艘船上的，则没那么重要。具体到系争案件，笔者所能看到的证据，没有发现买受人举证出系争《购销合同》约定的"法国英世力石墨"660吨系不可替代物。在系争标的物为可替代物的情况下，出卖人交付自己库存的"法国英世力石墨"，只要质量符合要求，也不构成违约。只有买受人举证成功出卖人交付的石墨不符合质量要求，才能确定出卖人违约。

所谓从整体把握有关制度及规则，还包括法律对于所交货物不符合约定时允许出卖人更换，并且于履行期届满前更换为符合要求的货物时不以违约论处。具

体到系争案件，出卖人交付的石墨即便不符合系争《购销合同》的约定，《合同法》也允许其于履行期届满前更换符合约定的"法国英世力石墨"，出卖人若于履行期届满前更换了符合约定的"法国英世力石墨"，那么，不以出卖人违约论处。从中看出《合同法》对于标的物尽可能地不以不可替代物论处，允许债务人以另外的种类物予以替代，除非当事人有明确的、相反的约定。这种理念也适合系争案件。如此，从宽解释系争《购销合同》第5条及相关条款，更符合《合同法》的精神，符合1980年《联合国国际货物销售合同公约》的立场及具体规则。

所谓从整体把握有关制度及规则，还包括违约救济制度的规范意旨及具体措施。在出卖人交付的货物于履行期届满时仍有瑕疵时，构成违约，《合同法》第111条对此规定的救济措施包括修理、重作、更换，这表明法律依然看重标的物的可替代性，而非不可替代性。具体到系争案件，即使出卖人未于履行期届满时更换符合约定的"法国英世力石墨"，那么，也适用《合同法》第111条关于更换的规定，不是首选解除系争《购销合同》。既然是更换，就表明标的物是可替代物，而非不可替代物。从中我们也可发现《合同法》更倾向于按照可替代物对待。

总之，处理该案的关键是出卖人交付的石墨合格与否，至于是缔约时已经库存的，还是交付定金之后60日到港的，没有那么重要。

论法律行为或其条款附条件 *

内容摘要

法律行为可以附条件，法律行为的条款也可以附条件。附条件与法定条件固然分别为两个各自独立的概念和制度，但在一定条件下也有关联：构成附条件要素之一的事实情形就是法律、行政法规规定的条件；法律行为或其条款附停止条件，但该行为或其条款的终止则受制于法定条件；某些基于法律的规定而影响法律行为效力的事实情形可能会上升为法律行为所附条件的标的。《民法总则》不但应规定附停止条件和附解除条件，而且应当规定附随意条件及其效力。单独行为附条件经过了相对人的同意，或者条件成就与否纯由相对人决定，或者所附条件乃恰当分摊经营成本、合理分配风险的体现，或者所附条件系整体安排、相互间利益制衡的结果，或者解除权的行使仅向将来发生效力，或者独立保函，等等，法律均应承认其效力。履行抗辩权与附停止条件本为不同领域的制度，但有时也会发生关联。

关键词

法律行为；单独行为；条款；附条件；法定条件；履行抗辩权

---

* 本文最初发表于《法商研究》2015 年第 4 期。

根据《中共中央关于全面推进依法治国若干重大问题的决定》关于编纂民法典的决定，全国人民代表大会常务委员会决定，《中华人民共和国民法典》（以下简称为《民法典》）的编纂工作分两步走，第一步是制定《中华人民共和国民法总则》（以下简称为《民法总则》），以取代现行《中华人民共和国民法通则》（以下简称为《民法通则》）；待《民法总则》颁行之后，再整理现行的各部单行民事法律，编纂成《民法典》。

《民法总则》涉及的内容十分丰富，本文没有容量一一谈及，只论《民法总则》如何对待法律行为或其条款附条件的问题，为《民法总则》的制定提供参考，也接受大家的批评。

一、法律行为或其条款附条件

《中华人民共和国合同法》（以下简称为《合同法》）第 45 条规定的附条件，就其文义观察似乎仅指整个合同的效力附条件。中国民法通说也是如此阐释的。① 其实，在实务中，整个法律行为附条件固然存在，但大量的情形却是整个法律行为已经生效了，所附条件仅仅限制着法律行为项下的某个义务或某几项义务的履行效力，换言之，某个义务或某几项义务的履行效力附加了条件，也可以说是法律行为的某个或某些条款附条件。例如，《A 房地产项目转让合同》第 1 条约定，甲公司将其名下的房地产项目（国有土地使用权面积 9 022.20 平方米，

---

① 江平主编：《民法学》，171 页以下，北京，中国政法大学出版社，2007；魏振瀛主编：《民法》，5 版，158 页以下，北京，北京大学出版社、高等教育出版社，2013；王利明主编：《民法》，5 版，124 页以下，北京，中国人民大学出版社，2013；王卫国主编：《民法》，139 页以下，北京，中国政法大学出版社，2007；徐国栋：《民法总论》，367 页以下，北京，高等教育出版社，2007；尹田：《民法典总则之理论与立法研究》，509 页以下，北京，法律出版社，2010；刘凯湘：《民法总论》，295 页以下，北京，北京大学出版社，2006；李永军：《民法总论》，202 页以下，北京，中国政法大学出版社，2008；曲茂辉主编：《中国民法》，175 页，北京，法律出版社，2009；朱庆育：《民法总论》，123 页以下，北京，北京大学出版社，2013；崔建远、韩世远、申卫星、王洪亮、程啸、耿林：《民法总论》，2 版，韩世远执笔，184 页以下，北京，清华大学出版社，2013。

已获批准的容积率 7.99，已获批准建设的建筑面积 61 485.00 平方米）转让给乙公司。第 2 条约定：（1）受让方乙公司于本合同签署后 7 个工作日内向转让方甲公司支付履约保证金人民币 500.00 万元。（2）2009 年 4 月 30 日之前，乙公司再向甲公司支付项目转让款人民币 2 000.00 万元。（3）乙公司的第三笔付款通过银行贷款的方式支付，甲公司承诺以涉案房地产项目为乙公司贷款融资提供担保。贷款经银行审批发放后，乙公司承诺将所贷款额的 25％作为项目转让款支付给甲公司。乙公司承诺，该笔款项于 2009 年 7 月 1 日前办妥贷款手续。（4）乙公司所贷之款中剩余 75％的款项，由甲公司乙公司双方设立共管账户予以监管，保证乙公司将该部分资金全部用于涉案项目的后续开发建设。（5）剩余部分的转让款由乙公司以价值相当的房产作为付款的抵押担保。乙公司承诺，在涉案项目达到销售条件后，每售出一处房产，所得收益的 50％用于支付项目转让款。在涉案项目的产权过户之前，由甲公司乙公司共同销售房屋。上述转让款乙公司至迟应在本合同签署后 2 年内付清。（6）乙公司付款至剩余人民币 500 万元时暂停支付，该部分款项作为甲公司对涉案项目有关抵押、查封、第三方主张权益等权利瑕疵及转让前债务履行承担的担保。该部分款项在本合同签署之日起 2 年内，如涉案项目无权属争议或债务纠纷，则乙公司一次性付清给甲公司。

区分法律行为附条件与法律行为的条款附条件这两种类型具有意义：（1）在法律行为附条件的场合，如果所附条件为停止条件且尚未成就，那么，整个法律行为项下的义务均未届期，因而，在债权人请求债务人履行债务时，债务人就法律行为项下的义务都能够对抗债权人的履行请求。与此不同，在某个义务或某几项义务的履行效力附条件，或曰法律行为的条款附条件的情况下，如果所附条件为停止条件且尚未成就，则是除附停止条件的某个义务或某几项义务以外，法律行为项下的其他义务应当是已经届期，债权人可以就这些义务请求债务人清偿。

（2）在法律行为附条件的场合，如果所附条件为停止条件且尚未成就，债务人废除法律行为，那么，按照通说是债权人基于期待权请求债务人承担侵权责任。该种责任的赔偿范围是信赖利益的损失。与此不同，在某个义务或某几项义务的履行效力附条件的情况下，如果所附条件为停止条件且尚未成就，债务人废

除法律行为，那么，债权人有权请求债务人承担债务不履行的责任。该种责任的赔偿范围可以甚至应当是期待利益（或曰预期利益/履行利益）的损失，也可以是信赖利益的损失。究竟何者，取决于是否存在市场及其价格，以及债权人的选择。

（3）在法律行为附条件的场合，如果所附条件为停止条件且已经成就，整个法律行为生效且为履行的效力发生，绝大多数情况都是"一刀切"地发生履行的效力，债权人有权请求债务人履行整个法律行为项下的义务；仅有极个别情况属于有些义务已届履行期，而另外的义务尚未届期。与此不同，在法律行为的条款附条件的情况下，所附条件为停止条件且已经成就，该条款项下的义务发生履行的效力，至于法律行为项下的其他义务是否届期，有时受制于所附条件的条款的约定：附条件的条款约定，法律行为的某些条款与自己生效与否同命运，而法律行为的另外一些条款自法律行为生效时生效，不受附条件的条款是否生效的影响。这就需要对附条件的条款以外的法律行为的条款逐个甄别其效力状态。

由此差异决定：a. 在这里，值得重视且需要讨论的是，于债务人违反已经生效的义务的场合，债权人可否就附停止条件的条款项下的义务不可能被履行也有权请求债务人承担赔偿责任？笔者认为，如果合同的全部条款之间密不可分，则应将全部合同条款予以整体考量，计算违约所致损失时统一考虑违反全部条款项下的义务造成的损失，债权人可以就该损失请求违约方承担赔偿责任。如此，至少在有些场合，债权人可以就附停止条件的条款项下的义务不可能被履行也有权请求债务人承担赔偿责任；反之，附停止条件的条款与其他合同条款可以区隔开来，债务人违反的仅仅是已经生效的义务，因停止条件尚未成就，而尚未生效的条款项下的义务未被违反，不宜赋权债权人就该条款部分请求债务人负责赔偿。b. 还有，较为复杂且处理困难的是，整个交易的安排有赖于全部条款均已生效，才会实现各方利益的平衡，达到各方的合同目的。于此场合，是否放任此种条款附停止条件，不许诚实信用原则发挥调整作用，值得重视并反思。

（4）在法律行为附条件的场合，如果所附条件为解除条件且已经成就，则该法律行为失去效力，从而基于该法律行为产生的权利义务关系也归于消灭。与此

有别，在某个义务或某几项义务的履行效力附条件的情况下，如果所附条件为解除条件且已经成就，只是这个或这些义务归于消灭，那么，法律行为继续有效，该行为项下的其他义务也继续存在，除非所附条件的某个义务或某几项义务与未附条件的义务之间密不可分，同命运、共进退。

（5）在法律行为附条件的场合，如果所附条件为纯粹随意条件，并且系于债务人一方意思的，那么，在它为停止条件时，法律行为整体无效。[②] 与此不同，在某个义务或某几项义务的履行效力附纯粹随意条件的情况下，该附纯粹随意条件系于债务人一方意思的，若为停止条件，则只是相应的条款无效，其他条款的效力不受影响，除非各个条款都相互密切结合，不可分离。

既然如此，《民法总则》应当同时承认法律行为附条件与法律行为的条款附条件，以便对于后者做到有法可依，免去不得不类推适用、准用的无奈与有时的不当。

但是，有一种意见是，《民法总则》仍然沿袭《民法通则》及《合同法》仅仅规定民事法律行为（或合同）附条件的模式，而不新设法律行为的条款附条件的规则，至于实物中出现法律行为的条款附条件的约定时，比照适用法律行为附条件，就可以了。

笔者认为，这种方案面临这样的危险：在解释论尚未普及和深入人心的大背景下，不会是每位裁判者都能够意识到并实际做到将法律行为的条款附条件的案型比照法律行为附条件的法定案型予以处理的。此其一。更为重要的是，法律行为附条件与法律行为的条款附条件之间存在上文所述的较大差异，采取类推适用、准用的处理方法，往往略去了、抹杀了这种差异，结果有时会不适当。特别是，当所附条件的条件与未附条件的条款相互牵制，需要根据各个条款是否密不可分、同命运、共进退的具体情形，识别有的是各行其是而另一些则是同命运、共进退，然后决定全部条款的法律效力，于此场合，类推适用或准用整个法律行为附条件的规定，显然是难以做到这种识别的，也就不易达到适当的结果，而这

② 王泽鉴：《民法总则》，399~400 页，北京，北京大学出版社，2009。

是法律适用时所应当尽量避免的。此其二。

被不幸言中，一些判决拒绝承认条款附条件为附条件，或是借口附条件的条款为单方允诺，对相对人无拘束力，或是无视附条件的条款的客观存在而径直依据公平原则确定结果③；另一些判决将条款附条件认定为法律行为附期限。④ 无论何者，均与附条件所生结果大相径庭。这不难理解，按照当事人的本意处理，条款附条件，因条件成就与否不确定，条款项下的义务可能因所附条件未成就而不予履行（附停止条件场合）或归于消灭（附解除条件场合），从而使当事人之间的利益关系呈现一种状态，并且有利于充满智慧而缔约的一方。可是，将条款附条件认定为条款附期限则不同，因为期限必定到来，在将条款附条件认定为条款附始期时，该条款项下的义务必定得履行；在将条款附条件认定为条款附终期时，该条款项下的义务必定消失。其结果是极有可能背离承担该项义务的缔约者的本意的，不符合意思自治原则；也会给该当事人带来意想不到的损害，将本来可控的风险变成了砸落在自己头上的石头。

《民法总则》规定法律行为的条款附条件，还面临这样的质问：如此设计会违反附条件即为法律行为的附款这种本质属性。对此，笔者认为，所谓附款，无非是一种条款，属于意思表示的范畴。既然附款就是一种条款，一种意思表示，或曰意思表示的组成部分，那么，它可以与整个法律行为组合成一体，成为法律行为的一部分，也可以与作为法律行为组成部分的条款组合成一体。换句话说，法律行为的整体与法律行为的组成部分（条款）在本质上都不排斥附款。所以，笔者坚持法律行为的条款可以附条件，并应被《民法总则》所规定。

附带指出，《合同法》第45条使用"附生效条件"的术语，难以与《合同法》第44条第2款以及其他单行法规定的"特别生效条件"相区别，不如恢复传统民法理论所用"附停止条件"或多数说称谓"附延缓条件"的概念，笔者倾向于"附停止条件"的术语。

---

③ 北京市第一中级人民法院（2015）一中民（商）终字第4734号民事判决书；最高人民法院（2012）民一终字第10号民事判决书。
④ 北京市高级人民法院（2015）高民（商）申字第4278号民事裁定书。

在这里，务请注意区别合同条款附条件与违约责任方式的选择。例如，某合同约定，甲所欠乙的 2 000 万元人民币款项若于 2017 年 8 月 19 日仍未偿还，则甲以在丙公司中的股权冲抵。该股权的价值评估由双方商定。

其后，甲于 2017 年 8 月 19 日未偿还该 2 000 万元人民币，并主张案涉股权已经归属于乙，2 000 万元的债务已经消灭。

笔者不赞同甲的主张，理由为：（1）该约定不属于合同条款附条件，而是关于甲违约后果的约定。故不适用所谓条件成就就确定地由乙取得案涉股权的规则。（2）股权价值几何，未经双方商定，案涉股权的价值是否等同于诉争 2 000 万元人民币尚不清楚，故难谓乙立即取得案涉股权。（3）所谓"甲所欠乙的 2 000 万元人民币款项若于 2017 年 8 月 19 日仍未偿还，则甲以在丙公司中的股权冲抵"，实质上属于约定的违约责任的方式。在债务人违约后，债权人是否必须主张约定的违约责任方式，对此虽有不同见解，但笔者不赞同约定优先于法定的观点，债权人完全有权选取实际履行、违约损害赔偿等法定方式。乙诉请甲偿还 2 000 万元人民币的欠款，属于实际履行的违约责任方式，没有理由不予支持。

二、附条件与法定条件之间的关联

在法律行为或其条款附条件的情况下，其中所谓条件受到严格限定，绝非漫无边际，它特指具备如下规格的事实情形：（1）应是将来发生的事实情形；（2）该事实情形应是发生与否不确定的；（3）应是合法的事实情形；（4）该事实情形应是由当事人约定的，系意思表示的一部分，系法律行为的附款。[⑤] 学说在阐释这些规格要求时特意强调"（4）"，以便将此处所谓附条件与法定条件（Rechetsbedingung）区别开来。

[⑤] 江平主编：《民法学》，172～173 页，北京，中国政法大学出版社，2007；魏振瀛主编：《民法》，5 版，158～159 页，北京，北京大学出版社、高等教育出版社，2013；李永军：《民法总论》，203 页以下，北京，中国政法大学出版社，2010；王卫国主编：《民法》，140 页，北京，中国政法大学出版社，2008；史尚宽：《民法总论》，426 页以下，台北，正大印书馆，1980；[德] 维尔纳·弗卢梅：《法律行为论》，迟颖译，809 页以下，北京，法律出版社，2013。

此处所谓法定条件，在狭义上，也是法律人通常所用的概念，仅指法律、行政法规规定的法律行为的特别生效条件；在广义上还包括法律、行政法规以及规章要求的合同履行过程中需要审批、登记等要件。

上述狭义上的法定条件，在中国现行法上设有数例，其中具有概括性和代表性的是《合同法》第 44 条第 2 款的下述规定："法律、行政法规规定应当办理批准、登记等手续生效的，依照其规定。"其中所谓法律、行政法规要求的批准、登记，即为有关合同的特别生效要件，学说称之为法定条件。以此类行政主管机关批准作为特别生效要件的合同，主要有：《中华人民共和国中外合资经营企业法》（以下简称为《中外合资经营企业法》）第 3 条规定的中外合资经营企业合同以对外经济贸易主管部门审查批准为生效条件，《中华人民共和国中外合资经营企业法实施条例》（以下简称为《中外合资经营企业法实施条例》）第 20 条第 1 款规定的涉外股权转让合同以对外经济贸易主管部门审查批准为生效条件，《中华人民共和国中外合作经营企业法》（以下简称为《中外合作经营企业法》）第 5 条规定的中外合作经营企业合同以对外经济贸易主管部门审查批准为生效条件，第 10 条规定的涉外股权转让合同以及第 14 条规定的中外合作经营企业合同以对外经济贸易主管部门审查批准为生效条件，《中华人民共和国对外合作开采海洋石油资源条例》（以下简称为《对外合作开采海洋石油资源条例》）第 7 条第 2 款规定的对外合作开采石油订立的合同以商务部批准为生效条件[6]，《中华人民共和国对外合作开采陆上石油资源条例》（以下简称为《对外合作开采陆上石油资源条例》）第 8 条第 1 款规定的合作开采陆上石油资源合同以商务部批准为成立要件[7]，《探矿权采矿权转让管理办法》（国务院令第 242 号）第 10 条规定的探矿

---

[6] 《国务院关于废止和修改部分行政法规的决定》（2013 年国务院令 638 号）已将该条修订为："中国海洋石油总公司就对外合作开采石油的海区、面积、区块，通过组织招标，确定合作开采海洋石油资源的外国企业，签订合作开采石油合同或者其他合作合同，并向中华人民共和国商务部报送合同有关情况。"

[7] 《国务院关于废止和修改部分行政法规的决定》（2013 年国务院令 638 号）已将该条修订为：中方石油公司在国务院批准的对外合作开采陆上石油资源的区域内，按划分的合作区块，通过招标或者谈判，确定合作开采陆上石油资源的外国企业，签订合作开采石油合同或者其他合作合同，并向中华人民共和国商务部报送合同有关情况。

权转让合同、采矿权转让合同以行政主管机关批准为生效条件，以及《矿业权出让转让管理暂行规定》（国土资发〔2000〕309号）第46条第2款规定：转让申请被批准之日起，矿业权转让合同生效。⑧ 这种法定的特别生效条件的确不同于法律行为或其条款的附条件。

与此类法定特别生效要件不同的是，法律、行政法规以及规章要求的合同履行过程中需要审批、登记。这以《中华人民共和国物权法》（以下简称为《物权法》）第9条、第11条等条款关于不动产物权变动以登记为生效要件的规定，最为典型。据此，商品房买卖合同项下的商品房所有权的移转以不动产登记部门办理完毕过户登记为生效要件。其中的过户登记系商品房所有权移转的法定条件。此类法定的审批、登记要件，在不承认物权行为的中国现行法上，不是法律行为的生效要件，只是物权变动的生效要件。既然如此，它就更不同于法律行为或其条款的附条件，这应该是显而易见的。

在这里，有必要指出，所谓法律行为或其条款附条件不同于法定条件，这种断语及其阐释只有在特定的情境中才是正确的，法律人万不可认为"附条件"与"法定条件"二者永不搭界、水火不相容。其实，法律行为或其条款所附条件与法定条件有时会发生联系，甚至有所影响，且类型多样，举其要者如下：

1. 所附条件完全重复了法定条件，萨维尼称其为"纯粹属于对原本已经生效内容的不必要的重复"⑨。对此，应当适用法律关于法定条件的规定，而不应适用法律行为或其条款附条件的制度。例如，《F中外合资经营企业合同》约定，本合同自商务部审查批准时生效。这完全重复了《中外合资经营企业法》第3条的规定，适用法律时按照法定条件处理而不作为附条件对待即可，切不可认定所附条件连同法律行为或其条款全部无效。

2. 附条件与法定条件并存于同一个法律行为之中，二者虽然各自保持其质

---

⑧ 详细说明及阐释见崔建远：《不得盲目扩张合同法第44条第2款的适用范围》，载《中外法学》，2013（6）。

⑨ 〔德〕萨维尼：《当代罗马法体系》Ⅲ，123页。转引自〔德〕维尔纳·弗卢梅：《法律行为论》，迟颖译，812页，北京，法律出版社，2013。

的规定性，互不混淆，也不质变及形变，但它们共同作用，左右着法律行为的生效。例如，《B 股权转让合同》约定，本合同在下列条件具备时生效：（1）国有资产管理委员会批准同意本合同项下的股权转让。（2）商务部对本合同予以审核同意。（3）C 股份有限公司的股东会决议生效；《C 股份有限公司过渡期安排协议》生效。由此决定，《B 股权转让合同》的生效，不但取决于法定条件的具备，如商务部批准了本合同，而且需要所附条件成就，如《C 股份有限公司过渡期安排协议》已经生效。缺少任何一项条件，《B 股权转让合同》都不生效。

明确这点具有现实意义，因为实务中有相当数量的合同既属于附条件的合同，又同时受法定条件的制约，适用法律时不可偏废：既不得排除法定条件的适用，又不得认定所附条件无效；既不单向度地以法定条件具备为由便认定法律行为已经生效，漠视所附条件尚未成就这个阻碍法律行为生效的重要环节，也不得置法定条件尚未具备这个要素于不顾，仅仅基于所附条件已经成就这一点就草率地认定法律行为业已生效。

3. 构成附条件要素之一的事实情形，系法律、行政法规规定的条件。这使得附条件与法定条件密切相结合了。在这里，虽然法律、行政法规规定的条件并未因此密切结合而发生质变及形变，但所附条件却揉进了法定条件这个因素，并因此影响着当事人之间的利益分配及风险负担。于此场合，所附条件成就与否，受制于法定条件是否已经具备。例如，受让方甲拟受让股权人乙在 C 房地产开发有限公司中的股权，但考虑到 C 房地产开发有限公司的责任财产几乎就是 D 国有建设用地使用权，于是为了充分利用法律手段获取最大或较佳的经济利益，并使自己处于较为安全的状态，特意在《C 股权转让合同》中约定，本合同自将涉案国有建设用地使用权登记在目标公司名下时生效。据此约定，在涉案国有建设用地使用权尚未过户登记在 C 房地产开发有限责任公司时，甲便可拒付股权转让款。

澄清这一点具有现实意义，因为有人主张上述情形的法律行为所附之条件应当归于无效，该法律行为则属于尚未生效。在笔者看来，这种观点缺乏法律及法理的依据，不动产登记部门是否将涉案国有建设用地使用权登记在目标公司名

下，确属不确定的客观事实，又不违法，它符合附条件的规格要求，故而谈不上所附条件无效。退一步说，它即便不符合附条件的规格要求，也具备附始期的构成要件，该法律行为可以按照附始期的法律行为处理，即其因不动产登记部门业已办理完毕过户登记而发生法律效力。一句话，无论按照哪种情形处理，法律行为都不会由于附加了这样的条件/始期而成为未生效的法律行为。

4. 法律行为或其条款附停止条件，但该行为或其条款的终止则受制于法定条件。例如，甲公司欠缺房地产开发的资质，而乙房地产开发有限责任公司则有，双方签订《E 房地产项目合作开发合同》，约定甲公司出资金，乙房地产开发有限责任公司出国有建设用地使用权，并且约定本合同自乙房地产开发有限责任公司与某国土资源管理局签订《E 国有建设用地使用权出让合同》时生效。其后，乙房地产开发有限责任公司被吊销营业执照，丧失开发房地产的资质。在该案中，所谓"签订《E 国有建设用地使用权出让合同》"即为《E 房地产项目合作开发合同》的停止条件。所谓"乙房地产开发有限责任公司丧失开发房地产的资质"，便是《E 房地产项目合作开发合同》终止的法定条件。如此断言的法律依据是《最高人民法院关于审理涉及国有土地使用权合同纠纷案件适用法律问题的解释》（法释〔2005〕5 号）第 15 条关于"合作开发房地产合同的当事人一方具备房地产开发经营资质的，应当认定合同有效"（第 1 款），"当事人双方均不具备房地产开发经营资质的，应当认定合同无效"（第 2 款前段）的规定。

这种情形表明了法律制度的交错衔接，每种制度都有其作用的空间，只要各自的界限清楚，就都是允许的，法律对此应予承认。

5. 在具体情形中，某些基于法律的规定而影响法律行为效力的事实情形可能会上升为法律行为所附条件的标的，并因此为这些事实情形的法律相关性附加额外的前提条件或使其效力发生根本性变更。例如，按照法律规定，某一法律行为需经同意始生效力，法律行为当事人可以就该同意而言在法律行为中选择法律所未规定的特定形式，作为需经同意法律行为的生效条件。[10]

---

[10]　［德］维尔纳·弗卢梅：《法律行为论》，迟颖译，812 页，北京，法律出版社，2013。

本文讨论附条件与法律规定的条件之间的区别与关联，还有如下目的：（1）法律规定的条件，如《合同法》第 44 条第 2 款规定的合同特别生效要件，不存在无效、视为未附条件的问题；而附条件则有无效、视为法律行为或其条款未附条件的问题。可见其法律效果不同。（2）《合同法》第 45 条第 2 款规定："当事人为自己的利益不正当地阻止条件成就的，视为条件已成就；不正当地促成条件成就的，视为条件不成就。"未来的《民法总则》亦应如此。此处的问题是，在法律行为的生效取决于法定条件的场合，例如涉外股权转让合同以行政主管机关的批准为生效条件，在一方当事人恶意地阻止了行政主管机关的批准（如本来缔约双方已就全部合同条款达成合意，但它却写信给行政主管机关，假称双方仍在谈判，请求行政主管机关暂缓审批）的情况下，可否类推适用《合同法》第 45 条第 2 款的规定，视为行政审批已经完成？笔者认为，适当的解决方案应是：在涉外股权合同生效履行的方面，不发生《合同法》第 45 条第 2 款规定的效果，即认定系争合同已经生效，因其毕竟未经行政主管机关批准；但在责任的追究层面，应当类推《合同法》第 45 条第 2 款的规定，推定系争合同已经生效，恶意阻止行政主管机关审批便构成违约，违约责任因此成立。这样处理，既未违反涉外股权转让须经行政主管机关审批的规定及其规范意旨，又阻止了恶意之人获得"不当得利"，正当性充分。

三、随意条件及其法律效果

某《股权转让合同》约定，股权转让款尾款 600 万元人民币于转让方甲公司完成协助办理股权过户登记的义务时付清。某《丙公司重组框架协议》约定，受让方乙公司向转让方甲公司支付第三笔股权转让款 500 万元人民币，以其向目标公司丙付清 1 000 万元人民币的出借款为前提条件。某《重组丁公司的安排》约定，甲将由 A 人民法院查封的 D 楼解封，乙就向其支付 1 500 万元人民币的股权转让款尾款。某《借款协议》约定，甲以其 B 楼向乙银行设立抵押权，乙就向甲发放 1 亿元人民币的贷款。

对于这些附款进行调整，《民法通则》第 62 条关于附停止条件的规定及《合同法》第 45 条关于附停止条件和附解除条件的规定，虽然与这些案型最为接近，但仍力不从心。其原因在于，这些附款除了具备附停止条件、附解除条件的因素外，还具有附随意条件的属性。附停止条件与随意条件相结合与否、附解除条件与随意条件相结合与否，在附条件有效还是无效的判断上是有差别的。《民法通则》第 62 条及《合同法》第 45 条的规定没有考虑附随意条件的因素，不具有评价、判断附随意条件有无法律效力的规范意旨及功能。既然如此，置系争案件含有附随意条件这个客观事实而不顾，径直适用《民法通则》第 62 条及《合同法》第 45 条的规定，结果会不适当。

原来，在法律行为或其条款附条件中，存在附随意条件。所谓随意条件 (Woliensbedingung)，法国合同法称之为任意条件 (condition purement potestative)，该条件使法律行为的效力取决于行为相对人的意思，他所作出的法律行为应当生效或不应生效的表示足以决定法律行为的效力。[①] 随意条件尚可分为纯粹随意条件与非纯粹随意条件。前者是指条件成就与否纯由当事人决定，别无其他因素。例如，此车赠与你，我想使用时可以随时取回。这属于条件成就与否纯由债务人一方的意思决定的例证。再如，此车赠与你，你不使用时还给我。这属于条件成就与否由债权人一方的意思决定的情形。所谓非纯粹随意条件，是指条件成就与否，除了本于当事人的意思外，尚须有某种积极事实。实务中常见的例证是附条件买卖。[②]

鉴于中国实务中不止一次地出现附随意条件的法律行为的案件，而法律人对其法律效力如何看法不一，《民法总则》有必要贯彻如下精神，以便有法可依：(1) 法律行为或其条款附非纯粹随意条件的，应当有效。(2) 法律行为或其条款若附纯粹随意条件，其条件系于债权人一方意思的，不论为停止条件，还是为解除条件，均属有效。上述《股权转让合同》《重组丁公司的安排》约定的付清尾款的条件，以及《借款协议》约定的发放贷款的条件，都属于附纯粹随意条件，

---

① ［德］维尔纳·弗卢梅：《法律行为论》，迟颖译，816～817 页，北京，法律出版社，2013。
② 王泽鉴：《民法总则》，399 页，北京，北京大学出版社，2009。

且其条件系于债权人一方的意思。这些纯粹随意条件不损害债权人的权益，不违背公序良俗，应为有效，其实，整个《股权转让合同》也应为有效。（3）法律行为或其条款若附纯粹随意条件，其条件系于债务人一方意思的，若为解除条件，则法律行为或其条款有效；若为停止条件，则法律行为或其条款无效。前述《丙公司重组框架协议》约定的支付 500 万元人民币股权转让款的条件，属于附纯粹随意条件，且其条件系于债务人一方的意思。该条件的设置使得债权人能否实现其权益完全取决于债务人的意思，非常不确定，风险巨大，因此应为无效。《丙公司重组框架协议》剔除该纯粹随意条件后其他条款不受影响的，《丙公司重组框架协议》的其他条款有效；该纯粹随意条件与其他条款密不可分的，《丙公司重组框架协议》全部无效。⑬

四、单独行为并非一律不得附条件

通说认为，行使解除权、撤销权、追认权、优先购买权等形成权的民事行为不得附条件。⑭另一种观点与此有所不同，一方面承认解除权等形成权的行使原则上不得附条件，因为解除、撤销、承认权的行使等单独行为本为确定法律关系，如容许附加条件，将使法律关系愈不确定，易陷相对人于不利，故为保护相对人的利益，原则上应认不许附加条件。另一方面又承认例外：一为附加条件经相对人同意；二为条件成就与否，纯由相对人决定。⑮有些著述则用"通常"

⑬　参考王泽鉴：《民法总则》，399～400 页，北京，北京大学出版社，2009。
⑭　江平主编：《民法学》，174 页，北京，中国政法大学出版社，2007；王利明主编：《民法》，5 版，124 页，北京，中国人民大学出版社，2013；李永军：《民法总论》，205 页，北京，中国政法大学出版社，2010；［德］卡尔·拉伦茨：《德国民法通论》（下册），王晓晔、邵建东、程建英、徐国建、谢怀栻译，谢怀栻校，689～690 页，北京，法律出版社，2003。
⑮　王泽鉴：《民法总则》，402 页，北京，北京大学出版社，2009；王卫国主编：《民法》，139 页，北京，中国政法大学出版社，2008。

"原则上"不得附条件来点名例外。⑯ 无须多论，承认例外的意见更符合法律及情理，值得赞同。笔者在此强调的，主要是不同于以上所述两点例外的其他例外。

1. 有些单独行为所附条件乃恰当分摊经营成本、合理分配风险的体现，于此场合应当允许附条件。例如，某《供餐合同书》第5.2.1条约定："若供餐方在本合同供餐服务运行六（6）个月后，违反本合同所规定的任何义务，并且在订餐方要求纠正违约行为的书面通知送达后的六十（60）天内未能给予有效的纠正的，则订餐方可以在向供餐方发出书面通知后，立即解除本合同。"该约定就表面观察似乎非常不利于订餐方，忽略了供餐方于该合同签订后不满6个月时就可能违约的事实，严重地限制了订餐方行使解除权，硬性地约定只有在"供餐方在本合同供餐服务运行六（6）个月后，违反本合同所规定的任何义务，并且在订餐方要求纠正违约行为的书面通知送达后的六十（60）天内未能给予有效的纠正的"，订餐方才可以行使解除权，不得于此前行使解除权，但该约定在实质上是源于如下背景和风险分配：订餐方为一新运营的工业园区的管理公司，其订餐不是为自己而是为落户于该工业园区的各个商家的职工；供餐方新入驻该工业园区，为完成该《供餐合同书》约定的义务，需要全部购置经营设备，有相当一些设备是"量身定做"的，招聘服务人员，投入的成本巨大。倘若订餐方于该合同签订后不满6个月就解除该合同，给供餐方带来的损失就会是非常严重的。再者，供餐服务也有个逐步调适的过程，难谓服务伊始就不可改善、调适。如此看来，该《供餐合同书》第5.2.1条的约定给解除权的行使附加了条件，具有合理性，不宜认定为无效。

2. 有些连续交易、交易组合的场合，单独行为所附条件系整体安排、相互间利益制衡的结果，此类附条件及其所归属的法律行为应为有效。例如，甲、乙、丙签订《股权转让及资金拆借协议》，对各方的权利义务做了整体安排，其

---

⑯ 王利明主编：《民法》，5版，124页，北京，中国人民大学出版社，2013；［德］卡尔·拉伦茨：《德国民法通论》（下册），王晓晔、邵建东、程建英、徐国建、谢怀栻译，谢怀栻校，690页，北京，法律出版社，2003；［德］维尔纳·弗卢梅：《法律行为论》，832页，北京，法律出版社，2013。

中约定：甲将其在目标公司丙中的股权转让给乙，双方没有在《股权转让及资金拆借协议》中约定乙付清股权转让款的日期。其后，乙发给甲一份《承诺书》，约定一俟丙完成由 A 人民法院查封的 D 楼解封，就付清全部股权转让款。

3. 解除权行使并非一律不得附解除条件。有学说认为，解除的意思表示虽可附停止条件，但不可附解除条件，可附始期，不可附终期，因为附解除条件或终期，与解除合同的溯及力相悖。[⑰] 但这有些绝对，因为形成权的产生条件与形成权的行使条件一致，此时再禁止形成权行使附条件，便毫无道理。再者，即使形成权的产生条件与形成权的行使条件不尽相同，但对行使附加条件并不导致当事人各方间的利益失衡，并不损害社会公共利益，并不违背社会公德的，也无必要禁止形成权的行使附条件。解除权作为形成权的一种，完全适合于这个分析和原理。还有，在合同解除无溯及力的场合，所谓附解除条件与解除合同的溯及力相悖的理由，即不存在。[⑱]

4. 有些单独行为不是形成权的行使，似乎更容易附条件且应有效。例如，应委托方 A 种禽公司的请求，1989 年 5 月 24 日，乙银行开出一不可撤销的信用担保函，受益人为甲银行。该保函约定："当委托方 A 种禽公司收到买方 ZGJSH 公司收取合同预收金的通知书时，应立即将款汇入买方 ZGJSH 公司在贵行开立的指定账户。""如委托方 A 种禽公司不能按期将所需资金调入买方 ZGJSH 公司在贵行的指定账户，使贵行无法对外支付，贵行可主动将上述款项从我们（委托方 A 种禽公司）的账户划账，并按贵行的规定支付利息和罚息。""由于汇率变化而使本担保函金额不足支付时，本担保金额做相应调整。""本担保函自出具之日起生效，有效期至引进设备贷款支付完毕日终止。"

显然，该独立保函属于单独行为，且为有效。它所约定的付款条件属于停止条件，既未经相对人甲银行的同意，又非条件成就与否纯由相对人决定。

---

⑰ 史尚宽：《债法总论》，528 页，台北，荣泰印书馆股份有限公司，1978；郑玉波：《民法债编总论》，修订 2 版，陈荣隆修订，333 页，北京，中国政法大学出版社，2004；刘春堂：《民法债编通则·契约法总论》（总第 1 册），387 页，台北，三民书局，2001。

⑱ 详细分析，见崔建远：《合同法总论》（中卷），654～656 页，北京，中国人民大学出版社，2013。

五、附条件与履行抗辩权

1. 概说

一般地说，先履行抗辩权与附停止条件本为不同领域的制度，两者在机理、法律构成和法律效果等方面均不相同，在个案中不发生关联的情形较为常见。不过，事情并不总是这么简单，一个客观事实同时符合先履行抗辩权与附生效条件的构成，也是可能的，并且已经成为事实。

2. 例证及阐释之一[19]

（1）案情概要

发包人甲公司与承包人乙公司于 2003 年 1 月 17 日签订《S 市建设工程施工合同》，约定了（与评释密切相关的）如下内容：工程为 A、B、C、D 栋住宅楼及 E 栋裙楼，合同价款 18 910 万元人民币。承包人向现场工程师提交当月已完工程量报告的时间为每月 25 日，现场工程师接到报告后 7 日内按设计图纸核实已完工程量，并在 24 小时通知承包人，承包人为计量提供便利条件并派人参加。承包人接到收到通知后不参加计量，计量结果有效，作为工程款支付的依据。在确认计量结果后 14 日内，发包人应向承包人支付工程进度款。按约定的时间发包人应扣回的预付款，与工程款（进度款）同期结算。发包人不按合同约定支付工程款（进度款），双方未达成延期付款协议，导致施工无法进行，承包人可停止施工，由发包人承担违约责任。工程竣工验收合格后 21 日内，承包人向发包人递交竣工结算报告及完整的结算资料，双方按照协议书约定的合同价款及本施工合同条款约定的合同价款调整内容，进行工程竣工结算。发包人收到承包人递交的竣工结算报告及结算资料后 28 日内进行核实，给予确认或提出修改意见。经双方协商达成一致意见后，发包人通知经办银行向承包人支付工程竣工结算款。发包人收到竣工结算报告及结算资料后 63 日内无正当理由不支付工程竣工

⑲ 崔建远：《先履行抗辩权制度的适用顺序》，载《河北法学》，2012（12）；崔建远：《合同法》，2 版，146 页以下，北京，北京大学出版社，2013。

结算价款，从第 64 日起向承包人以银行同期贷款利率支付拖欠工程价款的利息，并承担违约责任。承包人收到竣工结算价款后 14 日内将竣工工程交付发包人。

2003 年 3 月 17 日，发包人甲公司与承包人乙公司签订《工程承包补充协议书》，约定了（与评释密切相关的）如下内容：主体工程封顶后，合格部分工程进度款在 15 日内支付，其进度款按主体工程款累计的 30％作为第一次支付，以后按每月支付 10％，主体工程款支付到 85％时停止支付。工程封顶进入装修阶段，按当月完成工程量的 70％计算进度款，次月的第 15 日支付。工程竣工验收后，达到合格标准，工程款支付 90％，工程结算款后留 3％作工程质量保证金，其余款项一次付清。

2003 年 6 月 6 日，涉案工程井工，A、B、C、D 栋主楼于 2005 年 5 月 26 日验收合格。但 E 栋裙楼自 2004 年 1 月 2 日起停工至今，其原因如何，系争双方各执一词。乙公司认为，《工程承包补充协议书》约定，E 栋裙楼施工至 28 米，20～28 米为一层，非经双方协商一致，任何一方不得擅自变更合同约定；否则，应承担违约责任。但甲公司单方面违反合同约定，在 24 米处擅自分包增加钢结构层。且 E 栋裙楼于 24 米处结构层增加后，乙公司多次要求甲公司提供图纸以便施工，但甲公司至今没有提供合法的经设计单位确认的变更设计图纸，乙公司不可能继续施工。甲公司则辩称，E 栋裙楼自开工以来一直处于不间断穿插作业状态，而不是自 2004 年 1 月 2 日停工至今。停工令属于工程施工中的重大事项，甲公司从未发布过停工通知。乙公司擅自停工，其行为已经构成违约，应承担违约责任。E 栋裙楼至今未完工的责任完全在于乙公司。

2005 年 6 月 8 日，乙公司向甲公司提交了《工程结算书》及其他资料。甲公司从 2003 年 9 月 17 日至 2005 年 5 月 24 日向乙公司支付的款项为 10 840 万元人民币。

乙公司诉至 A 法院，认为主体工程已于 2004 年 5 月封顶，2004 年 3 月 2 日，乙公司向甲公司及监理公司分别报送了工程预算书，承建面积为 139 298.05 平方米，工程造价为 154 843 606.67 元人民币。至今未得到甲公司的异议。故从 2004 年 3 月 10 日起，乙公司所报主体工程款理应视为被确认，可作为甲公司支

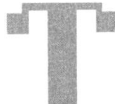

付工程款的依据。从 2003 年 6 月起至 2005 年 4 月 25 日止，累计建设工程价款为 192 897 964 元人民币，扣除已付 11 230 万元人民币（含钢材款 400 万元人民币），共欠工程 80 597 964 元人民币。该工程现已竣工验收合格，依据《工程承包补充协议书》的约定，甲公司应付工程进度款 72 538 167 元人民币，应付工程进度款利息 3 283 330 元人民币（截至 2005 年 5 月 25 日）。

甲公司的抗辩如下：（1）乙公司未按合同约定全部完成承包范围内的全部工程内容，即 E 栋裙楼至今尚未封顶，装修部分仍未动工，整体工程没有全部完成，无法进行整体工程验收，也无法进行整体工程结算。（2）乙公司称涉案工程已经竣工验收，单方面认定实际完成工程造价 192 897 964 元人民币，并以此认定甲公司拖欠工程进度款，结算工程余款，均无依据。（3）系争合同约定，在整体工程竣工验收后，进行整体工程结算，工程结算后，才支付工程余款。E 栋裙楼尚未完工，无法进行整体工程验收和无法进行整体工程结算，工程余款也无法确定。

另，关于 E 栋裙楼停工的原因、停工是否构成违约以及应如何承担违约责任等问题，甲公司已另案诉至 S 市中级人民法院，尚未结案。

（2）判决要旨

系争《工程承包补充协议书》关于"主体工程封顶后，合格部分工程进度款在 15 日内支付，其进度款按主体工程款累计的 30％作为第一次支付，以后按每月支付 10％，主体工程款支付到 85％时停止支付。工程封顶进入装修阶段，按当月完成工程量的 70％计算进度款，次月的第 15 日支付。工程竣工验收后，达到合格标准，工程款支付 90％，工程结算款后留 3％作工程质量保证金，其余款项一次付清"的约定（第 6 条），这表明系争合同的履行顺序为，乙公司先全垫资施工至封顶，甲公司再依照合同约定的比例支付工程进度款和工程款，因此，乙公司的垫资施工的履行义务在先，甲公司支付工程款的履行义务在后。甲公司以乙公司履行义务不符合约定为由拒绝支付工程款，是行使先履行抗辩权的行为，如该抗辩权成立，在法律效果上的表现是甲公司有权拒绝支付全部或部分工程款。因此，该抗辩权的行使是甲公司在本案诉讼中提出的攻击防御方法，应在

本案中进行审理并作出裁判。

至于关于 E 栋裙楼停工的原因、停工是否构成违约以及应如何承担违约责任的另案诉讼，独立于本案甲公司主张的先履行抗辩权，且本案诉讼形成在前，因此甲公司主张的先履行抗辩权应在本案中进行审理。

E 栋裙楼停工的原因在于甲公司欲改变该楼的使用用途和设计并下令停工，但未按照合同的约定和建筑法律、法规的要求提供变更后的设计图纸，导致乙公司无法继续施工，并停工至今。因此，甲公司以乙公司未完成 E 栋裙楼建设至封顶的合同义务从而拒绝付款的抗辩权不能成立，甲公司应向乙公司支付相应的工程款。

（3）评释

1）基础理论

一般地说，先履行抗辩权与附生效条件本为不同领域的制度，两者在机理、法律构成和法律效果等方面均不相同，在个案中不发生关联的情形较为常见：A. 附生效条件的合同为单务合同时，根本不成立先履行抗辩权，附生效条件与先履行抗辩权不发生关联，这十分明显，无须赘言。B. 附生效条件的合同虽为双务合同，但受所附生效条件抑制的债务与另外的债务并不立于对价关系，要么是受所附生效条件抑制的债务并非主给付义务，而另外的债务正是主给付义务；要么是受所附生效条件抑制的债务为主给付义务，但另外的债务不是主给付义务。于此场合，原则上也不成立先履行抗辩权。C. 按照民法通说，附生效条件的合同于所附条件尚未成就时不生效力，该合同项下的债务均未届期，甚至都没有产生，更遑论先履行抗辩权制度的适用了。因为先履行抗辩权适用于同一合同项下的两项债务已经产生，并且大多是先履行的义务已经届期的场合。

不过，事情并不总是这么简单，一个客观事实同时符合先履行抗辩权与附生效条件的构成，也是可能的，并且已经成为事实，上文所述的案型即为例证。

按照笔者关于附条件合同的观点，先履行抗辩权与附生效条件两项制度不搭界的情形有之，一个客观事实同时符合先履行抗辩权与附生效条件的构成的机会更多。对此，稍加分析如下：在笔者看来，所附生效条件成就前，附生效条件的

合同已经具有法律效力，只是合同项下的债务的履行效力尚未发生；附生效条件成就时，债务的履行效力才发生，也可以说债务已经届期，债权人有权请求债务人履行其债务。[20] 据此可知：A. 在先履行抗辩权成立于处在后履行顺序的债务尚未届期的场合，如果该债务属于附生效条件的债务，那么，所附生效条件尚未成就时，后履行一方可有援用先履行抗辩权的机会，也有权基于《合同法》第45条第1款关于附生效条件的规定，以所附生效条件尚未成就为由，对抗先履行一方（承担所附生效条件的债务的主体）的给付请求。换言之，一个客观事实同时符合先履行抗辩权与附生效条件的构成。（不过，后履行一方没有权利基于《合同法》第45条第1款的规定，请求先履行一方履行其债务。）B. 在先履行抗辩权成立于处在先履行顺序的债务已经届期的场合，附生效条件的债务处于后履行顺序，且所附的生效条件尚未成就时，如果信守履行抗辩权成立于两项债务均已届期场合的理念，则法律关于先履行抗辩权的规定没有适用的机会，却有履行期尚未届至的抗辩存在，有时成立不当履行的抗辩权；但若将先履行抗辩权的成立要件确定在先履行顺序的债务届期，而不问后履行顺序的债务届期与否，则可有先履行抗辩权运用的机会。至于《合同法》第45条第1款的规定，对于不同的当事人具有不同的意义。对于后履行一方来说，他可以基于该条款的规定，以所附生效条件尚未成就为由，对抗先履行一方的给付请求；对于先履行一方而言，他无权基于该条款的规定请求后履行一方履行其债务。C. 所附生效条件已经成就时，对于后履行一方来说，不得援用《合同法》第45条第1款的规定，对抗先履行一方的给付请求，除非他已经履行了债务；至于有无权利援用法律关于先履行抗辩权的规定，对抗先履行一方的给付请求，取决于先履行一方是否违约了（如瑕疵给付、迟延履行），若是，则后履行一方有权援用法律关于先履行抗辩权的规定；若否，则无权援用。[21]

---

[20]　崔建远：《合同法总论》（上卷）2版，256～257页，北京，中国人民大学出版社，2011。

[21]　这三点内容的原文存在颠倒了"先履行顺序的债务"，"债权人"和"债务人"使用得不清晰，是否存在先履行抗辩权和《合同法》第45条第1款规定的情形有误的缺点，陈建同学发现并指出来了，才有目前的行文。特别感谢陈建同学！

既然客观实际存在一个客观事实同时符合先履行抗辩权与附生效条件的构成的情形，那么，法律人有责任对此进行研究，并提出解决问题的对策。

2）甲公司抗辩用语的真实含义与相应的权利

笔者认为，判断判决要旨是否正确，界定清楚甲公司抗辩用语的真实含义，乃关键的一环。就其表述看，甲公司所为的抗辩，既未援用相应的法律条文，亦未套用相应的法学理论，基本上是白描式地叙述事实和提出诉讼请求。这就需要法律人依据法律及法理剖析、界定其法律意义。

A. 甲公司关于拒付相应的工程进度款的抗辩，符合所附生效条件（附停止条件）尚未成就的构成，因为系争《工程承包补充协议书》关于主体工程封顶后甲公司依一定比例支付工程进度款的约定，完全符合《合同法》第 45 条第 1 款规定的附生效条件（附停止条件）。具体些说，主体工程封顶，属于未来发生的事实，且为发生或不发生不确定的事实，系当事人双方合意的组成部分，也不违法。所有这些，都符合附条件合同中所附"条件"的规格。

B. 甲公司关于拒付相应的工程进度款的抗辩，也符合先履行抗辩权的构成要件，因为主体工程封顶的义务与支付相应工程款的义务均产生于同一个合同，且立于对价关系；主体工程封顶的义务的履行顺序在先，支付相应工程款的义务的履行顺序在后；至诉讼时主体工程尚未封顶，甲公司据此拒绝支付相应的工程款。所有这些，都符合《合同法》第 67 条规定的先履行抗辩权的成立要件。

在一个事实同时符合附生效条件尚未成就的抗辩与先履行抗辩权的构成时，权利人明确地主张其中一个，发生相应的法律效果，最为理想。但权利人未必是法律人，不见得明白援用哪一个或哪些法律条文，表达自己的意见。他虽予抗辩，但未明示地主张哪个抗辩，或者一并主张这些抗辩，也是常有之事。对此，我们不应苛求。权利人虽予抗辩，但未明示其抗辩的类型及相应的法律依据，或者同时主张数个抗辩（权），应为其自由，法律及裁判机构没有理由否认其抗辩的效果。

现在的问题是，在权利人虽予抗辩但未明示地主张哪个抗辩及相应的法律依据的情况下，裁判机构可否依职权认定权利人只是在主张其中的某一个呢？具体

到系争案件，主审法院或仲裁机构有无权力认定甲公司仅仅是在行使先履行抗辩权呢？给出明确的答案并寻觅出充分的理由，既是急审判实务之所急，也是丰富、完善民法理论的需要。

3）裁判机构可否运用释明权？

在一个事实仅仅符合所附生效条件尚未成就的抗辩，而不符合先履行抗辩权的成立要件，权利人虽予抗辩但未明示其抗辩的类型及其相应的法律依据的，裁判机构可以释明，也可以不予释明，依职权认定发生抗辩的法律效果即可。道理非常简单，所附生效条件尚未成就的抗辩，是无需主张的抗辩，裁判机构有权依职权认定抗辩的法律效果，何况权利人已经抗辩了呢！

在一个事实仅仅符合先履行抗辩权的成立要件，而不符合所附生效条件尚未成就的抗辩，权利人虽予抗辩但未明示其抗辩的类型及其相应的法律依据的，裁判机构同样可以释明，也可以不释明，直接认定权利人是在行使先履行抗辩权。之所以如此，是因为权利人未必是法律人，不宜苛求其字字句句均为法言法语。只要他表达了抗辩的意思，就应尽量地予以认定。

在一个事实同时符合所附生效条件尚未成就的抗辩与先履行抗辩权的构成的场合，如果权利人未作任何表示，裁判机构可依职权直接引用《合同法》第45条的规定，认定抗辩的效果，但无权向权利人这样释明：你主张《合同法》第67条规定的抗辩权吗？因为按照民法通说，先履行抗辩权是需要主张的抗辩权，权利人不予主张，则不发生抗辩的效果。裁判机构关于权利人是否主张先履行抗辩权的释明，无异在提醒权利人主张先履行抗辩权，这在实质上损害了相对人的权益。即使按照存在效果说，也仅仅限于迟延履行的场合，发生先履行抗辩权的效果，其他不履行的场合，非经权利人主张，不发生先履行抗辩权的效果。在所谓的"其他不履行的场合"，裁判机构不得释明。

在一个事实同时符合所附生效条件尚未成就的抗辩与先履行抗辩权的构成的场合，权利人虽予抗辩但未明示地主张哪个法律依据的情况下，裁判机构可以先予释明，由权利人明确其主张的法律及法理的依据，以便适用法律，解决争议；也可以不予释明，或者虽经释明但权利人仍不明确其抗辩类型和依据的（可能权

利人不了解法律及法理），直接依职权认定发生所附生效条件已经成就的抗辩的法律效果。于此场合，笔者之所以主张裁判机构可以释明，是因为尚未发现两种抗辩的效果在个案中存在差异。

4）生效条件尚未成就的抗辩与先履行抗辩权的应用顺序

在一个事实同时符合所附生效条件尚未成就的抗辩与先履行抗辩权的构成，权利人虽予抗辩但未明示地主张哪个的情况下，裁判机构应当按照下文阐释的规则及理由，适用《合同法》第45条的规定，确定权利人在主张所附生效条件尚未成就的抗辩。其具体理由如下：

A.《合同法》第45条第1款规定的所附生效条件，在客观事实符合其规格时，自然发生法律效力，它属于不需主张的抗辩，而非需要主张的抗辩权。裁判机构可依职权径直援引之。与此不同，先履行抗辩权，需要权利人主张才发生法律效果，权利人未予主张，则不发生法律效力。即使迟延履行的场合成立先履行抗辩权，通说也坚持权利人必须主张。因此，在权利人所为的抗辩未明确是行使先履行抗辩权还是主张所附生效条件尚未成就的情况下，裁判机构推断其为所附生效条件尚未成就的抗辩，最为稳妥；假如认定权利人是在行使先履行抗辩权，则有裁判机构代替权利人在为表示之嫌。

B.《合同法》第45条第1款规定的附生效条件，就其字面意思和规范意旨而言，并不强求所谓的条件一定是违约行为，甚至绝大多数的条件均非违约行为。而《合同法》第67条规定的先履行抗辩权，其成立要件则包括先履行一方未履行或其履行不符合约定，就是说，在绝大多数情况下，先履行抗辩权的成立需要先履行一方已经违约这个要件。

在这种背景下，一个客观事实同时符合所附生效条件尚未成就的抗辩与先履行抗辩权的构成，原告若未以被告违约作为拒绝履行自己债务的抗辩理由，没有追究被告的违约责任，被告亦无关于原告违约的反诉的，则主审法院不宜认定原告的抗辩是在行使先履行抗辩权。个中缘由，恐怕在于审查是否成立先履行抗辩权，一般需要确定被告是否已经违约。在原被告均未主张对方违约的场合，主审法院应当遵循不告不理的原则，不宜依职权径直审查原被告违约与否。

我们正在讨论的系争案件，正是这方面的典型。对于甲公司以 E 栋裙楼尚未封顶为由拒绝支付相应工程进度款的抗辩，认定为它是在依据《合同法》第 45 条第 1 款的规定主张所附生效条件尚未成就，主审法院无须审查和确定乙公司尚未将 E 栋裙楼封顶是否违约；而认定为它是在行使先履行抗辩权，则需要判断和确定乙公司未将 E 栋裙楼封顶是否构成违约。由于甲公司并未以乙公司未将 E 栋裙楼封顶构成违约为由拒付相应的工程进度款，就乙公司未将 E 栋裙楼封顶是否构成违约已经被另行起诉到 S 市中级人民法院，因而，主审法院认定甲公司是在行使先履行抗辩权，是武断的，十分不妥。

C. 先履行抗辩权是法定的，只要债权的效力是齐备的，就一定伴有该种抗辩权。当事人约定与否，并不影响其存在。与此不同，附生效条件则只有在当事人约定时才会存在。一般认为，凡是法律规定的，都推定当事人知晓。既然当事人已经了解先履行抗辩权的成立要件、行使方式和法律效果，却仍再约定附生效条件，就只能解读为当事人特别重视附生效条件，非常依赖附生效条件。在这种背景下，一个客观事实同时符合所附生效条件尚未成就的抗辩与先履行抗辩权的构成，权利人虽予抗辩，但没有明示地主张哪个，就应当依据意思自治原则，最大限度地尊重当事人的意思，认定权利人是在主张所附生效条件尚未成就的抗辩。这个结论，当然适合于我们正在讨论的系争案件。

D. 附条件的合同制度中有一个特殊的规则，即《合同法》第 45 条第 2 款规定的"当事人为自己的利益不正当地阻止条件成就的，视为条件已成就；不正当地促成条件成就的，视为条件不成就"。该项规则本身妥当地解决了善、恶的法律后果，恰当地衡平了当事人双方间的利益关系，裁判机构应当尽可能地予以适用，而不应规避其适用。先履行抗辩权制度本身则欠缺该项规则，欲解决此类问题，恐怕要借助于诚实信用原则。鉴于诚实信用原则系价值补充的弹性条款，当事人能否成功地借助，存在变数。像我们正在讨论的系争案件，E 栋裙楼尚未封顶是否为甲公司恶意阻止封顶，应当查清。若是，适用《合同法》第 45 条第 2 款的规定，诚为正当。主审法院在先履行抗辩权的框架下，而不是在援引诚实信用原则下，审查 E 栋裙楼尚未封顶归责于谁，超出了先履行抗辩权制度的负载

量，不尽妥当。

5）审查 E 栋裙楼尚未封顶归责于谁，程序违法

既然当事人已就审查 E 栋裙楼尚未封顶归责于谁向 S 市中级人民法院另案诉讼了，即便主审法院拟适用《合同法》第 67 条关于先履行抗辩权的规定，确定 E 栋裙楼尚未封顶是否属于乙公司违约，最终确定甲公司拒付相应的工程款有无依据，也应当先中止本案的诉讼，等待 S 市中级人民法院甚至二审法院的生效判决。但主审法院却置 S 市中级人民法院正在审理乙公司未将 E 栋裙楼封顶是否构成违约以及由谁承担违约责任的事实于不顾，在原被告均未于本案诉讼中主张对方违约的情况下，径直审查 E 栋裙楼尚未封顶的原因，并认定可归责于甲公司，这就使得当事人双方在 S 市中级人民法院的诉讼变得毫无意义，违背了当事人的真意，不合民事诉讼程序。此其一。假如 S 市中级人民法院经审理认定乙公司违约，可否如此判决呢？由于本案判决具有既判力，恐怕 S 市中级人民法院不好认定乙公司违约，难以判命其负违约责任。此其二。

主审法院如此裁判系争案件还产生了如下负面影响：（1）直接剥夺了甲公司对违约责任争议的事实和法律适用进行举证、质证、辩论的诉讼权利。在甲公司和乙公司没有就 E 栋裙楼尚未封顶归责于谁、有无免责事由举证、质证和辩论的情况下，主审法院就依职权作出甲公司违约并承担违约责任的认定和判决，严重地违背了《中华人民共和国民事诉讼法》的规定。（2）在事实上直接剥夺了甲公司的上诉权。虽然在形式上甲公司可以对 S 市中级人民法院另案（关于 E 栋裙楼停工的原因、停工是否构成违约以及应如何承担违约责任等问题的诉讼案件）判决提出上诉，但因本案判决既判力的缘故，甲公司的上诉会流于形式。㉒

3. 例证及阐释之二

实务中的情形是复杂的，以上所论只是类型中的一种，下文讨论另外的类型。

例如，某房地产项目转让合同第 1 条约定，甲公司将其名下的房地产项目

㉒ 这两点负面影响系中国人民大学法学院的杨立新教授所提，特此致谢！

（国有土地使用权面积 9 022.20 平方米，已获批准的容积率 7.99，已获批准建设的建筑面积 61 485.00 平方米）转让给乙公司。第 2 条约定：（1）受让方乙公司于本合同签署后 7 个工作日内向转让方甲公司支付履约保证金人民币 500.00 万元。（2）2009 年 4 月 30 日之前，乙公司再向甲公司支付项目转让款人民币 2 000.00 万元。（3）乙公司的第三笔付款通过银行贷款的方式支付，甲公司承诺以涉案房地产项目为乙公司贷款融资提供担保。贷款经银行审批发放后，乙公司承诺将所贷款额的 25% 作为项目转让款支付给甲公司。乙公司承诺，该笔款项于 2009 年 7 月 1 日前办妥贷款手续。（4）乙公司所贷之款中剩余 75% 的款项，由甲公司乙公司双方设立共管账户予以监管，保证乙公司将该部分资金全部用于涉案项目的后续开发建设。（5）剩余部分的转让款由乙公司以价值相当的房产作为付款的抵押担保。乙公司承诺，在涉案项目达到销售条件后，每售出一处房产，所得收益的 50% 用于支付项目转让款。在涉案项目的产权过户之前，由甲公司乙公司共同销售房屋。上述转让款乙公司至迟应在本合同签署后 2 年内付清。（6）乙公司付款至剩余人民币 500 万元时暂停支付，该部分款项作为甲公司对涉案项目有关抵押、查封、第三方主张权益等权利瑕疵及转让前债务履行承担的担保。该部分款项在本合同签署之日起 2 年内，如涉案项目无权属争议或债务纠纷，则乙公司一次性付清给甲公司。

在履行阶段，甲公司已将涉案项目过户至乙公司名下，乙公司付款的条件也已成就，但乙公司以涉案项目的面积少于合同的约定、发票未开、某些费用未缴为由，援用《合同法》第 66 条或第 67 条的规定，行使抗辩权，不予支付。

分析系争合同的约定，不难发现，乙公司的付款义务属于附停止条件的债务，甲公司所交涉案项目果真有瑕疵、且乙公司的付款义务所附停止条件已经成就的话，则在乙公司一侧可能存在着履行抗辩权。如此，会发生附停止条件与履行抗辩权之间的牵连/衔接。对此，具体分析如下：

乙公司的付款义务所附停止条件尚未成就时，意味着乙公司的付款义务尚未届期，甲公司若请求乙公司履行其债务，乙公司可以援用《合同法》第 45 条第 1 款的规定予以抗辩，无须援用《合同法》第 66 条或第 67 条的规定行使其抗辩

权，裁判者也可依职权适用《合同法》第 45 条第 1 款的规定，不支持甲公司的该项请求。

乙公司的付款义务所附停止条件已经成就时，付款义务的履行已经届期，乙公司应当履行付款义务。在甲公司所交涉案项目确实存在瑕疵的情况下，甲公司若请求乙公司履行其付款义务，则乙公司无权援用《合同法》第 45 条第 1 款的规定予以抗辩，但可以援用《合同法》第 66 条或第 67 条的规定行使其抗辩权。于此场合，便出现了先有附停止条件及其成就，接着履行抗辩权登场的情形。不过，在甲公司不存在违约的情况下，乙公司便无权援用《合同法》第 66 条或第 67 条的规定行使其抗辩权。于此场合，只有附停止条件制度的适用，却无履行抗辩权的运用。

六、余论

《合同法》第 67 条规定的是先履行抗辩权，而不是先履行抗辩，至少《合同法》的立法本意如此。但却有观点对此反思，主张《合同法》第 67 条规定的应为先履行抗辩，而不得为先履行抗辩权。对此反思，笔者难以赞同。虽然这不属于本文所论法律行为或其条款附条件，但鉴于不驳倒该说，本文"五、附条件与履行抗辩权"中的观点就难以站住脚，故而笔者还是发表如下论辩意见：

1. 法律设计抗辩权、抗辩、径直裁判权等制度、措施，不是盲目的、随意的，而是综合考虑了各种因素，贯彻了有关价值，权衡了利弊，而后作出的安排。法律人不宜甚至不可仅凭个别因素、少数因素，就作出判断，甚至结论。

所谓综合考虑了各种因素，贯彻了有关价值，权衡了利弊，至少包括如下方面：A. 是较为彻底地贯彻意思自治原则，将事情的决定权完全交给权利人决断，还是公权力直接给予权利人一定的帮助，抑或是由公权力独断？B. 是让权利人于其享有权利之时也承受一定的风险，如其怠于行使权利时丧失若干利益，落实权利义务相一致原则，还是把权利人看成 11 岁的未成年人，如同监护人与被监护人之间的关系那样，将其一切权利义务及其运作几乎全由公权力包揽下来，权

利人自己主动行使权利、承担义务，公权力要密切关注，并乐见其成，权利人于其权利义务之上"睡眠"的，公权力便代其运用，使权利人"旱涝保收"？

履行抗辩权制度及措施属于"彻底地贯彻意思自治原则，将事情的决定权完全交给权利人决断"的体现；同时属于"让权利人于其享有权利之时也承受一定的风险，如其怠于行使权利时丧失若干利益，落实权利义务相一致原则"的制度安排。抗辩制度及措施则是既"贯彻意思自治原则"，同时也有"公权力直接给予他一定的帮助""权利人于其权利义务之上'睡眠'的，公权力便代其运用，使权利人'旱涝保收'"的功效。合同绝对无效制度及措施乃"由公权力独断"的代表。

对于基于同一双务合同产生的两项给付义务，在其履行方面，法律不予关注并配置相应的制约制度及措施，对民事权益的保护显然不力。但对此类相互牵连的两项给付义务的履行，法律配置"豪华的"、超强的制约制度及措施，则为对民事权益保护过度。对《合同法》第67条规定的法定案型由抗辩取代先履行抗辩权，是否属于对民事权益保护过度呢？

2. 后履行义务者对抗先履行义务者的给付请求，必须具备正当性。以履行期尚未届至、履行期尚未届满为由予以抗辩，暂时拒绝履行自己的义务，其正当性明显且充分。后履行义务以先履行义务的实际履行作为先决条件（停止条件），在该条件尚未成就，即先履行义务者没有履行其义务时，后履行义务者予以抗辩，暂时拒绝履行其义务，其正当性也是充分的。总之，法律将履行期尚未届至、履行期尚未届满、停止条件尚未成就等作为抗辩，而非履行抗辩权，理由充分，正当性强。

履行期尚未届至、履行期尚未届满的抗辩能够保障后履行义务者有效地对抗先履行义务者的给付请求，无论先履行义务者是否适当地履行了自己的义务，都是如此。后履行义务以先履行义务的实际履行作为先决条件（停止条件），所形成的抗辩也能有效地对抗不履行自己义务的先履行义务者的给付请求。在这样的背景下，不惜违反相似的事物相同处理的公平理念，不顾具有牵连关系的两项给付义务之间都配置履行抗辩权的同一理念及制度设计，单单地将《合同法》第

67 条规定的法定案型设计为抗辩，理由显然不够充分。

3. 进而言之，在不存在这些法定案型，仅仅具备《合同法》第 67 条规定的情形时，应当如何处理？对于赋予后履行义务者以抗辩的权限及效力，允许裁判者依职权径直援用法律的规定，驳回先履行义务者的给付请求，其正当性何在？难道仅仅因为两项义务的履行期有先有后，后履行义务者在道义上就可以拒不履行自己的义务吗？打个比方，甲和乙约定，二人都有义务奔赴前线杀敌，甲 1 月 1 日出发，乙 2 月 1 日出发，甲迟至 2 月 2 日才出发。于此场合，乙以甲迟延出发为由拒不于 2 月 1 日出发，其正当性足够吗？这就引申出一个问题：为什么在该案型中乙不得主张抗辩权或者抗辩？而在《合同法》第 67 条规定的法定案型中就允许后履行义务者行使履行抗辩权？原因之一是，在甲乙的案型中，尽管二人相互约定了各自的义务，也有使两项义务发生一定的联系之意，但毕竟义务履行的受益人不是甲乙彼此，而是国家利益、社会公共利益，也就是甲的义务和乙的义务之间没有不可分离的关系，即无发生上的牵连性、存续上的牵连性和功能上的牵连性。这样，赋予甲或乙享有履行抗辩权甚至抗辩，正当性存疑。而在《合同法》第 67 条规定的法定案型中两项给付义务具有不可分离的关系，二者是互相牵连的。据此，对于甲乙案型的处理，法律不从履行抗辩权或抗辩的角度设计救济措施，而是依赖强制继续履行、支付违约金或赔偿损失等措施，甚至于科以行政责任乃至刑事责任。对于《合同法》第 67 条规定的法定案型，法律考虑到两项给付义务之间的牵连关系，为达公平的结果，赋予后履行义务者以履行抗辩权，并伴有违约责任等措施。

4.《合同法》第 67 条的设计基础是两项主给付义务之间具有牵连关系。此类牵连关系涉及的，主要是属于双方当事人之间的民事权益层面的问题，属于从公平的层面衡平双方当事人的合同利益的问题。解决它，应该充分尊重权利人的意思，更加倾听权利人的声音，而不宜越俎代庖，径直赋权裁判者直接干预。能够阻挡裁判者直接干预的措施，于此处恰恰是履行抗辩权，而非抗辩。可能缘于此，德国、日本以及中国台湾等国家和地区的立法例及其学说，对于具有牵连关系的给付义务，是通过履行抗辩权制度及措施而非抗辩制度及措施来解决的。如

果承认同时履行抗辩权、不安抗辩权，唯独否定先履行抗辩权，那么，必须具备充分、过硬的理由，否则，结论难以站得住脚。

5. 相似的事物相同处理的原则应起作用。《合同法》第 67 条规定的法定案型与第 68 条及第 69 条规定的案型，都是对具有牵连关系的两项给付义务之间关系的处理方案。它们在本质上、在机理上应当一脉相承。对待它们的态度最好不偏不倚。对于不安抗辩权予以承认，对于先履行抗辩权则予以否定，没有做到相似的事物相同处理。

6. 对于《合同法》第 67 条规定的法定案型，采用履行抗辩权的模式而非抗辩的模式，优点更多：（1）更尊重权利人的意愿及选择。如果后履行义务者不怕承担风险，不拒绝履行其义务，满足先履行义务者的给付请求，你裁判者干预什么？径直援用法律关于抗辩的规定，否定先履行义务者的给付请求，不是多管闲事吗?! 特别是，后履行义务者愿意满足先履行义务者的给付请求，故为对该给付请求予以抗辩，也觉得没有必要出庭。于此场合，裁判者却依职权援用抗辩，驳回原告关于履行的诉讼请求，颇似猪八戒背媳妇，费力不讨好，委实帮了倒忙。其实，于此场合，履行抗辩权制度而非抗辩制度显然更为适合。（2）如果当事人对其权益非常看重，就选用法律为其预备的附条件等制度及措施，在先履行义务者没有履行其义务却请求后履行义务者履行时，后履行义务者主张与否，都可以较为容易地达到对抗给付请求的结果。如果当事人对其合同利益怀有一颗平常心，平淡视之，没有刻意保护，那么，法律赋予其履行抗辩权，也就足够了，没有必要贯彻父爱主义。（3）后履行义务者可能考虑周全，行事有策略，是否主张权利，何时主张权利，取决于诸多因素，履行抗辩权较之抗辩更富有弹性，可能更有助于后履行义务者实现利益最大化。

7. 最后，从解释论的角度看，《合同法》第 67 条规定的是履行抗辩权，而非抗辩。即使觉得履行抗辩权不如抗辩，拟改弦易辙，也得通过修订法律来实现。这就是立法论了。

法律行为条款附条件绝非法律行为附期限 *

案情概要

深圳红瑞资本管理企业（有限合伙）作为转让方，与作为受让方的北京福阅投资有限公司于 2014 年 10 月 28 日签订《股权转让协议》，于第 1 条第 3 款第 2 项约定："目标公司拟在香港发行 30 亿元人民币债券。在转让方和受让方全部交接结束、股权转让变更登记完成，受让方接管目标公司后与各中介机构签署最终协议确定发债日期、正式发债之前，受让方向转让方支付第二笔股权转让款叁仟万元元（转让方账户信息如前述）。"于第 1 条第 3 款第 3 项约定："目标公司 30 亿元人民币债券募集完成后 15 个工作日内，受让方向转让方支付第三笔股权转让款肆仟贰佰伍拾万元，如目标公司未能成功发行 30 亿人民币债券，且转让方有充分证据证明发行失败是由受让方造成的，则受让方仍需向转让方支付股权转让款中的第三笔股权转让款肆仟贰佰伍拾万元。"

在系争股权转让合同的履行过程中，案涉股权转让方深圳红瑞资本管理企业（有限合伙）请求受让方北京福阅投资有限公司支付系争第二笔股权转让款、第

---

* 本文最初发表于《中州学刊》2017 年第 7 期。

三笔股权转让款，北京福阆投资有限公司以该两笔股权转让款的支付附有履行条件、且该条件尚未成就为由，对抗深圳红瑞资本管理企业（有限合伙）的请求，双方当事人由此发生争议并诉诸北京市第三中级人民法院。

判决要旨

系争《股权转让协议》第 1 条第 3 款第 2 项对第二笔股权转让款、第 1 条第 3 款第 3 项对第三笔股权转让款的支付附有约款。但该约款非为中国现行法设置的附条件，而是附期限。如此认定的理由有三：（1）所附条件为不确定发生的事实，但系争股权转让合同关于转让款的支付义务的约定是确定的，并未对付款义务的生效与否作出特别约定；（2）系争股权转让合同约定的股权转让款为人民币 30 750 万元，该数额具有确定性、恒定性、包容性；（3）在诉讼中，双方当事人均表示股权转让款是确定的，北京福阆投资有限公司亦表示将在发债成功后按约定支付转让款。

评 释

一、一般理论

系争案件的焦点之一是，系争《股权转让协议》第 1 条第 3 款第 2 项、第 3 项的约定，是否属于法律行为条款附条件？为了叙述和阐释的方便和清楚起见，笔者先介绍和阐释法律行为附条件和法律行为条款附条件的一般理论。

《中华人民共和国合同法》（以下简称为《合同法》）第 45 条规定了法律行为附条件。实务中不但有法律行为附条件，也存在着法律行为条款附条件，对赌协议中某个条款或某些条款附条件是常有之事。

所谓法律行为条款附条件，是指整个法律行为已经生效了，所附条件仅仅限制着法律行为项下的某项义务或某几项义务的履行效力，换言之，某项义务或某几项义务的履行效力附加了条件。从意思表示的层面看，这就是法律行为的某个

或某些条款附条件。^① 当然，法律行为附条件与法律行为条款附条件存在着差别，兹比较如下：

1. 在法律行为附条件的场合，如果所附条件为停止条件（或曰生效条件）且尚未成就，那么，整个法律行为项下的义务均未届期，因而，在债权人请求债务人履行债务时，债务人就法律行为项下的义务都能够对抗债权人的履行请求。与此不同，在某项义务或某几项义务的履行效力附条件，或曰法律行为条款附条件的情况下，如果所附条件为停止条件（或曰生效条件）且尚未成就，则是除附停止条件（或曰生效条件）的某项义务或某几项义务以外，法律行为项下的其他义务应当是已经届期，债权人可以就这些义务请求债务人清偿。^②

2. 在法律行为附条件的场合，如果所附条件为停止条件（或曰生效条件）且尚未成就，债务人撕毁法律行为，那么，按照通说是债权人基于期待权请求债务人承担侵权责任。该种责任的赔偿范围是信赖利益的损失。与此不同，在某项义务或某几项义务的履行效力附条件的情况下，如果所附条件为停止条件（或曰生效条件）且尚未成就，债务人撕毁法律行为，那么，债权人有权请求债务人承担债务不履行的责任。该种责任的赔偿范围可以甚至应当是期待利益（或曰预期利益/履行利益）的损失，也可以是信赖利益的损失。究竟何者，取决于是否存在着相应的市场及其价格，以及债权人的选择。^③

3. 在法律行为附条件的场合，如果所附条件为停止条件（或曰生效条件）且已经成就，整个合同生效且为履行的效力发生，绝大多数情况都是"一刀切"地发生履行的效力，债权人有权请求债务人履行整个合同项下的义务；仅有极个别情况属于有些义务已届履行期，而另外的义务尚未届期。与此不同，在法律行为条款附条件的情况下，所附条件为停止条件（或曰生效条件）且已经成就，该条款项下的义务发生履行的效力，至于合同项下的其他义务是否届期，则取决于其他因素，需要具体情况具体分析。

由此差异决定：在这里，值得重视且需要讨论的是，于债务人违反已经生效

---

① ② ③ 参见崔建远：《论法律行为或其条款附条件》，载《法商研究》，2015（4）。

的义务的场合，债权人可否就附停止条件的条款项下的义务不可能被履行也有权请求债务人承担赔偿责任？笔者认为，如果法律行为的全部条款之间密不可分，则应将全部法律行为条款予以整体考量，计算违约所致损失时统一考虑违反全部条款项下的义务造成的损失，债权人可以就该损失请求违约方承担赔偿责任。如此，至少在有些场合，债权人可以就附停止条件的条款项下的义务不可能被履行也有权请求债务人承担赔偿责任；反之，附停止条件的条款与其他法律行为条款可以区隔开来，债务人违反的仅仅是已经生效的义务，因停止条件尚未成就而尚未生效的条款项下的义务未被违反，不宜赋权债权人就该条款部分请求债务人负责赔偿。此其一。较为复杂且处理困难的是，整个交易的安排有赖于全部条款均已生效，才会实现各方利益的平衡，达到各方的合同目的。于此场合，是否放任此种条款附停止条件，不许诚实信用原则发挥调整作用，值得重视并反思。此其二。

4. 在法律行为附条件的场合，如果所附条件为解除条件且已经成就，则该法律行为失去效力，从而基于该法律行为产生的权利义务关系也归于消灭。与此有别，在某个义务或某几项义务的履行效力附条件的情况下，如果所附条件为解除条件且已经成就，只是这个或这些义务归于消灭，那么，法律行为继续有效，该行为项下的其他义务也继续存在，除非所附条件的某个义务或某几项义务与未附条件的义务之间密不可分，同命运、共进退。④

5. 在法律行为附条件的场合，如果所附条件为纯粹随意条件，并且系于债务人一方意思的，那么，在它为停止条件时，法律行为整体无效。⑤ 与此不同，在某个义务或某几项义务的履行效力附纯粹随意条件的情况下，该附纯粹随意条件系于债务人一方意思的，若为停止条件，则只是相应的条款无效，其他条款的效力不受影响，除非各个条款都相互密切结合，不可分离。⑥

毋庸讳言，承认法律行为条款附条件，面临着这样的质问：如此设计会违反

④ 参见崔建远：《论法律行为或其条款附条件》，载《法商研究》，2015（4）。
⑤ 王泽鉴：《民法总则》，399～400页，北京，北京大学出版社，2009。
⑥ 崔建远：《论法律行为或其条款附条件》，载《法商研究》，2015（4）。

附条件即为法律行为的附款这种本质属性。对此，笔者认为，所谓附款，无非是一种条款，属于意思表示的范畴。既然附款就是一种条款，一种意思表示，或曰意思表示的组成部分，那么，它既可以与整个法律行为组合成一体，成为法律行为的一部分，也可以与作为法律行为组成部分的条款组合成一体。换句话说，法律行为的整体与法律行为的组成部分（条款）在本质上都不排斥附款。所以，笔者坚持法律行为条款可以附条件。

承认法律行为条款附条件不同于法律行为附条件还有一个意义，那就是阻止有些人误解或曲解法律行为条款附条件。经检索，一些判决拒绝承认条款附条件为附条件，或是借口附条件的条款为单方允诺，对相对人无拘束力，或是无视附条件的条款的客观存在而径直依据公平原则确定结果⑦；另一些判决将条款附条件认定为法律行为附期限。⑧

正因一些判决误将法律行为条款附条件认定为法律行为附期限，故有本评释的必要。

一方面，法律行为附条件与法律行为条款附条件两者之间存在着差异，一如上述；另一方面，它们二者也有不少共性：（1）法律行为属于意思表示（一致），法律行为条款也属于意思表示，故无论是法律行为附条件还是法律行为条款附条件，都是意思表示附条件。在法律行为项下的一项义务或几项义务的履行附条件的情况下，不是义务本身附条件，而是义务的履行附条件。从意思表示的角度看，就是法律行为条款附条件。（2）它们都是通过当事人的约定对整个法律行为的效力或法律行为条款附加条件，而非法律直接规定的生效条件，亦非把法律的规定照抄到法律行为中来。（3）它们附加的条件都符合法律及法理认可的规格（标准），例如，所附条件必须是客观的事实、将来的事实、发生不发生不确定的事实、合法的事实、由当事人约定。

---

⑦ 北京市第一中级人民法院（2015）一中民（商）终字第 4734 号民事判决书；最高人民法院（2012）民一终字第 10 号民事判决书。

⑧ 北京市高级人民法院（2015）高民（商）申字第 04278 号民事裁定书；北京市第三中级人民法院（2016）京 03 民初 27 号民事判决书。

既然如此，法律行为附条件与法律行为条款附条件具有类似性，可以运用类推适用的规则和方法，即法律行为条款附条件的情形可以比照《合同法》第45条的规定处理。

从比较法的角度讲，日本的实务和民法理论较早地承认了法律行为条款可以附条件⑨，德国民法在个别情况下也不否认法律行为条款附条件，如分期付款买卖中标的物所有权移转附条件。⑩当下对赌协议在不少国家和地区盛行，法律对此大多承认，而对赌协议恰恰是法律行为条款附条件。

值得一提的是，2016年2月10日法国第2016－131号修改合同法、债法总则和债之证据的法令，于2016年10月1日正式生效，如今的《法国民法典》第4编"债法总则"之第1章"债的形态"之第1节较为详细地规定了附条件之债，第1304条第1款规定："当债务的存在取决于将来的不确定的事由时，该债务是附条件的。"笔者对此解读为：尽管"债务的存在"与"债务的履行""法律行为条款"不尽相同，尽管"债务的存在"附条件不同于"债务的履行"附条件，亦即不同于"法律行为条款"附条件，但同时债务附条件亦即"债务的存在"附条件也不同于法律行为附条件。在双务合同场合更是如此，因为双务合同所生两个狭义之债，其中一个未附停止条件，合同生效之日即为该狭义之债产生之时；但另一狭义之债却附停止条件。一句话，债务附条件不同于法律行为附条件。此其一。"债务的存在"附条件不同于"债务的履行"附条件，亦即不同于"法律行为条款"附条件，这种差异相对于法律行为附条件而言不是本质性的，只是视角不同，阶段有异。在讨论条款附条件与法律行为附条件之间的关系上，可以认为

---

⑨ ［日］近江幸治：《民法讲义Ⅰ·民法总则》，6版补订，渠涛等译，渠涛审校，298页，北京，北京大学出版社，2015。

⑩ ［德］维尔纳·弗卢梅：《法律行为论》，迟颖译，865页，北京，法律出版社，2013；［德］迪特尔·梅迪库斯：《德国民法总论》，邵建东译，636~637页，北京，法律出版社，2000。

在这里，有个观察事物的视角和方法的问题，如果站在分期付款买卖合同的立场，标的物所有权移转的约定为合同条款，则标的物所有权移转以买受人付清全部价款为条件，属于合同条款附条件。但是，如果站在物权行为与债权行为相区分的立场，分期付款买卖中标的物所有权移转为物权行为，那么，分期付款买卖合同所约定的付清全部价款时标的物所有权才移转给买受人，仍可说物权行为这个法律行为附条件。

债务附条件更接近于债务的履行附条件，或曰法律行为条款附条件，而与法律行为附条件相距较远。此其二。

特别是法国第 1304－6 条第 2 款关于"双方当事人也可以约定条件的生效溯及于合同订立之日"的规定，更加清楚地反映出债务附条件不同于法律行为附条件，不然就不会出现债务附条件可经当事人的约定使得法律的成立之时就是该法律行为项下的债务生效之日。进而，在有些场合，第 1304－6 条第 2 款的规定会使个案成为法律行为附条件。

由此可见，中国法承认债务的履行附条件或曰法律行为条款附条件，有着比较法上的支持。

二、系争《股权转让协议》第 1 条第 3 款第 2 项、第 3 项的约定属于法律行为条款附条件

1. 系争《股权转让协议》的约定及其在本文中的表达

系争《股权转让协议》第 1 条第 3 款第 2 项约定："目标公司拟在香港发行 30 亿元人民币债券。在转让方和受让方全部交接结束、股权转让变更登记完成、受让方接管目标公司后与各中介机构签署最终协议确定发债日期、正式发债之前，受让方向转让方支付第二笔股权转让款叁仟万元元（转让方账户信息如前述）。"第 1 条第 3 款第 3 项约定："目标公司 30 亿元人民币债券募集完成后 15 个工作日内，受让方向转让方支付第三笔股权转让款肆仟贰佰伍拾万元，如目标公司未能成功发行 30 亿人民币债券，且转让方有充分证据证明发行失败是由受让方造成的，则受让方仍需向转让方支付股权转让款中的第三笔股权转让款肆仟贰佰伍拾万元。"

这里的转让方，是指深圳红瑞资本管理企业（有限合伙），可简称为深圳红瑞；受让方，是指北京福阅投资有限公司，可简称为北京福阅公司；目标公司，是指深圳前海中小企业金融服务有限公司，可简称为前海金融公司。

这样，明确当事人的指代，则系争《股权转让协议》第 1 条第 3 款第 2 项的

约定，就变成如下表述："前海金融公司拟在香港发行 30 亿元人民币债券。在深圳红瑞和北京福阅公司全部交接结束、股权转让变更登记完成，北京福阅公司接管前海金融公司后与各中介机构签署最终协议确定发债日期、正式发债之前，北京福阅公司向深圳红瑞支付第二笔股权转让款叁仟万元（转让方账户信息如前述）。"《股权转让协议》第 1 条第 3 款第 3 项的约定，就变成如下表述："前海金融公司 30 亿元人民币债券募集完成后 15 个工作日内，北京福阅公司向深圳红瑞支付第三笔股权转让款肆仟贰佰伍拾万元，如前海金融公司未能成功发行 30 亿人民币债券，且深圳红瑞有充分证据证明发行失败是由北京福阅公司造成的，则北京福阅公司仍需向深圳红瑞支付股权转让款中的第三笔股权转让款肆仟贰佰伍拾万元。"

2. 判决否认系争法律行为条款附条件的第一点理由及其评释

对系争《股权转让协议》第 1 条第 3 款第 2 项、第 3 项的约定，北京市第三中级人民法院（2016）京 03 民初 27 号民事判决书认为其非为附条件，而是附期限，理由有三。其中之一是所附条件"为不确定发生之事实"，"但本案中的股权转让合同，对于转让款的支付义务的约定是确定的，协议中并未对付款义务的生效与否作出特别约定"。

笔者认为，这混淆了所附条件与附条件合同、附条件条款，把它们混为一谈了，也是张冠李戴了。作为构成附条件要素之一的"为不确定发生之事实"，在"本案中"肯定不是"转让款的支付义务"，也肯定不是"转让款的支付义务的约定"（的全部），而是"前海金融公司拟在香港发行 30 亿元人民币债券。在深圳红瑞和北京福阅公司全部交接结束、股权转让变更登记完成，北京福阅公司接管前海金融后与各中介机构签署最终协议确定发债日期、正式发债之前"（第二笔股权转让款的支付义务的履行条件），与"前海金融公司 30 亿元人民币债券募集完成后 15 个工作日内"（第三笔股权转让款的支付义务的履行条件）以及"前海金融公司未能成功发行 30 亿人民币债券，且深圳红瑞有充分证据证明发行失败是由北京福阅公司造成的"（第三笔股权转让款的支付义务的另外一种履行条件）。前述"前海金融公司拟在香港发行 30 亿元人民币债券。在深圳红瑞和北京

福阅公司全部交接结束、股权转让变更登记完成，北京福阅公司接管前海金融公司后与各中介机构签署最终协议确定发债日期、正式发债之前""前海金融公司30亿元人民币债券募集完成后 15 个工作日内""前海金融公司未能成功发行 30亿人民币债券，且深圳红瑞有充分证据证明发行失败是由北京福阅公司造成的"，才是发生与否不确定的，才符合附条件的规格。

"转让款的支付义务"，是义务本身，显然不是义务的履行所附条件。即使按照《合同法》第 45 条规定的法律行为附条件来衡量，"转让款的支付义务"也属于合同生效之后的内容，属于合同效力的范畴，绝非合同生效所附条件。"转让款的支付义务"，在任何国家和地区的民法上都不是附条件，在中国也不例外。

"转让款的支付义务的约定"，包含"转让款的支付义务"，也包含"转让款的支付义务"的履行条件。"转让款的支付义务"肯定不属于附条件的范畴，一如前述，无须赘言。至于"转让款的支付义务"的履行条件，有的属于附条件，有的则否。例如，法律规定的转让款的支付义务的条件，就不属于附条件的系列。系争案件中第二笔、第三笔股权转让款的支付义务的履行条件，是由系争《股权转让协议》第 1 条第 3 款第 2 项、第 3 项的约定的，而非由法律直接规定的，故为"转让款的支付义务"的履行附条件，可以比照《合同法》第 45 条的规定处理，而不得适用《合同法》第 44 条第 2 款的规定。

3. 判决否认系争法律行为条款附条件的第二点理由及其评释

北京市第三中级人民法院（2016）京 03 民初 27 号民事判决书认为，系争《股权转让协议》第 1 条第 3 款第 2 项、第 3 项非为约定了股权转让款的支付义务附履行条件，第二点理由是："协议中约定的股权转让款为人民币 30 750 万元，该数额具有确定性、恒定性、包容性，其中的第二笔与第三笔款项均应支付，福阅公司的付款数额不受发债情况的影响"。

在笔者看来，这种认定的错误至少有以下三点：

（1）以"协议中约定的股权转让款为人民币 30 750 万元，该数额具有确定性、恒定性"，来对照所附条件应为"为不确定发生之事实"的规格，显示出二

者的不一致，进而得出这不是所附条件的结论。笔者认为，这是错位了，同样是张冠李戴。其实，笔者也不认为"协议中约定的股权转让款为人民币30 750万元"属于所附条件，而认为"协议中约定的股权转让款为人民币 30 750 万元"是所附条件限制的义务。"协议中约定的股权转让款为人民币 30 750 万元"属于合同生效之后的内容，属于合同效力的范畴，在任何国家和地区的民法上它都不是所附条件，在中国也不例外。在系争案件中，真正属于所附条件的是："前海金融公司拟在香港发行 30 亿元人民币债券。在深圳红瑞和北京福阅公司全部交接结束、股权转让变更登记完成，北京福阅公司接管前海金融公司后与各中介机构签署最终协议确定发债日期、正式发债之前"。北京市第三中级人民法院（2016）京 03 民初 27 号民事判决书不论证"前海金融公司拟在香港发行 30 亿元人民币债券。在深圳红瑞和北京福阅公司全部交接结束、股权转让变更登记完成，北京福阅公司接管前海金融公司后与各中介机构签署最终协议确定发债日期、正式发债之前"，不符合所附条件"为不确定发生之事实"的规格，而是论证本不属于所附条件的"协议中约定的股权转让款为人民币30 750万元"不符合所附条件"为不确定发生之事实"的规格，其路径及方法全都错了。

（2）北京市第三中级人民法院（2016）京 03 民初 27 号民事判决书以"协议中约定的股权转让款为人民币 30 750 万元，该数额具有……包容性"为由，认定系争《股权转让协议》第 1 条第 3 款第 2 项、第 3 项非为约定了股权转让款的支付义务附履行条件。这令人匪夷所思，因为合同义务是否具有"包容性"，与法律行为附条件或法律行为条款附条件不搭界，在认定系争《股权转让协议》第1 条第 3 款第 2 项、第 3 项是否属于约定了股权转让款的支付义务附履行条件的话题上，谈论"包容性"确实离题了。

（3）北京市第三中级人民法院（2016）京 03 民初 27 号民事判决书认为："第二笔与第三笔款项均应支付，福阅公司的付款数额不受发债情况的影响"，并以此否定系争《股权转让协议》第 1 条第 3 款第 2 项、第 3 项属于约定了股权转让款的支付义务附履行条件。笔者对此不予赞同，因为一个公司的股权价格受该

公司的资产是否优良、该公司有无好的商机、有无好的项目、其发展前景好坏等因素的影响，甚至由其决定。资产优良、商机无限、项目合适、发展前景良好的，股权价格就高；否则，股权价格就低。具体到系争案件中的前海金融公司，它除了一纸允许其在香港发行债券的批文别无其他责任财产，发行债券与否、何时发行债券，直接决定着案涉股权的价格。它不发行债券，不适时发行债券，其股权价格肯定低得可怜。于该允许发行债券的批文过期失效时，前海金融公司若仍未发行债券，它便几乎无责任财产可言，案涉股权于此时恐怕不值分文。这表明，案涉股权转让款的数额在客观实际上"并非确定"。北京市第三中级人民法院（2016）京 03 民初 27 号民事判决书所谓"协议中约定的股权转让款为人民币 30 750 万元，该数额具有确定性……"，是"断章取义"的，只见到了表面现象，而忽略了该约定产生的背景，未看到或不愿看到北京福阅公司实际支付该 30 750 万元股权转让款是附条件的。

与此相关，北京市第三中级人民法院（2016）京 03 民初 27 号民事判决书所谓"第二笔与第三笔款项均应支付"，同样是"断章取义"的，只见到了表面现象，而忽略了该约定产生的背景，未看到或不愿看到北京福阅公司实际支付"第二笔与第三笔款项"（30 750 万元）股权转让款是附条件的。

换句话说，案涉股权转让款"第二笔与第三笔款项"亦非"均应支付"，究竟如何认定，取决于系争《股权转让协议》第 1 条第 3 款第 2 项、第 3 项约定的条件是否成就。所以，北京市第三中级人民法院（2016）京 03 民初 27 号民事判决书关于"第二笔与第三笔款项均应支付，福阅公司的付款数额不受发债情况的影响"的断语，是不成立的。

4. 判决否认系争法律行为条款附条件的第三点理由及其评释

北京市第三中级人民法院（2016）京 03 民初 27 号民事判决书认为，系争《股权转让协议》第 1 条第 3 款第 2 项、第 3 项非为约定了股权转让款的支付义务附履行条件，第三点理由是："诉讼中，双方当事人均表示股权转让款是确定的，福阅公司亦表示将在发债成功后按约定支付转让款。"

其实，所谓"诉讼中，双方当事人均表示股权转让款是确定的"，是在特定

的情景中的言论，至少在北京福阅公司一方表达案涉"股权转让款是确定的"是附带条件的，该条件就是系争《股权转让协议》第1条第3款第2项、第3项约定的情形。北京市第三中级人民法院（2016）京03民初27号民事判决书忽视这个事实，是不应该的。

所谓"福阅公司亦表示将在发债成功后按约定支付转让款"，正表明了北京福阅公司重申系争《股权转让协议》第1条第3款第2项、第3项属于约定了股权转让款的支付义务附履行条件，它"将在发债成功后按约定支付转让款"，发债成功之前不支付该股权转让款。这不是对其坚持的附条件说的否定，而是再次申明。北京市第三中级人民法院（2016）京03民初27号民事判决书以"福阅公司亦表示将在发债成功后按约定支付转让款"为由，认定系争《股权转让协议》第1条第3款第2项、第3项未约定附条件，是不合逻辑的。

三、系争《股权转让协议》第1条第3款第2项、第3项的约定根本不属于法律行为条款附期限

北京市第三中级人民法院（2016）京03民初27号民事判决书认为，系争《股权转让协议》第1条第3款第2项、第3项的约定"应为对被告福阅公司具体付款义务项下的付款期限的具体约定"。

这种认定是难以成立的，也是非常有害的。法律行为或其条款附条件与法律行为或其条款附期限之间的差异是根本性的、实质性的。连北京市第三中级人民法院（2016）京03民初27号民事判决书自己都认为附条件与附期限非常不同："前者为不确定发生之事实，后者为确定发生之事实"。

不难理解，按照当事人的本意处理，法律行为条款附条件，因条件成就与否不确定，法律行为条款项下的义务可能因所附条件未成就而不予履行（附停止条件场合）或归于消灭（附解除条件场合），从而使当事人之间的利益关系呈现一种状态，并且有利于充满智慧而缔约的一方。可是，将法律行为条款附条件认定

为法律行为条款附期限则不同，因为期限必定到来[11]，在将法律行为条款附条件认定为法律行为条款附始期时，该法律行为条款项下的义务必定得履行；在将法律行为条款附条件认定为法律行为条款附终期时，该法律行为条款项下的义务必定消失。其结果是极有可能背离了承担该项义务的缔约者的本意，不符合意思自治原则；也给该当事人带来意想不到的损害，将本来可控的风险变成了砸落在自己头上的石头。

具体到系争《股权转让协议》第 1 条第 3 款第 2 项、第 3 项的约定，它们到底是附条件还是附期限？

在明确当事人的身份的前提下，系争《股权转让协议》第 1 条第 3 款第 2 项的约定应为："前海金融公司拟在香港发行 30 亿元人民币债券。在深圳红瑞和北京福阅公司全部交接结束、股权转让变更登记完成，北京福阅公司接管前海金融公司后与各中介机构签署最终协议确定发债日期、正式发债之前，北京福阅公司向深圳红瑞支付第二笔股权转让款叁仟万元（转让方账户信息如前述）。"

"前海金融公司拟在香港发行 30 亿元人民币债券。在深圳红瑞和北京福阅公司全部交接结束、股权转让变更登记完成，北京福阅公司接管前海金融公司后与各中介机构签署最终协议确定发债日期、正式发债之前"，其不确定不言自明，因为"北京福阅公司接管前海金融公司后与各中介机构签署最终协议确定发债日期、正式发债"能否变成现实，不确定；"前海金融公司在香港发行 30 亿元人民币债券"能否变成现实，不确定。这与附期限"为确定发生之事实"格格不入。

再看系争《股权转让协议》第 1 条第 3 款第 3 项的约定："前海金融公司 30 亿元人民币债券募集完成后 15 个工作日内，北京福阅公司向深圳红瑞支付第三笔股权转让款肆仟贰佰伍拾万元，如前海金融公司未能成功发行 30 亿人民币债券，且深圳红瑞有充分证据证明发行失败是由北京福阅公司造成的，则北京福阅公司仍需向深圳红瑞支付股权转让款中的第三笔股权转让款肆仟贰佰伍拾万元。"

"前海金融公司 30 亿元人民币债券募集完成"与否，不确定；"前海金融公

---

⑪　[德]维尔纳·弗卢梅：《法律行为论》，迟颖译，809 页，北京，法律出版社，2013。

司未能成功发行 30 亿人民币债券"，不好说；"深圳红瑞有充分证据证明发行失败是由北京福阅公司造成的"，这至少在约定时是不确定的。一句话，这与附期限"为确定发生之事实"同样格格不入。

四、系争《股权转让协议》第 1 条第 3 款第 2 项、第 3 项的约定应为有效

北京市第三中级人民法院（2016）京 03 民初 27 号民事判决书认为："协议对于第三笔股权转让款支付时间的约定如继续沿用，有违公平与诚信原则，在民法中，如行为所附的为条件，则有条件拟制成就之适用。在本案争议之付款时间的约定，则应依合同法所规定的公平原则、诚实信用原则予以否定……本案之情形应为失效，即由于被告福阅公司的消极懈怠损害深圳红瑞正常的期待利益，有违公平与诚信原则而失效。"

笔者认为，这是误解了公平原则、诚信原则与公序良俗原则的地位及功能。在合同法上，公序良俗原则是确定合同法律效力的，违背公序良俗原则的合同，无效；但公平原则、诚信原则不能确定合同的有效无效，而是衡平当事人各方的利益，调整各方的权利义务。[12] 这在《中华人民共和国民法总则》上反映得更加明显（第 6 条、第 7 条、第 8 条、第 148～151 条、第 153 条），《合同法》第 52条、第 53 条规定的无效原因，有损害社会公共利益[13]，却不涉及公平原则、诚信原则，事关公序良俗原则。《合同法》第 54 条规定的可变更、可撤销，则事关公平原则，第 43 条规定的合同不成立，事关诚信原则。

所以，北京市第三中级人民法院（2016）京 03 民初 27 号民事判决书关于系争《股权转让协议》第 1 条第 3 款第 3 项约定的第三笔股权转让款的支付条件

---

[12] 耿林：《强制性规范与合同效力》，111、114～115 页，北京，中国民主法制出版社，2009。

[13] 有学说认为，社会公共利益的概念兼有"公序"和"良俗"的性格。请见梁慧星：《民法总论》，52～53 页，北京，法律出版社，2001；周林彬主编：《比较合同法》，418 页，兰州，兰州大学出版社，1989；耿林：《强制性规范与合同效力》，107 页，北京，中国民主法制出版社，2009。

"有违公平与诚信原则而失效",是误解了公平原则、诚信原则的地位及功能,属于适用法律错误。正确的解释和法律适用应当是,系争《股权转让协议》第1条第3款第2项、第3项关于第二笔、第三笔股权转让款的约定不具备无效、失效的原因。

此外,一种观点认为,在诉讼中,深圳红瑞主张系争《股权转让协议》第1条第3款第2项、第3项约定的支付股权转让款所附条件无效,法律依据是《最高人民法院关于贯彻执行〈中华人民共和国民法通则〉若干问题的意见(试行)》(以下简称为《关于民法通则的解释》)第75条关于"附条件的民事行为,如果所附的条件是违背法律规定或者不可能发生的,应当认定该民事行为无效"的规定。

笔者认为,适用该司法解释,认定系争《股权转让协议》第1条第3款第2项、第3项约定的支付股权转让款所附条件无效,必须寻觅出该约定违反了《合同法》第52条、第53条规定的无效原因,必须证明该约定的所附条件不可能发生。笔者未发现系争《股权转让协议》第1条第3款第2项、第3项的约定存在着《合同法》第52条、第53条规定的无效原因。因而,依据《关于民法通则的解释》第75条关于"所附的条件是违背法律规定"的"民事行为无效"的规定,认定系争《股权转让协议》第1条第3款第2项、第3项的约定无效,这是不成立的。

况且,《关于民法通则的解释》第75条关于所附条件违背法律规定时整个法律行为均归于无效的理念及规则,在法理上存在瑕疵[14],与《合同法》第56条后段关于"合同部分无效,不影响其他部分效力的,其他部分仍然有效"的规定、《民法总则》第156条关于"法律行为部分无效,不影响其他部分效力的,其他部分仍然有效"的规定未尽一致。在所附条件果真违反法律、行政法规的强制性规定时,如果剔除该条件部分,法律行为的其他部分便不存在《合同法》第52条、第53条规定的无效原因,没有背离法律制度的根本目的,那么,法律行为

---

⑭ 参见〔德〕维尔纳·弗卢梅:《法律行为论》,迟颖译,826、682页以下,北京,法律出版社,2013。

的其他部分应当有效。如此，应当是所附条件无效，附条件法律行为变成未附条件的合同，而不宜全部否定债的关系。在这里，也有各尽可能体现鼓励交易原则的要求。再者，《合同法》和《民法总则》的位阶高于《关于民法通则的解释》，按照下位阶规范不得抵触上位阶规范的原则，《关于民法通则的解释》第75条的规定也不得再适用。退一步说，即使按照某些人关于司法解释的位阶与其解释的法律的位阶相同的见解，也有新法优先于旧法的规则，阻挡着《关于民法通则的解释》第75条的规定适用于个案。即便考虑到《民法总则》直到2017年10月1日开始实施的因素，因《合同法》一直在有效实施，所以《关于民法通则的解释》第75条关于所附条件违法时整个合同无效的规定也应弃之不用。

其实，系争《股权转让协议》相关约定及其履行的事实，也不符合《关于民法通则的解释》第75条关于"所附的条件是……不可能发生的"、"民事行为无效"的规定。其原因在于，前海金融公司正式发债不是"不可能发生"的，因为"与各中介机构签署最终协议确定发债日期、正式发债之前"是所附条件，而在该条件成就以前海金融公司"与券商签订承销协议，确定正式发行"为标志，直到今日，这也当然是"可能发生的情况"。

有关卷宗材料显示，前海金融公司一直在进行发债工作的准备，并计划于2017年年初再次启动发债进程。如果这符合事实，则前海金融公司正式发债是"可能发生"的。

一句话，深圳红瑞关于系争《股权转让协议》第1条第3款第2项、第3项的约定无效的主张，缺乏法律依据。

处分行为理论真的那么美妙吗？*

——《中华人民共和国民法总则》
不宜采取负担行为与处分行为相区分的设计

内容摘要

负担行为与处分行为相区分、负担行为不要求处分权的制度及理论，先天地存在缺陷，如处分行为与物权变动或债权变动在现实世界中是重合的，似乎不是处分行为这个法律事实在引发法律关系的变动；处分行为成立之时即其消灭之时，似乎只在满足想象游戏。物权变动或债权变动的动力源在买卖等法律行为，称处分行为引发物权变动或债权变动，颇有掠人之美之嫌。负担行为不要求处分权在制造虚假交易，损害交易安全，误导决策，使恶意的买受人或受让人可以追究出卖人或转让人承担支付违约金或期待利益的违约损害赔偿，使无过错的出卖人或转让人承担较重的违约责任，这是不分是非、有失权衡的非正义的制度设计。如果《中华人民共和国民法总则》采取负担行为与处分行为相区分的架构设计，则会导致中国的民法总则、物权法、合同法、不当得利法、继承法的有关制

---

* 本文系国家哲学社会科学基金重点项目《法学方法论与中国民商法研究》（批准号：13AZD065）的阶段性成果；清华大学自主科研计划课题《中国民法典编纂重大理论问题研究》（批准号：2015THZWJC01）。对于资助谨表谢意！

本文最初发表于《中国政法大学学报》2016年第5期。

度重构，震荡过大，何况中国的法律人并未做好这方面的准备。再者，法国法、英国法、欧盟法都不采取这种模式，中国要活跃于国际舞台，却采取将被抛弃的法律模式？

关键词

民法总则；负担行为；处分行为；物权行为；无权处分

一、引言

德国民法首先区分负担行为与处分行为，并且处分行为奉行抽象原则（无因性），被一些专家、学者推崇备至，赞其为民法分析的利器，在编纂《中华人民共和国民法典》（以下简称为《民法典》）及制定《中华人民共和国民法总则》（以下简称为《民法总则》）的过程中，强烈呼吁《民法总则》必须学习德国民法及其学说，于法律行为章节采取负担行为与处分行为相区分的架构设计。在笔者看来，就民法而言，这是大是大非的问题，必须慎重对待，而不得草率行事。所谓慎重对待，包括准确了解德国民法及其学说上的负担行为与处分行为的本来面貌，知晓其利与害，而后理性地作出抉择。

按照德国民法及其理论，所谓负担行为，是使当事人承担给付义务的法律行为。在大多数情况下，负担行为是合同，被规定在债法之中，也叫作债权行为。在例外情况下，负担行为是单方法律行为（单独行为），如债务约定、债务承认。如买卖合同使出卖人负有向买受人移转标的物占有和所有权的义务，买受人负有向出卖人支付价款的义务。[1] 需要注意，并不是任何一种规定在债法中的合同都是负担行为，如债务免除、债权让与虽被规定在债法编章却不是负担行为，而是处分行为。[2] 负担行为并未直接改变法律客体的法律状况，如尽管缔结了买卖合同，但出卖人仍然是标的物的所有权人。负担行为并未导致资产的直接减少，只

① ［德］汉斯·布洛克斯、沃尔夫·迪特里希·瓦尔克：《德国民法总论》，33版，张艳译，杨大可校，54页，北京，中国人民大学出版社，2014。

② ［德］迪特尔·梅迪库斯：《德国民法总论》，邵建东译，168页，北京，法律出版社，2000。

是增加了义务人的负债。③

在德国民法及其理论上，所谓处分行为，是指直接将权利移转、设定负担、变更或取消的法律行为。在大多数情况下，处分行为由合同组成，在例外情况下由单方法律行为（单独行为）组成。许多处分行为被规定在物权法之中，因而人们也将之称作物权行为。所有权移转是典型的物权行为。需要注意，债法中也有处分行为的例子，债权让与、债务免除为其例证。与负担行为相反，处分行为直接减少了处分人的资产。④ 处分人仅仅指其权利被转让、被设定负担、被消灭或被变更内容的人，而并不指取得权利、免除负担的人。⑤

德国民法及其学说认为，处分行为与负担行为存在不同：（1）对于处分行为实行确定原则或曰特定原则。最迟在处分行为生效之时，处分行为所涉及的具体的客体必须予以确定。否则，由于无法确定处分行为的效果涉及哪一项具体的客体，因而也无法变更哪一项客体的法律状态。与此相反，在种类之债或金钱之债的负担行为，用哪些具体的客体来履行债务的问题可以暂时不予回答。负担行为在债务具体化（集中化）为特定的物件之前就已经有效。（2）处分人具有处分权限时处分行为才能生效。与此相反，负担行为无此要求。（3）对于物权法上的处分行为适用公示原则。⑥

在德国民法上，绝大多数负担行为都是有因的行为，绝大多数处分行为都是无因行为。⑦

基于这些知识，当然远不限于此，阐释中国法不宜采取负担行为与处分行为相区分的架构设计的道理。

要求中国法采取负担行为与处分行为相区分的架构的论者，提出了种种理

---

③ ［德］汉斯·布洛克斯、沃尔夫·迪特里希·瓦尔克：《德国民法总论》，33版，张艳译，杨大可校，54页，北京，中国人民大学出版社，2014。

④ ［德］汉斯·布洛克斯、沃尔夫·迪特里希·瓦尔克：《德国民法总论》，33版，张艳译，杨大可校，55页，北京，中国人民大学出版社，2014。

⑤ ［德］迪特尔·梅迪库斯：《德国民法总论》，邵建东译，168页，北京，法律出版社，2000。

⑥ ［德］迪特尔·梅迪库斯：《德国民法总论》，邵建东译，168～169页，北京，法律出版社，2000。

⑦ ［德］迪特尔·梅迪库斯：《德国民法总论》，邵建东译，169～170页，北京，法律出版社，2000。

由，例如，负担行为与处分行为相区分使得民法的体系更加清晰合理，富有逻辑性[⑧]；物权与债权的二分要求确立处分行为[⑨]；五编制法典编纂技术要求确立处分行为[⑩]；买卖等合同不会包含物权变动的意思表示[⑪]；所有权保留只能被解释为物权行为附条件，即标的物所有权的移转这个物权行为以价金全部（或部分）支付为条件[⑫]；让与担保只有用物权行为理论才解释得通；等等。对此，王轶教授于其博士学位论文《物权变动论》中都有理有据地回应过。[⑬] 笔者也曾撰文《无权处分辨》[⑭]《从解释论看物权行为与中国民法》[⑮]《从立法论看物权行为与中国民法》[⑯] 集中讨论过，其后的著述[⑰]又有所完善。本来，法律人花费在处分行为方面的精力就够多得了，似应关注更为需要的课题，不料，正值《民法典》编纂及《民法总则》制定之际，旧论重提，笔者只好再次撰文，呼吁《民法典》及《民法总则》不宜采纳负担行为与处分行为相区分的架构。当然，除非上下文的衔接和整体化的需要，本文不重复既有作品的阐释。

二、从概念看处分行为与负担行为相区分的架构的牵强

其实，处分行为制度及理论本身先天地存在着缺陷，在此举例分析如下：

1. 处分行为的构成存在问题。为了行文方便，于此暂以作为处分行为主干

---

⑧ 孙宪忠：《物权行为理论探源及其意义》，载《法学研究》，1996（3）。

⑨ 见《德国民法典立法理由书》。转引自田士永：《物权行为理论研究》，332~333 页，北京，中国政法大学出版社，2002；苏永钦：《跨越自治与管制》，235 页，台北，五南图书出版公司，1999；田士永：《物权行为理论研究》，333 页，北京，中国政法大学出版社，2002。

⑩ 田士永：《物权行为理论研究》，354 页，北京，中国政法大学出版社，2002；孙宪忠：《论物权法》，165 页，北京，法律出版社，2001。

⑪ 苏永钦：《跨越自治与管制》，224 页，台北，五南图书出版公司，1999。

⑫ 孙宪忠：《德国当代物权法》，345 页，北京，法律出版社，1997；王泽鉴：《民法学说与判例研究》（第 1 册），131 页，北京，中国政法大学出版社，1998。

⑬ 王轶：《物权变动论》，48 页以下，北京，中国人民大学出版社，2011。

⑭ 崔建远：《无权处分辨》，载《法学研究》，2003（1），3~24 页。

⑮ 崔建远：《从解释论看物权行为与中国民法》，载《比较法研究》，2004（2），6~76 页。

⑯ 崔建远：《从立法论看物权行为与中国民法》，载《政治与法律》，2004（2），43~50 页。

⑰ 崔建远：《物权：规范与学说》（上册），79 页以下，北京，清华大学出版社，2011。

的物权行为制度及理论为例加以讨论。如果按照物权合意或单方物权意思表示构成物权行为的理论，那么，它不符合物权行为系引发物权变动的法律事实的规格，因为即使在德国学者看来，单纯的物权合意也引不起物权变动，必须是物权合意加上交付或者登记才能引发物权变动。⑱ 如此说来，物权合意加上交付或者登记一起构成物权行为，才算满足了法律事实的要求。不过，这样又不符合法律行为乃当事人意思表示的本质特征，因为登记在德国是法院的行为，在中国台湾是行政行为，即使按照有的学者解释的那样，认为其中仍有当事人（申请人）的意思，但也无法否认其中的公权机构的意思存在其中。⑲

2. 为行文方便，以 A 车买卖合同为例，看处分行为概念的牵强。在 A 车买卖合同的场合，处分行为存在于两处，一是 A 车所有权自出卖人移转至买受人乙时，甲说认为 A 车所有权移转的物权合意加上交付系处分行为，乙说则主张 A 车所有权移转的物权合意就构成处分行为；二是车款的所有权自买受人移转至出卖人时，甲说认为车款所有权移转的物权合意加上交付系处分行为，乙说则主张车款所有权移转的物权合意就构成处分行为。不难发现，第一个处分行为与 A 车所有权的移转在物理层面是重合的，第二个处分行为与车款所有权的移转在物理层面也是重合的。换句话说，同一个客观现象，在法国法、英国法上同时也是法律现象，即客观现象与法律现象一致，但在德国法学家的眼里却人为地区分为两个法律现象：在 A 车所有权移转方面，一个是 A 车所有权移转的物权变动，另一个是引发这种物权变动的处分行为；在车款所有权移转方面，一个是车款所有权移转的物权变动，另一个是引起这种物权变动的处分行为。这似乎是在说，A 车所有权移转的处分行为就是 A 车所有权移转本身，车款所有权移转的处分行为就是车款所有权移转自身。⑳ 于是，人们不禁要问：法律行为不是引发法律关系产生、变更、消灭的法律事实吗？处分行为不是引发物权变动的法律事实吗？法律行为与法律关系之间、处分行为与物权变动之间得有一个"引发"（原

---

⑱ ［德］鲍尔、施蒂尔纳：《德国物权法》（上册），张双根译，86 页，北京，法律出版社，2004。

⑲ 崔建远：《从立法论看物权行为与中国民法》，载《政治与法律》，2004（2），47 页。

⑳ 烟台大学法学院的郭明瑞教授持这种批评意见，特此致谢！

因）和一个结果吧！面对 A 车所有权移转的处分行为就是 A 车所有权移转本身，车款所有权移转的处分行为就是车款所有权移转自身，一般的思维是不存在一个"引发"（原因）和一个结果的事实。

当然，高级思维也不难驳倒上述诘问：从意思表示的角度观察和界定，A 车所有权自出卖人移转至买受人乙这个客观事实"浸透着""包含着""反映着"出卖人和买受人之间的物权合意以及 A 车的交付，无论是 A 车所有权移转的物权合意加上交付（甲说）还是单纯的 A 车所有权移转的物权合意（乙说），都是处分行为。此其一。从 A 车所有权的运动的角度观察和界定，略去意思表示的因素，或者说不从意思表示的层面考虑和分析问题，结论就是：这种现象是物权变动。在处分行为与物权变动之间至少存在着逻辑的一秒。

笔者不否认这种思维，甚至感叹其抽象性、其层次感、其复杂美、其训练人们法律思维的功效。但问题在于，如此思维和抽象出的处分行为的理论和制度在法律上、在实务处理纠纷中至少得利多弊少。如果利弊相伴，甚至弊大于利，就需要反思了。尤其在尚未确立处分行为与负担行为相区分的架构的背景下，有无必要新设处分行为制度。在没有寻觅、论证出处分行为与负担行为相区分具有优势之前，处分行为与物权变动在物理层面重合，在处分行为的概念抽象方面则是牵强的。这是无法否认的客观存在。

3. 德国民法的通说认为，所谓物权行为的原因，是指物权行为中的给与原因，即决定物权行为中的给与的法律性质的目的。[21]物权行为的目的是清偿债权行为所承担的债务，"清偿"该债务是物权行为的原因。[22] 此处所谓原因不是因果关系意义上的原因。[23] 原因说明给与的正当性。[24] 笔者认为，第一，这样的思

㉑ 田士永：《物权行为理论研究》，286 页，北京，中国政法大学出版社，2002。

㉒ 苏永钦：《跨越自治与管制》，234 页，台北，五南图书出版公司，1999。

㉓ 张俊浩主编：《民法学原理》，3 版，246 页，北京，中国政法大学出版社，2000；田士永：《物权行为理论研究》，286 页，北京，中国政法大学出版社，2002。

㉔ ［德］恩斯特·伊曼纽尔·贝克尔（Ernst Immanuel Bekker）：《当代学说汇纂法体系》（第 1 卷），魏玛，1886 年，147 页；［德］维尔纳·弗鲁沫（Werner Flume）：《罗马法中的错误与法律行为》（Irrtum und Rechtsgeschäft im römischen Recht），载《弗里茨·舒尔茨祝贺文集》（第 1 卷），魏玛（Weimar），1951 年，152~153 页。转引自田士永：《物权行为理论研究》，282~285 页，北京，中国政法大学出版社，2002。

考模式过于迂回曲折，浅入深出，因为给与的正当性完全可以从债权行为及其法律效力方面加以说明。第二，这样的思考模式在多数情况下是对真实生活逻辑的逆反，因为生活的真实在多数情形下是：先有债权行为，才产生债务，再有该债务的履行。对该债务的履行，德国民法学说解释为物权行为。就是说，在多数情况下，不是物权行为的目的（原因）是清偿债务，而是清偿债务的现象才可能出现了存在着物权行为的解释。遵循尽可能简单化思考和处理问题的理论，就未作物权行为的解释；喜好抽象思考和细致处理问题的德国法理，便作出了这种物权行为的阐明。这种解释在多数情形是将交易等事物的尾声现象前移至开始阶段的构成因素。[25]

三、从功能的角度看处分行为的作用被夸大

为了行文方便，略去准物权行为这种处分行为，仅以处分行为中的物权行为为例加以讨论。

如果将物权行为界定为物权的意思表示，不包括动产的交付和不动产物权的登记，那么，物权的意思表示，在德国民法上不引发物权变动，只有加上交付（动产场合）/登记（不动产场合）才会引发物权变动[26]；在中国法上不会引发动产所有权的移转，不会设立动产质权，不会引发出让的建设用地使用权的变动，不会引发海域使用权的变动。

物权行为若由物权的意思表示和交付（动产场合）/登记（不动产场合）共同组成，那么，在采取物权行为抽象原则（无因性）的法制下，物权行为引发物权变动也不一定是终局的、一劳永逸的，只有在作为原因行为的债权行为有效，该物权变动才是终局的，如果债权行为不成立、被确认为无效、被撤销或不被追认，则由物权行为引发的物权变动还得复原，买受人等受让人取得的财产还得基

㉕ 崔建远：《从立法论看物权行为与中国民法》，载《政治与法律》，2004（2）（总第 129 期），47 页。

㉖ ［德］鲍尔、施蒂尔纳：《德国物权法》（上册），张双根译，86 页，北京，法律出版社，2004。

于不当得利返还重新回到出卖人等转让人之手。这就不难看出，物权行为本身难以终局地引发物权变动，难以保有变动后的物权状态。

鉴于物权行为抽象原则（无因性）存在一些负面结果，有相当的学者主张，只承认物权行为的独立性，不承认物权行为的无因性。对此，笔者持不同意见，理由在于，物权行为属于法律事实，按照法律事实的规格和功能衡量，它应当引起法律关系的产生、变更或消灭。可实际上，仅仅有物权行为的独立性，法律行为的效果仍然完全取决于债的制度，物权变动系债的制度的效力自身或它与有关制度相结合的产物。换言之，在债权行为不成立、无效、被撤销、不被追认的情况下，物权行为不能独立地起任何作用，不能独立地引起物权变动；只有在债权行为有效时，物权行为才可说成是物权变动的原因。既然如此，物权行为除了具有理论上的抽象性外，在法律效果上难见其意义，至少其价值大打折扣。不借助它来设计物权变动制度，完全能够如愿以偿。[27]

处分行为制度在功能方面的弱点还有其表现，例如，《德国民法典》第925条所谓合意，指的是物权合意，物权合意加上登记引起不动产物权变动，故物权合意若附停止条件或始期，在登记时若条件未成就、始期未届至，则虽然进行了不动产物权登记，却不发生物权变动的效果，这就与所谓"基于法律行为的不动产物权变动以登记为生效要件"的原则不一致，因而，德国法规定，附停止条件或附始期的不动产合意无效。与此不同，而中国法上的房地产转让合同是债权合同，其履行加上登记才发生不动产物权变动，附停止条件或附始期只是迟滞了履行的开始之点，不动产物权变动的时间本来就与房地产转让合同成立乃至生效的时间不同步，所附停止条件未成就，或所附始期未届至，房地产转让合同的履行效力就不发生，物权变动自然无从谈起，待条件成就或始期届至，履行开始，加上登记，不动产物权才发生变动，这与登记制度不矛盾，故完全可以允许房地产转让合同附停止条件或附始期。

最后，不得不指出，在德国、中国台湾地区，有些专家、学者利用解释的方

㉗ 崔建远主编：《民法九人行》（第1卷），170页，香港，金桥文化出版（香港）有限公司，2003。

法，尽量使物权行为与债权行为同命运。限制物权行为无因性理论的适用范围，所采取的方法计有条件关联、共同瑕疵和法律行为一体化。⊗ 如此使物权行为与债权行为同命运，物权行为制度及理论的创设初衷几乎丧失殆尽，物权行为制度及理论还能在什么领域单独发挥其固有作用呢？恐怕就剩下有些专家、学者所说的，出卖人或转让人没有处分权买卖合同或转让合同照样有效，以便买受人或受让人追究出卖人或转让人的违约责任，而非缔约过失责任。这种作用如同双刃剑，存在是非不分、有失权衡的弊端。

四、负担行为不要求处分权会导致负面结果

如本文第一部分所引，处分行为与负担行为相区分的重要实益之一在于负担行为不要求转让人、出卖人对标的物享有处分权。假如单纯地从物权变动能否完成以及如何完成的角度思考和解决问题，对现实世界中存在着形形色色的不法、背德的交易视而不见，放任自流，并且以处分行为制度与负担行为制度并立为前提，那么，负担行为不要求转让人、出卖人对标的物享有处分权，尚有一定理由；但是，若要求交易应健康、货真价实、规范地进行，产生正能量，那么，负担行为不以转让人、出卖人对标的物享有处分权，负面结果就难以避免，甚至虚假交易泛滥，这会误导交易的下手，受让了难以实现的债权，或者接受了债权人以此债权所设立的债权质。所有这些，都会害及债权人、质权人的合法权益，有违交易安全，此其一；还会造成虚假繁荣，容易使国民经济的管理者作出不当的判断和决策，积重到一定程度，会酿成恶果，重蹈美国的次贷危机一样的后果，此其二。

在实务中，所谓"空转"，即根本没有实物交易，只有一份一份的交易合同，如存放于 A 仓库的 100 吨螺纹钢，甲将之卖给乙，不实际交付；乙将之卖给丙，不实际交付；丙将之卖给丁，仍不实际交付；丁将之卖给戊，还是不实际交付；

⊗ ［德］鲍尔、施蒂尔纳：《德国物权法》（上册），张双根译，96 页以下，北京，法律出版社，2004；王泽鉴：《民法学说与判例研究》（第 1 册），122～123 页，北京，北京大学出版社，2009。

戊将之卖给甲，所谓简易交付。循环一圈，以显现有关公司的经营业绩，在有资金流动的情况下实质是融资，负面结果十分明显。可是，按照负担行为无需处分权的理论，上述 100 吨螺纹钢的买卖合同都是有效的，除非存在《中华人民共和国合同法》（以下简称为《合同法》）第 52 条规定的无效原因。如此把握和处理问题，其正当性在哪里？

需要指出的还有，在未确立物权行为制度的中国现行法上，上述 100 吨螺纹钢买卖合同未被区分为处分行为与负担行为，只有一个买卖合同这个法律行为，还说不要求出卖人对该 100 吨螺纹钢享有处分权，就更成问题了，不要说结果负面，连逻辑都没有了。

五、从处分行为与负担行为的区分标准看其主观偏好

如本文第一部分所引，处分行为与负担行为相区分的重要实益之二在于负担行为不贯彻公示原则，而处分行为则不然，强调公示原则，但有例外，即公示原则不适用于准物权行为。关于物权行为贯彻公示原则的必要性和重要性，笔者接受其观点及论证，不再赘言。在此要指出的是，处分行为理论含有这样的逻辑：之所以抽象出处分行为，就是因为该行为不同于负担行为，因之不同，在法律构成要件和法律效果方面就显现出差异。该逻辑若被坚持得坚决和彻底，物权行为和准物权行为一体遵循，那么，处分行为与负担行为相区分的架构及理论的说服力就强，但将公示原则仅仅限于物权行为制度中，就难免使人怀疑抽象处分行为的目的：为概念而概念，为新颖而新颖？因为不从处分行为与负担行为相区分的基点出发，简明地、直接地着眼于物权变动，完全可以轻而易举地作出决定和安排：物权变动以公示为原则，债权变动及其原因行为原则上不要求公示。从另外一个角度描述就是，基于处分行为与负担行为相区分而得出物权变动以公示为原则的结论，有些目的与手段不匹配，似有高射炮打蚊子的意味。

六、必须重视负担行为与处分行为相区分的架构设计的破坏力

如果《民法总则》采取负担行为与处分行为相区分的架构设计，则会导致民法总则、物权法、合同法、不当得利法、继承法的有关制度重构，震荡过大，何况中国的法律人并未做好这方面的准备。

处分行为原则是个结构原则。所谓结构原则，就是决定民法的结构、样态及具体制度的设计。如果把民法比作建筑物，结构原则就决定着该建筑物是像人民大会堂这样的，还是像大剧院这样的，抑或是中央电视塔那样的，等等，差异巨大。如果采取了处分行为制度，那么土地承包经营权的变动必须改为只有经过登记，土地承包经营权才能设立、移转、消灭。地役权也是如此。如果采取了处分行为制度，那么，《中华人民共和国物权法》（以下简称为《物权法》）第24条关于机动车等物权变动的设计就会变得不可思议。德国的民法学家已经对《物权法》第24条的规定感到不合逻辑，难以理解。如果采取了处分行为制度，不动产登记制度也会发生巨大的变化，不动产登记机构审查的对象会发生改变。

在民法总则领域，如果采取了处分行为制度，法律行为无效得区分负担行为与处分行为，按照通说，处分行为违反公序良俗也不会无效。[29] 这能被中国人接受吗？假如接受了，则《民法总则》对法律行为无效的原因需要进一步区分情形，既要规定负担行为与处分行为共同的无效原因，又必须指出二者各自的无效原因。

处分行为的成立之时即为其消灭之际，因而法律行为的变更规则也难以适用于处分行为。《民法总则》（草案）未设这样的规则。

法律行为的错误要区分负担行为的错误和处分行为的错误两类情形，有时对其须分别处理，都得一一明确。

在物权法领域，善意取得的性质、善意取得与其基础行为之间的关系，如何

---

[29]　王泽鉴：《民法学说与判例研究》（第1册），123页，北京，北京大学出版社，2009。

确定，难度加大。

在合同法领域，如果采取了处分行为制度，则履行规则会发生巨大的变化，提存、解除制度也需要调整，如何设计合同解除效果的法律基础，需要反思。

债权让与制度的设计上增添了拟制的成分，愈加抽象。

在不当得利领域，变化是翻天覆地的。德国民法上的不当得利制度之所以远比法国民法上的发达，一个重要原因是依靠不当得利返还来治愈物权行为无因性原则所带来的创伤。

既然如此，我们做好了引入负担行为与处分行为相区分的模式来设计《民法典》的准备了吗？我看没有，几个版本的《民法总则》（草案）均未采纳负担行为与处分行为相区分的架构设计。

我们还要看到，负担行为与处分行为相区分、负担行为不要求处分权的模式，基本上在德国民法、中国台湾"民法"上存在。法国法肯定没有采取这种模式。英国法和美国法也不是如同个别学者说的那样，采取了这种模式。欧盟的法律现在没有采取，据说未来也不采取。在这样的国际背景下，人们不禁要问：中国要活跃于国际舞台，采取将被抛弃的法律模式？

七、从是非方面看负担行为与处分行为相区分的弊端

1. 按照负担行为与处分行为相区分的架构，负担行为不要求处分权，在出卖人或转让人出卖他人之物或转让他人的权利的情况下，买卖合同或转让合同的效力不因此而受影响。如此设计，能使善意的买受人或受让人可以基于有效的合同追究无权处分人的违约责任，如请求出卖人或转让人支付违约金、赔偿期待利益。这可资赞同。但是，问题还有另外的一面，即恶意的买受人或受让人也能利用合同有效，追究出卖人或转让人的违约责任，实现利益最大化，这就是保护过分，是非不分，有失权衡了，因而缺乏正当性。

2. 上述负担行为与处分行为相区分的架构设计，在无权处分的情况下，买卖合同或转让合同的效力不因此而受影响，还有一个弊端：即使出卖人或转让人

没有过错，如继承人不知所继承的古玉实为被继承人借用其朋友的却当成自己的财产而出卖，买受人或受让人仍能追究其违约责任，使得无过错的出卖人或转让人承担支付违约金或期待利益的违约损害赔偿，则负担过重。这同样是是非不分，难谓体现了正义。

八、不合法理，实务中有害

在根本不存在标的物、虚拟标的物的情况下，相当一些合同并无实质的意思表示一致，可是按照负担行为与处分行为相区分的架构及理论，买卖等合同却照样有效。未成合意，何谈不支持关于合同无效的请求？[30]

从另外一个角度着眼，如果缔约之际双方当事人都明知根本不存在标的物，就不会依当事人的意思表示发生法律效果，如不会产生物权变动的法律效果，那么，于此场合应当构成通谋的虚伪表示，该合同无效。[31] 如果缔约之际一方明知根本不存在标的物，其实也不会按照意思表示发生法律效果，就应当构成单独虚伪表示（心中保留），合同是否归于无效，观点不一。[32] 如果缔约之际双方当事人都不知根本不存在标的物，就构成错误，中国现行法称之为重大误解。可是，负担行为与处分行为相区分的架构及理论无视这些，执意处分行为有效，则不合法理，忽视了制度间的衔接。

这种理论的有害性在实务中已经显现出来了。例如，甲作为转包方与作为次承包方的乙签订了《建设工程内部承包协议》。其后，甲和乙协议终止该《建设工程内部承包协议》，甲在L省S市中级人民法院、L省高级人民法院诉求乙承担《建设工程内部承包协议》项下的债务并赔偿损失。在这样的背景下，乙与其关联公司丙签订了《债权转让协议书》，将乙对于甲的工程款债权转让给丙，并

---

[30] 详细分析，请见崔建远：《无权处分合同的效力、不安抗辩、解除及债务承担》，载《法学研究》，2013（6），78页。

[31] 王泽鉴：《民法总则》（最新版），340页，北京，北京大学出版社，2009。

[32] 王泽鉴：《民法总则》（最新版），336～338页，北京，北京大学出版社，2009。

将此事通知了甲。

L省S市中级人民法院（2012）民事判决书、L省高级人民法院民事判决书、Z省×县人民法院（2013）民事判决书，均以系争《建设工程内部承包协议》将系争构成整体转包，违反了《合同法》第272条第2款/第3款的规定为由，适用《合同法》第52条第5项的规定，判决系争《建设工程内部承包协议》无效。

系争《建设工程内部承包协议》无效，乙的工程款债权便不复存在，乙对甲若享有债权，则最多是依据《合同法》第58条的规定产生的缔约过失的损害赔偿请求权。这就意味着系争《债权转让协议书》自始没有乙对甲的工程款债权这个标的物。如同上文所述，自始欠缺标的物，实质上乙和丙未就工程款债权的转让达成合意，即系争《债权转让协议书》实质上并未成立，谈不上发生法律效力。

可是，按照负担行为与处分行为相区分、负担行为不要求处分权的设计，系争《债权转让协议书》却有效，Z省×县人民法院民事判决书就是如此认定的，并支持了丙关于甲付清工程款的诉讼请求。待执行完毕，甲向乙求偿时，若其责任财产不足以清偿数个并存的债权，那么，甲便会遭受严重损失。而认定系争《债权转让协议书》因自始欠缺标的物而不成立，从而不发生法律效力，甲对丙就不负工程款债务，就会避免上述风险。由此可见，负担行为与处分行为相区分、负担行为不要求处分权制度及理论的失当性。

丙作为原告，就系争《债权转让协议书》的效力及其内容发生争执，被告应当是乙，甲最多作为第三人。而《中华人民共和国民事诉讼法》（以下简称为《民事诉讼法》）尚未赋予第三人反诉的权利。可是，在甲和乙之间的关系方面，确实存在乙应否向甲承担缔约过失的损害赔偿责任的问题，如果存在，甲有权援用《合同法》第83条的规定主张抵销，来对抗债权受让人丙关于诉求甲付清工程款的主张。需要注意，按照通说，甲主张抵销需要提出反诉，仅仅采取抗辩的形式得不到支持。这就出现了难题：《民事诉讼法》尚未赋予第三人反诉的权利。这进一步加剧了负担行为与处分行为相区分、负担行为不要求处分权制度及理论

的负面结果。

再如，甲是A房的所有权人和A房所在地的宅基地使用权人，他与拆迁人（现在称作征收人）丙于2005年签订有《A房拆迁补偿协议》，将失去A房所有权和相应的宅基地使用权，取得货币补偿。2008年，乙作为原告将丙作为被告起诉到某人民法院，举证他与丙于2003年签订的《A房拆迁补偿协议》，据此他将取得7套房屋补偿；以及乙和甲于2003年签订的《A房买卖协议》。在诉讼中，丙举证出：它与甲之间的《A房拆迁补偿协议》已经履行完毕，甲出具的关于《A房买卖协议》未被实际履行的证言，A房所在地的征地拆迁（现在称作征收）政府批文下发于2004年，A房所在地的征地用途规划为绿地，征收拆迁补偿为货币补偿。由于除A房所有权和相应的宅基地使用权的消灭以外的约定均为债权债务的条款，按照负担行为与处分行为相区分、负担行为不要求处分权的制度及理论，这些条款的法律效力不受乙非A房所有权和相应的宅基地使用权的权利人、对它们欠缺处分权的影响。主审法院也确实认定乙与丙于2003年签订的《A房拆迁补偿协议》合法有效，甚至认定甲和乙签订的《A房买卖协议》有效。这非常值得商榷，理由如下：（1）甲是征收对象的产权人，理应是被拆迁人（现在叫作被征收人），也应是拆迁/征收补偿的取得权利人，乙至多是甲的债权人，不应是A房所有权和相应的宅基地使用权的征收补偿的取得权利人。（2）根据现行法和政策，甲和乙之间的《A房买卖协议》应为无效。许多判决都是如此裁判的。如此，乙不具有被拆迁人/被征收人的资格，也就无权与丙签订《A房拆迁补偿协议》。（3）即使在现有证据不足以证明乙和丙之间的《A房拆迁补偿协议》虚假的背景下，由于甲和丙之间的《A房拆迁补偿协议》业已履行完毕，甲已经取得了A房以及相应的宅基地使用权的征收补偿款，那么，再认定乙和丙之间的《A房拆迁补偿协议》合法有效，责令丙向乙支付A房以及相应的宅基地使用权的征收补偿款，或者承担债务不履行的违约责任，这显然是荒谬的、显失公平的。而贯彻和落实《合同法》第51条的立法本意，将乙和丙之间的《A房拆迁补偿协议》作为效力待定的合同，甲不将A房和相应的宅基地使用权过户给乙，乙和丙之间的《A房拆迁补偿协议》归于消灭，才是最为妥当的

处理方法及结果。就此看来，法释〔2012〕8号第3条的规定确为不妥。

九、余论

负担行为与处分行为的话题里，时常涉及处分权及其欠缺。一段时间以来，无论是在理论界还是实务界，都出现了纠结于无权处分与无权代理及表见代理之间的关系，把不该适用无权处分制度的关系错误地适用了法律关于无权处分的规定，或者相反，本应适用无权处分制度却忽略了该制度的适用。有鉴于此，笔者对此发表意见，抛砖引玉。

首先申明，无权处分制度中的欠缺处分权，是指处分人对所处分的标的物欠缺物权或欠缺对他人物权的处分权[③]，不包括欠缺代理权。就是说，无权代理本身不属于无权处分的范畴。由此决定，在许多情况下，无权处分不涉及狭义的无权代理或表见代理。但在委托人（被代理人）通过代理来出卖他人之物或转让他人权利的场合，以及无代理权人将委托人（被代理人）的物权当作自己的权利予以处分的情形，也发生无权处分制度与代理制度的牵连。

其次，为了较为清晰地说明问题，也出于便利的考虑，笔者将委托人（被代理人）命名为甲，把代理人或无权代理人叫作乙，将真实的物权人称作丙；并区分委托人（被代理人）甲与代理人或无权代理人乙之间的关系、委托人（被代理人）甲与真实的物权人丙之间的关系、代理人或无权代理人乙与真实的物权人丙之间的关系，一一辨析。

1. 有权代理不动产、动产买卖、互易等交易时，直接代理人乙不是以自己的名义，而是以被代理人（物权人）甲的名义从事交易，对不动产或动产的处分实质上是物权人甲在处分，而非代理人乙在处分。因此，只要甲对处分的标的物确实享有物权，此类交易就不存在无权处分问题。此其一。但是，在甲对处分的标的物不享有物权的情况下，甲与真实的物权人丙之间发生无权处分的问题，交

[③] 为了叙述的方便，此处不涉及股权、知识产权等权利的无权处分。

易相对人丁与甲、丙之间也发生无权处分问题，解决他们之间的纠纷，应当适用法律关于无权处分以及可否善意取得的规定，同时离不开代理制度。此其二。在甲对处分的标的物不享有物权的情况下，代理人乙实施的是自己代理或双方代理，既需要适用法律关于自己代理或双方代理的规定，也需要适用无权处分制度。此其三。在甲对处分的标的物确实享有物权，但代理人乙伪造文件，将标的物作为自己享有物权的物与交易相对人丁签订买卖合同，乙便无权处分了甲的物权，乙与交易相对人丁之间的买卖合同适用无权处分的规定，丁可以援用《物权法》第106条第1款的规定，主张善意取得（当然，得具备构成要件）；同时，甲有权基于代理制度追究乙滥用代理权的责任，也有权基于《侵权责任法》第6条第1款及第15条第1款第6项的规定请求乙承担侵权责任。此其四。

2. 隐名代理人乙依据《合同法》第402条或第403条的规定从事外贸代理，有学说称之为隐名代理，同样是有权处分不动产或动产，发生代理的法律效果，与委托人（物权人）甲亲自处分其不动产或动产发生同样的有权处分的效果。在委托人甲对处分的标的物享有物权的背景下，隐名代理人乙实施代理行为，不存在无权处分问题，不适用法律关于无权处分的规定。此其一。但在委托人甲对处分的标的物不享有物权的场合，隐名代理人将该标的物出卖与交易相对人丁，且适用《合同法》第402条的规定，即隐名代理人乙与交易相对人丁所订合同直接约束委托人甲与交易相对人丁的场合，意味着委托人甲无权处分了真实物权人丙的物权，在隐名代理人乙与真实的物权人丙之间发生无权处分问题，实质上是在委托人甲与真实的物权人丙之间发生无权处分问题，交易相对人丁也牵涉其中，解决他们之间的纠纷，适用法律关于无权处分以及善意取得的规定。此其二。同时，解决委托人甲与隐名代理人乙以及交易相对人丁之间的纠纷，离不开隐名代理制度，需要适用《合同法》第402条或第403条的规定。此其三。在根本不存在甲委托乙从事隐名代理行为的授权场合，不会是隐名代理的问题，乙与交易相对人丁之间所签订的合同及其法律后果不适用《合同法》第402条或第403条的规定，若该合同有效，则由乙和丁承受该合同项下的权利义务；若该合同无效，则适用《合同法》第58条的规定，乙承担缔约过失责任。

3. 在行纪等间接代理的场合，尽管是行纪人乙以自己的名义处分委托人甲的不动产或动产，但适用行纪等规定，也不按照无权处分制度处理。纵使行纪人乙违背了委托人甲的指示，擅自出卖了委托人甲不同意出卖的动产，甲也只得请求乙承担责任，若向交易相对人丁主张无权处分的法律效果，丁有权以行纪合同关系及其法律后果阻止住物的返还请求权为由，予以对抗。

4. 在处分不动产、动产且狭义的无权代理的场合，只要是直接代理且被代理人不予追认，就不存在无权处分也不存在有权处分的问题，仅仅发生债法的后果，包括行为人向交易相对人丁承担因"代理行为"无效而产生的后果。该项结论即使在家事代理场合也仍然成立。例如，丈夫甲将夫妻共有但登记在甲自己名下的 A 房出卖给丁，在双方签订 A 房买卖合同时甲言明其已经取得了其妻乙的授权。但实际情况是妻子乙并无此种授权，丁对此知晓，换言之，不构成表见代理。于此场合，只要妻子乙不追认丈夫甲与交易相对人丁签订的 A 房买卖合同，A 房买卖合同就归于消灭，A 房所有权就不会移转给丁。在这里，依赖狭义的无权代理制度就可完全且适当地解决了问题，无须绕道无权处分制度。其实，即便硬要借助于无权处分及善意取得制度，也达不到目的。因为在 A 房尚未办理完毕过户登记手续时丁已经知晓了欠缺处分权的事实，不符合善意取得的构成要件了。

5. 处分不动产、动产若是依据《合同法》第 402 条或第 403 条的规定而实施隐名代理，且构成狭义的无权代理，那么，在标的物为动产时同时构成无权处分，在标的物为不动产且登记在隐名代理人名下时也构成无权处分，登记在委托人名下时不成立无权处分。不过，尽管如此，因为构成狭义的无权代理意味着交易相对人知晓行为人欠缺代理权，至少推定其了解狭义的无权代理的法律后果，所以，就无权处分不动产或动产而言，交易相对人不是善意的，于此场合的无权处分不发生善意取得的效果。

6. 行为人处分他人的不动产、动产虽然欠缺代理权，但构成表见代理，于此场合交易相对人不选择撤销，而是主张表见代理，那么，发生如同有权代理那么的法律效果，即，将对不动产或动产的处分作为物权人在处分，而非代理人在处分。因此，此类交易不存在无权处分问题。即使是依据《合同法》第 402 条或第 403 条的规定而实施隐名代理，结论也是如此。

民法总则应当如何设计代理制度？*

内容摘要

间接代理与直接代理存在本质上的差异，说到极致，间接代理不是代理。因此，正在制定的民法总则应该只设置直接代理制度，而将间接代理留给民法分则的相应编章。代理行为可以是代理人以被代理人的名义实施法律行为的行为，也可以是该法律行为本身，但在适用法律时应区别这两种行为而寻觅各自的请求权基础。即便代理行为包括代理人以被代理人的名义实施了单独行为，或与第三人签订了合同这些类型的法律行为，代理人也不必是完全行为能力人，限制行为能力人也应被允许。自己代理与双方代理应被民法总则所规范，并区分情况而异其法律后果。对于《民法通则》第43条的规定也应承继和完善。越权行为系中外法律界和法学界熟知的概念，应被继续使用，不应再新创一个表见代表的概念，何况表见代表的称谓存在许多缺陷！

关键词

代理；间接代理；代理行为；限制行为能力；表见代表；越权行为

* 本文系全国哲学社会科学基金重点项目《法学方法论与中国民商法研究》（批准号：13AZD065）的阶段性成果。对于资助谨表谢意！

本文最初发表于《法律适用》2016年第5期，作者为耿林、崔建远。

全国人民代表大会正在制定《中华人民共和国民法总则》（以下简称为《民法总则》），必然涉及代理制度如何设置的问题，需要探讨和设计。本文即为此而作，抛砖引玉。

一、如何对待间接代理？

另有专文，此处省略。

二、代理人的行为能力影响什么？

1. 代理行为的锁定与代理人的行为能力

关于代理是否以代理人具有行为能力为必要，意见不一。解析这个疑问涉及代理行为所指什么行为的问题。如果代理行为仅仅是代理人所为意思表示，而非指代理人与相对人之间签订的合同，那么，由于代理制度的重心在于被代理人与相对人（第三人）直接承受该合同项下的权利义务，因而代理人有无行为能力就仅仅是被代理人与代理人之间的内部关系问题，不影响被代理人与相对人之间的权利义务，由此表明在代理制度中代理人有无行为能力是可以忽略不计的。但是，如果代理行为既包括代理人所为意思表示，又可以是代理人与相对人之间签订的合同，那么，代理人有无行为能力似乎要影响到该合同的效力，至少依形式逻辑应有此结论。

2. 代理行为指的是哪个行为？

为了便于叙述，先定义如下称谓和法律关系：被代理人甲委托代理人丙将其所有的 A 楼出卖与乙。代理人丙向乙发出了出卖 A 楼的意思表示，乙对此完全同意并与丙（以被代理人甲的名义）签订了 A 楼买卖合同。在这里，丙向乙发出的出卖 A 楼的意思表示是代理行为吗？丙与乙签订的 A 楼买卖合同是代理行为吗？其说不一。有的观点较为灵活，在"有时，代理行为是指代理人以本人名义实施法律行为的行为（如称'代理人超越代理权限实施代理行为构成越权代

理'），有时则是指代理人以本人名义与第三人所为法律行为本身（如称'代理行为所产生的权利义务由本人承担'）"①。与此不同，有的观点则非常严格："代理行为就其文义表达而言只能是指代理人实施的行为，而代理人与相对人所签订的合同是双方共同实施的法律行为。故对于代理人与相对人所签订的合同，我们固然不妨说该合同是代理人所实施的代理行为，但绝对不能说该合同同时也是相对人所实施的代理行为，当然也更不能说该合同是代理人和相对人共同实施的代理行为。"②"具体而言，代理实施的法律行为，是意思表示的作出或者受领。它既可以是单方法律行为，也可以是合同形式中的要约或者承诺意思，还可以是决议等投票行为。"③

如此区别有其价值，例如，"代理行为不是一种'法律行为'"④，从而对之不适用法律行为制度的调整，代理人有无行为能力无关紧要；"代理行为的成立并不能等同于代理人所签订合同的成立"，"代理行为的有效则不能等同于代理人所签订的合同的有效"。"代理行为的无效并不能等同于代理人所签订的合同必然无效"⑤。"由于代理行为指向的是实施法律行为，因此，代理行为的要件仅是对有效代理有影响的因素，而不包括代理人所实施的法律行为的有效要件。二者须予分辨。"⑥

所有这些，都做到了精细化，在法律适用时区分不同的行为而寻觅各自的请求权基础，法律后果可能有异，这确实具有启发性，值得法律人重视。但同时也应看到，代理人实施法律行为的行为有时就是法律行为。例如，代理人以被代理人的名义发布了一则悬赏广告；代理人以被代理人的名义向交易相对人作出了《承诺书》，给被代理人设定了若干义务；代理人丙以被代理人甲的名义向乙发出了出卖 A 楼的要约；代理人丙以被代理人甲的名义接受了交易相对人丁关于转

---

① 转引自尹田：《民法典总则之理论与立法研究》，660 页，北京，法律出版社，2010。
② 尹田：《民法典总则之理论与立法研究》，660 页，北京，法律出版社，2010。
③ 崔建远等：《民法总论》，2 版，耿林执笔，226 页，北京，清华大学出版社，2013。
④ 尹田：《民法典总则之理论与立法研究》，660 页，北京，法律出版社，2010。
⑤ 尹田：《民法典总则之理论与立法研究》，660～661 页，北京，法律出版社，2010。
⑥ 崔建远等：《民法总论》，2 版，耿林执笔，226 页，北京，清华大学出版社，2013。

让股权的承诺；等等。其中，悬赏广告和《承诺书》均为单方法律行为，要约和承诺也是意思表示，属于法律行为的核心要素。

在代理人以被代理人的名义发布悬赏广告、作出单方允诺等实施单独行为的情况下，将代理行为局限于代理人以本人名义发布悬赏广告、作出单方允诺等实施法律行为的行为，就使严格区分代理行为与由代理人与第三人实施的法律行为本身的理论陷入无法自圆其说的尴尬境地，因为于此场合所谓"实施法律行为的行为"（所谓代理行为）就是"单独行为"（所谓法律行为本身），此处不存在两个行为，只要承认"实施法律行为的行为"为代理行为，就不得不承认该代理行为就是单独行为这个"法律行为本身"。

既然如此，称上例中代理人丙与相对人乙之间签订的 A 楼买卖合同为代理行为，也未尝不可。⑦ 在这方面存有例证，如史尚宽先生、杨春堂教授于介绍和阐释行纪合同时论述道："行纪人若已为委托行为之实行，即行纪人若已为委托人而与第三人完成交易行为（例如订立买卖合同），卖出或买入其所委托出卖或买入之物者……"⑧ 此处所谓委托行为之实行就相当于委托代理中的代理行为。观察该段叙述的字面意思，它似乎将该委托行为之实行等同于行纪人以委托人（本人）的名义与第三人签订的买卖合同。如果这样理解符合史尚宽先生、杨春堂教授的原意的话，那么，他们也承认代理行为的双重指向：（1）代理人以委托人（本人）的名义实施法律行为的行为，即笔者在上文所举教学案例中所谓"代理人丙向乙发出了出卖 A 楼的意思表示"；（2）代理人以委托人（本人）的名义与第三人实施的法律行为本身，即笔者在上文所举教学案例中所谓"A 楼买卖合同"。

既然代理行为包括代理人以被代理人的名义与相对人签订的合同以及代理人以被代理人的名义实施的单独行为，那么，代理行为的效力评价就离不开《民法通则》第 55 条的规定，其中包括代理人应具有相应的行为能力。

3. 有关立法例及学说的立场

但是，有关立法例及其学说对于代理人的行为能力的要求却没有像当事人亲

---

⑦ 在笔者与耿林博士面对面地讨论中，耿林博士赞同代理行为的这种双重指向。

⑧ 杨春堂：《民法债编各论》（中），301 页，台北，三民书局，2004。

自实施法律行为场合那样的要求。

因为代理人亲自实施法律行为，所以如果他是无行为能力人，那么，由他作出的或向他作出的意思表示无效（参见《德国民法典》第 105 条及其以下，第 131 条第 1 项，第 165 条）。然而，也没有必要要求代理人是完全行为能力人，限制行为能力人即可（《德国民法典》第 165 条）。因为代理人在代理权限的范围内作出或受领意思表示，那么，代理人所为意思表示的后果不由其自己，而由被代理人承受。如果被限制行为能力的代理人并无代理权，那么，他将通过《德国民法典》第 179 条第 3 项但书得到充分保护。⑨

另一方面，从被代理人的利益角度看，也不要求代理人必须是完全行为能力人。如果被代理人向限制行为能力人授与代理权（《德国民法典》167 条），那么，即使代理人实施了不利的交易，被代理人也必须独自承担责任。⑩

也有学说从另外的角度证成代理人可以是限制行为能力人：代理人尽管自己去为法律行为，但这并不是他自己的，而是由他代理的另一个人的法律行为。被代理人而不是代理人成为该法律行为的当事人，并承担该法律行为项下的法律后果。⑪

上述学说确有道理，值得我们重视，《民法总则》设置代理制度应当予以借鉴。

三、自己代理与双方代理

所谓自己代理（Insichgeschäft），也称自我缔约（Selbstkontrahieren），指代理人一面代理委托人（本人），一面以代理人自己的身份共同实施某项法律行为。所谓双方代理（Mehrvertretung），是广义的自己代理的一种形式。它是指代理

---

⑨⑩　［德］汉斯·布洛克斯、沃尔夫·迪特里希·瓦尔克：《德国民法总论》，33 版，张艳译，杨大可校，218 页，北京，中国人民大学出版社，2014。

⑪　［德］卡尔·拉伦茨：《德国民法通论》（下册），王晓晔、邵建东、程建英、徐国建、谢怀栻译，谢怀栻校，815 页，北京，法律出版社，2003。

人同时以本人及第三人的代理人身份，为双方实施法律行为。这就是日常所说的"一手托两家"⑫。

　　具体到中国，可否从历史解释的角度看《民法总则》不得设置自己代理和双方代理的规则呢？回答是否定的，道理在于：《中华人民共和国经济合同法》（已被废止）第 7 条规定自己代理、双方代理签订的经济合同无效。《中华人民共和国合同法》（学者建议草案）于第 37 条规定双方代理订立的合同无效，但符合法律规定或商业惯例的，或者经过双方当事人许可或追认的，不在此限；于 38 条规定自己代理订立的合同无效，但合同纯使被代理人一方获得利益的，不在此限。其后全国人民代表大会常务委员会法制工作委员会草拟的《中华人民共和国合同法》（试拟稿）也有类似的规定，但《合同法》却未设自己代理和双方代理的规则。之所以如此，不是立法者否定了自己代理和双方代理的规则，而是设置什么样的规则方为适当把握不准，留给判决、学说总结实务中的经验，形成规则。既然如此，《民法总则》应当设置自己代理和双方代理的规则。

　　有关立法例及判例、学说认为，自己代理必须禁止，理由一是自己代理缺乏公开性，二是自己代理难以避免利益冲突。就此说来，自己代理本应是无效的，但考虑到这主要涉及法律行为相对人之间的利益关系，故设计成待定之无效，承认两个例外：一是经委托人（本人）的许诺，另一个是专为履行债务的行为，在这些情况下自己代理变为有效。⑬双方代理的禁止理由、禁止的例外以及法律效果与自己代理相同。⑭

　　《民法总则》设置自己代理和双方代理的制度时，在借鉴上述立法例及判例、学说的前提下，还应当承认其他例外。例如，在行纪合同中，行纪人依据《合同法》第 418 条第 1 款关于"行纪人卖出或者买入具有市场定价的商品，除委托人有相反的意思表示的以外，行纪人自己可以作为买受人或者出卖人"的规定，行

---

⑫⑬　［德］汉斯·布洛克斯、沃尔夫·迪特里希·瓦尔克：《德国民法总论》，33 版，张艳译，杨大可校，244 页以下，北京，中国人民大学出版社，2014；崔建远等：《民法总论》，2 版，耿林执笔，238 页，北京，清华大学出版社，2013。

　　⑭　王泽鉴：《民法总则》，360～362 页，北京，北京大学出版社，2010。

使介入权时，实际上就发生了自己代理。再如，有相当数量的关联交易，是同一个职员代理两个公司签订某个合同，发生了双方代理。对此，不宜一概加以否定，而应区分情况再作结论：在该合同不存在《合同法》第52条、第53条规定的无效原因，不存在《合同法》第54条规定的可以变更、可以撤销的原因，也不存在《合同法》第48条等规定的效力待定的原因的情况下，一般应承认其效力。

行文至此，不得不注意施密特律师的下述意见：《德国民法典》禁止自己代理和双方代理（第181条），目的是保护被代理人。这在表面上似乎有其道理，但实际上这种制度设计仅仅看到了表象，忽视了自己代理、双方代理是否真的影响了被代理人的利益。其实，在有些案件中，自己代理、双方代理并未影响被代理人的利益，于此场合，为什么还禁止它们呢？尤其是被代理人乐见其成时，禁止就更加偏离意思自治，缺乏正当性。有鉴于此，把是否承认自己代理、双方代理的权利交给被代理人，由其视个案情况决定是接受自己代理或双方代理的法律后果，还是否认，效果更佳。这就是说，自己代理、双方代理的场合赋予被代理人撤销权，而不是无效，更为妥当。此外，还可借助于债务不履行责任（违约责任）制度，由被代理人基于委托合同追究代理人违反该合同义务所生责任，以达保护被代理人的利益的目的。再者，不要忘记这样一个道理：实施法律行为会有风险，一个人一旦选择由代理代其参与法律行为，意味着他自愿承受其中的风险，包括代理人实施自己代理、双方代理所带来的风险。不宜采取一方面使被代理人享受由代理人代其参与法律行为的好处，另一方面又广泛地否认自己代理、双方代理，消减鼓励交易原则及其功效。禁止自己代理、双方代理就是偏离鼓励交易原则。权衡利弊，不如把《德国民法典》第181条的规定解释为任意性规定，允许当事人通过约定排除其适用。[15]

中国民法总则设计自己代理和双方代理制度时应当吸收施密特律师的意见，对设计自己代理和双方代理不是采取无效的模式，而是采取可撤销的方案。

---

[15] 在全国人民代表大会常务委员会法制工作委员会举办的"中德民法总则研讨会"（2016年4月14～15日）上，施密特律师发表了这种意见。

四、《民法通则》第 43 条应予承继

《民法通则》第 43 条规定："企业法人对它的法定代表人和其他工作人员的经营活动，承担民事责任。"对此，编纂《民法典》时应否承继，意见不一。在全国人民代表大会常务委员会法制工作委员会组织的《中华人民共和国侵权责任法》（草案）、《中华人民共和国民法总则》（民法室工作稿）等法律草案的研讨会议中，有专家、学者不赞同《民法通则》第 43 条关于"企业法人对它的……其他工作人员的经营活动，承担民事责任"的规定，《民法总则》不宜再承继该条规定。

对此，笔者持不同意见。应当看到，《民法通则》第 43 条规定的其他工作人员为企业法人从事经营活动，涵盖若干情形。第一种情形是根据法人机关的命令和自己的职责进行的活动，如甲公司的汽车司机丙将公司出卖的车床运送至买受人乙的仓库，承包人丁公司的瓦工在位于发包人戊学校的教学大楼施工场地砌墙。第二种情形是法人的工作人员履行职责，以法人的名义与第三人实施法律行为，如甲公司的经理丙以甲公司的名义与交易相对人乙签订 A 楼买卖合同，将 A 楼出卖与乙。对于第一种情形应由履行辅助人、占有辅助人等制度调整，不适用法律关于代理的规定。对于第二种情形则适用代理制度，因其完全符合代理的构成要件，似无反对适用代理制度的理由。

第二种情形不属于法定代理和指定代理，应属委托代理，但也与一般的委托代理存在区别。在一般的委托代理制度中，存在着狭义的无权代理类型，于此场合，被代理人有权对狭义的无权代理不予追认，不承受无权代理行为产生的法律后果。但在《民法通则》第 43 条规定的第二种情形场合，法人不得否认其工作人员以其名义从事的经营活动（职务代理），必须承受该活动所生的法律后果。至于由此带给法人的不利益，由法人的内部制度解决，如由违反职责要求的工作人员承担劳动法的责任或承担行政责任。

当然，《民法总则》设置职务代理制度，不宜像《民法通则》第 43 条那样将

之仅仅限于企业法人，而应更加普遍化，其他类型的法人也适用职务代理的规定。

五、不宜新创表见代表的概念

近几年来，有些判决、专家、学者对《合同法》第 50 条规定的越权行为遵循狭义的无权代理及表见代理的构成和法律效果来解释，并将之命名为表见代表。

鉴于越权行为概念滥觞于英国法，被众多立法例及学说所接受，中国的民法学界、商法学界都普遍接受，新创表见代表概念不利于学术交流，尤其是不便于中外交流，不可取。更为实质的理由如下：

其实，越权行为制度与狭义的无权代理制度及表见代理制度的机理、构成和法律效果差异很大，不可盲目类比和进行法律适用，创设表见代表的概念更是有害无益。在法国，判例就完全没有委托、代理人超越或滥用代理权的情况采用了表见代理的理论。这些判例的主要意义之一在于，确立了公司机构超越公司章程规定的权限所为行为的效力。在这一点上，表见理论已不再有用武之地，因为 1966 年 7 月 24 日的法律规定，公司章程中有关公司机构权限的规定，凡与该法相关规定不符的，不能用以对抗第三人（第 14 条第 3 款，第 49 条第 6 款，第 98 条第 3 款，第 124 条第 3 款）。[16]

关于这个问题，笔者辨析如下：

（1）在代理关系中，代理人与被代理人之间的关系应属"陌生人"之间的关系，依意思自治及不得擅自干涉他人自由及事务的原则，任何人都不得自作主张以他人的名义从事代理行为并将其法律后果交由他人承受，只有存在代理权授与（委托代理的场合）或法律直接规定（法定代理的场合）时，才可以以被代理人的名义实施代理行为，并且所生法律后果由其被代理人承受，否则，被代理人有权不予追认所谓代理行为，不承受该行为所生权利义务，除非行为人实施所谓代

---

⑯　［法］雅克·盖斯旦、吉勒·古博：《法国民法总论》，陈鹏、张丽娟、石佳友、杨燕妮、谢汉琪译，793 页，北京，法律出版社，2004。

理行为且在外观上使相对人有理由相信行为人有代理权。正因如此，"表见"及其理论才有价值，才值得法律关注并予以处理——设置表见代理制度。

总之，在代理关系中，只要无证据证明存在代理权授与或法律直接授权，就不得认定行为人与本人之间存在代理关系，就构成狭义的无权代理。换言之，狭义的无权代理，与代理毫不相干是常态，表见代理是例外，且为较鲜见的例外。

与此存在实质差异的是，法人与其法定代表人之间的关系，则绝非"陌生人"之间的关系，而是"亲密无间"的关系。在法律的视野里，法定代表人在法人的业务范围内从事民事活动时被认定为法人与法定代表人具有同一人格，该民事行为就是法人的行为。连最为稳妥的理念及观点也都认为，在法定代表人履行职务时，法人与其法定代表人具有同一人格，该履行职务的行为就是法人的行为。只要没有特别提示限制法定代表人的权限（如法人章程明文限制了法定代表人的权限，或者董事会决议或股东会、股东大会限制了法定代表人的权限）的文件，只要相对人索要限制法定代表人的权限的文件未被法人无理拒绝，法定代表人在法人的业务范围实施的民事法律行为，就不是越权行为，而是法人无权推卸的法人行为。既然不是越权行为，既然是法人无权推卸的法人行为，则无所谓表见或曰表见代表。

再进一步，即便法定代表人超越了法人的业务范围实施民事法律行为，超出了公司章程赋予法定代表人的权限，或者超越了董事会或股东会、股东大会决议赋予法定代表人的权限，该越权行为也仍然是法律行为，并且是法人行为。在这里，代表权及其行使乃客观存在，系否认不了的现实存在，而非代表权及其行使"表见"。如果说表见代理根本就不是代理，法律只是出于交易安全的考虑才将之当作代理，那么，越权行为始终都是代表权的行使，只不过鉴于法定代表人超越权限会损害出资人乃至其他债权人的权益，出于利益平衡，法律才有条件地赋予法人一定的否认权。假如硬要使用"表见"的术语，那么，也是此制度中的"表见"而非彼制度中的"表见"。

（2）越权行为，系法定代表人履行职务的行为，是法人的行为，而非法定代

表人个人的行为。无论相对人是否知道或者应当知道法定代表人超越权限的事实，都改变不了这个事实和结论，都改变不了法定代表人是法人的代表这个法律地位，都改变不了法定代表人于此场合拥有代表权这种客观事实，改变不了法定代表人的越权行为依然是行使代表权这种法律属性。[17]

与此不同，狭义的无权代理行为，乃无权代理人实施的法律行为，由无权代理人的意思表示构成，系无权代理人个人的行为，而非由被代理人的意思表示组成，亦非被代理人的行为。换个角度说，狭义的无权代理且被代理人不予追认的场合，根本就不存在"代理人"这种人及其法律地位。如此，考察和确定狭义的无权代理行为这个法律行为成立与否、有效与否，都是首先着眼于无权代理人的情形，如无权代理人有无行为能力、意思表示真实与否，而非被代理人有无行为能力，影响着无权代理行为、表见代理行为的效力，至于被代理人的意思表示以及真实与否，并非该法律行为的构成因素。只是在确定是否由被代理人承受狭义的无权代理行为所产生的法律后果时，才考虑被代理人是否"同意""追认"此类意思。在被代理人拒绝追认无权代理的情况下，狭义的无权代理行为有效与否完全取决于无权代理人的情形，例如，在无权代理人具有完全行为能力、意思表示真实、具有实施无权代理行为的资格等情况下，无权代理人作为当事人一方，狭义的无权代理行为有效。[18]

表见代理制度没有改变狭义的无权代理场合的上述事实，相对于狭义的无权代理的效果而言，只是取消了被代理人不予追认无权代理的权利，也不再需要相对人催告被代理人追认无权代理这个环节。在表见代理行为的构成、有效与否的判断等方面，都适合上述分析和结论。

（3）在越权行为的场合，越权行为的法律后果一律（或曰总是）由法人承受，而不是由法定代表人承担，即使相对人知道或者应当知道法定代表人超越其权限，也是如此。只不过在相对人知道或者应当知道法定代表人超越其权限的场合，法人可以不承认越权行为的法律效力，即不按照越权行为中的效果意思赋予

---

[17][18]　崔建远：《关于制定〈民法总则〉的建议》，载《财经法学》，2015（4）。

法律效果，而发生无效法律行为的后果。在越权行为系合同的场合，适用《合同法》第58条关于合同无效、被撤销时产生返还财产或折价补偿、缔约过失的损害赔偿的规定。在相对人不知道也不应当知道法定代表人超越其权限的情况下，越权行为确定地有效，法人有义务履行越权行为项下的债务，以及承担债务不履行的责任，而非法定代表人个人履行这些债务或承担相应的民事责任。一句话，在越权行为的情况下，在与相对人的关系方面，法定代表人不是一方当事人，法人才是一方当事人。[19]

与此不同，在狭义的无权代理的场合，被代理人不予追认无权代理行为时，狭义的无权代理行为的后果由无权代理人承担，而非由被代理人承受。于此场合，在与相对人的关系方面，被代理人不是当事人一方，无权代理人才是当事人一方。这是它与越权行为非常不同的表现。

在表见代理的情况下，取消了被代理人不予追认无权代理的权限，即被代理人必须承受表见代理行为项下的权利义务，换个角度说，在与相对人的关系方面，被代理人是当事人一方，无权代理人则否。仅就这点说来，表见代理制度与越权行为制度类似。但是，它们仍有不同，这除了上文"（1）"中的分析及其结论外，还将在下文"（4）"中剖析。[20]

（4）在越权行为制度中，法律没有赋予相对人催告、撤销越权行为的权限，即相对人只要不知道也不应当知道法定代表人超越权限，就得承受越权行为项下的法律后果；而在狭义的无权代理制度中，《合同法》恰恰规定了相对人的催告权和撤销权（第48条第2款）。在表见代理制度中，中国现行法没有就相对人能否援用法律关于狭义的无权代理的规定表态，但笔者力主相对人有权援用法律关于狭义的无权代理的规定。这也显现出狭义的无权代理制度、表见代理制度不同于越权行为制度。[21]

将越权行为命名为表见代表除了存在上述弊端外，还有如下缺点：1）在法人制度中，所谓代表，法人代表，用于法定代表人与法人之间关系方面，系法律

---

[19][20][21] 崔建远：《关于制定〈民法总则〉的建议》，载《财经法学》，2015（4）。

地位意义上的概念，并不属于法定代表人实施行为的权限的范畴。法定代表人履行职务，实施行为，确属其权限范围内，固然是代表，即便法定代表人实施行为时超越了权限，他也仍然是法人的代表。换个角度说，判断一个人是否为法人的代表，不是基于其实施的具体行为，而是依据公司章程等法律文件对其法律地位的规定、固定。创设表见代表的概念起不到对上述关系的明确和清晰化作用，而是制造了混乱。2)《合同法》第50条关于越权行为的规定，不但适用于法定代表人履行职务的领域，而且适用于非法人团体的负责人履行职务的场合。表见代表的概念显然不是对非法人团体的负责人履行职务时超越权限情形的概括。

民法总则如何对待间接代理？*

内容摘要

中国现行法上的间接代理，虽然在名称上沿用了大陆法系使用的间接代理，但在外延乃至内涵方面却远较大陆法系上的间接代理概念丰富，即不但包括行纪、代办货运这些大陆法系所谓的间接代理，又含有外贸代理这样的大陆法系所没有的间接代理类型。外贸代理在中国系基于现实需要而产生的法律制度，现行合同法设置第402条和第403条时较多地借鉴了《国际货物销售代理公约》第12条和第13条的规定以及英国法上的第二种、第三种类型的代理。尽管中国现行法上的外贸代理规则与行纪、代办货运等间接代理规则存在覆盖、交叉、缺失等不足，但编纂民法典仍不宜放弃现行合同法第402条和第403条的规定，而是应当将之改造、充实、完善并适用于商事领域，既不局限于外贸领域，也不无限地扩张至全部民事领域。因此，加上间接代理与直接代理存在本质上的差异，正在制定的民法总则应该只设置直接代理制度，而将间接代理留给未来的民法典分则

---

　　* 本文系国家哲学社会科学基金重点项目《法学方法论与中国民商法研究》（批准号：13AZD065）及清华大学自主科研计划课题《中国民法典编纂重大理论问题研究》（2015THZWJC01）的阶段性成果。对于资助谨表谢意！

　　本文最初发表于《吉林大学社会科学学报》2016年第3期。

的相应编章。

关键词

间接代理；外贸代理；隐名代理；行纪；介入权；选择权

一、引言

在《中华人民共和国民法总则草案》研讨会上，有专家、学者主张：《中华人民共和国民法通则》（以下简称为《民法通则》）关于代理的设计及其理念符合法理，且已经深入人心，应予坚持，正在制定的《中华人民共和国民法总则》（以下简称为《民法总则》）应予承继；《中华人民共和国合同法》（以下简称为《合同法》）规定的外贸代理（第 402 条、第 403 条），只不过为满足当时外贸代理所涉各方利益的平衡的需要而作的例外，且为商法上的特别制度，不宜与《民法通则》确立的直接代理制度平起平坐，故而《民法总则》仅仅规定直接代理，至于外贸代理仍然留在《合同法》中，作为特别的商事制度发挥作用。但是，也有专家、学者不赞同这种方案，主张《民法总则》应统一规定代理制度，包括直接代理和间接代理。

鉴于专家、学者对间接代理的界定和范围存在分歧，对代理制度的体系把握有异，本文有必要先从厘清概念入手，接着考察和分析中国现行法关于间接代理的规定，然后讨论《民法总则》乃至《中华人民共和国民法典》（以下简称为《民法典》）应当如何设计代理制度，怎样安排直接代理和间接代理的位置。

二、间接代理的概念分析

1. 大陆法系的直接代理与间接代理

直接代理（Stellvertretung，agency，representation，procuration），指代理人在代理权限范围内，以被代理人（本人）名义向第三人作出意思表示或受领第三人意思表示，而对本人直接发生效力的行为。《法国民法典》第 1984 条以下、

《奥地利民法典》第 1002 条等条文、《德国民法典》第 164 条以下、《日本民法典》第 99 条以下、《瑞士债务关系法》第 32 条等条文、中国台湾"民法"第 103 条以下都规定了直接代理。

所谓间接代理，本为大陆法系的概念和制度，指虽为委托人（本人）的计算 [on the account of Principal，为了委托人（本人）的利益并最终应将权益移转给本人] 而以自己名义实施法律行为的代理。其典型形态是行纪，这从其将间接代理径直称为行纪人（Kommissionär，Commissionaire）即可看出。① 当然，大陆法系上的间接代理还包括批发商、买卖中介人、代办运输等类型。

在实行民商分立的立法体制上，间接代理一般都被规定在商法之中。如《德国商法典》第 383 条、第 454 条等条文规定的行纪合同、运输合同，《日本商法典》第 551 条以下规定的行纪、第 559 条以下规定的运输代办。并且，《德国商法典》较为详细地规定了行纪人的介入权（第 400 条以下），没有规定行纪人的披露义务和第三人的选择权。《日本商法典》亦然，只有行纪人介入权的规定（第 555 条），中国台湾"民法"同样如此，仅仅规定了行纪人的介入权（第 587 条等）。

2. 英美法上的三种代理类型

与此有所不同，英美法没有直接代理与间接代理的区分及相应的概念。对于第三人究竟是同间接代理人还是与本人签订合同的问题，英美法的标准是，对第三人来说，究竟是谁应当承受该合同项下的权利义务，区分三种不同的情况：（1）代理人在缔约时已经指出委托人（本人）的姓名（agent for a named Principal），那么，该合同就是委托人（本人）与第三人之间的合同，委托人（本人）承受该合同项下的权利义务。代理人不承受该合同项下的权利义务，缔约一经完毕，即退居合同之外（drops out）。当然，有如下例外：A. 代理人若以其自己姓名在签字蜡封式的合同（deed）上签了字，他就要对此负责；B. 代理人若以其姓名在汇票上签了字，即对该汇票负责。② （2）代理人代订合同时向第三人公开

① 沈达明、冯大同、赵宏勋：《国际商法》（上册），301 页，北京，对外贸易出版社，1982。
② 沈达明、冯大同、赵宏勋：《国际商法》（上册），300 页，北京，对外贸易出版社，1982。

了代理关系但未公开委托人（本人）的姓名（agent for a unnamed Principal）的类型，于此场合，该合同仍认为是委托人（本人）与第三人之间的合同，由委托人（本人）而非代理人承受该合同项下的权利义务。按照英国的判例，代理人在与第三人签订合同时，如仅在信封抬头或在签名后加列"经纪人"（broker）或"经理人"（manager）的字样尚不足以排除其个人责任，必须以清楚的方式表明他是代理人，如写明"卖方代理人"或"买方代理人"等。③ （3）"代理人在缔约时根本未公开有代理关系的代理"类型，即代理人虽然获得委托人（本人）的代理权授与，但在与第三人签订合同时却根本未公开有代理关系，既不公开有委托人（本人）的存在，更不指出委托人（本人）是谁。④ 于此场合，代订的合同具有双重法律效果。一方面，该合同约束委托人（本人）与第三人，委托人（本人）应当承受该合同项下的权利义务，第三人亦然；另一方面，该合同对未公开的委托人（本人）和第三人发生附条件的效果：A. 未公开的委托人（本人）有权介入该合同而直接向第三人主张请求权和诉讼请求权，并在行使权利的同时承担合同义务和责任；B. 第三人在知悉委托人（本人）之后具有某种选择权，他既可以向委托人（本人）主张请求权和诉讼请求权，又可以向代理人主张请求权和诉讼请求权。第三人若已经明确选择由其中一人承受合同项下的权利义务后，则不得反悔，不得再诉请另一人承担合同义务和责任。⑤

　　未公开的委托人（本人）的介入权和第三人的选择权制度不适用于下述情况：A. 他们不享有上述权利，例如，第三人基于该代理人个人技能或支付能力而缔约的情况。⑥ B. 在代理人无权代理或越权代理的情况下，不适用上述规则，

---

　　③　董安生等编译：《英国商法》，194～195 页，北京，法律出版社，1991；沈达明、冯大同、赵宏勋：《国际商法》（上册），301 页，北京，对外贸易出版社，1982。

　　④　沈达明、冯大同、赵宏勋：《国际商法》（上册），301 页，北京，对外贸易出版社，1982。

　　⑤　[英]《王座庭判例集》第 2 卷，775 页；董安生等编译：《英国商法》，195～196 页，北京，法律出版社，1991。

　　⑥　[英] 1927 年格林诉当斯供货公司，载《王座庭判例集》第 2 集，28 页；董安生等编译：《英国商法》，196 页，北京，法律出版社，1991。

而应适用无权代理规则。⑦ C. 未公开的委托人（本人）居住在国外，其诉权若受到程序限制，也不适用上述规则。⑧

3. 《国际货物销售代理公约》（1983 年）上的混合继受型的代理

《国际货物销售代理公约》（1983 年）第 12 条规定："代理人于其权限范围内代理本人实施行为，而且第三人知道或理应知道代理人是以代理身份实施行为时，代理人的行为直接约束本人与第三人，但代理人实施该行为只对自己发生拘束力时（例如所涉及的是行纪合同），不在此限。"第 13 条规定："（1）代理人于其权限范围内代理本人实施行为，在下列情形，其行为只拘束代理人和第三人，（a）第三人不知道、亦无从知道代理人是以代理人身份实施行为；或者（b）代理人实施该行为只对自己发生拘束力（例如所涉及的是行纪合同）。（2）但是：（a）当代理人无论是因第三人不履行义务或是因其他理由而未履行或无法履行其对本人的义务时，本人可以对第三人行使代理人代理本人所取得的权利，但应受到第三人可能对代理人提出的任何抗辩的限制。（b）当代理人未履行或无法履行其对第三人的义务时，第三人可对本人行使该第三人对代理人所有的权利，但应受到代理人可能对第三人提出的任何抗辩以及本人可能对代理人提出的任何抗辩的限制。（3）本条第 2 款所述各项权利只有在意欲行使这些权利的通知视情况送达代理人与第三人或本人时才可行使。一旦第三人或本人收到这项通知，即不得再与代理人进行交涉而解除自己的义务。（4）当代理人因本人未履行义务而未履行或无法履行其对第三人的义务时，代理人应将本人的名称通知第三人。（5）当第三人未履行其对代理人的合同义务时，代理人应将第三人的名称通知本人。（6）如果按照当时情况，第三人若知道本人的身份就不会订立合同时，本人不得对第三人行使代理人代理本人所取得的权利。（7）代理人可按本人明示或默示的指示与第三人约定，改变本条第二款或改变其效力。"

---

⑦　[英] 1901 年凯利合伙公司诉杜兰特，载《上诉法院判例集》，240 页；董安生等编译：《英国商法》，196 页，北京，法律出版社，1991。

⑧　[英] 1968 年德黑兰欧洲公司诉贝尔顿公司，载《王座庭判例集》，第 2 集，545 页；董安生等编译：《英国商法》，196 页，北京，法律出版社，1991。

4. 中国现行法上的三种代理类型

《民法通则》第 63 条以下规定了直接代理，《合同法》第 402 条和第 403 条规定了外贸代理，学说称之为间接代理；第 414 条以下规定了行纪合同，相当于大陆法系所谓间接代理中最为重要的类型；第 288 条以下规定了运输，其中有些代办运输相当于大陆法系所谓间接代理中的一个类型。

5. 比较分析

英美法上的第一种代理类型相当于大陆法系上的直接代理，第三种代理类型在表面上与大陆法系上的行纪有相似之处，但未公开的委托人（本人）与大陆法系上的间接代理中的委托人（本人）在法律地位上则截然不同。在大陆法系，间接代理中的委托人（本人）无权直接凭代理人与第三人签订的合同而对第三人主张该合同项下的权利，只得等待间接代理人将该合同项下的权利义务移转给他。⑨

虽有学说认为英美法上的第二种类型的代理与大陆法系上的直接代理相同⑩，但其实不尽然，因为大陆法系上的行纪、代办运输等类型也时常显现出行为人在为他人进行交易，尽管如此，仍不发生直接代理的法律效果。如果说大陆法系有"据事实可推知代理权存在而直接约束本人与相对人"之说，这也属于直接代理的一类表现形式，那么，我们尚可断言英美法上的第二种类型的代理与大陆法系的直接代理有一比，但是在中国则基本上没有树立"据事实可推知代理权存在而直接约束本人与相对人"的理论，签订合同时必须在当事人栏目处填写被代理人的姓名或名称，若是公司，尚需加盖公司的公章或合同专用章，否则，该合同难以约束被代理人。

英美法上的第三种代理类型呈现出错综复杂的法律关系，代订的合同具有双重法律效果，委托人（本人）享有介入权，第三人拥有选择权。这不同于大陆法系上的直接代理，十分明显，无须多言；其实，它也不同于大陆法系上的间接代理，因为作为间接代理最为典型形式的行纪中，只有行纪人的介入权，没有委托人（本人）的介入权和第三人的选择权。

---

⑨　沈达明、冯大同、赵宏勋：《国际商法》（上册），302～303 页，北京，对外贸易出版社，1982。
⑩　沈达明、冯大同、赵宏勋：《国际商法》（上册），302 页，北京，对外贸易出版社，1982。

《国际货物销售代理公约》（1983 年）第 12 条的规定，与大陆法的"据事实可推知代理权存在而直接约束本人与相对人"的法律效果基本一致，与英美法上的第二种类型的代理类似，其效果都是代理行为只约束本人和第三人，但具体条件设定上有一定出入。《国际货物销售代理公约》（1983 年）第 13.1 条规定的"第三人不知道，亦无从知道代理人以代理身份实施行为"及"代理人实施行为只拘束代理人与第三人"两种情形原则上只拘束行为人。但是如果符合《国际货物销售代理公约》（1983 年）第 13.2 条 a、b 规定的"代理人因第三人不履行义务或因其他理由而未履行或无法履行其对本人的义务时"，本人可以行使介入权，如果"代理人未履行或无法履行其对第三人的义务时"，第三人可行使选择权。这些规定兼顾了大陆法系与英美法上的代理制度，将英美法原则上委托人（本人）有介入权变更为委托人（本人）原则上无介入权，只在特殊情形下方可介入，即以"因第三人不履行或其他理由造成代理人无法履行其对本人的义务"为条件，从而削弱了宽泛介入权而给第三人带来的不利。另一方面，《国际货物销售代理公约》（1983 年）也规定了第三人的选择权，以便与委托人（本人）的介入权相平衡。其同样有严格条件限制："代理人未履行的或无法履行其对第三人义务时"，从而不同于英美法上的第三人一旦发现本人便可介入。通过这些设置，委托人（本人）与第三人的利益渐趋平衡保护。总之，《国际货物销售代理公约》（1983 年）在国际货物销售代理领域调和了两大法系的诸多分歧，在代理领域内提供了一套简便明确且具有一定可行性的规则，其对中国的借鉴意义不可忽视。[11]

《民法通则》第 63 条以下规定的直接代理，相同于大陆法系上的直接代理和英美法上的第一种类型的代理。《合同法》第 414 条以下规定的行纪合同，与大陆法系上的行纪合同基本相同。行纪合同不同于英美法系上的三种类型的代理，至为明显，无须赘言。《合同法》第 288 条以下规定的运输，其中有些代办货运

---

[11] 方思越、卢璐：《国际货物销售代理公约评析及借鉴》，载《中国商界》，2010（7）；《百度文库》，见 http：//wenku.baidu.com/link? url=87kPhJU91Xs8U5OwAWGNHidaTd2m3tpwiKYy5uCOtco8NBi PU6G2yP BgPaiZWXhIIwXV-woUq5tBGtGb Xir0Gg8FOycuGSvAgRvtRCrbSeu，最后访问时间：2016 - 01 - 21。

相当于大陆法系上的代办运输，属于间接代理中的一个类型。《合同法》第 402 条和第 403 条规定的外贸代理，虽然学说称之为间接代理，但实则距离大陆法系上的间接代理较远，因为它含有外贸代理人的披露义务、委托人（本人）的介入权和第三人的选择权，而这些权利义务在大陆法系上的间接代理制度中是不存在的。对此，早有学者指出，《合同法》规定的外贸代理（第 402 条、第 403 条），若从实质上探究，它较大地偏离了大陆法系的间接代理，（第 402 条规定的内容）更接近于英美法系的隐名代理。⑫

《合同法》第 402 条的设计借鉴了《国际货物销售代理公约》（1983 年）第 12 条的规定，以及英美法上的第二种类型的代理模式。法律人解释《合同法》第 402 条的法律构成和法律效力时，有必要参考《国际货物销售代理公约》（1983 年）第 12 条的规定和英美法上的规则。《合同法》第 403 条的规定借鉴了英美法上的第三种类型的代理模式，部分地吸收了《国际货物销售代理公约》（1983 年）第 13 条的精神。

至此，并通过本文第三部分"《合同法》关于直接代理与间接代理设计的演变及其分析"的考察与分析，可以得出进一步的结论：（1）《民法通则》第 63 条以下规定的直接代理，即人们通常所言代理，明显不同于《合同法》第 402 条和第 403 条规定的外贸代理（间接代理的一种类型），更不同于《合同法》第 414 条以下规定的行纪合同及第 288 条以下规定的运输合同。《民法总则》设置代理制度时务必注意这一点。（2）《合同法》第 402 条和第 403 条规定的外贸代理与《合同法》第 414 条以下规定的行纪合同及第 288 条以下规定的运输合同，也存在本质的差异。如果非要把《合同法》第 402 条和第 403 条规定的外贸代理命名为间接代理不可的话，那么，外贸代理也只是借用了大陆法系上的间接代理之名，却含有大量的《国际货物销售代理公约》（1983 年）第 12 条、第 13 条以及英美法上的第二种、第三种类型的代理之实。简言之，专就实质而言，外贸代理与行纪及代办货运仅仅在消极特征方面存在共性，在积极特征方面不具同一性，

---

⑫ 崔建远等：《民法总论》，2 版，耿林执笔，223 页，北京，清华大学出版社，2013。

它们不构成单一的同一项制度。

这种结论不但不会被下文的简要考察与分析所推翻，而且其合理性还能够得到加强。

三、《合同法》关于直接代理与间接代理设计的演变及其分析

无论是相对于大陆法系上的直接代理和间接代理，还是相对于英美法上的三种类型的代理，中国现行法关于直接代理与间接代理的设计，都称得上复杂异常，不易准确概括，解释困难。

之所以出现这种局面及结果，一个重要原因在于《合同法》第402条和第403条成为制定法上的制度，与直接代理、行纪、代办货运等制度衔接不佳。

《合同法》第402条和第403条是历经曲折的过程才最终出现在《合同法》中的。经查，《中华人民共和国合同法》（建议草案）第24章"委托合同"（第370条至第380条）全无《合同法》第402条和第403条的踪影，第26章"行纪合同"第1节"一般规定"中第395条规定的行纪人的介入权及其法律效果、第396条规定的委托人的介入权及其法律效果、第397条规定的第三人的选择权及其法律效果，第2节"对外贸易行纪"中第398～402条的规定，与《合同法》第402条和第403条有所接近。⑬《中华人民共和国合同法》（1995年10月16日试拟稿）第26章"委托合同"（第403～416条）中同样没有《合同法》第402条和第403条那样的规定，第28章"行纪合同"中第430条关于委托人介入权及其法律效果的规定、第432条关于行纪人可以自己名义充当出卖人或买受人的规定，与《合同法》第402条和第403条有所接近。《中华人民共和国合同法》（1996年6月7日试拟稿）第15章"委托合同"中依然没有《合同法》第402条和第403条那样的规定，第16章"行纪合同"中第231条关于行纪人可以自己名义充当出卖人或买受人的规定，仅仅显现出带有《合同法》第402条和第403

---

⑬ 《中华人民共和国合同法》（建议草案），载梁慧星主编：《民商法论丛》，第4卷，509页以下，北京，法律出版社，1996。

条的碎片。《中华人民共和国合同法》（1997 年 5 月 14 日征求意见稿）第 15 章
"委托合同"（第 220～231 条）中仍然没有《合同法》第 402 条和第 403 条那样
的条款，第 16 章"行纪合同"中第 237 条关于行纪人可以自己名义充当出卖人
或买受人的规定，同样仅有《合同法》第 402 条和第 403 条的碎片。1998 年 8 月
提交全国人民代表大会常务委员会委员长会议的《中华人民共和国合同法》（草
案）第 20 章"委托合同"（第 989～413 条）中还是没有《合同法》第 402 条和
第 403 条那样的制度，第 21 章"行纪合同"中第 423 条关于委托人介入权及其
法律效果的规定、第 424 条关于第三人选择权及其法律效果的规定、第 425 条关
于行纪合同是否直接约束委托人的规定，十分接近于《合同法》第 402 条和第
403 条的内容。1998 年 12 月的《中华人民共和国合同法》（草案）（第三次审议
稿）第 20 章"委托合同"（第 388～403 条）、第 21 章"行纪合同"（第 404～417
条）的设计，与 1998 年 8 月提交全国人民代表大会常务委员会委员长会议的
《中华人民共和国合同法》（草案）的安排，基本相同。1998 年 9 月 4 日面向全国
人民征求意见的《中华人民共和国合同法》（草案）第 20 章"委托合同"
（第 398～413 条）中照样不见《合同法》第 402 条和第 403 条那样的条款，第 21
章"行纪合同"中第 419 条第 1 款关于"行纪人自己可以作为买受人或者出卖
人"的规定、第 422 条前段关于"行纪人与第三人订立合同的，行纪人对该合同
直接享有权利、承担义务"的规定、第 423 条关于委托人介入权及其法律效果的
规定、第 424 条关于第三人选择权及其法律效果的规定、第 425 条关于第三人是
否直接承受行纪合同项下的权利义务的规定[14]，都十分接近于《合同法》第 402
条和第 403 条的规定及其精神。

实际情况是，当时的对外贸易经济合作部认为，采用行纪合同制度解决外贸
代理的问题，存在诸多不便，强烈要求将外贸代理制度独立于行纪合同制度。这
种要求得到了全国人民代表大会常务委员会的回应，第九届全国人民代表大会第
二次会议召开时才临时将原本放置于"行纪合同"一章中的若干规定，移至"委

---

[14] 见 http：// www.npc.gov.cn/wxzl/gongbao/2000 - 12/17/content _ 5003981.htm，最后访问时间：2016 - 01 - 11。

托合同"一章，形成《合同法》第 402 条和第 403 条，"行纪合同"一章中的其他规则及其安排未变。

通过以上简要的考察，可以得出如下结论：（1）如果说大陆法系上并存着直接代理和间接代理，并且泾渭分明，英美法承认三种类型的代理，各司其职，相互间没有交叉，那么，中国现行法上并存着直接代理、外贸代理和行纪及代办货运等制度，在一定程度上导致了外贸代理与行纪及代办货运之间的模糊性，带来了解释和适用这些法律规定时的困难。

（2）直接代理、外贸代理、行纪、代办货运等项制度各司其职，各有其用。编纂《民法典》、制定《民法总则》是协调、充实、完善，而不宜彻底取消其中的任何一项制度。

（3）关于《合同法》第 423 条所谓"本章没有规定的，适用委托合同的有关规定"，法律人首先遇到的是，行纪合同问题完全适用《合同法》于"委托合同"一章中第 402 条和第 403 条的规定吗？在这个问题上可能见仁见智，但笔者认为，不宜笼统地断言行纪合同适用《合同法》第 402 条和第 403 条的规定。对此，稍微展开说明如下：A. 行纪合同在本质上至少须有两个法律关系并且有所连接，才会将第三人履行行纪合同的结果转归委托人（本人），不会是委托人（本人）直接向该第三人主张行纪合同项下的权利，除非法律另有规定或当事人另有约定。如果承认行纪合同的这种质的规定性，那么，由于《合同法》第 402 条规定的是委托人（本人）直接承受受托人与第三人所签合同项下的权利义务，没有"将第三人履行行纪合同的结果转归委托人（本人）"这种迂回曲折的程序和法律关系的连接，换言之，《合同法》第 402 条天然地不合于行纪合同，因而它不应适用于行纪合同。B. 《合同法》第 403 条的规定可否适用于行纪合同，这是个较为复杂的问题，需要多说几句。这取决于如何界定和把握行纪合同。第一种思路是按照《中华人民共和国合同法》（草案）关于行纪合同的设计，第二种路径是遵从公认的行纪合同的本质属性及规格。按照第一种思路，《合同法》第 403 条的规定适用于行纪合同，因为它在《中华人民共和国合同法》（草案）中本属于"行纪合同"一章中的内容，是行纪合同的有机组成部分，《合同法》把

它移入"委托合同"一章，行纪合同中欠缺了相应的条文，所以行纪合同应当适用该条规定。尽管如此，但笔者仍然赞同第二种路径，因为《中华人民共和国合同法》（草案）设计的行纪合同，不是依据行纪合同的本质属性和规格设置所有的条文，而是为了满足当时的对外贸易经济合作部关于合同法务必规定外贸代理的强烈、迫切的要求，参与《中华人民共和国合同法》（草案）研讨的专家、学者经过多次的、激烈的辩论，最后达成妥协：《合同法》应该规定外贸代理，但设计的方案不得违反委托合同与代理权授与相区分的原则，不得破坏《民法通则》创设的代理制度及其精神，结论和实施方案是，在"行纪合同"一章规定外贸代理，并充分借鉴《国际货物销售代理公约》第12条和第13条的规定及其精神，借鉴英美法上的第二种、第三种类型的代理及其精神。如此，于"行纪合同"一章出现了行纪人的披露义务、委托人（本人）的介入权、第三人的选择权，而这些内容在大陆法系上的行纪合同制度中是没有的。时至今日，编纂《民法典》，如果仍须逻辑地界分包括委托、行纪、货物运输等合同之间的界限，则不宜根本性地改变行纪合同的质的规定性及规格，至于外贸代理之类的实际需要，宜采取其他方案解决问题。

（4）后来成为《合同法》第402条、第403条、第421条类似的规定，在《中华人民共和国合同法》（草案）之中都是并列的，显示出后来成为《合同法》第421条的规定在《中华人民共和国合同法》（草案）之中时为"一般规则"，后来成为《合同法》第402条、第403条的规定在《中华人民共和国合同法》（草案）之中时为"例外规定"，即这些条文之间的关系为"一般规则"与"例外规定"之间的关系；而非呈现"一般法"与"特别法"的关系。对此，以1998年9月4日面向全国人民征求意见的《中华人民共和国合同法》（草案）的设计为例加以说明。该草案第422条规定："行纪人与第三人订立合同的，行纪人对该合同直接享有权利、承担义务。第三人不履行义务致使委托人受到损害的，行纪人应当承担损害赔偿责任。当事人另有约定的，按照其约定。"第423条规定："行纪人与第三人订立合同时，第三人知道委托人的，委托人可以介入行纪人与第三人订立的合同，以自己的名义对该合同直接享有权利、承担义务，但行纪人与第

三人另有约定的除外。第 424 条规定："行纪人与第三人订立的合同，第三人知道委托人的，可以选择委托人或者行纪人作为该合同的相对人，但行纪人与第三人另有约定的除外"（第 1 款）。"第三人依照前款规定选定相对人的，不得变更"（第 2 款）。第 425 条规定："行纪人和委托人共同与第三人订立合同，第三人知道其委托关系的，应当由委托人对该合同享有权利、承担义务，但当事人另有约定的除外。第三人不知道其委托关系的，应当由行纪人和委托人共同对该合同享有权利、承担义务。"上述草案第 422 条最终演化成《合同法》第 421 条的规定："行纪人与第三人订立合同的，行纪人对该合同直接享有权利、承担义务。"上述草案第 423 条和第 425 条前段经过改造最终演化成《合同法》第 402 条的规定："受托人以自己的名义，在委托人的授权范围内与第三人订立的合同，第三人在订立合同时知道受托人与委托人之间的代理关系的，该合同直接约束委托人和第三人，但有确切证据证明该合同只约束受托人和第三人的除外。"上述草案第 424 条经过改造最终演化成《合同法》第 403 条之一部："受托人以自己的名义与第三人订立合同时，第三人不知道受托人与委托人之间的代理关系的，受托人因第三人的原因对委托人不履行义务，受托人应当向委托人披露第三人，委托人因此可以行使受托人对第三人的权利，但第三人与受托人订立合同时如果知道该委托人就不会订立合同的除外"；"受托人因委托人的原因对第三人不履行义务，受托人应当向第三人披露委托人，第三人因此可以选择受托人或者委托人作为相对人主张其权利，但第三人不得变更选定的相对人"。该项结论告诉我们，适用《合同法》，不得用《合同法》第 402 条、第 403 条的规定完全取代、更不得否定第 421 条的规定，第 421 条作为行纪合同项下法律后果及其由谁承受的"一般规则"，第 402 条、第 403 条作为第 421 条的"例外规定"而适用。

（5）前文"（3）""（4）"中结论的妥当性具有如下理由的支持：大陆法系承认的行纪合同，仍以合同的相对性为其原则，基本上属于行纪人与委托人之间的关系，而非委托人与第三人之间的关系。即便是一般合同类型所没有的行纪人的介入权，也仍为、其实更是行纪人与委托人之间的关系。与此不同，《合同法》第 402 条和第 403 条的规范内容，突破了委托合同的相对性，更多的是关于第三

人与委托人之间的权利义务，就是说，委托代理的意味浓厚。在严格区分委托合同与代理权授与的法制上，委托合同与直接代理分属于两项不同的法律制度，不许混淆。行纪合同作为委托合同的一种特殊形式，自然应当奉行严格区分行纪合同与直接代理权授与的原则，行纪合同与直接代理也应分属于两项不同的法律制度。如果这是正确的，那么，假如允许行纪合同适用《合同法》第402条、第403条的规定，就混淆了委托合同与直接代理，混淆了行纪合同与直接代理，意味着允许突破了合同相对性原则的直接代理重新插入遵循合同相对性原则的行纪合同领域，来横冲直撞，搞乱合同秩序。

四、民法总则宜如何设计代理制度？

1. 尽管《合同法》第402条和第403条规定的外贸代理存在不足，但编纂《民法典》不宜彻底否定，所采上策是将之充实、完善。

（1）之所以不应废除外贸代理，而应改造、完善，形成狭义的间接代理，是因为《合同法》第402条和第403条设置外贸代理，系以中国当时的外贸体制为背景，以中国当时的外贸关系为经济基础。[15] 在这种体制下，中国的外贸公司是代其他公司从事国际贸易，除非明确说明自己为最终的交易主体。如此，外方（交易的相对人）是明知中国的外贸公司为受托人，并非最终的交易主体的，有时甚至明知委托人是谁。据此，外方充分知晓交易的风险，怀有交易的预期。就是说，相对于直接代理制度而言，外贸代理制度没有增加交易的相对人的风险和负担，是可以接受的制度安排。

（2）之所以《民法典》应存有改造、完善后的狭义的间接代理，还因为直接代理、行纪、代办货运等制度未能涵盖未公开委托人（本人）姓名的代理、未公开委托人（本人）的代理诸项制度的全部规范，无法满足实际生活各种不同的需要，有必要在改造《合同法》第402条、第403条的规定时吸收《国际货物销售

---

⑮ 胡康生主编：《中华人民共和国合同法释义》，3版，623页，北京，法律出版社，2013。

代理公约》第 12 条、第 13 条以及英美法上的未公开委托人（本人）姓名的代理、未公开委托人（本人）的代理之中的合理成分。

这种改造可以借鉴《国际货物销售代理公约》（1983 年）第 13.2 条 a、b 规定的"代理人因第三人不履行义务或因其他理由而未履行或无法履行其对本人的义务时"，本人可以行使介入权，如果"代理人未履行或无法履行其对第三人的义务时"，第三人可行使选择权。这样可以弱化宽泛介入权给第三人带来的不利。再者，可以借鉴《国际货物销售代理公约》（1983 年）关于"代理人未履行或无法履行其对第三人的义务时"，第三人才有选择权的设计，以便与委托人（本人）的介入权相平衡。⑯

2. 《合同法》第 402 条、第 403 条规定的外贸代理，经过改造、完善后形成的间接代理，区别于同为间接代理的行纪、代办货运等类型，可被称为狭义的间接代理。其适用范围不宜再局限于外贸领域，因为国内贸易也有这方面的需求。但是，它也不宜被泛泛地适用于国内交易的任何间接代理的领域，道理在于：从理论上讲，与行为人打交道的交易相对人必须清楚，谁是行为所生权利义务的承受人。交易相对人若不知晓行为人是为他人行为，则自然会认为该行为人就是权利义务的承受人。该交易相对人若事后才惊讶地得知，该行为所生权利义务不是（他所认识的——被他视为可以信赖的、有支付能力的）该行为人承受，却是由另一个不能信赖且无资产的人，则这不利于交易相对人的利益。因此，为了保护交易相对人，以下事项必须对其公开：行为人为他人实施行为以及该他人是谁。这就要求行为人在代理中"以被代理人的名义"作出意思表示或接受意思表示。如果该前提不存在，那么行为人自己就是交易的主体，承受行为项下的权利义务。⑰ 直接代理制度非常契合这种逻辑，而狭义的间接代理至少在某些情况下与此不符。

---

⑯ 方思越、卢璐：《国际货物销售代理公约评析及借鉴》，载《中国商界》，2010（7）；《百度文库》，见 http://wenku.baidu.com/link?url=87kPhJU91Xs8U5OwAWGNHidaTd2m3tpwiKYy5uCOtco8NBiPU6G2yPBgPaiZWXhIIwXV-woUq5tBGtGbXir0Gg8FOycuGSvAgRvtRCrbSeu，最后访问时间：2016-01-21。

⑰ ［德］汉斯·布洛克斯、沃尔夫·迪特里希·瓦尔克：《德国民法总论》，33 版，张艳译，杨大可校，214～215 页，北京，中国人民大学出版社，2014。

假如将狭义的间接代理制度普遍适用于国内交易的任何场合，把它作为与直接代理制度平起平坐的代理制度，那么，会增加交易相对人考察、辨析交易对方的注意义务，加大交易成本；或者由于方方面面的原因，交易相对人难以辨别对方的身份，误认间接代理人为最终的交易主体，而最终的交易主体（委托人）经济实力、诚信程度堪忧，从而因适用狭义的间接代理制度而由委托人承受系争合同项下的权利义务，其无力清偿，交易相对人便遭受了不测损害。更有甚者，有时还会损害第三人的权益。例如，出卖人 A 公司与实力雄厚的买受人 B 公司签订价值额 1 亿元人民币的货物买卖合同，C 公司受让 D 公司在 A 公司中 49% 的股权，这是以 C 公司通过尽职调查觉得 A 公司能够自 B 公司处取得 1 亿元人民币的货款为基础的。但不料，B 公司却以自己为 E 公司的隐名代理人为由对抗 A 公司关于付清货款的请求。E 公司此时已经资不抵债，无力向 A 公司支付 1 亿元人民币的货款，这导致 D 公司的股权价值大大降低，从而使 C 公司遭受重大损失。

另一种糟糕的情形是，实务中出现了这样的判决：系争案件本无代理的因素，裁判机关却鬼使神差地认定构成狭义的间接代理，适用《合同法》第 402 条的规定，判决案外人承受系争合同项下的权利义务，使该无辜的案外人负担起从天而降的债务及责任。有鉴于此，有专家、学者反对于国内交易领域适用狭义的间接代理制度。⑱

笔者赞同《民法典》设计的狭义的间接代理制度只适用于商事领域，民事领域仍采直接代理的模式。这是因为商人的识别能力较强，交易能力相对理想，至少在理论上推定他们可以也应当熟悉狭义的间接代理制度的构成和法律效力，从而对其交易有合理的预期。

3.《民法总则》应仅仅规定直接代理，不规定间接代理，道理在于：大陆法系传统理论认为，间接代理不是真正意义上的代理，因为行为人以自己的名义出现，行为项下的法律后果也由他承受，至少在行为人与相对人之间的法律关系中

---

⑱　中国民法学研究会：《中华人民共和国民法典·民法总则（专家建议稿）（征求意见稿）》第 166 条、第167条。

如此，所以，原则上不可对委托人直接发生法律效力。[19] 有学说对此阐释得更为干脆和彻底："所谓'间接代理'，乃代理的类似制度，并非代理，故直接代理与间接代理非系'代理'的分类。"[20] 严格地说，间接代理不是代理。诸如行纪（《日本商法典》第551条）和买卖中介人，虽然也是按照零售商的订货（＝他人的计算）采购货物，但其损失等在内的一切必须由自己承担。[21] 因此，大陆法系国家一般在民法中规定代理，而间接代理主要规定在商法制度中，如《德国商法典》第383条、第454条在行纪与运输合同中规定的情形。此外，根据合同自由原则，当事人当然也可自由设定此类代理。[22]

4. 《民法总则》设置直接代理，《民法典》分则设置间接代理，包括狭义的间接代理、行纪、代办货运等，运用于商事领域，务必设置明确、严格的狭义的间接代理制度的适用条件。例如，必须有确凿、充分的证据证明行为人拥有代理权，行为人实际上在为委托人（被代理人）实施法律行为。再就是明确区分交易相对人于实施该法律行为时是否知晓存在着委托人及其授权，承继《合同法》第402条和第403条中的合理成分，分设不同的规则。此其一。立法者必须清醒地知晓：行为人明知自己不是最终的交易主体，所为行为的法律后果要由委托人承受，却以自己的名义实施法律行为。这就是真意保留的虚伪表示。如果交易相对人也知晓此事，则构成通谋的虚伪表示。之所以《合同法》创设第402条和第403条的规定，发生了狭义的间接代理的法律效果，而未导致虚伪表示的法律后果，是因为中国现行法欠缺虚伪表示制度。换言之，《合同法》创设第402条和第403条的规定，是在中国现行法未设虚伪表示制度的背景下出台的，因而没有发生立法目的落空的后果。与此有别，《民法总则》若创设虚伪表示制度，同时

---

⑲ ［德］汉斯·布洛克斯、沃尔夫·迪特里希·瓦尔克：《德国民法总论》，33版，张艳译，杨大可校，216页，北京，中国人民大学出版社，2014。

⑳ 王泽鉴：《民法总则》（最新版），419页，北京，北京大学出版社，2009。

㉑ ［日］近江幸治：《民法讲义Ⅰ·民法总则》，6版补订，渠涛等译，渠涛审校，218页，北京，北京大学出版社，2015。

㉒ Karl Larenz und Manfred Wolf, aaO., S. 841. 转引自崔建远等：《民法总论》，2版，耿林执笔，222页，北京，清华大学出版社，2013。

设置狭义的间接代理制度，则必须明确：虚伪表示制度不涵盖当事人同一性方面的故意隐瞒或知晓，以免狭义的间接代理的规定形同虚设。此其二。与此有所不同的是，《民法通则》设有重大误解制度（第59条第1款第1项），《合同法》予以承继（第54条第1款第1项），《合同法》同时设置狭义的间接代理制度（第402条、第403条），又未明确狭义的间接代理不属于重大误解的范围，这显然存在瑕疵。《民法总则》若创设错误制度，同时设置狭义的间接代理制度，则必须明确：交易相对人不知当事人同一性方面的真实情形，限于错误的认识，不适用错误制度，便于狭义的间接代理制度正常发挥效能。此其三。

民法总则应如何设计民事责任制度 *

内容摘要

民法总则（征求意见稿）把停止侵害、排除妨碍、消除危险、返还财产、恢复原状作为民事责任的方式，违反了民事责任的质的规定性，有些也与过错责任原则不匹配。可取的方案是把它们作为民事权利救济的方式，一切缺点都会得到克服，实际需要也能得到满足。合同法将减少价款、退货作为违约责任的方式，也不科学，民法总则（征求意见稿）未把它们作为民事责任的方式加以规定，是合适的，应予坚持。它规定的民事责任的种类似乎只有违约责任和侵权责任，未能涵盖全部的民事责任的类型，民法总则应全面承认各种民事责任，包括缔约过失责任、不履行单方允诺所生义务产生的民事责任、不履行不当得利返还的民事责任、不履行无因管理关系中义务产生的民事责任。履行责任、返还责任、保证责任等虽然名为民事责任但实则民事义务的情形，不得归入民事责任的制度之中，不适用法律关于民事责任的规定。旅游、观看演出等合同中，旅游者、观众

---

 * 本文为国家哲学社会科学基金重点项目《法学方法论与中国民商法研究》（批准号：13AZD065）及清华大学自主科研计划课题《中国民法典编纂重大理论问题研究》（2015THZWJC01）的阶段性成果。对于资助谨表谢意！

本文最初发表于《法学杂志》2016 年第 11 期。

的权利的内容是获得精神享受（愉悦），旅行社等义务人违反义务的确造成了旅游者的精神损害，应当成立精神损害赔偿责任，并应纳入违约责任之中。关于民事责任的方式合并运用，应当采取"前款规定的承担民事责任的方式，可以单独运用；在符合构成要件并不违反公平正义的情况下，也可以合并运用"的表述。责任竞合制度应在几个方面完善：在违约行为侵害固有利益且不得重复承担责任的情况下，可以发生债务不履行责任与侵权责任的竞合，基本上是赔偿责任的竞合，承认物的瑕疵担保责任与一般违约责任的竞合，以及产品瑕疵场合的违约责任与侵权责任的竞合，可用法律明文或规范意旨限制责任竞合。

关键词

民法总则；民事责任；债务不履行责任；侵权责任；合并运用；责任竞合

一、民事责任的质的规定性及其确定方法

《中华人民共和国民法总则》（草案·征求意见稿）① ［以下简称为《民法总则》（征求意见稿）］于第 8 章规定了民事责任，共计 11 个条文。相对于《中华人民共和国民法通则》（以下简称为《民法通则》）、《中华人民共和国合同法》（以下简称为《合同法》）甚至《中华人民共和国侵权责任法》（以下简称为《侵权责任法》）关于民事责任的规定而言，这在许多方面有所完善，可圈可点之处不少。不过，这些规定也存在提升的空间，值此征求意见之际，笔者不揣简陋，发表如下意见，仅供参考。

评论《民法总则》（征求意见稿）关于民事责任的设计妥当与否，确定民事责任的质的规定性是基础性的、前提性的工作。而客观事实是，人们对于民事责任的界定并不完全一致。这就需要我们甄别，确定相对而言最为合适的民事责任概念。完成这项工作，除了注意有关民事责任的前见外，把握并运用科学的方法论是不可或缺的一环。

---

① 见 http：//www.npc.gov.cn/npc/lfzt/rlyw/2016－07/05/content＿1993427.htm，最后访问时间：2016－07－06。

笔者认为，抽象概念，确定民事责任的内涵和外延，固然必须遵从逻辑学关于抽象概念的规则，如概念必须是对特定事物的特有属性的揭示②，民事责任概念必须反映各种各样的民事责任的特有属性。不这样，民事责任概念就是不合逻辑的、不合适的。此其一。此外，选取的民事责任概念，尤其是正在制定的《中华人民共和国民法总则》（以下简称为《民法总则》）设计民事责任制度时确定哪种民事责任学说，除遵循前述"此其一"所述之外，"便宜性"也是不宜忽视的一个因素。此处所谓便宜性，主要是指所用民事责任概念能够方便地说明、阐释各类民事责任，容易使人明了各种民事责任，再就是适合于建立与民事责任相关的民事制度及民事规则。这好比民事权利概念，有意思说、利益说等学说分歧，尽管利益说存在法哲学所批评的缺点，但采取利益说的民事权利概念特别便于解说合同正义、完全赔偿原则、代理权非民事权利等许多现象。《民法总则》确定民事责任概念时对此宜予借鉴。此其二。

如果这是正确的，那么，笔者认为《民法总则》应当采纳如下学说：民事责任是民事主体违反第一性义务时所产生的第二性义务。

二、《民法总则》（征求意见稿）所定民事责任的方式之反思

依据上文关于民事责任的质的规定性及其确定方法，衡量《民法总则》（征求意见稿）第160条第1款规定的所谓民事责任，不难发现其中有些是不合格的，在此——剖析如下：

1. 排除妨碍

排除妨碍，有些属于违反第一性民事义务时产生的第二性民事义务，例如，张三故意堵塞李四进出其住宅的大门，依法张三负有排除该妨碍的责任；有些则否，例如，强烈地震将甲的房屋震塌，压住了邻居乙的木料。于此场合，依法和诚实信用原则，甲同样负有排除妨碍的义务。对于前者，《民法总则》（征求意见

---

② 徐国柱主编：《逻辑学》，37页以下，哈尔滨，黑龙江人民出版社，1988。

稿）第 160 条第 1 款第 2 项将之规定为民事责任的方式之一，是正确的。但将属于第一性民事义务的排除妨碍也规定为民事责任，则不正确。如同前例，甲虽负排除妨碍的义务，可该义务属于地地道道的第一性民事义务，绝非违反第一性民事义务时产生的第二性民事义务。看来，《民法总则》（征求意见稿）第 160 条第 1 款第 2 项涵盖过宽，应予限缩，采取的方式就是设置例外。当然，最佳的设计方案是将排除妨碍作为救济方式而非民事责任的方式。

2. 消除危险

消除危险，顾名思义，侵害尚未实际发生，各种民事权利及其客体之间至少暂时处于相安无事的状态。于此场合，谈不上违反第一性民事义务，更不要说产生第二性的民事义务了。消除危险只是第一性民事义务。因此，《民法总则》（征求意见稿）第 160 条第 1 款第 3 项将消除危险作为民事责任的方式是不妥当的。

3. 返还财产

《民法总则》（征求意见稿）第 160 条第 1 款第 4 项规定返还财产为民事责任的方式之一，这需要检讨，兹分析如下：（1）合同被撤销、被解除场合的给付物的返还，是占有财产者所承担的第一性民事义务，不是违反民事义务时产生的第二性民事义务。这是因为，合同未被撤销、解除时，当事人基于该合同占有给付物，成立有权占有。此时，受领给付的当事人没有返还给付物的义务。合同一经撤销、解除，受领给付的根据（原因）消失，占有给付物构成无权占有，受领给付的当事人负有返还义务。这种返还义务不是违反民事义务的结果，按民事责任是民事主体违反第一性民事义务时所产生的第二性民事义务之说，这种返还给付物不应属于民事责任。（2）无因管理场合，管理人于管理事务的过程中有必要地占有本人的某些财产，如为了阻止漏雨而使用本人的油布、苫布，为了防止不法之徒侵占而住进本人的房屋，代本人受领本人的债务人的给付物，等等。管理人于管理完成时负有返还这些财产给本人的义务。这些返还义务同样不是管理人违反第一性民事义务而承受的第二性民事义务，因而不属于民事责任的范畴。（3）由于第三人的行为、受害人的行为、自然原因等，受益人占有了受害人的财产。例如，一个窃贼将其盗窃的笔记本电脑扔在了甲的院子里。甲发现该笔记本

电脑后返还给失主乙。这种不当得利返还依然不是违反第一性民事义务而产生的第二性民事义务，不属于民事责任的方式。（4）继承、遗赠的场合，继承人、受赠人所获遗产本属他人所有时，也产生返还财产的义务。此类义务照样不是违反第一性民事义务而产生的第二性民事义务，不符合民事责任的规格。

需要指出的还有，将返还财产纳入民事责任的范畴，会带来返还财产责任是否适用与有过失规则、损益相抵规则、诉讼时效制度、除斥期间制度、权利失效制度等疑问，并且不易解决。

4. 恢复原状

恢复原状，在境内外的法律上经常出现，在中国现行法上被用于不同的领域，其含义和法律效果如何，值得考察和探讨。它在普通法上表述为 restitution，在德国民法上表述为 Naturalersatz, Naturalrestitution，在中国台湾地区"民法"上表述为回复原状。恢复原状（回复原状）分别使用在若干种民法制度里，其含义不尽一致，它至少含有四种类型。[③]

第一种类型的恢复原状（回复原状），是指回复到当事人之间原来的法律关系状态，或者说回复到当事人双方未发生最近的特别结合关系时的状态。实际上，其应回复的并非原来的状态，而是应有的状态，须将损害事故发生后的变动状况考虑在内。例如，毁损他人的果树，须考虑于若无损害时，果树的成长状态而为赔偿，于此种损害假设性的发展，于回复原状及金钱赔偿均应斟酌为之。[④]在相当长的历史时期，该法律关系限于财产法律关系，所谓回复到当事人之间原来的法律关系状态，是指回复到当事人之间原来的财产法律关系状态。到了现代法，承认了人格侵害场合的精神损害赔偿，这种情况下的回复原状，便扩展到回复当事人的人格利益未受侵害时的状态。不过，人们通常还是将恢复原状（回复原状）用于财产法律关系场合，例如，法律行为无效场合，当事人双方间的财产关系恢复到如同合同未订立的状态，租赁等合同期满时当事人之间的法律关系回

---

③ 崔建远：《物权：规范与学说——以中国物权法的解释论为中心》（上册），249页，北京，清华大学出版社，2011。

④ 王泽鉴：《回复原状与金钱赔偿》，载《月旦法学》，第127期，2005年9月，199页。

复到合同订立前的状态，合同解除溯及至合同订立时消灭的场合，当事人之间的法律关系回复到合同订立前的状态。德国民法对损害赔偿采取回复原状主义下的回复原状。⑤

第二种类型的回复原状，不限于回复当事人双方之间的财产利益，甚至不限于回复当事人的人格利益未受损害时的状态，而是扩大到回复被破坏、被污染的环境，使因污染或破坏而荒废的地域社会复活。⑥《民法总则》（征求意见稿）第160条第1款第4项已将之独立出来，称为修复生态环境。本文从之。

第三种类型的恢复原状（回复原状），是指有体物遭受损坏，将该物修复到原来的状态。《中华人民共和国侵权责任法》（以下简称为《侵权责任法》）第15条第1款第5项规定的恢复原状，就是在这种意义上使用的。⑦

第四种类型的恢复原状（回复原状），是指与不当得利返还、损害赔偿相并列的恢复原状（回复原状）。《合同法》第97条所谓的"恢复原状"，属于这种类型。在给付物为动产时仅仅指"有体物的返还"，在给付物为不动产且已经办理了移转登记时，则为排除妨害，亦为复原登记。⑧

必须指出，第一种类型的恢复原状（回复原状）有时与返还财产重合。例如，在侵权行为人无权占有权利人的有体物的情况下，回复原状是指被无权占有的原物的返还。而如上文分析的那样，一些种类的返还财产不符合民事责任的规格要求。第四种类型的恢复原状（回复原状）是合同解除的后果，属于第一性民事义务的范畴，也不是违反第一性民事义务时产生的第二性民事义务，故非民事责任。由此看来，《民法总则》（征求意见稿）第160条第1款第5项将其规定为民事责任的方式，也欠周延。

---

⑤ 崔建远：《关于恢复原状、返还财产的辨析》，载《当代法学》，2005（1）；崔建远：《物权：规范与学说——以中国物权法的解释论为中心》（上册），249～255页，北京，清华大学出版社，2011。

⑥ 崔建远：《关于恢复原状、返还财产的辨析》，载《当代法学》，2005（1）；崔建远：《物权：规范与学说——以中国物权法的解释论为中心》（上册），255页，北京，清华大学出版社，2011。

⑦ 崔建远：《关于恢复原状、返还财产的辨析》，载《当代法学》，2005（1）；崔建远：《物权：规范与学说——以中国物权法的解释论为中心》（上册），256页，北京，清华大学出版社，2011。

⑧ 崔建远：《关于恢复原状、返还财产的辨析》，载《当代法学》，2005（1）；崔建远：《物权：规范与学说——以中国物权法的解释论为中心》（上册），257页，北京，清华大学出版社，2011。

无论是中国现行法还是《民法总则》（征求意见稿），将停止侵害、排除妨碍、消除危险、返还财产作为民事责任的方式，实际上是把它们作为侵权责任的方式。其不妥性还表现在：在若干情况下，属于行为人或损害源控制人虽无过错却须停止侵害、排除妨碍、消除危险或返还财产。这告诉我们，停止侵害、排除妨碍、消除危险、返还财产不得适用《侵权责任法》第 6 条确立的过错责任原则。其实，它们也不适用无过错责任原则，因为确定停止侵害、排除妨碍、消除危险、返还财产是否成立，必须寻觅《侵权责任法》第 7 条确立的无过错责任原则以外的具体规定。循此思路，查阅《侵权责任法》的全部条文，没有发现《侵权责任法》第五章"产品责任"以下关于无过错责任类型的规定中有停止侵害、排除妨碍、消除危险、返还财产诸种类型。换句话说，停止侵害、排除妨碍、消除危险、返还财产不属于《侵权责任法》规定的无过错责任类型。此其一。停止侵害、排除妨碍、消除危险、恢复原状、返还财产诸种侵权责任方式，在具体确定责任成立与否上，不适用《侵权责任法》第 7 条的规定，还因为它们时常产生于没有损害发生的场合。⑨ 此其二。

山重水复疑无路，柳暗花明又一村。停止侵害、返还财产、排除妨碍、消除危险、恢复原状诸方式虽然不宜或不宜全部作为民事责任的方式，却是保护物权、知识产权正常行使与不受不法侵害的有效的救济手段，有些也是保护人格权的有效措施，法律不可将它们排除于保护手段或曰救济方式之外。同理，下文将论及的解除合同、减少价款、退货等方式虽然不宜笼而统之地作为违约责任的方式，却是维护合同关系、对遭受违约的合同关系进行救济的不可或缺的法律手段，法律同样不可将它们排除于保护手段或曰救济方式之外。在这样的情况下，如何化解这样的矛盾？其实很简单，不依民事责任的思路安排它们，而是将它们作为救济方式对待，就既符合逻辑，又可满足民事权利保护的需要。

之所以如此，是因为民事责任的着眼点在于不法行为及其实施主体，权利救济的侧重点则在权利人及其补救手段。此其一。民事责任严格受制于法律责任的

---

⑨ 崔建远：《论归责原则与侵权责任方式的关系》，载《中国法学》，2010（2）。

质的规定性，如国家的强制性、道德和法律谴责与否定的评价等；权利救济则没有这么拘谨，凡是对不法行为及其后果能够救济的，有无否定性评价的属性，不在视野之内。如此，停止侵害、返还财产、排除妨碍、消除危险、恢复原状以及下文将论及的减少价款、退货、合同解除、物的返还请求权、不当得利返还请求权等，可为权利救济的方式，却难谓民事责任的方式。此其二。

三、退货、减少价款为民事责任的方式吗？

《合同法》第 111 条规定，质量不符合约定的……受损害方根据标的的性质以及损失的大小，可以合理选择要求对方承担修理、更换、重作、退货、减少价款或者报酬等违约责任。其中的修理、更换、重作属于继续履行或曰强制的实际履行的表现形式，属于《合同法》第 107 条承认的违约责任的方式，《民法总则》（征求意见稿）第 160 条第 1 款第 6 项予以承继，笔者赞同，不再赘述。但对其中的退货、减少价款或报酬（以下简称为减少价款）《合同法》第 111 条也作为违约责任的方式加以规定，则不适当。⑩《民法总则》（征求意见稿）第 160 条第 1 款规定的民事责任方式中不包括退货、减少价款，是正确的还是错误的？笔者认为是正确的，应予坚持，兹简析如下：

退货，一般不是终局的状态，需要视发展、演变才可最终定性和定位。它有时为解除合同，有时转为更换，有时转为重作，个别情况下可以转换为代物清偿或合同更改。还需说明，退货，在既不属于解除合同，也不属于修理、更换、重作的背景下，为代物清偿或合同更改。其实施不在于填补守约方因违约行为所致损害，而在于减少乃至避免守约方的损失，可见不同于损害赔偿、支付违约金。它与合同解除在取消既有交易这点上相同，但合同解除是不但取消既有交易，而且不建立新的交易关系，而代物清偿或合同更改是以另一种形式的交易取代既有

---

⑩　崔建远：《物的瑕疵担保责任的定性与定位》，载《中国法学》，2006（6）；崔建远：《退货、减少价款的定性与定位》，载《法律科学》，2012（4）。

交易。有时在满足守约方的合同动机上甚至与既有交易相一致。⑪

退货，无论是转化为解除合同，还是转换为代物清偿或合同更改，都不属于民事责任，因为它们都不呈现出违反第一性民事义务而产生的第二性民事义务的属性。特别是退货发生于履行期尚未届满的阶段时，它不构成违约，也就不是违约责任的方式。在这种情境之下，《民法总则》（征求意见稿）未将其列为民事责任的方式，是可取的，应予坚持。

不过，退货转化为更换或重作时，它属于继续履行的民事责任。即使如此，在法技术上也有处理方法，就是将退货限缩，与修理、更换、重作分离，换言之，退货不包括修理、更换、重作。经过这样的法技术处理，退货就不再含有修理、更换、重作，也就逻辑地不属于民事责任的范畴了。

减少价款，就法律将其作为瑕疵救济方式的初衷观察，乃着眼于物有所值、按质论价、给付与对待给付间的均衡的产物，而非填补违约行为给买受人造成的损害的制度。在这种意义上，减少价款不属于违约损害赔偿的方式。但从另外的角度讲，即减少价款系填补买受人因买卖物有瑕疵却多支付了价款而遭受的损失，尤其是在买受人有这样的法律意识的情况下，减少价款属于损害赔偿的一种表现形式。⑫

减少价款若属损害赔偿的一种表现形式，则其为民事责任的方式。

应当指出，从填补买受人的损失角度观察，将减少价款视为损害赔偿，在大多数情况下不会出现问题，但也应当注意到，减少价款毕竟是按照物有所值的规则行事，不受与有过失、损益同销等规则的限制，可以与违约金并罚，即使该违约金系赔偿性违约金，也不存在障碍。

需要注意，《德国债法现代化法》及其理论将减少价款作为形成权（第 441 条第 3 项）⑬，如果中国民法借鉴这种理论，那么，减少价款不属于民事责任的方

---

⑪⑫　崔建远：《物的瑕疵担保责任的定性与定位》，载《中国法学》，2006（6）。

⑬　Buck, in Westermann（Hrsg），Das Schuldrecht 2002, 2002, S. 146; Erman-BGB-HdKomm., 11. Aufl. 2002, S146；齐晓琨：《德国新、旧债法比较研究——观念的转变和立法技术的提升》，255 页以下，北京，法律出版社，2006。

式，就更加清楚明白。其道理在于：按照民事责任系违反第一性民事义务而产生的第二性民事义务的界定，在权利义务关系的视野和分析架构里，民事责任属于（广义的）民事义务范畴，只不过该类民事义务相对于原民事义务（第一性民事义务）而言多了一些质的规定性，如多了道德对违反第一性民事义务的评价，以及法律的强制。众所周知，形成权恰恰不是民事义务，而是民事权利，是以民事权利的作用作为区分标准而呈现的民事权利，且为真正的民事权利。真正的民事权利怎么同时是民事义务？既然形成权与民事责任分属两个"对立"的阵营，那么，减少价款不是民事责任。《民法总则》（征求意见稿）未将其列为民事责任的方式，是可取的，应予坚持。

四、民事责任制度应涵盖民事责任的全部类型

《民法总则》（征求意见稿）第160条所列民事责任基本上是违约责任（如支付违约金）和侵权责任（如消除影响、恢复名誉、赔礼道歉）以及缔约过失责任（如赔偿损失）。这需要反思，因为民事责任实际上分为三大类型：一是债务不履行责任，二是侵权责任，三是缔约过失责任。其中的债务不履行责任又分为违约责任和其他类型的债务不履行责任，后者简称为其他债务不履行责任。

所谓其他类型的债务不履行责任，包括不履行不当得利返还义务所产生的责任、不履行无因管理关系中的义务所产生的责任。前者的例子有，储户甲自乙银行领取存款的本金及利息时多得了1 000元人民币，依法甲应当将1 000元人民币返还给乙银行。甲所负返还1 000元人民币的义务即为不当得利返还义务。甲拒不返还，就违反了第一性民事义务，依法应承担第二性民事义务，表现为乙银行可诉请人民法院强制甲付清该本息，以及相应的罚息。甲所负付清罚息的义务属于民事责任，而且属于债务不履行的民事责任。《民法总则》（征求意见稿）没有规定此类民事责任，是不合适的，《民法总则》应予增设。

所谓不履行无因管理关系中的义务所产生的责任，例如，管理人甲看到本人乙家的住房漏雨，且知晓乙全家外出，他们无法及时对房屋漏雨予以补救。在这

种情况下，甲垫款 800 元人民币购买水泥及砂石，用于修缮乙家的房屋屋顶以阻止该房继续漏雨。依法本人乙应将该 800 元人民币偿付给管理人甲（第一性民事义务，不属于民事责任），却拒不偿付。于此场合，甲有权请求乙付清 800 元并承担由于拒付给自己造成的损失，至少是按照中国人民银行同期贷款利率计算出来的 800 元人民币的利息。在这里，付清 800 元人民币属于继续履行的债务不履行责任，支付按照中国人民银行同期贷款利率计算出来的 800 元人民币的利息属于常态的债务不履行责任。它们都属于民事责任。

在上文所举无因管理的例子里，管理人甲在修缮房屋屋顶时不小心撞毁了乙家房屋的烟囱，应负赔偿乙家损失的责任。该损害赔偿责任是适用《侵权责任法》关于侵权损害赔偿的规定，还是构成不履行无因管理关系中的义务所产生的责任？笔者认为，甲本无修缮乙家房屋的义务，却为乙家的利益计算而主动修缮乙家的房屋，符合无因管理的构成要件。但是，无因管理关系中的权利义务却不含有甲于管理事务的过程中侵害了乙家的烟囱所有权时成立的侵权损害赔偿义务。有鉴于此，甲撞毁乙家烟囱所生赔偿责任不适用无因管理制度，而应依侵权责任制度处理，适用《侵权责任法》第 6 条第 1 款等规定。

违反单方允诺所负责任，是属于违约责任还是其他的债务不履行责任？通说认为，单方允诺不得为他人设置义务，但可以为允诺人自己设定义务，允诺人违反此类义务应成立民事责任，表现为继续履行、损害赔偿等形式。由于此类责任不是产生于违"约"，而违约责任恰恰成立于违约，因而违反单方允诺所负责任不是违约责任，应当属于其他债务不履行责任。

五、应剔除名为民事责任实为民事义务的类型

《民法总则》设计的民事责任制度应该涵盖民事责任的全部类型，是指涵盖真正的民事责任的类型，而不得包括名为民事责任实为民事义务的情形。在中国现行法和实务中的确存在名为民事责任实为民事义务的情形。其例子之一是，在无因管理制度中，管理人在管理事务的过程中受到损害，如管理人甲在修缮本人

乙家的房屋时滑倒受伤，花去医疗费 1 000 元人民币。对此损失，本人应向管理人承担赔偿责任。该种损害赔偿责任的成立，一不需要本人实施不法行为，实际中本人往往是不作为的；二不需要本人对管理人受害有过错。再者，该种损害赔偿责任不是本人违反第一性民事义务而产生的第二性民事义务。十分明显，此类损害赔偿责任不符合民事责任的质的规定性。《民法总则》设计的民事责任制度不应包括此类损害赔偿责任。

例子之二是，《民法通则》第 43 条所谓"企业法人对它的法定代表人和其他工作人员的经营活动，承担民事责任"，很不周延。众所周知，此类经营活动一定产生义务、权利，以及违反义务的第二性义务——民事责任。该条没有分列企业法人对它的法定代表人和其他工作人员的经营活动，承受民事权利、民事义务，承担民事责任，而是统一称之为承担民事责任，于是，民事责任包含民事权利、民事义务，以及违反民事义务的第二性义务——民事责任，换句话说，民事权利、民事义务也是民事责任。这种解释符合《民法通则》第 43 条规定的字面含义，但不符合民事责任的通说，混淆了民事权利、民事义务和民事责任的区别，打乱了它们的分工，摧毁了各自的构成，破坏了它们之间的衔接和配合，代价十分昂贵。⑭《民法总则》（征求意见稿）未再这样使用民事责任的措辞，而是用"法律后果"的术语，值得肯定。

例子之三是，《民法通则》第 63 条第 2 款所谓"代理人在代理权限内，以被代理人的名义实施民事法律行为。被代理人对代理人的代理行为，承担民事责任"，存在着《民法通则》第 43 条同样的缺点⑮，《民法总则》（征求意见稿）未再这样使用民事责任的措辞，同样值得肯定。

例子之四是，《中华人民共和国担保法》第 21 条第 2 款关于"当事人对保证担保的范围没有约定或者约定不明确的，保证人应当对全部债务承担责任"的规定中，所谓"保证责任"，仅仅为第一性的义务，而非违反第一性义务而产生的第二性义务，即不属于真正意义上的民事责任。⑯《民法典》及《民法总则》都

⑭⑮ 崔建远：《物的瑕疵担保责任的定性与定位》，载《中国法学》，2006（6）。
⑯ 崔建远：《合同法》，2 版，319 页，北京，北京大学出版社，2012。

不应再如此措辞，应当使用"保证义务"的表述。

例子之五是，《中华人民共和国保险法》第 10 条第 3 款所谓"保险人是指与投保人订立保险合同，并按照合同约定承担赔偿或者给付保险金责任的保险公司"中的"保险金责任"，仍为第一性民事义务，亦非违反第一性民事义务而产生的第二性民事义务，同样不属于真正意义上的民事责任。[17]《民法总则》设立的民事责任制度不应涵盖此种保险金责任。

例子之六是，学说所谓"履行责任"（履行债务的责任，实际上为履行债务的义务）、"返还责任"（返还不当得利的义务）、"举证责任"等均为第一性民事义务，而非第二性民事义务，即非真正意义上的民事责任。[18]《民法总则》设立的民事责任制度不应包含它们在内。

六、精神损害赔偿制度应该延伸到合同法

旅游、观看演出等合同中，旅游者、观众的权利的内容是获得精神享受（愉悦），旅行社等义务人违反义务的确造成了旅游者的精神损害，应当成立精神损害赔偿责任。产妇到医院生产的合同、婚庆典礼合同、拍摄结婚照合同、洗印照片等合同场合，医院、婚庆公司、摄影公司、照片洗印公司等违反义务，如导致婴儿遗失、婚礼砸锅、结婚照歪曲了形象或照片及底版遗失、照片的底版损毁或遗失等，致使产妇、新郎新娘等痛苦异常，不裁判精神损害赔偿，实在说不过去。[19] 有鉴于此，精神损害赔偿制度应当贯彻于合同法领域，《民法典》及《民法总则》应当如此设计民事责任制度。这在比较法上也可得到支持。例如，在英美法系，因违反婚约所造成的精神损害，因违约侵害人身而造成的精神痛苦，因被逐出客车或被拒绝入住旅馆等违约行为受到了屈辱和感到忧虑，运送乘客者、旅馆主人、假日旅游的经营者、丧礼的承办者违反合同，致相对人以精神痛苦，或其违约

---

⑰⑱　崔建远：《合同法》，2 版，319 页，北京，北京大学出版社，2012。
⑲　崔建远：《精神损害赔偿绝非侵权法所独有》，载《法学杂志》，2012（8）。

是放纵的、鲁莽的，致相对人以精神损害，可以裁判精神损害赔偿。⑳ 现在的法国民法已经允许对违约造成的精神损害予以金钱赔偿，并且其适用范围比英美的普通法允许的还要广泛。㉑ 德国法院依据《基本法》关于一般人格权（general right of personality）的规定，判决了若干非财产损害赔偿。㉒《奥地利民法典》规定，在人身伤害场合，对于受害人所遭受的苦恼和痛苦准予财产赔偿（第 1325 条）。在瑞士，侵害他人的身体、生命及其他人格关系，造成非财产损害时，应准予金钱赔偿。根据《瑞士债务法》第 99 条第 3 款的规定，这也适用于合同之诉。㉓ 一些国际性的立法文件业已明确承认了违约责任上对非财产损害的赔偿，如《国际商事合同通则》（第 7·4·2 条）、《欧洲合同法原则》（第 9：501 条）。

至于有学说反对违约责任含有精神损害赔偿，列举并阐释了若干理由㉔，是缺乏说服力的。笔者曾撰文㉕一一反驳过，于此不再赘述。

七、民事责任方式的合并运用必须符合条件

《民法总则》（征求意见稿）第 160 条第 2 款规定："前款规定的承担民事责任的方式，可以单独适用，也可以合并适用。"其中所谓"也可以合并适用"，不够严谨，因为有些民事责任的方式是不可以或不能合并运用的，兹就主要的情形

---

⑳ Guenter H. Treitel, *Remedies for Breach of Contract*（*Courses of Action Open to a Party Aggrieved*），International Encyclopedia of Comparative Law（Chapter 16），Mouton, The Hague, and J. C. B. Mohr（Paul Siebeck），Tübingen, 85（1976）.

㉑ Guenter H. Treitel, *Remedies for Breach of Contract*（*Courses of Action Open to a Party Aggrieved*），International Encyclopedia of Comparative Law（Chapter 16），Mouton, The Hague, and J. C. B. Mohr（Paul Siebeck），Tübingen, 86（1976）.

㉒ Guenter H. Treitel, *Remedies for Breach of Contract*（*Courses of Action Open to a Party Aggrieved*），International Encyclopedia of Comparative Law（Chapter 16），Mouton, The Hague, and J. C. B. Mohr（Paul Siebeck），Tübingen, 87（1976）.

㉓ Ibid, 88.

㉔ 参见王利明：《合同法研究》（第 2 卷），670～673 页，北京，中国人民大学出版社，2003；王利明：《侵权责任法与合同法的界分》，载《中国法学》，2011（3）。

㉕ 崔建远：《论违约的精神损害赔偿》，载《河南省政法管理干部学院学报》，2008（1）；崔建远：《精神损害赔偿绝非侵权法所独有》，载《法学杂志》，2012（8）。

分析如下：（1）消除危险与停止侵害、排除妨碍、返还财产、恢复原状、消除影响、恢复名誉、赔礼道歉基本上不会合并运用，因为某项民事权利处于危险状态的场合，实际的侵害尚不存在，所以，停止侵害、排除妨碍、返还财产、恢复原状、消除影响、恢复名誉、赔礼道歉派不上用场。（2）排除妨碍、消除危险与支付违约金不可能合并运用，因为排除妨碍发生在物权的行使受到妨碍的领域，消除危险运用于物权、知识产权的存在或行使面临危险的场合，在这些情况下不存在支付违约金的责任方式；与此不同，在违反合同义务的场合却可能存在支付违约金的责任方式，却无排除妨碍、消除危险运用的余地。（3）消除影响、恢复名誉和赔礼道歉的责任方式适合于人格权受到侵害的情形，却无法运用于物权受到侵害的场合，也不会在买卖、租赁、承揽等合同关系中发生。这样，消除影响、恢复名誉和赔礼道歉与排除妨碍、消除危险不会合并运用。（4）在当事人没有明确约定违约金为惩罚性违约金（如合同约定：一方违约时，对方不但有权请求违约方支付货款1‰的违约金，而且有权请求赔偿因违约遭受的可得利益的损失）的情况下，裁判实务一般不支持守约方关于违约方支付违约金、赔偿违约所致损失的请求，换言之，一般不允许将支付违约金与违约损害赔偿合并运用。这是因为《合同法》第114条第1款规定的违约金为赔偿性违约金，支付违约金与违约损害赔偿在实质上为同一种责任，二者不得并罚。（5）其实，停止侵害与排除妨碍合并运用的机会也非常有限，在侵权行为并未妨碍权利人行使民事权利的情况下，在只存在妨碍民事权利行使的状态而无积极侵害的行为的场合，都不会有停止侵害与排除妨碍合并运用。

有鉴于此，对于民事责任方式的合并适用，《民法总则》宜明文设置限制条件，不妨采取这样的表述："前款规定的承担民事责任的方式，可以单独运用；在符合构成要件并不违反公平正义的情况下，也可以合并运用。"

在此顺带提醒，笔者所拟条文将"适用"改为"运用"，是因为"适用"系指法律制度或法律规定用于个案；而支付违约金、赔偿损失等民事责任的方式只是民事责任的方式，不是法律制度及法律规定，当事人一方请求对方承担支付违约金并赔偿损失，不是法律制度或法律规定用于个案，因而称之为"适用"不合适。

八、民事责任竞合制度之完善

对于民事责任的竞合，《民法总则》（征求意见稿）第 165 条规定："因当事人一方的违约行为，损害对方人身、财产权益的，受损害方有权选择要求其承担违约责任或者侵权责任。"这仍待完善，表现在以下几个方面：

1. 应为债务不履行责任与侵权责任的竞合

《民法总则》（征求意见稿）第 165 条的规定将民事责任的竞合限于违约责任与侵权责任，不够全面，因为有些民事责任的竞合发生在侵权责任与缔约过失责任之间，或侵权责任与单方允诺场合所生责任之间，或侵权责任与不当得利返还之间（依《民法通则》第 134 条第 1 款、《民法总则》（征求意见稿）第 160 条第 1 款的规定，不当得利返还也成为民事责任的方式）。例如，甲所有的 A 车被乙不法侵占，甲可以根据《民法通则》第 134 条第 1 款第 4 项或《侵权责任法》第 15 条第 1 款第 4 项的规定请求乙返还，也可以基于《民法通则》第 92 条的规定请求乙返还。再如，甲欲买乙的 A 笔记本电脑，在查看过程中损害了 A 笔记本电脑的某元器件。于此场合，乙可以依据《合同法》第 58 条中段的规定请求甲予以赔偿，也有权根据《侵权责任法》第 6 条第 1 款的规定请求甲予以赔偿。

2. 违约责任与侵权责任的竞合原则上是损害赔偿的竞合

按照《合同法》的规定，违约责任的方式包括继续履行（含修理、重作、更换）、支付违约金、赔偿损失；依据《民法总则》（征求意见稿）关于民事责任方式的设计，侵权责任有停止侵害、排除妨碍、消除危险、返还财产、恢复原状、赔礼道歉、消除影响、恢复名誉等方式。于是，产生一个疑问：违约责任与侵权责任的竞合，是各种责任方式之间的竞合，还是只有个别责任方式之间的竞合？在笔者看来，所谓违约责任与侵权责任的竞合，实质上是指损害赔偿的竞合，而非停止侵害、排除妨碍、消除危险、返还财产、恢复原状、赔礼道歉、消除影响、恢复名誉等侵权责任方式与支付违约金、继续履行等违约责任方式的竞合，亦非停止侵害、排除妨碍、消除危险、返还财产、恢复原状、赔礼道歉、消除影

响、恢复名誉等侵权责任方式与退货、减少价款或酬金等瑕疵担保救济方式的竞合。因而，在个案中，如某买卖合同中，守约方欲请求违约方承担继续履行、支付违约金的责任，或者主张违约方减少价款或要求退货，就只能基于《合同法》第107条等规定及该买卖合同的约定，作为依据，而不得以《侵权责任法》的有关规定作为请求权基础。此其一。违约责任以外的债务不履行责任也可能与侵权责任竞合。此其二。若严格按照侵权责任成立于固有利益受到侵害场合的通说，个案中会发生违约责任和侵权责任的聚合。此其三。[26]

3. 责任竞合发生的要件：损害人身权益、财产权益？侵害固有利益且不得重复承担损害赔偿责任？

《民法总则》（征求意见稿）第165条规定的违约责任与侵权责任竞合发生的要件是：违约行为损害对方人身、财产权益。众所周知，财产权益包括物权、知识产权等绝对权和债权这种相对权以及履行利益、信赖利益等法益。违约行为损害对方当事人的履行利益或信赖利益，大多不构成侵权责任。例如，出卖人甲与买受人乙签订购买A房的合同，出卖人甲撕毁合同，拒不向乙交付A房，更遑论办理过户登记手续了。在这种情况下，出卖人甲损害了买受人的履行利益，应当承担违约责任，却不构成侵权责任。此其一。另一方面，违约行为同时侵害守约方的固有利益的场合，有时并不构成违约责任与侵权责任的竞合，而是成立这两种责任的聚合。例如，甲将其存在疾病的A马出卖与乙，缔约和交付时都将该缺陷隐瞒，结果乙刚从甲之手接过A马的缰绳便被A马踢伤，并且A马在狂奔的过程中还将乙的庄稼踩踏。于此场合，虽然违约行为（交付病马）同时侵害了乙的固有利益（身体权、健康权和农作物的收益权），但并不成立违约责任与侵权责任的竞合，而是构成两种责任的聚合，即，不是乙只能在违约责任与侵权责任中选择其一而主张，而是有权请求甲承担违约责任（如支付违约金或负责赔偿损失）和侵权责任（如赔偿身体、健康受到伤害所生损失以及庄稼受损而带来的损失）。此其二。由此看来，《民法总则》（征求意见稿）第165条关于"因当

㉖　崔建远：《合同法》，2版，345页，北京，北京大学出版社，2012。

事人一方的违约行为，损害对方人身、财产权益的，受损害方有权选择要求其承担违约责任或者侵权责任"的表述，需要修改。

修改方案至少有两个：其一，将"损害对方……财产权益"改为："损害对方固有利益，所生损害赔偿为同一个的，受损害方不得双重请求，但有权选择要求其承担违约责任或者侵权责任。"之所以将"财产权益"改为"固有利益"，是因为固有利益排除了履行利益、信赖利益。之所以强调"所生损害赔偿为同一个的，受损害方不得双重请求"，是因为违约行为侵害守约方的固有利益的场合，两个损害赔偿互不排斥，应当是责任聚合。为避免本应责任聚合而强行责任竞合，作这样的限定是必要的。其二，把"因当事人一方的违约行为，损害对方人身、财产权益的，受损害方有权选择要求其承担违约责任或者侵权责任"，改为："当事人一方的违约行为同时构成侵权行为，所生损害赔偿为同一个的，受损害方不得双重请求，但有权选择要求其承担违约责任或者侵权责任。"

4. 应明确一般违约责任与物的瑕疵担保责任的竞合

《合同法》上存在一般违约责任与物的瑕疵担保责任的竞合，根据在于：(1)《合同法》第107条等条文构成的规范群适用于各种合同类型、各种违约形态。(2)《合同法》第111条等条文也构成了规范群，法律人的共识是，该条以及第153条、第155条、第157条、第158条的规定仅仅适用于质量瑕疵的违约形态，所适用的合同类型限于买卖等极个别的合同。这些规范群共同调整瑕疵给付所生责任的问题。(3) 相对于《合同法》第111条等规范群，《合同法》第107条中的"补救措施"是指修理、更换、重作。(4) 由于《合同法》第107条等规范群适用于各种合同类型、各种违约形态，而《合同法》第111条等规范群仅仅适用于质量瑕疵的违约形态，所适用的合同类型限于买卖等极个别的合同，两个规范群在所交标的物存在瑕疵的领域重合；由于不允许债权人双重请求，以免获得不当利益，只可选择其中之一而主张，构成一般意义的违约责任与物的瑕疵担保责任竞合。债务人究竟承担瑕疵担保责任还是违约责任，由债权人自主选择。(5) 承认一般意义的违约责任与物的瑕疵担保责任竞合，不仅因为《合同法》上并存着上述两个规范群，还有如下理由：其一，从物的瑕疵担保责任制度设立及

演变来看，出卖人交付瑕疵之物存在故意、过失之时，在尚无物的瑕疵担保责任制度的背景下，买受人有权请求出卖人承担债务不履行责任（违约责任）。这种救济路径及权利不应因设置物的瑕疵担保责任制度而被废弃。如此，在债务不履行责任（违约责任）制度与物的瑕疵担保责任制度并立的法制下，出卖人交付瑕疵之物，同时符合债务不履行责任（违约责任）与物的瑕疵担保责任的构成要件时，有什么理由禁止买受人自由选择呢？其二，从利益衡量的层面观察，按照通说，一般意义的违约责任不含有减少价款、退货（或为解除合同，或为代物清偿，或为合同更改）的救济方式，物的瑕疵担保责任不含有支付违约金、违约损害赔偿的救济方式。在这种背景下，出卖人交付瑕疵之物，有时买受人主张减少价款、退货（或为解除合同，或为代物清偿，或为合同更改）于其有利，有时请求出卖人支付违约金或承担违约损害赔偿更佳。可见承认竞合具有优越性。

有鉴于此，《民法总则》应当明确承认物的瑕疵担保责任与一般违约责任的竞合。

5. 责任竞合的限制

有些场合尽管符合责任竞合的条件，但依规范意旨仍不得选择责任竞合的路径。如果法律直接规定，在特定情形下只能产生一种责任，排除责任竞合的发生，那么就应遵守法律的这种规定。即便法律没有明文，就其立法目的应予限制责任竞合的，亦应限制。《合同法》关于赠与物瑕疵担保责任的设计为一例证，对此，详细分析如下：

在甲将赠与物交付与乙，乙因该物的隐蔽瑕疵受到伤害的情况下，时常符合《民法通则》第 106 条第 2 款及第 119 条或《侵权责任法》第 6 条第 1 款所规定的侵权责任的构成。但是，按照《合同法》第 191 条的规定，赠与的财产有瑕疵的，赠与人不承担责任（第 1 款前段）。赠与人故意不告知瑕疵或保证无瑕疵，造成受赠人损失的，应当承担损害赔偿责任（第 2 款）。可知赠与人对其不知的隐蔽瑕疵给受赠人造成的损害不负责任，只有在赠与人故意不告知瑕疵或保证无瑕疵时，才会承担责任，才会与基于侵权责任制度处理产生同样的结果。显然，《合同法》采取对于赠与人宽容的态度，而《民法通则》《侵权责任法》关于侵权

责任的构成则没有如此考虑问题，在这样的情况下，允许当事人任意选择，并选择侵权责任作为请求权基础，《合同法》的上述规定就形同虚设了。为了贯彻法律宽恕无偿奉献者的精神，于此场合，必须优先适用《合同法》第 191 条的规定，限制竞合。[27]

有鉴于此，《民法总则》（征求意见稿）第 165 条还要增加"但法律明文排除责任竞合或竞合违背规范意旨的除外"的但书。

6. 产品缺陷场合的责任竞合

产品缺陷场合，是否存在违约责任与侵权责任的竞合，涉及作为现行法关于产品责任构成所需要的损害是否包括产品本身的瑕疵。此处所说的损害，若不包括产品缺陷本身这个损失，仅指缺陷产品以外的其他损害，如电视机爆炸摧毁了电视柜、茶几、大衣镜等损失，则违约行为造成的损失与侵权行为造成的损害不重合，违约责任与侵权责任不会竞合。笔者注意到，产品责任制度及其理论的通说坚持，作为构成产品责任要件的损害，不包括产品缺陷本身这个损失，仅指缺陷产品以外的损害。可是，这样一来，在产品缺陷的案件中，买受人就缺陷产品向销售者提起违约之诉，请求销售者支付违约金或承担损害赔偿责任；再向销售者、制造者提起侵权之诉，追究它们的产品责任。迂回曲折，增加成本。再说，这种产品缺陷同时导致违约责任与产品责任并存，属于责任的聚合，并且符合公平正义；可是根据《合同法》第 122 条规定的字面含义，于此场合则为违约责任与产品责任的竞合，不得聚合，在事理方面难谓正当。如何解决？[28]《民法总则》应当作出抉择，采取这样的方案：扩张产品责任构成要件中的损害的范围，产品缺陷本身亦为此处损害的一种表现。在产品买卖合同场合，产品缺陷，作为构成产品责任构成要件中的损害之一种，作为普通的侵权责任构成要件中的损害之一种，则违约责任与侵权责任的竞合，便顺理成章。[29]

---

[27]　崔建远：《论违约的精神损害赔偿》，载《河南省政法管理干部学院学报》，2011（1）。

[28]　张民、崔建远：《责任竞合的"收"与"放"》，载《国家检察官学院学报》，2011（5）。

[29]　张民、崔建远：《责任竞合的"收"与"放"》，载《国家检察官学院学报》，2011（5）。

九、不可抗力界定之完善

现行法和《民法总则》（征求意见稿）都将不可抗力界定为不能预见、不能避免并不能克服的客观情况。但是，要求不可抗力必须同时具备不能预见、不能避免和不能克服三项因素，有时会出现不适当的结果。例如，甲将其 A 房出卖与乙，在约定的交房日期来临前，预报将要发生强烈地震。此种地震无疑会震塌房屋，甲虽然已经知晓，但无法采取避免 A 房震塌的有效措施。实际结果如同地震预报那样，强烈地震发生于约定的交付 A 房之前，并且摧毁了 A 房。对此，按照不可抗力必须同时具备不能预见、不能避免和不能克服三项因素的界定及标准衡量，因甲知晓地震将要来临，故地震不属于不可抗力。但是这样认定显然是不适当的。有鉴于此，《民法总则》界定不可抗力时不宜再强求不可抗力同时具备不能预见、不能避免和不能克服三项因素，宜视个案变通处理，如在有的情况下仅仅具备两项要素即可构成不可抗力。

我国民法的漏洞及其补充 *

内容摘要

所谓法律漏洞是指法律体系存在违反立法计划的不圆满状态。其特征为：一是违反立法计划性，二是不圆满性。按不同的分类标准，法律漏洞可分为自始漏洞与嗣后漏洞；明知漏洞与不明知漏洞；明显漏洞与隐藏漏洞及碰撞漏洞。法律漏洞应予补充，应以法秩序的精神为依据。具体需要用类推适用、目的性限缩、目的性扩张和法律续造等方式。我国民法的法律漏洞不仅具有上述特征，而且呈如下特性：一是法律漏洞大面积存在，许多法律制度整体性欠缺，或者一项法律制度中的许多重要成分欠缺；二是不明知漏洞较多。所以，我国民法的法律漏洞的补充，究竟适用何种方式，需视具体情况而定。

关键词

中国民法；法律漏洞；补充方式

自党的十一届三中全会之后，我国民法得到了长足的发展。以《中华人民共和国民法通则》（以下简称为《民法通则》）为龙头的民法基本架构已初步形成。

---

* 本文最初发表于《吉林大学社会科学学报》1995 年第 1 期。

但应看到，我国民法的漏洞仍比较明显，将来也在所难免。原因在于：（1）法律概念本身或多或少地具有不确定性，存在"模糊边缘"。一旦法律概念的"模糊边缘"无法明确地通过解释途径来包容新生事物，未有新法及时调整或法律不能及时修改之时，就存在着法律漏洞。（2）在设计法律概念时，如果将所描述对象的特征舍弃过多，便会形成法律概念过度抽象化的状况。这种过度抽象的法律概念未能涵盖法律应予调整的对象时，即构成法律漏洞。（3）法律制定于过去，但适用于现在，预测于未来。由于立法者认识的局限性和社会在不断发展，致使过去所立法律规范逐渐与现时社会关系相脱节，缺乏某些调整现时社会关系的法律规范，出现了法律漏洞。（4）中国的民事立法在相当长的历史时期内，强调"成熟一个制定一个""宜粗不宜细"等立法指导思想，民法研究落后，相当数量的问题未加探索，立法者对一些民事关系认识不清或未曾认识，结果是决策者认为不成熟的民事法律未能及时制定，有些至今没有起草，尽管实际生活非常需要这些民事法律调整。有些民事法律虽然制定并颁布实施了，但因过于概括简单，欠缺相当的具体规范，也存有法律漏洞。

所谓法律漏洞（Gapin Law），是指法律体系存在着违反立法计划的不圆满状态，换言之，是指关于某一个法律问题，法律依其内在目的及规范计划，应有所规定却未设规定的现象。它具有两个特征：一为违反立法计划性，一为不圆满性。①

欠缺某法律规定未必就是法律漏洞，如法外空间（即有些在法律上不重要的事项，法律有意沉默，不加规范）和反面推论（系由反于法律规定的前提要件所导出的与法律效果相反的推论）即属此类。欠缺法律规定构成法律漏洞，必须是此种状态属于违反立法计划。关于违反立法计划的判断，学说存有分歧。一种观点认为，应以裁判者个人的法意识或者一般的法意识为标准。② 批评者则认为，

---

① 参见王泽鉴：《民法实例研习·基础理论》，164 页，台北，三民书局，1993；黄建辉：《法律漏洞·类推适用》，21、22 页，台北，蔚理法律出版社，1988。

② H. Isay. Rechtsnorm und Entscheiduns. 1929. S. 224.

这容易导致裁判者个人的主观评断，失去公正性。③ 另一种观点主张，应以某一违反社会利益的行为是否无法律规定可资规范为标准，就是说，如果某个与社会公共利益相抵触的行为发生，却无法以现行有效的法律予以规范，就可认定该违反社会公共利益的案型违反了立法计划，欠缺一法律规范，构成一法律漏洞。④ 反对者则指出，这种观点忽视了这样的情形：某些抵触社会利益的行为未必是法律所应规范的，很可能是让位于法外空间的。⑤ 还有一种观点主张，以法秩序的全体精神、法律的内涵目的为标准，也就是说，应以内在于法律的法理念为标准。⑥ 这种观点兼顾了法秩序与法外空间的区别，被认为比较妥当。⑦

所谓不圆满性，是指未能被法律规范涵盖的事实类型出现，不能以现行法直接加以调整的现象。关于欠缺法律规范调整事实类型是否即为法律体系存在不圆满性，其确定以解释为前提。如果法律对特定案型 A 已设有规范，却对具有同一价值意义的案型 B 未予规定，但通过法律解释方法可以将 B 纳入 A 的类型范围内，则基于"等者等之"的原则，将 A 案型的规范适用于 B 案型。在这种情况下，就不存在法律漏洞。只有在依"可能文义范围"仍不能推出立法目的、意图所承认的效果时，才可以称这种法律规范的欠缺具有不圆满性，构成法律漏洞。⑧

我国民法上的法律漏洞不仅具有上述特征，而且呈现如下特性：一是法律漏洞大面积存在，许多法律制度整体性地欠缺，或者一项法律制度中的许多重要成分欠缺。例如，所有权保留、让与担保、押金等制度整个地付之阙如。再如，抵押权、留置权、保证等制度的许多法律效力欠缺。二是不明知漏洞较多。由于我国的民事立法基本上是在理论准备不足的情况下进行的，许多问题尚未加以研

---

③ 黄建辉：《法律漏洞·类推适用》，36、37、72、142 页，台北，蔚理法律出版社，1988。

④ F. Schreier . Die lmerpreutitm der Gesetze und Rechtsgeschafte，1927，S，47.

⑤ C. W. Canans，Die FestMellung Von Lucke in Gesetz，1964，S，43.

⑥ K. Larenz. Methodenlehre der Rechts wissenschaft. S. Aufl. 1983. S. 282f. S. 350ff. S. 365ff. S. 375 - 381.

⑦ 黄建辉：《法律漏洞·类推适用》，36、37、72、142 页，台北，蔚理法律出版社，1988。

⑧ W. Knittel，Die Verfassungsgerichthche Normenkontrolle als ursache Von Gesetzeslucke ，Juristische Zeitung 1967，S，79ff.

究，导致立法时根本未意识到存在法律漏洞，形成不明知漏洞。

法律漏洞以时间因素为标准，分为自始漏洞与嗣后漏洞。所谓自始漏洞，是指法律漏洞在法律制定之时即已经存在。嗣后漏洞是指法律制定之后因社会发展，尤其是技术进步和经济腾飞，产生新问题，而这些新问题未被立法者于立法当时所预见，未设法律规范，从而呈现不圆满状态，构成法律漏洞。这两类法律漏洞在我国民法上都存在。前者如《中华人民共和国经济合同法》（以下简称为《经济合同法》）制定之时就欠缺合同自始客观不能履行时无效的规定。后者如土地使用权制度中尚未包括目前已不断出现的"空间土地使用权"（亦称区分土地使用权）问题的调整规范。

以立法者在立法当时对法律漏洞的存在是否已有认识为标准，法律漏洞可分为明知漏洞与不明知漏洞。前者是指立法者对某问题的法律调整把握不准，无法设置法律规范，或者唯恐设置法律规范会对将来的社会发展产生不良后果，于是有意识地不设置法律规范，留给司法裁判去建立调整规范，甚至留给学说去探讨合理的规范模式，从而形成的法律漏洞。后者则指立法者因其疏忽而未设置法律规范调整依立法计划及规范目的应予调整的问题，或者对此类问题误以为已设调整规范实际上却未设置，或者即使立法者尽其最大注意也不能发现尚有未被调整的问题，因而未设法律规范，从而形成的法律漏洞。在我国民法上，存在相当数量的明知漏洞。例如，在侵害人身权制度中，不法侵害他人的隐私权、住宅自由权、夫妻间的忠实权时，是否构成精神损害赔偿，立法时就因把握不准而未设规定，留给司法裁判、司法解释去建立调整规范。再如，所有权保留本是分期付款买卖的最佳担保方式，但因中国目前的信用欠缺，在实际操作上尚有一定难度，故在草拟《中华人民共和国担保法》的过程中，暂不对它作出规定，而留给学说继续研究，让司法裁判去建立调整规范。不明知漏洞在我国民法上也存在，如融资性租赁，在我国经济合同法制定时就未曾考虑到这种特殊类型的合同，因而未加规范，形成不明知漏洞。

以法律对系争问题是否设有规范为标准，法律漏洞分为明显漏洞与隐藏漏洞。明显漏洞又称公开漏洞，是指依法律的内涵体系及规范目的，应对某个法律

问题积极设置规定却未加规定。后者则指法律对某个问题虽然已经设有规定，但根据法律的内涵体系及规范目的，必须针对该问题的特殊情况设置限制性的特别规定，却付之阙如。明显漏洞在我国民法上存在不少，如《经济合同法》一直不规定同时履行抗辩权、不安抗辩权，未规定物的瑕疵担保责任和权利瑕疵担保责任，未规定财产租赁与加工承揽中的风险负担。《民法通则》对抵押权、留置权仅各规定一款，它们的大部分法律效力均未加规定。隐藏漏洞在我国民法上也存在，如《经济合同法》第 7 条第 1 款第 3 项关于自己代理与双方代理的经济合同无效的规定，不意在于保护被代理人的合法权益，避免被代理人、代理人和相对人三方相互之间的不合理的利益冲突，但因未将该规定限缩到一定的适用范围，致使被代理人纯获利益的自己代理、双方代理的合同亦归于无效，显然不妥当。于此场合，应承认隐藏漏洞，依目的性限缩的方法限缩《经济合同法》第 7 条第 1 款第 3 项，承认使被代理人纯获利益的自己代理、双方代理有效。

除上述类型以外，法律漏洞还包括碰撞漏洞。碰撞漏洞产生的背景为：现代法律均为抽象规定，并从不同角度调整社会关系，因此，时常发生同一事实符合数个规范的要件，致使这些规范都可以适用该事实的现象。按照法秩序的要求，这些法律规范应具有一致性、无矛盾性。为达此目的，对规范矛盾应遵循以下原则加以消除：在异位阶规范矛盾场合，根据"上位阶规范的效力优于下位阶规范的效力"解决；在同位阶规范竞合场合，按照"新法优于旧法"或"特别法优于普通法"化解。能达目的时，其规范矛盾为可化解的规范矛盾，不存在碰撞漏洞。不能达到目的时，即按照上述原则并未消除规范矛盾，两个以上彼此效力冲突的法律规范呈现着违反立法计划的不圆满状态，对系争案件事实没有妥当的规范效果，这就存在一个碰撞漏洞。碰撞漏洞可分为逻辑碰撞漏洞与目的碰撞漏洞。前者是指就同一法律事实同时存在数个不同法律效果的法律规定，并无法化解所造成的漏洞。后者是指就具有牵连关系的两个不同法律事实同时存在数个内容不同、彼此具有对抗效力的法律规范，并无法化解所致之漏洞。碰撞漏洞在我国民法上同样存在，如《经济合同法》与《中华人民共和国城市房地产管理法》（以下简称为《城市房地产管理法》）为同位阶法律，两者均有关于房屋租赁的规

范，但后者规定房屋租赁合同必须到房产管理部门登记备案，而前者则无此要求。该矛盾又不能依新法优于旧法和特别法优于普通法诸规则化解，形成一逻辑碰撞漏洞。

应该指出，上述法律漏洞的分类具有相对性，如明知漏洞时常为明显漏洞，不明知漏洞有时就是隐藏漏洞，碰撞漏洞多为不明知漏洞。

法律漏洞应予补充。法律漏洞补充乃探求可资适用于系争案型的法律规范，并依此解决系争案型。其中，探求适用于系争案型的法律规范，被称为"寻法活动"。虽然法律漏洞补充与法律解释均为寻法活动，但后者是在"可能文义"的范围内寻法，而前者则是在"可能文义"的范围外寻法，是在法律解释活动不足以解决"可能文义"范围外的问题时才发挥作用的，因此，它是法律解释活动的继续。⑨ 并且，因法律漏洞补充系超越法条的文义范围而为活动，形成的法律见解为日后立法提供参考，尤其是在为法院裁判普遍承认时，它便具有"造法尝试"的性质。⑩

法律漏洞补充具有消除"法律体系违反"现象的功能。法律出现"不可化解的规范矛盾"，或者"评价矛盾"（按照宪法的基本观念应该予以平等的评价的法律事实，却在部门法上受到不同的对待现象）时，就法秩序而言，就是法律体系呈现矛盾，即所谓"法律体系违反"。基于法秩序一致性、无矛盾的要求，"法律体系违反"现象必须予以消除。法律漏洞补充即为消除手段。对于"不可化解的规范矛盾"，可通过目的性限缩的漏洞补充方式加以消除。对于"评价矛盾"，则应返回法律规定基础的法律原则予以消除。⑪ 法律漏洞补充依据何种标准？学说对此见解不一致。一种观点认为，应依据法律的一般原则补充漏洞。诚实信用原则、侵权损害归责原则、危险责任原则、保护未成年人原则等一般原则虽然不是

---

⑨ K. Larenz. Methodenlehre der Rechts wissenschaft. S. Aufl. 1983. S. 282f. S. 350ff. S. 365ff. S. 375 - 381.

⑩ 黄茂荣：《法学方法与现代民法》，80 页以下，台大法学丛书，1982。

⑪ K. Larenz, Allgemeiner Teil des deutschen Burgerhchen Rechts, 6Aufl, 1983, S. 75. S. 32lfl; K. Engisch. Einfuhrung in das Junsuschf Denken. S. 156ff; 黄茂荣：《法学方法与现代民法》，328 页，台大法学丛书，1982。

法律本身，却是它的基本思想、立法目的之所在，因而补充法律漏洞应该以此为依据。⑫ 有人认为，应以法秩序的精神为依据补充法律漏洞。⑬ 这与上述观点一致，只不过提法不同。另一种观点认为，应以自然法、正当法为补充法律漏洞的标准。⑭ 但这过于抽象，过于间接。还有一种观点主张，应以法官深具创造性的个案评断为依据，因为创造性的判决系法官体察彼时情势而为补充现行法的不足，或者有意识地改变现行法的规定，显然具有参考价值。⑮ 但法官具有创造性的个案评断只是补充法律漏洞的结果，并且"仅及于个案而不足成全貌"⑯。比较起来，还是第一、二种观点可取。

法律漏洞的补充，需采用类推适用、目的性限缩、目的性扩张和法律续造等具体方式。所谓类推适用，是指就法无明文的系争案型比附援引与其相似性质的案型规范以解决个案纠纷。同由一般到特殊的演绎、由特殊到一般的归纳不同，类推适用是由特殊到特殊的推论。正如 J. Esser 教授指出的，类推适用固然与三段论法具有相同构造，但其特征却不在于它是三段论法之一种，毋宁认为在于系争两法律案型的重要"类似性"的认定上。也就是说，基本"类似性"的确定，通过类推适用方式将法未明文规定的案型比附援引与其类似案型的法律规定。并且，由于"类似性"的认定往往同时在区别系争两案型具有同等法律价值，以便作为同一规范的基础，因此可以说，类推适用为一种价值判断。⑰

关于"类似性"的认定，学说见解存有分歧。构成要件类似说以构成要件的比较为"类似性"的架构基础，也就是设有法定案型 A，其内涵特征可分为 M_1、M_2、M_3、M_4、M_5 几点，系争案件 B 的内涵特征有 M_2、M_3、M_4、M_6、M_7 几点，相比较可知 A、B 两案的相同特征为 M_2、M_3、M_4 三点，如果这三点在法

⑫ K. Larenz. Wegweiser zu Richtcrlichcr Rechtsschupfant，F. fur Nikisch，1958，S. 299ff.
⑬ E. R. Berling. Jur Prinzipienlehre. Ⅳ. 1911. S. 41ff.
⑭ R. Stammler . Theorie der Rechtswissenschaft，1911，S. 64ff.
⑮ E. Huber. Rechts und Rechtsverwirklichung. 1925 . S. 354.
⑯ 黄建辉：《法律漏洞·类推适用》，36、37、72、142 页，台北，蔚理法律出版社，1988。
⑰ J. Esser，Vorverstundnis und Methodenwalil in der Reehtslindung，1975. 3. Aufl. S. 183.

律评价上对 A、B 两案具有重大意义，就可以认定两案具有"类似性"[18]。实质一致说则主张，"类似性"的认定应视系争法律规定的法定案型与待决案件事实之间是否具有"实质一致"而定，如果有即可类推适用，反之则否。[19] 同一思想基础说认为，系争案件事实与法定案型事实之间的思想基础相同时，或者说具有同一利益状态时，即可认定两案型具有"类似性"。后二说似嫌抽象，可操作性差。因而第一说为通说。但应注意，由于依据"类似性"所为法律上的类推适用并不像经验科学上的类推那样要求确切、真实的结论，而是注重推论结果的"妥当性"[20]，因而对"类似性"的认定除应注意系争法条的规范意旨，作为系争案件与法定案型构成要件类似的情形是否属于法律评价上重要因素的评断标准外，还必须注意系争个案的评价、利益衡量，因为类似性的判断属于价值评判活动，而非单纯事实的分析比较。[21]

相类似的事物相同处理，在此正义要求下有类推适用的推论。而在不同事物不同处理的正义要求下，则有目的性限缩的存在与运作。目的性限缩也是法律漏洞的补充方式，系指基于法律规定的规范目的或基本思想的考虑，将依法律文义已被涵盖的案型排除在原系争规定的适用范围外，以消除不同案型同处一个法律规定调整的矛盾现象。

目的性限缩与类推适用不但所基于的正义要求不同，而且推论过程也相异。类推适用必须先寻求系争两案型的类似性及其程度，然后方进行推论。目的性限缩的推论则是先审视拟处理法条的文义涵盖案型，是否完全符合系争法条的规范意旨，进而除去不符合规范意旨的案型，限缩系争法条的适用范围。[22]

目的性限缩与类推适用的不同，还表现在两者所针对的对象有别。因类推适用系援引既有条文到法无明文的系争案件，故其系针对明显漏洞进行推论；而目的性限缩是限缩既有条文的适用范围，以排除该条文文义所包含的却不为规范意

---

[18] J. Esser, Vorverstundnis und Methodenwalil , 1975. 3. Aufl. S. 183.

[19] L. Enneccerus/H. C. Nipperdey. Allgemetner. Tell des burgerhchen Rechts, 14. Aufl., 1952. § 58 I 1. S. 339.

[20] 碧海纯一：《法律解释与适用》，载《法学丛刊》16 卷第 1 期，83 页以下。

[21] 梁慧星：《民法学说判例与立法研究》，30、28～29 页，北京，中国政法大学出版社，1993。

[22] 黄建辉：《法律漏洞·类推适用》，36、37、72、142 页，台北，蔚理法律出版社，1988。

旨涵盖的案型，故其系针对隐藏漏洞予以补充。㉓

目的性限缩与限制解释也不相同。限制解释是指法律条文的文义过于广泛，不符合规范目的，于是限缩法条文义，使之局限于其核心意义，以正确阐释法律意义内容的法律解释方法；而目的性限缩则是将法条文义所涵盖的系争案型依该规定的规范目的而排除在该规定的适用范围外的法律漏洞补充方式。此其一。其二，限制解释仅在消极地限缩法条文义；目的性限缩则在积极地将不合规范目的部分予以剔除。㉔

目的性限缩有三种类型：其一，仅就某法律规定本身的意旨考虑，将其适用范围予以限缩，这种类型最为常见；其二，兼顾其他相关规定的规范目的而为目的性限缩，使之达到该其他相关规定的规范目的；其三，基于法律一般原则的考虑，就某案型将系争规定予以目的性限缩。㉕

目的性扩张也是法律漏洞的补充方式，系指基于法律目的或基本思想的考虑，系争法条文义涵盖的案型种类显然过狭而不足贯彻其规范意旨，遂依规范意旨将原应包括在内的法律案型纳入系争法条的适用范围。

目的性扩张与类推适用虽同为扩展系争法条的适用范围，但两者并不相同：（1）类推适用以"类似性"的存在作为推论前提，而目的性扩张则直接诉诸"立法目的"作为判断推论与否的依据；（2）导致类推适用的原因是法律对系争案件未设明文规范，而引起目的性扩张的原因是权衡待处理法条的立法目的，认定该法条所规定的案型过于具体以致有适用范围稍嫌狭隘，为贯彻该立法目的遂放松法条的案型涵盖范围，使其适用范围扩及应为该立法目的所内含的案型。㉖

目的性扩张与扩张解释也不相同：（1）目的性扩张为法律漏洞补充方式，扩张解释为法律解释方法。（2）扩张解释虽然也有目的上的衡量，但其着重在将法条文义与立法目的相比较，而文义过于狭隘，无法表示立法目的；目的性扩张乃

㉓ 黄建辉：《法律漏洞·类推适用》，36、37、72、142页，台北，蔚理法律出版社，1988。

㉔ J. Esser, Vorverstundnis und Methodenwalil in der Reehtslindung , 1975. 3. Aufl. S. 183.

㉕ K. Larenz. Methodenlehre der Rechts wissenschaft. S. Aufl. 1983. S. 282f. S. 350ff. S. 365ff. S. 375 – 381.

㉖ 黄建辉：《法律漏洞·类推适用》，36、37、72、142页，台北，蔚理法律出版社，1988。

从立法目的出发，认定符合规范目的的某种事实类型未被法条文义所涵盖，于是将该事实类型纳入该法条的适用范围。（3）扩张解释虽然扩张文义范围，但仍在法条可能文义的范围内，亦即日本学者碧海纯一所谓法律文义的"射程"之内；而目的性扩张则已完全超越出法条文义的可能范围。例如，我国《民法通则》第93条关于无因管理的必要费用应予偿还，其必要费用意指进行管理活动所不可不支出的费用，而不包括管理人在管理事务过程中所受损失。但该损失不予赔偿显然不符合立法本意，于是《最高人民法院关于贯彻执行〈中华人民共和国民法通则〉若干问题的意见》（以下简称为《意见》）解释为，该损失亦为一种费用支出，应予偿付。由于这种解释并未超出原法条的可能文义范围，故属扩张解释。与此相对照，我国《民法通则》第62条仅规定民事行为可以附条件，而未言及可否附期限。《意见》解释为民事行为亦可附期限，显然已超出第62条原文可能文义范围，属于目的性扩张。（4）扩张解释，必析其文义内涵；而目的性扩张，则应述其扩张目的。[27]

应该看到，类推适用、目的性限缩和目的性扩张并不能填补所有的法律漏洞。"解释法律补充漏洞，虽系法院之重要工作，但法院创造法律之活动，并不限于此，在甚多情形，法院亦得改进现行规定，创造新的制度，但此不得恣意为之，必须合乎法律之基本原则，符合宪法价值判断，并得纳入现有之法律内在体系。法院此种造法活动，有基于法律交易上之迫切需要者，如让与担保，有基于事物之本质者，如不当得利返还义务上之差额说，亦有基于法律伦理原则者，如缔约上过失"[28]。上述"改进现行规定，创造新的制度"，有的学者称之为"制定法外法律续造"。我国民法上的漏洞呈欠缺许多法律制度或一项制度欠缺重要效力的特点，在漏洞补充的方式上，因有些此类漏洞不能通过类推适用、目的性限缩和目的性扩张方式得到补充，所以更需要"改进现行规定，创造新的制度"的方式，即"制定法外法律续造"方式。

上述诸种法律漏洞补充方式，有的仅能适用于特定类型的法律漏洞，有的则

---

[27] 梁慧星：《民法学说判例与立法研究》，30、28～29页，北京，中国政法大学出版社，1993。
[28] 王泽鉴：《民法学说与判例研究》，第1册，307页，台北，三民书局，1980。

可适用于数种类型的法律漏洞。究竟如何适用，需视具体情况而定。对于明知漏洞，其补充方式不能限定某个或某些特定的补充方式，而应视个案而定。例如，《民法通则》仅规定姓名权、肖像权、名誉权、荣誉权受到侵害时可产生精神损害赔偿（第120条），未规定隐私权受到侵害时如何补救，显然形成一法律漏洞。《意见》第140条解释称："以书面、口头等形式宣扬他人的隐私……造成一定影响的，应当认定为侵害公民名誉权的行为。"众所周知，名誉权不同于隐私权，侵害隐私权虽在造成公民的名誉降低时可同时构成侵害名誉权，但在根本未影响公民的名誉时则不构成侵害名誉权。最高人民法院的司法解释将侵害隐私权一律认定为侵害名誉权，显然是超出了《民法通则》第120条规定的可能文义范围，系采用目的性扩张的方式补充了欠缺侵害隐私权的法律漏洞。再如，《经济合同法》仅规定了法定解除（第26条），尚未规定约定解除，形成一法律漏洞。该漏洞可由类推适用方式加以补充。因为法定解除中有协议解除类型，而协议解除与约定解除的基本精神是相同的，都是基于当事人的约定将合同解除，只是在技术上存在差异：协议解除是在协商同意后直接发生解除的效力，约定解除是经双方协议先给当事人以解除权，待解除权人行使解除权时发生解除的效力。两者的相同点是主要的，基本价位是一致的，差异点是次要的，因而可以类推适用协议解除，以填补约定解除的法律漏洞。㉙ 还有，整个制度或某项制度中大部分效力欠缺的法律漏洞，其补充多依赖于法律续造的方式。《民法通则》仅于第90条规定了"合法的借贷关系受法律保护"一极为概括的条款，许多问题尚付阙如。《意见》于第121条规定了借贷的返还期限："公民之间的借贷，双方对返还期限有约定的，一般应按约定处理；没有约定的，出借人随时可以请求返还，借方应当根据出借人的请求及时返还，暂时无力返还的，可以根据实际情况责令其分期返还。"《意见》于第122条和第124条规定了利率确定准则："公民之间的生产经营性借贷的利率，可以适当高于生活性借贷利率。如因利率发生纠纷，应本着保护合法借贷关系，考虑当地实际情况，有利于生产和稳定经济秩序的原则处理"。

㉙ 陈国柱：《关于经济合同解除的探讨》，载《吉林大学社会科学学报》，1989（4）。

"借款双方因利率发生争议，如果约定不明，又不能证明的，可以比照银行同类贷款利率计息"。《意见》于第 123 条规定了不按期偿还借款的民事责任："公民之间的无息借款，有约定偿还期限而借款人不按期偿还，或者未约定偿还期限但经出借人催告后，借款人仍不偿还的，出借人要求借款人偿付逾期利息，应当予以准许"。《意见》于第 125 条规定了复利约定无效："公民之间的借款，出借人将利息计入本金计算复利的，不予保护"。这些规定都超出了我国《民法通则》的立法计划，故应属于法律续造的补充方式。

不但明知漏洞的补充方式因个案而异，并无定式，不明知漏洞的补充方式亦然。例如，对融资性租赁这一法律漏洞，系通过目的性限缩传统意义上的财产租赁，制定融资性租赁规范，加以补充。因为融资性租赁是承租人自己选定供应商与租赁物，由租赁公司向供应商购买该租赁物并支付价款，然后出租给承租人长期使用，租赁期满时，承租人或有权将租赁物返还给租赁公司，或以预定租金续租，或以支付残值为代价购买租赁物。所以与传统意义的财产租赁差异甚大，应该把它从传统意义的财产租赁中抽离出来，也就是限缩传统意义的财产租赁的外延，使之不包含融资性租赁。我国现行合同法关于财产租赁的规定不宜适用于融资性租赁，而应尽快制定新的法律规范加以调整，将法律漏洞填补。再如，土地使用权制度中欠缺"空间土地使用权"的漏洞补充，可依赖类推适用方式，即类推《民法通则》第 80 条、《城市房地产管理法》关于土地使用权的规定，因为上述法律所规定的土地使用权系土地使用者通过出让、转让或行政划拨方式而取得的占有、使用、收益土地的权利，空间土地使用权是土地的上空使用权、地下使用权，后者只是多了"分层立体叠设"的特殊性质，但两者的基本价值是相同的，差异点是次要的，因而可以类推适用我国现行法关于土地使用权的规定。当然，从最佳的解决方式看，还是制定法明确承认空间土地使用权为宜。

对于明显漏洞的补充，依传统理论是采用类推适用的方式。[30] 但我国民法上的明显漏洞多为整个制度或一项制度中许多重要效力的欠缺，仅靠类推适用方式

---

[30] K. Larenz. Methodenlehre der Rechts wissenschaft. S. Aufl. 1983. S. 282f. S. 350ff. S. 365ff. S. 375 - 381.

尚不能完全解决问题，对于某些法律漏洞来说，无与之相类似的法定案型可供类推适用，只有设置新的规范才能补充原立法欠缺的制度或一项制度中的重要效力。例如，《民法通则》及其他法律欠缺典权规范，最高人民法院通过颁布司法解释填补了这个法律漏洞，其颁布的《意见》第120条规定："在房屋出典期间或者典期届满时，当事人之间约定延长典期或者增减典价的，应当准许。承典人要求出典人高于原典价回赎的，一般不予支持。以合法流通物作典价的，应当按照回赎时市场零售价格折算"。

对隐藏漏洞的补充，应采用目的性限缩的方式。因为系争案型本为系争法定案型的规范意旨所包含，只是欠缺系争法定案型的特别、限制性的规定，所以将系争法定案型依其规范意旨予以限缩其适用范围。这种补充漏洞的方式正是目的性限缩。例如，《民法通则》第58条第1款第1项规定无民事行为能力人实施的民事行为无效，第2项规定限制民事行为能力人依法不能独立实施的民事行为无效，其规范意旨在于使无民事行为能力人和限制民事行为能力人的合法权益免遭损害。但依据这两项规定，无民事行为能力人和限制民事行为能力人纯获利益的法律行为也无效，这显然违反该两项规定的规范意旨，应将此类纯获利益的法律行为排除在该两项规定的适用范围之外，才符合其规范意旨。最高人民法院颁布的《意见》于第6条规定："无民事行为能力人、限制民事行为能力人接受奖励、赠与、报酬，他人不得以行为人无民事行为能力、限制民事行为能力为由，主张以上行为无效"，以此限缩了《民法通则》第58条第1款第1项和第2项规定的适用范围，补充了其中存在的隐藏漏洞。

合同无效与诉讼时效 *

——合同法与诉讼时效之一

1. 合同无效、合同撤销不适用诉讼时效制度，后者适用除斥期间制度，前者现行法无规定，有学者建议法律另外规定请求确认合同无效的期间，以免因无效的合同已经履行完毕且历经较长的期间，再确认无效并发生返还财产、赔偿损失等效果，会导致现有秩序的紊乱。对此，笔者表示赞同。

2. 合同无效，只是不发生履行的效果，但可发生受领的给付返还（简称为返还财产或恢复原状）、缔约过失责任（责任方式为赔偿损失）的法定后果（《合同法》第 58 条）。从权利的角度观察，这些后果为请求权。它们是否适用诉讼时效的规定，需要从实体法与程序法的结合上加以回答。在当事人乃至有利害关系的第三人既请求法院或者仲裁机构确认合同无效，同时请求受领人返还其基于该无效合同而受领的给付，请求过失的一方承担缔约过失责任的情况下，法院或者仲裁机构支持了这些诉求。其裁决一经作出，即发生既判力，即使败诉方不履行上述返还义务或赔偿义务，也是胜诉方请求人民法院强制执行的问题，裁判机关便不会再受理该当事人的同样的诉求，否则，便违反一事不再理的原则。这样，

＊ 本文最初发表于《人民法院报》2002 年 2 月 22 日第 3 版。

没有适用诉讼时效制度的余地。

在当事人乃至有利害关系的第三人仅仅请求确认合同无效的情况下，判决书或裁决书确认诉争合同无效，而未涉及合同无效的法律后果，因上述返还财产、缔约过失责任等效果依法当然产生，不会因裁判未涉及而归于消灭，在特定的时间内也不应当因当事人未主张而消失殆尽，于是便产生了它们是否适用诉讼时效制度的问题，并一直困扰着人们。笔者认为，应当区分情况加以判断。

有过失的当事人承担缔约过失责任，适用诉讼时效制度。该时效期间自有过失的当事人负赔偿责任之时的次日起算。

3. 不当得利返还请求权与诉讼时效。

无效场合，受领给付的当事人（以下简称为受领人）负返还该给付的义务。在该给付属于劳务的付出、技能的发挥、智力的贡献等形态时，可依不当得利制度解决，即受领人负返还不当得利的义务，给付的当事人（以下简称为给付人）有权请求受领人返还该不当得利。这当然适用诉讼时效制度。该给付虽然属于交付有体物的形态，但在应予返还时该有体物灭失或被消耗掉了，其所有权消失，受领人亦负不当得利返还义务，给付人有权请求该不当得利的返还。这同样适用诉讼时效制度。

上述不当得利返还适用诉讼时效的规定，时效期间应自不当得利返还义务产生之时的次日起算，也就是给付人知道或应该知道其请求不当得利返还的债权受到侵害之时的次日起算。问题在于，如何认定不当得利返还义务产生的时间。对此观点不尽一致。

一种观点认为，当事人受领给付之时，合同就是无效的（尽管这尚未得到法院的确认），换句话说，受领给付无法律根据，构成不当得利，返还义务立即产生。因此，诉讼时效期间应自受领给付之时的次日起算。

另一种观点主张，合同未被法院等确认为无效时，在实务中当事人往往遵守"合同"，继续履行"合同"义务，而不出现返还不当得利的现象；只有合同被确认为无效后，才发生不当得利返还的问题，并且返还的时间时常由判决或裁决确定，因此应以如此确定的返还时间作为诉讼时效期间起算的时间点。此其一。其

二，在有些场合，当事人一方乃至双方确实不知道合同存在无效的原因，自然也就不知道不当得利返还义务的产生，给付的当事人不知道也不应当知道其债权受到侵害。于此场合，诉讼时效期间起算的事由不出现，自然谈不上时效期间起算问题。其三，在有的情况下，给付的当事人即使马上知道合同存有无效原因，但他仍然愿意履行，表示将来也不主张不当得利返还请求权（类似赠与），自然也就无诉讼时效期间的起算问题。

只有合同被确认为无效，判决或裁决不当得利返还，诉讼时效期间起算的事由出现，并且日期清晰明了，时效期间自该日期的次日起算，才妥当合理。

有专家学者反对上述意见，坚持这样的观点：合同无效，一方当事人请求另一方当事人返还财产、赔偿损失的，诉讼时效期间从合同履行期限届满之日起计算。

对此，笔者不敢苟同，理由如下：（1）合同履行期限所管辖的债权，是依约给付的债权；而合同无效情况下的返还财产、赔偿损失的债权，乃回复到合同尚未订立时状况的债权。前者为约定的债权，后者系法定的债权。按照约定的履行期限届满起算诉讼时效期间的，针对的应为合同给付的债权；合同无效场合的债权是法定债权，约定的期限并非该法定债权的行使期限。在并非该法定债权的行使期限场合，合同履行期限届满并不意味着返还财产、赔偿损失的债权受到侵害。就是说，欠缺《民法通则》第137条关于"诉讼时效期间从知道或者应当知道权利被侵害时起计算"的规定中的"权利被侵害"这个要素。因而，谈不上诉讼时效期间起算的问题。（2）约定的履行期限，针对的是债务人交付财产的债务，而返还财产是该项债务的反动，逆向的债务，如何按照约定的履行期限？（3）合同无效，约定的履行期不复存在，自然无法按照约定的履行期限。（4）适用诉讼时效制度的债权，得是一个质和量都已经确定的债权。约定履行期限届满之时，债权的量确定了吗？（5）制定司法解释、裁判案件，应当尽量符合现行法，尽量与既有的司法解释相衔接。不然，就不配称作法律人。如此，《民法通则》第137条关于"诉讼时效期间从知道或者应当知道权利被侵害时起计算"的规定，应当受到重视。约定的履行期限届满之时，返还财产、赔偿损失这些债权

的"量"甚至"质"都未确定，债权人难谓知道或应当知道。而裁判确认合同无效之时，这些债权的"质""量"才会确定，才可以谈债权人知道或应当知道。在这个意义上，也不应按照约定的履行期限届满之时起算时效期间。

有专家学者认为，按照《民法通则》第137条关于"诉讼时效期间从知道或者应当知道权利被侵害时起计算"的规定，合同无效场合发生的不当得利返还，其诉讼时效期间应当自给付人知道或应当知道合同存在无效的原因时起算。笔者感到，如此，在给付人知道或应当知道合同存在无效的原因较早，确认合同无效的时间过晚的情况下，会出现一方面确认合同无效，另一方面不当得利返还和损害赔偿因超过诉讼时效期间而化为泡影的情形，显然不适当。此其一。其二，如同上述，给付人知道或应当知道合同存在无效的原因之时，返还财产之债的"量"，如孳息为多少等，不见得已经确定。在合同部分无效、非绝对无效的场合，更是如此。既然债权的"量"尚未确定，债权人不好主张，难谓债权已届清偿期。

如果把确认合同无效的日期作为不当得利返还的诉讼时效期间的起算点，则存在因确认合同无效过迟使得已经稳定多年的秩序被重新打破的缺点。两种观点各有长短，令人难以决断。站在立法论的立场，未来的中国民法典应当规定确认合同无效的期限，而设立确认合同无效之日就是诉讼时效期间起算之时的规则。从解释论的层面讲，应当区分情况，一般场合，诉讼时效期间自确认合同无效之日起算，但若因此而导致既有秩序紊乱的除外。

当然，我们也应当注意到，裁判确认合同无效的日期与裁判确定不当得利返还的日期有时一致，有时可能不一致。不一致时以哪一日期为准？裁判确认合同无效之日，受领的利益即无合法根据，不当得利构成，返还义务产生，受领人不履行返还义务就是侵害了给付人的债权，时效期间应予起算。从这个角度看，诉讼时效期间自裁判确认合同无效之日起算的观点理由充分。另一说，即时效期间自裁判确定返还之时的次日起算的观点，其优点是清晰明了，在该日期迟于确认合同无效之日场合，可视为法院在返还期限上给了受领人照顾，也说得过去。笔者倾向于前一观点，即诉讼时效期间自裁判确认合同无效之日起算。

4. 物的返还请求权与诉讼时效。

给付为有体物，在合同被确认为无效时，是否适用诉讼时效的规定？首先需要认定该返还财产的性质及效力，尔后确定它与时效的关系。

（1）返还财产为物权的性质及效力。

合同无效，自始归于消灭，基于合同产生的债权债务一律自合同成立时消失，当事人一方所受领的有体物失去法律根据，他无权再占有该有体物，有义务返还。由于现行法无物权行为独立性与无因性制度，合同无效场合，给付物若为有体物，其所有权重新复归于给付人，受领人对该物不享有所有权。给付人基于对该物的所有权要求受领人返还。简言之，合同无效时的返还财产请求权，在性质上为所有物的返还请求权，属于物权请求权，为物权的效力。

在该有体物表现为动产时，给付人有权请求受领人移转该物的占有，使其动产的所有权恢复至圆满状态；在该有体物表现为不动产，尚未办理过户登记手续的情况下，该不动产的所有权继续归给付人享有，并且因合同无效，给付人办理过户登记手续的义务便不复存在，故受领给付人非但不可能取得该不动产的所有权，反倒负把该不动产的占有移转于给付人的义务，换言之，给付人行使物的返还请求权，表现为请求受领人移转该不动产的占有。在给付物为不动产并且已经办理了过户登记手续的情况下，合同无效，在给付人和受领人之间的关系上，该不动产的所有权也复归于给付人，给付人对受领人享有物的返还请求权。给付人行使物的返还请求权，表现为请求受领人办理复原登记，使该项不动产登记恢复到自己的名下。受领人负有办理复原登记的义务，申请不动产登记机关注销自己的不动产所有权登记。于此场合，也可有另一种表述：给付人对受领人享有排除妨害请求权，可请求受领人注销不动产登记，将该不动产物权重新登记在给付人的名下，接着，可行使物的返还请求权，请求受领人将该不动产的占有移转至给付人，从而使给付人对该不动产物权达到圆满状态。

应当注意，基于不动产物权登记的公示和公信原则，善意第三人信赖该项登记而受让了该项不动产，并且业已办理了移转登记手续，则给付人的物权请求权

对抗不了该善意第三人。

当然，在这个问题上分歧严重。例如，在日本，多数说将之定性为不当得利返还请求权，不过，也有学者认为，当契约被取消或无效而生之给付利益，权利人除了直接对债务人请求返还外，亦得以基于所有物返还请求权或其变形物，要求从返还义务人处受让人或返还义务人的债权人而行使。于受益为金钱利益时，也应认可这种物权性返还请求权。[①] 在中国，也存在物权请求权说和不当得利返还请求权说的对立。[②]

对于不当得利返还请求权说，不宜全盘赞同。首先，从构成要件方面着眼，给付物的所有权因合同无效而复归于给付人，于是，给付物是给付人的财产而非受领人的财产，换言之，它对受领人来说不是利益。显然，这里欠缺"一方获得利益"这个要件，不构成不当得利。其次，从《合同法》第58条的规定看，不当得利返还请求权说不合该条规定的文义和规范目的。我们知道，不当得利构成要件中的所谓"利益"，既可以表现为有体物（所有权）的类型（侵权行为引起的不当得利类型，常有其表现），也可以表现为"差额"的利益形态（给付不当得利中时有发生），还可以表现为定量化的价值（添附造成的不当得利类型的利益形态），它们都"能够返还"，且"有必要返还"，除非债权人免除此项债务。如此，若按照不当得利返还解释该条规定的返还财产，则《合同法》第58条所谓"因该合同取得的财产，应当予以返还；不能返还或者没有必要返还的，应当折价补偿"，就不合逻辑。只有把返还财产解释为物的返还请求权，该条规定的各个层次就各有妙用，意味深长：如果财产为有体物并且继续存在，合同无效或者被撤销时该有体物所有权复归于给付人，从权利的角度看，所谓"返还财产"表现为物的返还请求权。如果该有体物被受领人消费或者变卖，或者给付本来就是劳务，那么，形成"不能返还"，就"应当折价补偿"。虽然仅就文义，可以将

---

① ［日］四宫和夫：《事务管理·不当得利》，136、77页，东京，青林书院，1981。

② 崔建远：《关于经济合同无效的探讨》，载《吉林大学社会科学学报》，1989（5），25页；崔建远：《合同无效与诉讼时效》，载《人民法院报》，2002-02-22，3版；韩世远：《合同法总论》，263～264页，北京，法律出版社，2004。

"应当折价补偿"解释为损害赔偿的性质，也可以寻找不当得利的法律基础，但从体系解释的方面考虑，因该条后段规定"有过错的一方应当赔偿对方因此所受到的损失"，所以，只有把"应当折价补偿"的法律基础解释为不当得利，才符合逻辑。如果双方均有所给付，合同无效或被撤销时，当事人愿意采用"差额"法返还不当得利，即"应当折价补偿"的法律基础为不当得利，那么，也就"没有必要返还"给付的原物了。③ 最后，从利益衡量方面看，物权请求权属于物权的效力，不当得利返还请求权是债权的性质，在受领人的财产不足以清偿数个并存的债权时，基于不当得利制度请求返还财产，对给付人显然不利。既然在合同无效的情况下，法律已经奉行了给付返还的立法政策，使给付人对其给付物失而复得，那么，物权请求权制度对这种立法政策贯彻得最为彻底。

当然，受领人对给付物虽无所有权，但在占有该物。占有也是一种利益，给付人放弃所有物返还请求权，而主张基于占有该给付物的不当得利返还，也应得到支持。

需要辨明的还有，合同无效场合发生的返还财产，是合同无效当然发生的法律效果，不是当事人违反民事义务所直接产生的，其存在也不是道德和法律对当事人的主观状态及相关行为予以否定性评价的表现，其成立不需要具备民事责任的构成要件，因而不属于民事责任范畴。④

一种观点认为，合同被确认为无效，当事人基于合同受领的财产应予返还，互相返还的结果，是双方当事人的权利义务不复存在，于是便无诉讼时效问题。这反映出其法理不清，推理有误的缺点。实际上，合同被确认为无效之时，返还财产的义务才开始产生，诉讼时效期间自该义务产生之时（其实也是该义务应履行之时）起算，这正是诉讼时效制度发挥作用的表现。若当事人在时效期间经过前完成返还财产，诉讼时效制度是潜在地发挥作用，发挥着法院保护给付人主张给付物返还请求权这一诉讼时效制度的作用，当然，也可以说此时诉讼时效备而不用，而非"不存在诉讼时效问题"。若当事人在诉讼时效完成后仍返还财产，

③ 崔建远：《从解释论看物权行为与中国民法》，载《比较法研究》，2004（2），62页。
④ 崔建远：《关于经济合同无效的探讨》，载《吉林大学社会科学学报》，1989（5），25页。

适用《民法通则》第 138 条的规定，仍然为诉讼时效问题。若在诉讼时效完成后，受领人拒绝返还给付物，法院予以支持，同样是诉讼时效制度发挥作用的表现。

（2）有体物的返还请求权适用诉讼时效时，时效期间的起算。

关于物的返还请求权是否适用诉讼时效的规定，一直处于争论中，尚无定论。在采取肯定说的前提下，需要讨论以下问题：

一种观点主张，诉讼时效期间从给付财产之日起算。这存在若干不足，不采为宜，理由如下：1）在有的情况下，合同同时存在无效的和可撤销的原因，或对合同属于无效还是可以撤销，存在着争议，当事人更不清楚；若当事人把无效的合同作为可撤销的合同看待，并决定不行使撤销权，自然不发生所给付的财产返还问题，也就不存在他或对方当事人知道或应当知道其权利被侵害的事实，诉讼时效期间不会起算。2）在有的情况下，合同同时存在无效的原因和效力未定的原因，权利人偏偏追认该合同，也不发生所给付的财产返还问题，诉讼时效期间不会起算。3）在某些情况下，当事人不知道合同存在无效的原因，从而不知道也不愿意发生所给付的财产予以返还的后果，而愿意继续履行"合同"。于此场合，时效期间自给付财产时起算，在逻辑上说不通。4）中国法在将来若承认无效行为的转换制度，在一个特定的无效行为符合另一个有效行为的要件时，使它发生该有效行为的效果。如此，若给付财产，自然不发生诉讼时效期间的起算问题。5）给付人知道合同存在无效原因仍为给付，并有意在合同被确认为无效时亦不主张返还给付物，类似赠与，诉讼时效期间不宜起算。

一种观点认为，在无效合同已经履行完毕多年的情况下，如当事人仍可以合同无效为由向人民法院起诉并由法院判决返还财产，不符合债权的有期限性原则，使《民法通则》第 137 条的规定失去意义。这存在不少疑问，需要澄清。1）只要债权存有期间，不论它多长，就符合债权的有期性。所谓"不符合债权的有期限性原则"的理由不成立。2）更为实质的道理在于，现行合同法上的合同无效制度，是针对严重抵触、违反合同制度目的的合同而设立的制度，第 52 条规定的无效合同都是法律坚决不许存在的。这与外国的一些立法例承认有相对

无效的合同有区别。如此，中国现行法上的合同无效，是绝对无效、自始无效；纯理论地说，无论时隔多久，当事人愿不愿意，第 52 条规定的合同都应按无效处理，怎么能因"合同履行完毕多年"就不令其无效呢？（至于实际生活中相当的无效合同未被法院发现、处理，当事人已履行完毕并认可，属于法社会学问题，另外讨论。）3）因中国现行法对因合同无效提起诉讼没有时间限制，故即使时隔多年当事人就合同无效起诉，法院也得受理并予以确认，除非中国法在未来设有无效转换制度，或者合同的无效原因在法院处理时消失。只要法院确认合同无效，就得应当事人的诉讼请求裁判给付财产的返还、缔约过失责任，除非当事人无此类诉讼请求，或不具备财产返还、缔约过失责任的要件。在当事人诉讼请求财产返还、缔约过失责任的要件具备的情况下，法院仅仅确认合同无效而不裁判给付物的返还、缔约损害赔偿，意味着法院审理多日后宣告当事人之间无合同，其他的维持不变。这是只有合同无效的名义而无实际价值的，完全违反效益原则，徒增法院及当事人的负担。4）按照"诉讼时效期间从给付财产之日起计算"运作，在时隔多年就合同无效起诉的情况下，果真会出现法院宣告当事人之间无合同关系，其他维持原状的结果。重演"只算政治账，不算经济账"？5）如同上述，有些案件中当事人于给付财产时确实不知道合同存在无效原因，诉讼时效期间不起算，这正是适用《民法通则》第 137 条的结果，怎么说"使《民法通则》第 137 条的规定失去意义"？

当然，站在立法论的立场，从稳定财产秩序的需要出发，未来的中国民法典宜规定确认合同无效的期限。

（3）诉讼时效期间从判决确定之时的次日起算。

上述种种问题，在诉讼时效期间自判决确认合同无效的次日起算框架下，都能得到解决。所以，我们应该采取这种观点。应予指出，如同不当得利返还中的时效期间起算遇到的问题一样，裁判确认合同无效的日期与裁判确定的返还财产的日期可能不同，诉讼时效期间的起算以哪个时间点为准均有道理，笔者倾向于诉讼时效期间自裁判确认合同无效的日期的次日起算。

无履行期限的债务与诉讼时效[*]
—— 合同法与诉讼时效之二

1. 所谓无履行期限的债务，不包括侵权责任、缔约过失所引起的债务，因为侵权责任成立之日就是此类赔偿债务应予履行的期限，合同无效、被撤销、不予追认之时或者裁决生效之时或者裁决确定的日期，为缔约过失引起的赔偿债务履行的期限。这些债务属于具有履行期限的债务。

在有些案件中，看似无履行期限，实际上存在着明确的履行期限。例如，甲乙在合同中约定，甲于 1995 年 12 月 31 日向乙付款 100 万元，若逾期支付，则按每日万分之二支付违约金。实际上，甲迟至 1996 年 6 月 1 日才向乙支付 100 万元欠款，未言及逾期违约金之事。乙除接受该 100 万元欠款以外，未作任何意思表示。在本案中，主债务（即甲偿付欠款）的履行期限是明确的，即 1995 年 12 月 31 日。逾期违约金的偿付期限是否清楚呢？对此存有不同的见解，笔者持肯定的意见，即自 1996 年 1 月 1 日至 1996 年 5 月 31 日，每日 200 元的逾期违约金，其清偿日期依次为 1996 年 1 月 1 日、1996 年 1 月 2 日、1996 年 1 月 3 日……1996 年 5 月 31 日。甲未偿付这些违约金，构成债务不履行，应当承担至

---

* 本文最初发表于《人民法院报》2003 年 5 月 30 日第 3 版。

少是支付这些逾期违约金的责任。对于甲乙在 1996 年 6 月 1 日的行为如何认定？是认定为甲乙订立了一个新的合同，甲支付给乙 100 万元就结清了双方的债权债务，还是认定为乙只是接受了甲履行的主债务（即偿付的欠款），未放弃请求甲支付逾期违约金的债权？笔者认为，如果没有其他证据的支持，采纳后一种解释，即为乙仍然有权请求甲支付违约金，比较适宜。如果这是正确的话，那么，本案中甲偿付逾期违约金的日期都是明确的。

合同和法律未规定债务的履行期限，但依据债务的本旨、习惯、交易惯例能够确定该债务的履行期限的，在广义上也可以视为具有履行期限。例如，甲向乙糕点店定购月饼，明确指出要用于中秋节赏月，但未明确交付月饼的时间。于此场合，依据该合同的目的和生活习惯，应认定交付月饼的最后日期为中秋节白天。如果糕点店未于中秋节白天及其之前交付月饼，那么，诉讼时效期间自农历八月十六起算。

2. 无履行期限的债务自其成立至债权人提起诉讼时已经超过 2 年，有的已达 4 年、5 年。此类案件已经发生多起，引起了法律工作者的注意。胡建勇先生发表了《没有履行期限的债权请求权——诉讼时效的起算点如何认定》一文（《人民法院报》2002 年 11 月 28 日，第 3 版），姜社教先生又著有《未约定还款期限，催款未果五年后才起诉——本案是否超过诉讼时效》（《人民法院报》2002 年 12 月 11 日，第 3 版）。两篇文章都坚持，无履行期限的债务在债务人未同意履行债务、债权人未向债务人请求过清偿债权，诉讼时效期间不起算。"时效的开始不仅要考虑请求权的发生，也要考虑请求权的到期"[①]，就是这个意思。对此，笔者表示完全赞同。同时，由于无履行期限的债务与诉讼时效之间的关系包含丰富的内容，上述二文未全部讨论到，讨论中所形成的某些结论也有进一步斟酌的余地。为使关于无履行期限的债务与诉讼时效的讨论开展下去，笔者撰写此文，抛砖引玉。

3. 给付义务可分为原给付义务与次给付义务。原给付义务本身由履行期限、

---

① ［德］卡尔·拉伦茨：《德国民法通论》（上册），王晓晔、邵建东、程建英、徐国建、谢怀栻译，谢怀栻校，339 页，北京，法律出版社，2003。

合同的存续期限制度管辖,诉讼时效制度备而不用,不直接发生效力。只有在原给付义务被违反,形成次给付义务的情况下,诉讼时效制度才实际发挥作用。次给付义务生成之时,也就是违约行为发生之时,构成《民法通则》所谓权利人知道或者应当知道权利被侵害(第 137 条前段),诉讼时效期间开始起算,换句话说,诉讼时效期间的起算点为违约行为成立之时。《德国民法典》虽然规定,消灭时效通常在请求权产生之时起算(第 198 条),但是,德国的判例与学说并没有一律贯彻。《民法典第一草案》第 158 条第 1 项规定:"消灭时效,于法律上可以要求履行请求权(已届清偿期)之时开始。"虽然它未被《德国民法典》所采纳,但因其实质内容是正确的,所以被视为现行法的组成部分。这说明,"问题的关键不是请求权的产生,而是请求权的已届清偿期"②。这从另一面印证了中国《民法通则》关于诉讼时效起算规定的合理性。

在规定有履行期限的情况下,该期限届满,债务人仍未履行其债务,构成违约,诉讼时效期间开始计算。在实际计算上,是从履行期限届满的次日起算。这是清楚的,本文不再赘言。

4. 原给付义务未规定有履行期限的,在中国台湾地区"民法"上,有学说认为,债权人请求债务人清偿的权利,自债权成立时即可行使,消灭时效应自债权成立时起算。诉讼上和解,应自和解成立时起算,并非有待于和解笔录的送达。③ 在中国大陆,也有人持这种观点。④ 这与中国现行法关于诉讼时效期间起算点的规定(《民法通则》第 137 条)、关于履行期限不明确时如履行的规定(《民法通则》第 88 条第 2 款第 2 项、《合同法》第 62 条第 4 项)及其在履行期限不明确时如何判断权利被侵害的理论不尽相符,不宜采纳。

---

② 《联邦最高法院民事裁判集》第 55 卷,340、341 页。转引自〔德〕迪特尔·梅迪库斯:《德国民法总论》,邵建东译,94 页,北京,法律出版社,2000。

③ 王泽鉴:《民法总则》,568~569 页,台北,三民书局,2000;"最高法院"台上字第 780 号判决("最高法院"民刑事裁判选辑,第 1 卷,第 1 期,53 页。)

④ 参见胡建勇:《没有履行期限的债务请求权——诉讼时效的起算点如何认定》,载《人民法院报》,2002 - 11 - 28,3 版;姜社教:《未约定还款期限,催款未果五年后才起诉——本案是否超过诉讼时效》,载《人民法院报》,2002 - 12 - 11,3 版。

在中国民法上，债务无履行期限的，属于履行期未届至的情形，其对应的债权在请求权方面受到抑制，于此场合，债务人没有立即履行的义务，只要债权人未请求过债务人履行，次给付义务就不生成，换句话说，违约行为不构成，于是诉讼时效的期间就不进行。既然该债权未罹于诉讼时效，债权人就有权随时请求债务人履行其债务，只不过须给债务人必要的准备时间罢了（《合同法》第62条第4项）。

依据次给付义务形成之时，或者说违约行为成立之时，诉讼时效的期间才开始起算的规则，在未规定有履行期限的情况下，确定诉讼时效期间的起算点，实际上存在以下几种类型：（1）债权人催告当时债务人就同意立即履行，实际上却未履行的，诉讼时效期间自该催告的次日开始起算。（2）债务人主动提出履行，且双方定有固定期间，该期间届满时债务人却未履行的，诉讼时效自该期限届满的次日起算。（3）当事人协商一致，约定一个明确的履行期限或者期日，债务人于该期限或期日届满未履行债务的，诉讼时效自该期限届满的次日起算。如果协商不成，任何一方提出了一个合理的履行期间场合，诉讼时效期间自该合理期间届满时开始起算。（4）债权人向债务人主张一次，债务人当即明确拒绝，而该拒绝属于抗辩权的行使，例如，债权人未给债务人必要的准备时间场合，债务人拒绝属于抗辩权的行使，再如，债务人行使同时履行抗辩权，从另一个角度看，双方未确定下来履行期限，那么，债务人的行为不构成违约，诉讼时效期间不起算。（5）债权人向债务人主张一次，债务人当即明确拒绝，而该拒绝含有将来也不履行债务的意思，那么，债务人的该拒绝行为构成拒绝履行，诉讼时效期间应从该拒绝之日的次日起算，而不论债权人是否规定有宽限期以及该期限是否已经届满。（6）在债权人向债务人主张履行债务，债务人未明确拒绝的情况下，双方约定有履行债务的宽限期，不论该期间是期日还是期间，那么，在该期日或期间届满时无论债务人是否明确拒绝履行债务，只要在客观上债务人不履行，诉讼时效自该期间届满的次日起算。

在这里，有必要附带指出以下两点：（1）在诉讼时效期间因上述情况而进行

的场合，一直到时效期间届满时债务人仍未履行债务，债权人也未再主张，该债权罹于诉讼时效，倘若债权人其后再请求债务人履行债务，债务人有权援引诉讼时效完成的抗辩。（2）如果在该时效期间届满前，债权人再次向债务人主张，诉讼时效期间再次中断，债权人的债权受到法律的保护。自双方商定的债务履行期限届满且债务人再次不履行时，诉讼时效期间又开始起算。应予指出，如果此次债权人是通过诉讼的方式请求债务人履行债务，那么在判决或裁决债权人胜诉的情况下，依据中国现行法的规定，在实体法上适用诉讼时效制度，在程序法上适用执行程序；在实务上基本采取后者。

5. 如果上述意见是正确的话，胡建勇先生在《没有履行期限的债权请求权——诉讼时效的起算点如何认定》一文中所说的，"如果债务人举证证明自己之前某个时间已经向债权人要求过履行债务或者债权人之前某个时间已经向自己主张过债权，那么这个时间就是该笔借款诉讼时效的起算点"的观点，需要再细致化，有的方面需要再斟酌。该观点主张未规定有履行期限的债权不罹于诉讼时效，是正确的，但在时效期间的起算点的确定上，则至少是把问题简单化了。与此类似，姜社教先生在《未约定还款期限，催款未果五年后才起诉——本案是否超过诉讼时效》一文所持"对于未约定还款期限的债权，债权人可以随时向债务人主张，不受主张次数的限制，直到债务人明确表示拒绝时止"的观点，在肯定此类债权未罹于时效上，可资赞同，但在诉讼时效期间的起算点的确定上，同样存在以偏概全的不足，同时漏掉了笔者在上文"附带指出"所述诉讼时效的中断和程序法中的执行期问题，需再斟酌。具体到该文所分析的案件，因原告于1997年7月请求被告偿还欠款，开始关涉到诉讼时效制度。其一，如果被告当场拒绝还款，那么，诉讼时效期间自拒绝的次日起算。假如自此至今被告一直未同意偿还其借款，原告也一直未再请求被告履行其还款义务，那么，截至2002年7月，原告的债权显然已经罹于诉讼时效，被告有权援引时效完成的抗辩，拒绝偿还借款。其二，如果被告未明确拒绝还款，原被告双方约定有还款期限，但被告在该期限届满时仍未还款，那么，诉讼时效自该期限届满的次日起算。假如

该期限的最后一天距离 2002 年 7 月长于 2 年，于此期间原告一直未向被告主张，被告一直未同意偿还借款，那么，至原告于 2002 年 7 月起诉到法院时，原告的债权已经罹于时效，被告有权拒绝偿还借款。如此，《未约定还款期限、催款未果五年后才起诉——本案是否超过诉讼时效》一文关于"原告的催款未果并不能作为诉讼时效的起算点"的观点，就得修正。

保证债务与诉讼时效[*]
——合同法与诉讼时效之三

保证债务与诉讼时效之间的关系涉及许多问题，本文仅讨论有争议和比较模糊的四个问题，抛砖引玉。

一、保证期间与诉讼时效的区别

关于保证期间是否为诉讼时效期间，存在不同意见，笔者持否定说。其理由如下：（1）按照《担保法》的规定，保证期间允许当事人约定，并且首先看约定，只有在当事人没有约定，或约定的保证期间早于或等于主债务的履行期限时，才采用法律规定的保证期间（第25条、第26条）。法释〔2000〕44号第32条承继了这种精神，又有所发展。而诉讼时效期间一律由法律规定，不允许当事人约定。当事人违反法律规定，约定延长或缩短诉讼时效期间、预先放弃诉讼时效利益的，人民法院不予支持（法释〔2008〕11号第2条）。这与德国民法及其学说关于"虽然消灭时效可以减轻，但不得排除或加重之。这即是说，延长消灭

---

* 本文最初发表于《人民法院报》2003年6月6日，第3版。

时效期间通常是无效的"①的精神不尽一致。（2）如果保证期间届满，债权人一直未向保证人主张履行保证债务，保证债务也未随着主债务的诉讼时效的中断而改为适用诉讼时效期间的规定，那么，保证债务消失，亦即债权人对保证人的债权不复存在（《担保法》第25条第2款、第26条第2款）。就是说，保证期间届满使债权本体消灭。而诉讼时效期间届满，仅仅使债务人产生抗辩权，并不消灭债权自身。（3）按照法释〔2000〕44号规定，保证期间不因任何事由而发生中断、中止、延长的法律后果（第31条）。而依据《民法通则》的规定，诉讼时效存在中断、中止、延长的制度，尽管有的不同时具备这三项制度（第137条、第139条、第140条）。（4）在保证期间内，债权人请求保证人承担保证责任，只要保证人无抗辩事由，保证期间就功成身退，让位于诉讼时效期间（《担保法》第25条第2款、法释〔2000〕44号第34条）。这一现象本身就表明保证期间不是诉讼时效期间，因为它若为诉讼时效期间，就不会存在上述"保证期间就功成身退，让位于诉讼时效期间"的问题。（5）保证合同约定有保证期间的，保证期间的起算点为当事人约定的开始时日。保证合同无此约定的，保证期间的起算点为主债务履行期届满的次日。而诉讼时效期间的起算则有所不同，按照法释〔2000〕44号的规定，一般保证的债权人在保证期间届满前对债务人提起诉讼或申请仲裁的，从判决或仲裁裁决生效之日起，开始计算保证合同的诉讼时效期间（第34条第1款）。连带责任保证的债权人在保证期间届满前要求保证人承担保证责任的，从债权人要求保证人承担保证责任之日起，开始计算保证合同的诉讼时效期间（第34条第2款）。

附带指出，保证期间也不是除斥期间，理由如下：（1）保证期间允许甚至倡导约定，而除斥期间为法定期间，只有解除权可以约定除斥期间（《合同法》第95条第1款）。（2）保证期间届满，消灭的是债权及其有关的从权利、从义务。而除斥期间届满，消灭的是形成权。（3）在保证期间内，债权人请求保证人承担保证债务的，保证人若无抗辩权的行使，则保证期间功成身退，诉讼时效期间取

① ［德］迪特尔·梅迪库斯：《德国民法总论》，邵建东译，93页，北京，法律出版社，2000。

而代之。除斥期间不存在这个现象。（4）保证期间的起算点的确定如同上述，除斥期间的起算点则因立法者对于不同类型的除斥期间持有不尽相同的价值取向和利益衡量而形形色色。

1. 起算点为权利人知道或应当知道撤销事由之时

除斥期间的起算点为权利人知道或应当知道撤销事由之时的，计有如下几种：（1）在可撤销的合同场合，撤销权的除斥期间自撤销权人知道或应当知道撤销事由时起算（《合同法》第 55 条第 1 款）。（2）在债权人撤销权的情况下，撤销权的除斥期间自债权人知道或应当知道撤销事由之日起算（《合同法》第 75 条前段）。（3）在赠与人的法定撤销权的场合，撤销权的除斥期间自赠与人知道或应当知道撤销原因之日起算（《合同法》第 192 条第 2 款）。（4）在赠与人的继承人或法定代理人的撤销权的场合，撤销权的除斥期间自该继承人或法定代理人知道或应当知道撤销原因之日起算（《合同法》第 193 条第 1 款）。（5）在协议实现抵押权损害其他债权人利益的情况下，其他债权人撤销该协议的权利，其除斥期间的起算点为知道或应当知道撤销事由之日（《物权法》第 195 条第 1 款）。

2. 起算点为份额转让之时

共有人的优先购买权，其除斥期间的起算点为份额转让之时（《物权法》第 101 条）。

3. 相对人行使催告权，确定除斥期间的起算点

除斥期间的起算点由相对人行使催告权予以确定的，计有如下情形：（1）在限制行为能力人订立合同场合，相对人通过催告，确定 1 个月除斥期间的起算点（《合同法》第 47 条第 1 款）；（2）在无权代理场合，相对人通过催告，确定 1 个月除斥期间的起算点（《合同法》第 48 条第 2 款）；（3）法律没有规定、当事人也没有约定解除权行使期间的，相对人通过催告，确定解除权除斥期间的起算点（《合同法》第 95 条第 2 款）。

4. 起算点为行为发生时

起算点为行为发生时的，计有如下情形：（1）在效力未定的合同场合，相对人的撤销权的除斥期间，其起算点应为合同成立之时（《合同法》第 47 条第 2 款

及其解释、第 48 条第 2 款及其解释）。（2）债权人撤销权的 5 年除斥期间，其起算点为债务人的行为发生之日（《合同法》第 75 条后段）。（3）委托合同中的任意解除权，其除斥期间的起算点为合同成立之日（《合同法》第 410 条）。（4）建筑物区分所有场合业主的撤销权，其除斥期间的起算点应为业主大会或业主委员会的决定公布之时（《物权法》第 78 条第 2 款）。

5. 起算点为通知到达或披露义务履行完毕之时

（1）承租人的优先购买权，其除斥期间的起算点应为出租人通知承租人出卖租赁物之时（《合同法》第 230 条）。（2）在间接代理的情况下，第三人的选择权的除斥期间，其起算点为代理人披露委托人之时（《合同法》第 403 条）。

6. 起算点为形成权成立之日

在商品房买卖合同解除的场合，对解除权的除斥期间法律没有规定或者当事人没有约定……对方当事人没有催告的，其起算点为解除权发生之日（法释〔2003〕7 号第 15 条第 2 款）。

保证期间是不同于诉讼时效、除斥期间的期间，具有自己的独立地位和价值。因它具有消灭债权本体的效力，故不妨称其为失权期间。

二、一般保证债务与诉讼时效期间的起算、中断、中止

1.《担保法》第 25 条第 2 款及法释〔2000〕44 号第 34 条第 1 款的缺陷

必须指出，《担保法》第 25 条第 2 款关于在合同约定的保证期间和法定的保证期间，"债权人未对债务人提起诉讼或者申请仲裁的，保证人免除保证责任；债权人已提起诉讼或者申请仲裁的，保证期间适用诉讼时效中断的规定"的规定，存在问题。因为保证债务的诉讼时效期间尚未起算，何谈中断？此其一。其二，债权人对债务人提起诉讼或申请仲裁，主债务诉讼时效中断，但在就债务人的财产强制执行无效果的事实出现之前，保证人有权拒绝履行保证债务，即不构成保证债务的履行迟延，也就是债权人的债权尚未遭受到来自保证人的违约行为的损害，因而，按照《民法通则》第 137 条前段关于诉讼时效期间自权利人知道

或应当知道其权利受到侵害时起算的规定衡量，保证债务的诉讼时效期间不起算。法释〔2000〕44 号第 125 条关于"一般保证的债权人向债务人和保证人一并提起诉讼的，人民法院可以将债务人和保证人列为共同被告参加诉讼。但是，应当在判决书中明确在对债务人财产依法强制执行后仍不能履行债务时，由保证人承担保证责任"的规定，坚持了《民法通则》的这个思想。诉讼时效期间不起算，也就无所谓诉讼时效的中断。

法释〔2000〕44 号意识到了《担保法》第 25 条第 2 款规定的不当，试图加以修正，于其第 34 条第 1 款规定："一般保证的债权人在保证期间届满前对债务人提起诉讼或者申请仲裁的，从判决或者仲裁裁决生效之日起，开始计算保证合同的诉讼时效。"这避免了《担保法》第 25 条第 2 款存在的"未起算，却中断"的逻辑错误，但仍然存在问题：其一，它不符合《民法通则》第 137 条关于诉讼时效期间起算点的规定，因为判决或仲裁裁决生效之日，对主债务人的财产强制执行有无效果并不清楚，只要未出现对主债务人的财产强制执行无效果的事实，保证人就有权行使先诉抗辩权，可以拒绝履行其保证债务。"在保证人得为检索抗辩之期间，保证人不负迟延责任。"[2] 也就是只要债权人对保证人的债权尚未受到保证人不当行为的侵害，依据《民法通则》第 137 条前段关于诉讼时效期间起算点的规定的反面推论，保证债务的诉讼时效期间就仍不开始进行计算。其二，它同法释〔2000〕44 号第 125 条后段关于"应当在判决书中明确在对债务人财产依法强制执行后仍不能履行债务时，由保证人承担保证责任"的规定不一致，走到了另外的方向。其三，它同法释〔2000〕44 号第 36 条第 1 款前段关于"一般保证中，主债务诉讼时效中断，保证债务诉讼时效中断"的规定相抵触，即按照法释〔2000〕44 号第 34 条第 1 款的规定，保证债务的诉讼时效期间开始起算，而依据第 36 条第 1 款前段的规定，保证债务的诉讼时效中断。

2. 确定一般保证债务的诉讼时效期间的起算、中断的路径

解决上述问题的路径可有两条，一是解释论，二是立法论。为了法律适用的

---

[2]　史尚宽：《债法各论》，855～856 页，台北，荣泰印书馆股份有限公司，1981。

安定性、稳定性和统一性，在目前适宜采纳前者。依据解释论，法释〔2000〕44号第 34 条第 1 款的规定不符合《民法通则》关于诉讼时效期间起算的规定，且该不符合并无适当的理由，依据下位阶规范不得抵触上位阶规范的原则，在确定保证债务的诉讼时效期间的起算点上，应当适用《民法通则》第 137 条的规定，而非适用法释〔2000〕44 号第 34 条第 1 款的规定。

应当看到，由于《担保法》第 25 条第 2 款的规定更不合逻辑，仅仅固守着上述解释论尚不能完满地解决问题。从理想的角度出发，在编纂民法典时，有必要采取立法论的立场，重新设计一般保证债务的诉讼时效期间的起算点，修正《担保法》第 25 条第 2 款以及法释〔2000〕44 号第 34 条第 1 款的规定。我们应予坚持的观点是，将《民法通则》第 137 条前段关于"诉讼时效期间从知道或者应当知道权利被侵害时起计算"的规定，落实到保证债权债务的诉讼时效期间的起算上，在一般保证场合，债权人的债权受到保证人不履行保证债务的侵害，是在保证人不再享有先诉抗辩权却拒绝债权人关于履行保证债务的请求之日，债权人作为一名理性人对此事实应当知道，保证债务的诉讼时效期间应当开始起算。详细些说：（1）在债务人陷于破产、债务人住所变更致使债权人请求债务人履行发生重大困难、保证人书面放弃先诉抗辩权的情况下，这些事由之一出现，债权人即有权请求保证人履行保证债务。保证人拒绝债权人的请求，在债权人指定的期限届满时不承担保证责任的，构成对债权的侵害。债权人作为一名理性人对此事实应当知道，于是，诉讼时效期间开始起算。（2）除上述情况之外，对主债务人的财产强制执行无效果之日，无须债权人催告保证人即应履行保证债务，他却拒绝债权人关于履行保证债务的请求，构成对债权的侵害，债权人作为一名理性人对此事实应当知道，于是，保证债务的诉讼时效期间开始起算。（3）如果在强制执行主债务人的财产无效果之后，债权人向保证人催告履行保证债务，该催告指定的履行期限届满，保证人仍不履行保证债务，构成对债权的侵害。债权人作为一名理性人对此事实应当知晓，于是，保证债务的诉讼时效期间开始起算。

这样一来，可能产生下述问题：在当事人双方约定了一般保证期间，且该期间较短，在对主债务人的财产强制执行无效果的情形尚未出现时，该保证期间就

已经届满的情况下，应当认定该约定的保证期间无效，改为适用法定的一般保证期间制度，不然，就意味着允许保证人一方面答应承保，另一方面巧妙地逃避保证责任的承担，致使债权的保证形同虚设。

3. 对不同意见的回应

与笔者的上述意见不同，有专家学者认为，对一般保证人只需要在实体审理和执行中肯定其为第二顺序债务人，就满足了先诉抗辩权的要求，没有必要处处体现"先诉抗辩权"，不能机械地认为先诉抗辩权可以对抗法院的审理，对抗诉讼时效期间的起算。比如《德国民法典》第 202 条规定，时效因给付迟延或义务人由于其他原因暂时有权拒绝给付而中止，但不适用于……先诉抗辩权……由此可见，先诉抗辩权不能导致诉讼时效期间的中止，当然更不能阻止诉讼时效期间的起算。[③] 对此，笔者不能苟同。其一，这违背了《民法通则》关于诉讼时效期间起算点以权利人知道或应当知道权利受到侵害为准的精神。而诉讼时效制度及其关于起算点的规定属于强行性规定，除非存在坚强有力的理由，例如，在个案中只有放弃某个具体规范的适用，改为采用民法的基本原则裁判案件，才更为公平合理，我们个人无权修正诉讼时效期间起算点的规定。其二，所谓"对一般保证人只需要在实体审理和执行中肯定其为第二顺序债务人，就满足了先诉抗辩权的要求"之说，如果其含义是指在对主债务人的财产强制执行无效果前，保证人有权拒绝履行其保证债务，且不构成迟延履行，那么，债权人的债权就未受到侵害，依据《民法通则》第 137 条关于诉讼时效期间起算点的规定，保证债务的诉讼时效期间不起算。从论者关于"在实体审理和执行中肯定其为第二顺序债务人"的表述来看，该论者是在上述意义上使用的，按理应该承认诉讼时效期间不起算的结论，但论者却拒绝承认这一结论，一方面承认保证人为第二顺序债务人[④]，另一方面又承认保证债务的诉讼时效期间重新开始计算。这显得不合逻辑。论者的上述观点还不符合法释〔2000〕44 号第 125 条关于"一般保证的债

---

③ 曹士兵：《中国担保诸问题的解决与展望——基于担保法及其司法解释》，141 页，北京，中国法制出版社，2001。

④ 作为第二顺序债务人，他拒绝履行就未侵害债权人的债权。

权人向债务人和保证人一并提起诉讼的，人民法院可以将债务人和保证人列为共同被告参加诉讼。但是，应当在判决书中明确在对债务人财产依法强制执行后仍不能履行债务时，由保证人承担保证责任"的规定。其三，起算不起算诉讼时效期间与对抗不对抗法院审理案件没有必然关系。在诉讼时效期间进行中，法院可以审理案件，例如，法院审理已经构成违约的案件。在诉讼时效期间尚未开始进行的背景下，法院也可以审理案件，例如，法院审理合同所附的停止条件是否成就，合同义务是否已届清偿期的案件。难道在后者场合，债务人行使对抗债权人的履行请求权的抗辩权，就是在对抗法院的审理吗？把行使先诉抗辩权以迟滞诉讼时效期间的起算称为对抗法院审理，过于言重了。其四，所谓"先诉抗辩权不能导致诉讼时效期间的中止，当然更不能阻止诉讼时效期间的起算"。欲通过举重明轻的推理来否定先诉抗辩权的行使迟滞诉讼时效期间的起算的理论，这实际上存在着误解。因为在已经有保证期间发挥作用的情况下，诉讼时效期间起算点定得早，意味着提前了保证期间的开始时间，留给债权人行使债权的时间相对短，对债权人并不利；反之，确认先诉抗辩权的行使迟滞诉讼时效期间的开始，留给债权人较多的时间，同时，也顺延了保证人承担保证责任的时间，形成双赢，是适当的制度设计。诉讼时效期间的中止则是有利于债权人，使债权人行使债权的时间相对延长了。这种利益不应由保证人正当地行使先诉抗辩权而获得。因为保证人行使先诉抗辩权本是保障他自己的合法权益，若因此导致诉讼时效期间中止，则债权人有更长的时间追究其保证责任。这不是搬起石头砸自己的脚吗？一部善法不应如此设计制度。所以，《德国民法典》第202条第2款规定，时效不因先诉抗辩权的行使而中止，是适当的利益衡量。由此可知，在这里，起算、中止不是同一方向上的东西，而是非此即彼的关系。

4. 一般保证债务的诉讼时效期间的中断

关于保证债务的诉讼时效期间中断的问题，宜按照下述规则解决：在一般保证的保证期间之内，债权人请求债务人履行债务，倘若没有采取提起诉讼或申请仲裁的方式，那么，按照《担保法》第25条第2款前段的规定，保证人免负保证责任；如果债权人采取了提起诉讼或申请仲裁的方式，那么，依据《担保法》

第 25 条第 2 款后段的规定，保证期间适用诉讼时效的规定。按照法释〔2000〕44 号第 34 条的规定，保证债务的诉讼时效期间开始计算，可是依据第 36 条第 1 款前段的规定，保证债务的诉讼时效期间随着主债务诉讼时效期间的中断而中断，出现了抵触，需要协调。

5. 所谓"保证期间适用诉讼时效中断的规定"辨析

在这里，还有以下几个问题需要明确：其一，《担保法》第 25 条第 2 款后段规定："债权人已提起诉讼或者申请仲裁的，保证期间适用诉讼时效中断的规定。"首先说明，依据上文的分析，保证债务一旦适用诉讼时效的规定，保证期间必然功成身退；诉讼时效中断，应当发生在诉讼时效期间起算之后的时段里，诉讼时效期间尚未起算，何谈诉讼时效中断？所以，不存在什么"保证期间适用诉讼时效中断的规定"的问题。推测该条款的意思，似乎在说：提起诉讼、申请仲裁是一般保证债务的诉讼时效期间的中断事由。这样，问题变为一般保证债务的诉讼时效中断，是否还需要对保证人提起诉讼或申请仲裁？其二，《担保法》第 25 条第 2 款后段把中断事由限定为债权人提起诉讼或申请仲裁，与《民法通则》第 140 条关于起诉、诉外请求和债务人同意履行其义务为中断事由的规定不一致，如何适用？

对于第一个问题，应作下述回答：主从债务之间的关系原则上适用从债务随主债务变动的规则。保证债务是主合同债务的从债务，应随主合同债务的变动而变动，因而，在主合同债务履行期届满，因债权人对债务人提起诉讼或申请仲裁而适用诉讼时效中断的规定的，一般保证债务也随之适用诉讼时效期间中断的规定，这样才顺理成章。当然，债权人对主债务人和保证人均提起诉讼或申请仲裁，或者债权人仅对保证人提起诉讼或申请仲裁（如在新的诉讼时效期间内，债权人仅仅向保证人主张）的，只要保证人无抗辩理由，一般保证债务适用诉讼时效中断的规定就更明确无疑。如果债权人仅对保证人而不对债务人提起诉讼或申请仲裁，那么因主合同债务不是保证债务的从债务，所以，主合同债务的履行期间就不能因此而适用诉讼时效中断的规定。

对于第二个问题，应作如下释答：《担保法》为特别法，《民法通则》为普通

法，前者应优先于后者而适用。据此，债权人提起诉讼或申请仲裁才是一般保证债务适用诉讼时效期间中断的事由，债权人对主债务人的诉外请求或主债务人同意履行义务不是一般保证债务适用诉讼时效期间中断的事由。这是因为此时只存在主债务人向债权人所为使诉讼时效期间中断的行为，并不存在债权人积极主动地行使其权利的事实。虽然在债权人和主债务人之间的权利关系存续期限上有加以调整的必要，即债权人可以向主债务人主张债权的期限应予延长，但是，债权人和保证人之间的保证责任关系中并未出现导致调整存续期限的新因素。按照诉讼时效制度的目的衡量，在这种情况下不存在通过时效中断制度来特别保护债权人的必要性。

债权人对主债务人的诉外请求不是一般保证债务适用诉讼时效期间中断规定的事由，其主要原因在于，诉外请求的真实性不易考证，有时会出现这样的情况：债权人在约定的保证期间或法定的保证期间之内并未向主债务人主张债权，保证责任本应被免除，但债权人和主债务人却恶意串通，谎称债权人在上述期间内已主张过权利，这导致一般保证债务适用诉讼时效期间中断的规定，保证人继续承担保证责任。如果仅把诉讼上请求作为一般保证债务适用诉讼时效期间中断的事由，就会改变上述不公正的结局。当然，这样规定也有弊端，即交易成本大大增加，不符合效率优先原则。

6. 一般保证债务与诉讼时效期间的中止

关于一般保证债务与诉讼时效期间中止的问题，法释〔2000〕44 号第 36 条第 2 款后段规定："主债务诉讼时效中止的，保证债务的诉讼时效同时中止。"笔者认为，只有在保证债务的诉讼时效期间已经开始起算的情况下，依据主从关系原理，认定主债务诉讼时效期间中止的，保证债务诉讼时效期间才中止；在保证债务的诉讼时效期间尚未起算的情况下，主债务的诉讼时效期间中止，并不引起保证债务的诉讼时效期间中止。所以，从立法论的立场出发，在制定民法典时，对此规定应予修改。

另外，一般保证债务作为独立于主债务的债务，其诉讼时效期间可以单独地因不可抗力或其他障碍致使债权人不能行使其债权的事由出现而中止。

三、连带责任保证债务与诉讼时效期间的起算、中断、中止

1. 连带责任保证债务与诉讼时效期间的起算、中断

在连带责任保证债务场合，不存在先诉抗辩权，主债务的履行期届至，债权人就有权请求保证人履行保证债务，但保证人可以主债务履行期尚未届满为由予以抗辩，不产生担保责任；在主债务的履行期届满时，主债务人和保证人都未履行债务的，债权人的债权受到了侵害，主债务和保证债务的诉讼时效期间均开始起算。不过，这依然是立法论。作为解释论，仍应按照法释〔2000〕44 号第 34 条第 2 款关于"连带责任保证的债权人在保证期间届满前要求保证人承担保证责任的，从债权人要求保证人承担保证责任之日起，开始计算保证合同的诉讼时效"的规定，处理纠纷。该规定将保证债务适用诉讼时效期间的起算点确定在"债权人要求保证人承担保证责任之日"。具体些说，在连带责任保证的情况下，在保证期间尚未届满之时，债权人请求债务人履行债务的，按照《民法通则》第 140 条前段的规定，主债务的诉讼时效中断，但依据《担保法》第 26 条第 2 款的规定的反面推论，保证债务的诉讼时效期间不受影响。只有债权人在此期间请求保证人承担保证责任，保证人才有义务实际承担保证责任。债权人在保证期间内未请求保证人承担保证责任的，按照《担保法》第 26 条第 2 款的规定，保证人免负保证责任。

2. 连带责任保证债务与诉讼时效期间的中止

关于连带责任保证债务与诉讼时效期间中止的问题，法释〔2000〕44 号第 36 条第 2 款规定："主债务诉讼时效中止的，保证债务的诉讼时效同时中止。"笔者认为，只有在保证债务的诉讼时效期间已经开始起算的情况下，依据主从关系原理，认定主债务诉讼时效期间中止的，保证债务诉讼时效期间才中止；在保证债务的诉讼时效期间尚未起算的情况下，主债务的诉讼时效期间中止，并不引起保证债务的诉讼时效期间中止。所以，从立法论的立场出发，在制定民法典时，对此规定应予修改。

四、关于保证债务的诉讼时效中断是否影响债务的诉讼时效的中断

《最高人民法院关于贯彻执行〈中华人民共和国民法通则〉若干问题的意见（试行）》第 173 条第 2 款规定，权利人向债务保证人主张权利的，主债务的诉讼时效中断。这不符合主债务与保证债务之间为主从关系的事实和原理，即"保证债务因时效而消灭时，主债务不因而消灭。其他对于保证人之履行请求或其他时效之中断，对于主债务不生效力"[⑤]。从立法论的立场出发，这项规定应予修正。中国民法典应采纳保证债务的诉讼时效中断，不导致主债务的诉讼时效中断的理论。在目前，应当通过解释论的路径解决问题，适用如下规则：当适用具体的法律规则解决案件会出现极不适当的结果时，应当放弃适用该项具体规则，而改用民法的基本原则处理纠纷。

[⑤] 史尚宽：《债法各论》，869 页，台北，荣泰印书馆股份有限公司，1981。

房屋买卖合同与诉讼时效 *
——合同法与诉讼时效之四

1. 某房屋买卖合同规定，出卖人须于取得《建设工程竣工验收证书》后150天内书面通知买受人，向某房地产产权登记机关申请房地产权属转移登记，出卖人和买受人共同办理房产证，如买受人不能按法定期限领取房地产权证，从出卖人取得房地产《建设工程竣工验收证书》之日的第180天起，由出卖人向买受人承担违约责任。实际情况是，出卖人于1998年9月28日领取了所建房屋的《建设工程竣工验收证书》。自该日起加上180天，就是到1999年3月26日，出卖人应当在此前为买受人办理好所买卖房屋的过户登记手续及房地产权证。实际上，直到2002年7月16日买受人仍未取得所买房屋的房地产权证。在这种情况下，当买受人请求出卖人办理房屋所有权过户登记手续及交付房地产权证时，出卖人可否以诉讼时效期间已经届满为由，拒绝办理房屋所有权过户登记手续，拒绝交付房地产权证？

2. 按照《合同法》第130条、第135条和第138条等规定，出卖人移转所售房屋的占有和所有权为其主要义务。尽管买卖的房屋已经按照房屋买卖合同规定

---

* 本文最初发表于《人民法院报》2003年6月13日，第3版。

371

的日期交给了购房人占有、使用，但这只是出卖人履行了移转所售房屋占有的义务，只要在合同规定的期限届满时因出卖人的原因仍未办理过户登记手续场合，就属于主给付义务不履行，构成违约，甚至是根本违约。按照《民法通则》第137条关于诉讼时效期间自权利人知道或者应当知道其权利被侵害时起算的规定，诉讼时效自合同规定的办理过户登记手续的期限届满的次日起算。据此观点，上述案件中，出卖人有权援引诉讼时效已经完成的抗辩，拒绝办理房屋所有权过户登记手续，并拒绝交付房地产权证。

有的专家不赞同上述观点，认为买卖的房屋已经按照合同规定的日期交给了购房人，就是出卖人履行了主给付义务，至于未办理过户登记手续，只是出卖人未履行从给付义务。在主给付义务已经履行的情况下，从给付义务不得单独适用诉讼时效的规定，以真正发挥从给付义务使债权人的合法权益得到最佳实现的功能。因而，在买卖的房屋已经按照合同规定的日期交给了受让人的情况下，即使出让人未办理过户登记手续自合同规定办理的期限届满的次日开始计算已经超过了2年期间，受让人也有权请求出卖人继续办理过户登记手续。

对此，笔者持不同意见，原因在于：依据《合同法》第133条、第135条等条文的规定，出卖人所承担的主给付义务为移转房屋的占有，尤其是移转房屋所有权。出卖人仅仅把房屋交给了受让人，在合同规定的日期届满时尚未办理房屋所有权的过户登记手续，就是没有履行移转房屋所有权这个最重要的主给付义务，已经构成了违约，诉讼时效的期间应该起算。

有专家说，在实务中，由于种种原因，许多情况下是出卖人（基本上为发展商）故意拖延，致使房屋所有权的过户登记手续迟迟未办下来，同时购房人（大多为小业主）因法律意识不强而往往未于诉讼时效期间内主张办理过户登记手续。按照诉讼时效完成处理这些问题，显然使已经交足了房价款的小业主遭受了重大损失。实际上，小业主恰恰值得同情，进而应该受到法律的保护。若保护，就不应认为上述案型中小业主关于办理过户登记手续的请求权已经罹于诉讼时效。

笔者个人也十分同情小业主，但仍然痛苦地坚持上述案型中小业主关于办理

过户登记手续的请求权已经罹于诉讼时效的观点。其道理在于：其一，小业主完全有机会、有能力及时向发展商主张办理过户登记手续，造成诉讼时效中断，从而使其债权得到法律的保护，但小业主却躺在权利上睡眠，于是，就没有充分的理由对小业主再予以优惠的保护。其二，把发展商未按合同约定的期限办理过户登记手续，定为违约，意味着赋予了小业主追究发展商违约责任的权利，并且发展商逾期办理过户登记手续给小业主造成严重损失时，小业主可以依据《合同法》第 94 条的规定解除合同，以便尽快甩掉包袱，进行有效益的新交易。其三，如此确定，也是双刃剑，即，使小业主获得较大数额的违约金或者损害赔偿额，因为把发展商的违约时间定得越早，其所负违约金的累积或者可得利益损失的数额就越多。

从立法论的层面讲，未来的中国民法典应当规定，小业主请求发展商办理过户登记的权利不适用诉讼时效的规定。

3. 买卖的房屋已经按照合同规定的日期交给了受让人占有、使用，并且在合同规定的期限届满前也办理了过户登记手续，但房屋所有权证/房地产权证一直未交付，主给付义务已经履行完毕，即房屋所有权已经移转给了受让人，只是交付房屋所有权证/房地产权证的从给付义务尚未履行。而房屋所有权证/房地产权证系房屋所有权的凭证，它只起证据的作用，已经登记的房屋所有权不因该证件的有无而发生改变。既然如此，在合同规定的办理过户登记手续的期限届满的次日至今已经超过了 2 年，购房人一直未请求出卖人办理该手续的情况下，如果对该请求权适用诉讼时效制度，使出卖人有权抗辩，仍然拒绝办理过户登记手续，反倒是人为地制造麻烦。如果联系到房屋所有权人遗失了房屋所有权证/房地产权证还可以补办的现状，罹于时效的观点更显得失去权衡。此其一。其二，如果说"尽管债权证书是动产，但是它的所有权却不能独立转让。该所有权与债权不可分离，归各自的债权人所有"[①]。那么，房屋所有权证/房地产权证同样应与房屋所有权联系在一起，二权不得分离。若对交付房屋所有权证/房地产权证

---

① ［德］曼弗雷德·沃尔夫：《物权法》，吴越、李大雪译，320 页，北京，法律出版社，2002。

的请求权适用诉讼时效制度，恰恰会造成房屋所有权与房屋所有权证/房地产权证分离的结果，所以，对于此类请求权不宜单独适用诉讼时效。

4. 依据《合同法》第 158 条规定，买受人应当在约定的或法定的期间内将标的物的数量或质量不合格的情形通知出卖人，怠于通知的，视为标的物的数量或质量符合约定，除非出卖人知道或应当知道提供的标的物不符合约定。此处所谓约定的期间或基于法律规定而确定的期间，简称为质量异议期间。一种观点认为，它属于短期时效。笔者对此持有不同意见，认为质量异议期间不同于诉讼时效期间，理由如下：其一，质量异议期间首先表现为约定期间，而诉讼时效期间为法定期间。其二，质量异议期间的适用对象含请求权和形成权，而诉讼时效期间的适用对象为请求权。其三，诉讼时效期间届满不消灭权利本身，质量异议期间届满则消灭权利本身。其四，于质量异议期间内买受人向出卖人主张，转换为诉讼时效期间的进行；若为诉讼时效期间则不会发生这种现象。其五，质量异议期间不发生中止、中断、延长，与诉讼时效期间不同。其六，质量异议期间的起算点，在该期间为当事人约定的期间场合，自约定的第一天开始起算；在无约定场合，自能够检验货物时起算（第 157 条），或者说自发现或应当发现标的物存在瑕疵时起算（第 158 条第 2 款前段）；若有质量保证期，自规定的质量保证期的第一天起算（第 158 条第 2 款后段）。诉讼时效期间一般自当事人知道或应当知道权利被侵害时起计算。正因为质量异议期间不属于短期诉讼时效，所以，只要买受人在质量异议期间内将标的物不符合约定的情形通知了出卖人，质量异议期间就功成身退，让位于诉讼时效制度。该诉讼时效期间的起算点，为买受人请求出卖人承担物的瑕疵担保责任的期限届满的次日。

附带指出，质量异议期间也不同于除斥期间，理由如下：其一，质量异议期间首先为约定期间，无约定时才依据法律规定的方法予以确定；而除斥期间原则上为法定期间，只有《合同法》第 95 条规定的解除权的除斥期间系唯一的例外。其二，除斥期间的客体为形成权，而质量异议期间制度的客体包含请求权和形成权。其三，在质量异议期间内，买受人向出卖人主张修理、重作、更换、退货、减少价款或报酬等，质量异议期间便完成使命，诉讼时效粉墨登场。其四，如果

买卖合同规定有质量异议期间的，该期间的起算点为当事人约定期限的开始之日；如果买卖合同未规定质量异议期间的，该期间的起算点，有时为买受人发现标的物的数量或者质量不符合约定之日（《合同法》第158条第2款前段），有时为买受人收到标的物之日（《合同法》第158条第2款中段）。与此不同，除斥期间的起算点则比较复杂。《合同法》规定，在可撤销的合同场合，撤销权的除斥期间自撤销权人知道或应当知道撤销事由时起算（第55条第1款）。在效力未定的合同场合，追认权的除斥期间自相对人催告确定的开始追认的时间起算（第47条第2款及其解释、第48条第2款及其解释）；相对人的撤销权在除斥期间的长短方面不确定，只有最后限定，即追认权行使之前，起算点应为合同成立之时（第47条第2款及其解释、第48条第2款及其解释）。在债权人撤销权的情况下，撤销权的除斥期间自债权人知道或应当知道撤销事由之日起算，在债权人不知道也不应当知道撤销事由的情况下，自债务人的行为发生之日起算（第75条）。在合同解除的情况下，解除权的除斥期间自法律规定或当事人约定的起算之日开始计算，无此规定或约定的，自对方催告确定的开始之日起算（第95条）。

合同解除与诉讼时效 *
——合同法与诉讼时效之五

1. 2002 年 2 月 22 日,《人民法院报》曾刊载过拙作《合同无效与诉讼时效》。合同解除与诉讼时效较之于合同无效与诉讼时效,既有类似之处,也有不同之点。本文着重讨论合同解除与诉讼时效独特的问题。

2. 合同解除系解除权行使的结果时,为形成权及其行使的问题;合同解除系双方当事人协商一致的结果时,也不是请求权行使的表现。按照中国法及其理论关于诉讼时效与除斥期间的分工,这不属于诉讼时效制度管辖的领域,行使解除权将合同解除受制于除斥期间,协议解除适用合同法关于合同订立以及合同生效的规定。

合同解除本身虽不适用诉讼时效制度,但因解除而生的有关法律后果则同诉讼时效有着密切关系,需要讨论。

当然,如果法院或仲裁机构确认合同解除,同时裁判受领人返还其受领的给付物、不当得利返还、赔偿损失,则具有既判力,给付人请求受领人返还给付物、不当得利返还、赔偿损失,转为执行问题,不再适用诉讼时效制度;如果法

---

* 本文最初发表于《人民法院报》2003 年 6 月 20 日,第 3 版。

院或仲裁机构只是确认了合同解除，判决书或裁决书没有涉及给付物的返还、不当得利返还、赔偿损失问题，则可能有诉讼时效规定的适用问题。

3. 物的返还请求权与诉讼时效。

合同解除的效力如何，与法律采取何种学说密切相关。学说有直接效果说、间接效果说、折中说、债务关系转换说等。① 所谓直接效果说，是指合同因解除而溯及既往地消灭，尚未履行的债务免于履行，已经履行的部分发生返还请求权的学说。② 可以将《合同法》第 97 条关于"合同解除后，尚未履行的，终止履行；已经履行的，根据情况和合同性质，当事人可以要求恢复原状……"的规定解释为采纳了直接效果说。依据此说，在不承认物权行为独立性和无因性的法制下，合同解除又具有溯及既往的效力时，所给付的有体物的返还请求权应是物的返还请求权，基本上属于所有物的返还请求权，具有物权的性质和效力。

《物权法》已经区分了登记的所有权与未登记的所有权，中国未来的民法典亦应如此，在未登记所有权的场合，所有物返还请求权适用诉讼时效制度；在登记所有权场合，所有物返还请求权则不适用诉讼时效制度。合同解除场合，没有理由不坚持这种立场。

据此可知，在合同解除有溯及既往的效力时，受领人基于合同受领不动产并且已经办理完过户登记手续的情况下，因受领人对受领标的物的所有权又得而复失，故应当负有复原登记的义务，给付人享有请求使不动产登记恢复到自己名下的权利，不适用诉讼时效制度。

与此有所不同，在德国民法和中国台湾地区的"民法"上，通说为清算了结说，认为合同解除的效果，并非由法律规定 ex lege 发生，而是基于单方法律行为。解除权的行使，于双方的给付义务已经履行的情况下，则建立了返还义务，解除权只是变更了合同的债之关系的内容，其债之关系仍然存在，因解除而在内

---

① 参见韩世远：《中国的履行障害法》，载《法律科学研究所年报》No. 17，明治学院大学，2001 年 7 月。

② 我妻荣：《债权各论》上卷，190 页，岩波书店，1954。

容上变更为"清算关系"（Abwicklungsverhaeltnis）。③ 如此，受领人负有返还给付的义务、办理移转登记的义务，给付人享有请求权属移转登记的权利，以为返还，不得径直请求所有权注销登记，或主张所有物返还请求权④，不适用消灭时效制度；但在已经办理完移转登记手续，受领人继续占有该不动产，给付人一直未主张返还该不动产的占有场合，似乎有适用消灭时效制度的余地；在受领人受领该不动产，尚未办理过户登记手续的情况下，给付人继续享有该不动产的所有权，不适用消灭时效制度；在动产所有权等其他情况下，适用消灭时效制度，即给付人未请求受领人返还给付物达到法定期间，法院便不再保护给付人。中国法亦宜如此。

此时，诉讼时效期间自合同解除生效之时（次日）起算。因为于此场合的物的返还请求权自合同解除生效之时成立。在这点上，不同于合同无效情况下物的返还请求权的时效期间的起算点，因为后者是自判决生效时或判决指定的时间起算。

至此，合同解除生效的时间成了重要的问题。按照《合同法》规定，合同自解除的通知到达对方时解除。对方有异议的，可以请求人民法院或者仲裁机构确认合同解除的效力。法律、行政法规规定解除合同应当办理批准、登记等手续的，依照其规定（第96条）。在解除权人未请求人民法院或仲裁机构确认解除合同的效力的情况下，是否发生合同解除的效力？笔者认为，如果解除权确实已经产生，并具备行使的条件，那么，合同自解除合同的意思表示到达对方当事人时解除，不因对方当事人的异议而受影响。这样，可以防止违约方故意提出异议阻碍合同的解除。在举证责任的配置上，应由解除权人举证其享有解除权并符合解除权行使的条件。

4. 不当得利返还请求权与诉讼时效。

合同解除无溯及力时，解除前的合同关系仍然有效，因此解除前进行的给付

③ E. Wolf, *Ruecktritt, Vertretenmussen und Verschulden*，AcP153，97. 转引自黄立：《民法债编总论》，530页，北京，中国政法大学出版社，2002。

④ 参见王泽鉴：《民法物权·通则·所有权》（总第1册），171页，台北，三民书局，2003。

还有法律根据，只是自合同解除之时起尚未履行的债务被免除。这样，就发生了如下问题：当事人一方已经部分或全部履行了债务，对方却未履行对待给付，或者虽然也履行了债务，但双方各自的履行在数量上不对等。对这一问题采取所有物返还显然不妥，因为给付人在合同解除后仍未取得给付物的所有权。唯一的办法是运用不当得利制度加以解决，即受领人将其多得的利益按不当得利规则加以返还。《合同法》第97条规定的当事人可以采取其他补救措施，可以解释为包含不当得利返还。

即使合同解除有溯及力，但给付物已不复存在，或虽存在但返还给付物不符合效益原则等，或者债务的履行为提供劳务，亦按不当得利返还处理（《合同法》第97条及其解释）。

不当得利返还请求权属于债权，没有理由不适用诉讼时效制度。时效期间的起算点仍为合同解除生效时。这也是它不同于合同无效场合不当得利返还请求权的时效期间起算点之处。

合同解除时的不当得利返还，如果是裁判所确定的，则因判决或裁决发生既判力，给付返还成为执行问题，不再涉及诉讼时效制度；如果不是裁判所确定的，则因不当得利返还请求权属于债权，没有理由不适用诉讼时效制度。时效期间的起算点仍为合同解除生效时。这也是它不同于合同无效场合不当得利返还请求权的时效期间起算点之处。

5. 赔偿损失请求权与诉讼时效。

《合同法》第97条后段规定了合同解除与赔偿损失可以并存。合同解除时的赔偿损失，如果是裁判所确定的，则因判决或裁决发生既判力，赔偿成为执行问题，不再涉及诉讼时效制度；如果不是裁判所确定的，则因赔偿损失请求权属于债权，应当适用诉讼时效制度，兹详述如下：

（1）在协议解除的情况下，当事人有损害赔偿的约定的，依其约定；无此约定的，则无损害赔偿。该损害赔偿请求权适用诉讼时效制度，其起算点，应为当事人约定的支付损害赔偿金的期限届满的次日。

（2）合同因不可抗力致使不能实现目的而解除，一般无损害赔偿，但在当事

人一方迟延履行期间发生不可抗力，不可抗力造成合同部分不能履行，当事人未采取补救措施致使损失扩大等情况下，可能存在着损害赔偿（《合同法》第117条第1款）。此类损害赔偿请求权适用诉讼时效制度，其起算点为损害赔偿责任成立的次日，而非合同解除生效之时。

（3）依据《合同法》第121条的规定及其解释，在第三人的过错行为造成合同不能履行，合同因此而解除时，债务人应该承担损害赔偿责任。该损害赔偿请求权适用诉讼时效制度，其起算点为违约责任成立的次日，而非合同解除生效之时。

（4）当事人一方违约，给对方造成损失，构成损害赔偿责任。该请求损害赔偿，并非另外因合同解除所产生的新损害赔偿请求权，而是因债务不履行所生的旧损害赔偿请求权，不因合同解除失去存在。其消灭时效自该损害赔偿请求权可行使时，也就是自债务不履行时起算。⑤ 这个观点可资赞同。

（5）在约定解除的情况下，如果当事人有关于损害赔偿的约定，或者虽无此类约定但当事人一方违约的，存在着损害赔偿。因约定而生的损害赔偿，其诉讼时效期间的起算点，为约定的支付赔偿金期限届满的次日，无此类约定时则为合同解除生效之时。因违约而生的损害赔偿，其诉讼时效期间的起算点，为违约责任成立亦即损害赔偿请求权产生的次日。

---

⑤ 王泽鉴：《民法总则》，569～570页，台北，三民书局，2000。

继续性债权与诉讼时效 *
——合同法与诉讼时效之六

1. 甲在 A 地拥有一处营业用房，乙公司欲在此地开发建设一大型综合性的设施，于是双方签订合同，规定乙公司以自己的费用将甲在 A 地的房屋拆除，在 B 地为甲建造一新的质量更佳的营业用房；自该房屋于 1998 年 5 月 6 日建成时起，由甲无偿地使用 15 年；期满时乙公司有权将该房屋收回。该房屋如期建成，但甲却一直未请求乙公司交付该房屋，迟至 2003 年 1 月 1 日才请求乙公司履行合同，并主张损害赔偿责任。乙公司则以甲的请求权已经罹于诉讼时效为由予以抗辩。

2. 关于乙公司的抗辩能否成立，存在对立的两种观点。否定说把甲的请求权看成一个不可分割的整体，并且将诉讼时效期间的起算点定在交付营业用房的日期（实际上是次日）。如此，2003 年 1 月 1 日主张显然是远远地超过了 2 年的诉讼时效期间，乙公司的时效完成的抗辩成立。肯定说则认为，甲拥有 15 年的使用该营业用房的权利，也就是直到 2013 年 5 月 6 日，甲都有权请求乙公司交付该营业用房，这样，甲于 2003 年 1 月 1 日向乙公司主张权利仍在诉讼时效期

---

* 本文最初发表于《人民法院报》2003 年 6 月 27 日，第 3 版。

间内，故乙公司的时效完成的抗辩不成立。

3. 笔者解决此案系争问题的思考路径是，首先考虑甲对该房屋的使用权是否属于物权，若属于物权，由于现行法未明确规定物上请求权是否适用诉讼时效的规定，因而学说可以见仁见智；若属于债权，则宜定为适用诉讼时效的规定，除非存在重大理由。现行法一直未规定此类房屋使用权为物权，按照物权法定主义衡量，甲的房屋使用权算不上物权，宜认定为债权。债权应当适用诉讼时效的规定，除非法律有明文规定或存在不应当适用诉讼时效制度的其他理由。在本案中，至今尚未发现不适用时效制度的理由。

应当注意，一时性债权和继续性债权不同，它们适用诉讼时效制度时存在着区别。一时性债权的内容在合同订立时就已经确定，时间因素对其内容和范围不再起作用。于是，适用诉讼时效制度比较简单，其起算点为一时性债权的清偿期限届满的次日。继续性债权可从两个角度把握，一方面把继续性债权作为一个整体，也必须如此；另一方面，在一定条件下，如在履行的具体操作上、在违约与否的判断上、在诉讼时效制度的适用上等，可将该继续性债权区分为若干个债权，每个这样的债权可以取名为"个别债权"，每个"个别债权"具有某种程度的经济上和法律上的独立性。于此场合，时间因素在债权的实现上居于重要地位，随着时间的推移，债权人享有的一个个的"个别债权"就接踵而至清偿期，相应地，债务人负担的一个个的"个别给付"不断地进入应当实际履行的状态。[①] 债务人每次适当地清偿每个"个别给付"，债权人的相应的"个别债权"就得到实现，待债务人适当履行最后一项"个别给付"之时，债权人的"整个债权"就完全得到实现，双方的债的关系寿终正寝。

正因每个"个别债权"具有某种程度的经济上和法律上的独立性，所以，在诉讼时效制度的适用上就可以就每个"个别债权"分别适用诉讼时效的规定；由于如此分别适用时效制度兼顾了债权人和债务人的利益平衡，所以，应当就每个"个别债权"分别适用诉讼时效的规定。

---

① 参见王泽鉴：《民法债编总论》第 1 册，109～110 页，台北，三民书局，1993。

据此，上述案件中，甲享有的从 1998 年 5 月 6 日至 2001 年 1 月 1 日期间的房屋使用权，已经罹于 2 年期间的诉讼时效，乙公司有权抗辩甲的履行请求权，也有权拒绝赔偿甲因此所遭受的损失。甲享有的从 2001 年 1 月 2 日至 2003 年 1 月 1 日期间的房屋使用权，到甲于 2003 年 1 月 1 日主张时尚未超过 2 年的时效期间，乙公司对此必须承担违约责任。但考虑到满足甲关于使用该房屋的请求意味着延长了双方的合同期限，故宜只判给甲损害赔偿，其损失为自 2001 年 1 月 2 日至判决确定的甲实际使用该房屋之日因甲未使用该房屋而遭受的损失。该损害赔偿属于"填补赔偿"，即，甲不再享有自 2001 年 1 月 2 日至判决确定的甲实际使用该房屋之日这段期间的房屋使用权。从判决确定的乙公司应将系争房屋交付给甲使用之日起，甲享有该系争房屋的使用权，一直到合同规定的最后日期。

4. 1999 年 6 月 2 日，买受人向出卖人（发展商）签订某市房地产买卖合同（预售），约定标的物为某园 6 栋 601 房，1999 年 7 月 15 日交付使用。合同还约定，出卖人须于取得《建设工程竣工验收证书》后 150 天内书面通知买受人，向某房地产产权登记机关申请房地产权属转移登记，出卖人和买受人共同办理房产证，如买受人不能按法定期限领取房地产权证，从出卖人取得房地产《建设工程竣工验收证书》之日的第 180 天起按房屋租赁主管部门规定的指导性租金标准，由出卖人向买受人支付租金至产权登记机关核发房地产权证之日止。

出卖人于 1999 年 9 月 28 日领取了所建房屋的《建设工程竣工验收证书》。自该日起加上 180 天，就是到 2000 年 3 月 26 日，出卖人应当在此前为买受人办理好房地产权证。实际上，某市房地产权登记机关是在 2001 年 7 月 18 日向买受人颁发的某园 6 栋 601 房的房地产权证。

5. 根据某市房地产买卖合同（预售）约定，出卖人因其延期办证，故应当从 2000 年 3 月 26 日起向买受人支付延期办理房地产权证的违约金，截止日期为核发房地产权证之日。违约金债权适用《民法通则》有关诉讼时效期间的规定，这无疑问，但就该债权自何时起算诉讼时效期间，则观点不一。一种意见认为，诉讼时效期间从买受人应当知道其取得违约金债权之日起开始计算，鉴于买受人对某市房地产买卖合同（预售）内容的知悉状况，该债权的诉讼时效期间应从

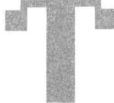

2000 年 3 月 26 日起算。因买受人直至 2002 年 10 月才提出出卖人应承担延期办证违约金责任的请求，已经超过 2 年诉讼时效期间，出卖人有权抗辩。另一种意见则相反。

6. 笔者认为，本案涉及的违约金是以日为计算单位的，即违约 1 日就有一定数额的违约金，违约 2 日便有 2 日的违约金……违约金的总额等于 1 日的违约金乘以违约的天数。此类违约金的总额计算，叫作违约金的累计。其法律根据是《中国人民银行结算办法》第 8 条第 7 款的规定，其理论根据仍然是继续性债权的内容随着时间的推移而不断增加。[②] 本案涉及的违约金的特点是金钱数额随着时间的推移而不断增加，即权利义务在不断变化，尽管权利义务的"质"仍然是违约金的债权债务，但数量却一直在改变。换言之，"违约金的总额"与"个别数额"相对独立。在这样的情况下，如果以"质"未变而按"一时的给付"处理，即把本案所涉及的违约金简单地视为一个债权或债务，会出现不适当的后果：其一，若按第一种观点处理，从 2000 年 3 月 26 日作为买受人的债权受到侵害，诉讼时效期间开始起算，一是逻辑上存在问题，2000 年 3 月 27 日等日发生的违约金债权尚未届期，买受人自然就未受损害，未受损害也就谈不上买受人知道或应当知道其违约金债权受到侵害，于是，诉讼时效期间自然不应开始计算。二是对买受人极为不利。反之，其二，因在 2001 年 7 月 17 日等日期出卖人也有义务支付违约金，他未支付，买受人的债权受到侵害，诉讼时效期间开始起算，整个违约金债权均未罹于诉讼时效。这样，对出卖人又极为不利。可见，把此类违约金作为一个固定不变的债权债务，显然不妥当。适当的观点是把本案系争的违约金债权看作一个继续性债权，类似租金债权、自来水费债权、天然气费债权等，其实，本案合同也约定按租金标准计算违约金，如此，本案的违约金债权的诉讼时效应当分段计算。按照精确的方法，可把 1 天的违约金作为一个"个别债权"，单独地适用诉讼时效的规定，起算点为次日。为了避免麻烦，可以把 1 个月的违约金作为一个"个别债权"，每个月的违约金债权单独地适用诉讼时效的

---

② 可参考崔建远：《合同责任研究》，254 页，长春，吉林大学出版社，1992；崔建远主编：《合同法》，3 版，28~29 页，北京，法律出版社，2003。

规定，时效期间的起算点为下个月的第一天。

最后说明继续性债权或曰继续性债务不同于持续性侵权所生债权（债务），后者为一时性债权（债务），而非继续性债权（债务）。既然如此，其诉讼时效期间的起算不应自持续性侵权行为开始之日开始，也不应截取自持续性侵权行为中间阶段，而应自该侵权行为结束之日开始起算。其道理在《知识产权法之于民法典》一文中阐发（见本书第 31～33 页），此处不赘。

不动产出资义务与诉讼时效 *
——合同法与诉讼时效之七

一、问题的提出

在外商企业和合伙企业运营的实践中，如果出资一方不履行其不动产出资义务，是否适用诉讼时效的规定？对此尚无明确的答案，需要探讨。为叙述方便，以下述案例为分析的对象。

甲公司和乙公司于 1994 年 3 月 5 日签订中外合资经营合同，合同约定甲公司于 1995 年 3 月 5 日出资厂房，并将该厂房的所有权过户到合资公司的名下；与此同时，乙公司出资现金，数额为 1 000 万美元。乙公司如期足额地履行了自己的义务，甲公司虽然及时地将厂房交给了合资公司使用，但截止到 2002 年 12 月 30 日仍未办理该厂房的过户登记手续。现在，乙公司请求甲公司立即将该厂房的所有权移转给合资公司，甲公司以该项出资义务已经超过诉讼时效期间为由予以抗辩，拒绝办理过户登记手续。就甲公司的抗辩成立与否，思路不同，观点

---

* 本文最初发表于《人民法院报》2003 年 7 月 4 日，第 3 版。

分歧，争论激烈。

二、不同的思路

第一种思路着眼于中外合资经营合同的目的和中外合资经营企业的性质，由此目的、性质出发看不动产出资义务是否适用诉讼时效制度。其理论如下：签订中外合资经营合同的目的，是成立合资企业，而合资双方的出资则是满足企业成立的必备条件之一。这是因为，企业必须拥有责任财产，而这些财产首先来自出资人的出资。如果中外合资经营合同规定的不动产出资义务适用诉讼时效的规定，出资人以其不动产出资义务已经罹于诉讼时效为由拒绝出资，可能使中外合资经营企业因其注册资本不足而无法正常经营，也可能使得善意相对人因中外合资经营企业的责任财产不足以清偿其债权而遭受损失。这显然不符合中外合资经营合同的目的，违背中外合资经营企业的性质。有鉴于此，不动产出资义务不适用诉讼时效的规定。

第二种思路聚焦于不动产物权与诉讼时效的关系，从不动产物权是否适用诉讼时效制度的角度，确定不动产出资义务适用诉讼时效制度与否。其理论大致如下：出资人出资房屋所有权、国有土地使用权等不动产物权，使得合资企业享有物上请求权。由于《民法通则》未明确不动产物权及其请求权是否适用诉讼时效的规定，于是求助于学说解决问题。如果采取不动产物权及其请求权不适用诉讼时效制度的学说，那么就得出不动产出资义务不适用诉讼时效制度的结论；反之，就认为不动产出资义务适用诉讼时效的规定。

第三种思路从出资人履行不动产出资义务与其在公司中所享有的权利相一致的层面考虑问题，认为包括出资不动产物权在内的出资义务应当适用诉讼时效的规定，但在出资人援引诉讼时效完成的抗辩而拒绝履行其出资义务的情况下，他在公司中不享有相应的权利，如不享有被选举权、选举权、股利分配请求权等。其结论是包括不动产出资在内的出资义务适用诉讼时效的

规定。

三、分析与评论

1. 第一种思路抓住中外合资经营合同的目的、中外合资经营企业的性质考虑问题，分析不动产出资义务及其履行与企业财产、对善意第三人的保护之间关系，确有道理。问题在于，在现行法没有规定不动产出资义务不适用诉讼时效制度的背景下，法官可否基于中外合资经营合同的目的、中外合资经营企业的性质限缩《民法通则》第135条等条文的适用范围，即，《民法通则》第135条规定的诉讼时效制度适用对象过于广泛，而从《民法通则》的立法目的看，本来是要将不动产出资义务排除于诉讼时效制度的适用范围的，只是该条文的表述未反映出这个立法目的，因而现在要通过目的性限缩的方法，对《民法通则》第135条等规定设立但书，规定不动产出资义务不适用诉讼时效制度。

采取这种路径，在立法论的层面观察，中国民法典是否规定不动产出资义务不适用诉讼时效制度，属于立法政策。采取肯定的态度，有上述第一种思路所列理由的支撑，可资赞同；规定不动产出资义务适用诉讼时效制度，按照上述第三种思路和下文提出的方案解决问题，也是上策。

问题在于，民法典能否规定不动产出资义务不适用诉讼时效制度尚难断言，民法典何时生效亦未可知，实务中存在的系争案件则亟待处理，就此点而言，立法论远水不解近渴，需要采取解释论解决此类纠纷。采纳第一种思路在解释论上面临着以下难点：其一，探究《民法通则》第135条等条文的立法目的，究竟是采取客观解释论还是主观解释论？如果采取主观解释论，结论是不动产出资义务适用诉讼时效制度。其原因在于，制定《民法通则》之时，立法者没有意识到不动产出资义务与诉讼时效的关系，无不动产出资义务不适用诉讼时效制度的法律计划。只有采取客观解释论，基于今日的社会状况、经济发展的需要、公司法理论的支撑，认定《民法通则》第135条等条文"应当"包含不动产出资义务不适用诉讼时效制度的意图，立法者若在现在制定《民法通则》一定持有此种立法目

的。这两种解释方法各有所据，具体到每个法律解释者，具体到个案的处理，究竟采取哪种方法，取决于解释者的价值趋向。谁敢担保每位主审法官都具有以客观论解释和适用《民法通则》第135条等条文的价值趋向？其二，认定不动产出资义务不适用诉讼时效制度，必须对《民法通则》第135条等条文采取目的性限缩的方法，才能达到目的。每位主审法官都愿意并且敢于运用目的性限缩的方法解释《民法通则》第135条等条文，判决不动产出资义务不适用诉讼时效制度吗？这仍然是个未知数。其三，金钱、动产的出资义务适用诉讼时效的规定，尚未见到反对意见。同是一个出资人，他不履行金钱、动产的出资义务时适用诉讼时效制度，他不履行不动产出资义务时则不适用诉讼时效制度，这显然违反了相似的事务相同处理的正义理念。只有在具有充分、坚强、重大的理由的情况下，才勉强可以如此设置及解释法律规范；否则，应当奉行相似的事务相同处理的原则，对金钱、动产、不动产的出资义务是否适用诉讼时效制度的问题一视同仁，都持肯定的态度。其四，正因上述原因，以解释论适用《民法通则》第135条等条文，可能出现有的判决认定不动产出资义务不适用诉讼时效制度，而另外的判决却认定不动产出资义务适用诉讼时效制度，呈现出不安全性。

2. 第二种思路存在着误解。不动产物权及其请求权是否适用诉讼时效制度，以权利人是物权人和义务人负担物上义务为前提，在权利人不是物权人、义务人未负物上义务的情况下，谈不上不动产物权及其请求权是否适用诉讼时效制度的问题。中外合资经营合同规定的出资义务，即使是出资房屋所有权、国有土地使用权等不动产物权的义务，在法律性质上也属于债务，而非物上义务。这样，无论是其他出资人，还是合资企业，请求出资人履行出资义务，都不是在行使物上请求权，而是在行使债权。既然如此，通过不动产物权及其请求权不适用诉讼时效制度的途径，解决不了不动产出资义务是否适用诉讼时效制度的问题。

3. 相对而言，第三种思路比较可取。其道理在于，其一，判定不动产出资义务适用诉讼时效制度，可以直接援引《民法通则》第135条等规定，几乎不存在法律上及理论上的障碍。其二，出资人不履行不动产出资义务，就不享有相应的被选举权、选举权、股利分配请求权等，符合中外合资经营企业法乃至公司法

的精神，符合权利义务相一致的法理。其三，如此适用法律，处理案件，法官无错案追究的压力，容易做到。

四、应当注意的问题

应当指出，采取第三种思路确定出资义务适用诉讼时效制度，需要注意以下问题：其一，出资人的不动产出资义务即使罹于诉讼时效，该义务本身仍然存在，只要其他出资人不解除中外合资经营合同，不主张终止中外合资经营企业，出资人愿意抛弃时效利益，继续出资，就应当允许。其二，出资人不履行不动产出资义务，已经违反了中外合资经营合同，产生了违约责任。该违约责任同样适用诉讼时效制度，即，如果自该违约责任成立之日起超过 2 年，其他出资人未请求不履行出资义务者承担此类违约责任，不履行出资义务者可以援引诉讼时效完成的抗辩，有权拒绝支付违约金或拒绝赔偿损失，除非他放弃时效利益。其三，在不履行出资义务者援引诉讼时效完成的抗辩，拒绝履行不动产出资义务的情况下，致使中外合资经营企业遭受损失，有时可能难以正常经营，甚至无力清偿到期债务。这等于其他出资人遭受了损失，乃至成立中外合资经营企业的目的落空。这些守约的出资人的合法权益也应受到法律的保护，保护的方法之一是，赋予守约的出资人解除中外合资经营合同的权利。此种解除权，也叫终止权，属于形成权，不适用诉讼时效的规定，另有自己的除斥期间。此种解除权，可有两类：一类是基于中外合资经营企业合同的规定而产生的，或者因中外合资经营企业合同的成立而当然存在的法定解除权；另一类是基于出资人援引不动产出资义务罹于诉讼时效的抗辩，拒绝出资的事由而当然产生的。第一类解除权及其行使在现行法上不存在障碍，但时常因超过除斥期间而消失。第二类解除权在现行法上尚无明文规定，如果中外合资经营合同也未约定，则必须通过解释论的途径，认定守约的出资人享有此类解除权。其四，出资人援引上述抗辩，是就出资人之间的合同关系而言的，与中外合资经营企业对外承担民事责任是两回事，对抗不了与中外合资经营企业交易的善意相对人。

　　最后说明，上述结论虽然是以中外合资经营合同、中外合资经营企业为讨论背景而得出的，但因不动产出资义务在中外合资经营合同、中外合作经营合同、合伙合同、联营合同中没有本质的不同，只存在个别表述上的微弱的差异，所以，上述结论具有更广泛的适应性。

姓名与商标：路径及方法论之检讨 *
——最高人民法院（2016）最高法行再27号
行政判决书之评释

内容摘要

中国《商标法》第31条（2013年中国《商标法》第32条）所谓在先权利，应指被保护的民事权利、民事权益在商标注册之日前就已经存在，已由民事主体依法享有；并且根据中国的民法通则、侵权责任法和其他法律的规定，对此类民事权利或者民事权益应予保护。这是最高人民法院（2016）最高法行再27号行政判决书的概括、抽象，但却失之于以偏概全，未能整体把握民法各项制度及规则。就特定名称主张姓名权保护，应是该特定名称应与该自然人之间已经建立稳定的对应关系。这是最高人民法院（2016）最高法行再27号行政判决书坚持的"稳定对应关系说"，但它存在着缺点。国家工商行政管理总局商标评审委员会所主张的以自然人主张的"姓名"与该自然人形成"唯一"对应关系，即"唯一对

---

  * 本文系国家哲学社会科学基金重点项目《法学方法论与中国民商法研究》（批准号：13AZD065）及清华大学自主科研计划课题《中国民法典编纂重大理论问题研究》（2015THZWJC01）的阶段性成果。对于资助谨表谢意！

  本文最初发表于《中外法学》2017年第2期。

应关系说"，从侵害姓名权构成的最终结果着眼，这是合适的，但在重名、笔名、译名、艺名并存的情况下，判断某特定姓名与某特定主体之间有无对应关系，则它难以胜任工作；只有结合其他有关因素、特定情景，才可能得出适当的结论。判断某特定姓名与某特定主体之间有无对应关系，必须遵从社会存在决定社会意识的原理，依据某特定姓名与某特定主体之间的客观事实，而非众人百姓的印象、认知。构成侵害姓名权的要件之一是，姓名权人积极地使用其姓名，不使用姓名，他人难以知晓该姓名权的存在，责令该他人承担侵害姓名权的法律责任，不利于社会活动以及经营活动的正常开展。

关键词

姓名；姓名权；乔丹；在先权利；注册商标；对应关系

案情概要

乔丹体育股份有限公司申请注册的有关商标含有"乔丹"字样，美国篮球运动明星迈克尔·杰弗里·乔丹诉称这已侵害其姓名权。中华人民共和国最高人民法院（2016）最高法行再27号行政判决书判决支持了该项诉讼请求。

判决要旨

自然人就特定名称主张姓名权保护的，该特定名称应当符合以下三项条件：其一，该特定名称在中国具有一定的知名度、为相关公众所知悉；其二，相关公众使用该特定名称指代该自然人；其三，该特定名称已经与该自然人之间建立了稳定的对应关系。中国《商标法》第31条所谓在先权利，应指被保护的民事权利、民事权益在商标注册之日前就已经存在，已由民事主体依法享有；并且根据中国《民法通则》《侵权责任法》和其他法律的规定，对此类民事权利或者民事权益应予保护。本案现有证据足以证明"乔丹"在中国具有较高的知名度、为相关公众所知悉，中国相关公众通常以"乔丹"指代再审申请人迈克尔·杰弗里·乔丹（Michael Jeffrey Jordan），并且"乔丹"已经与再审申请人之间形成了稳定的对应关系，故再审申请人就"乔丹"享有姓名权。乔丹公司对于争议商标的注册具有明显的主观恶意。乔丹公司的经营状况，以及乔丹公司对其企业名称、有关商标的宣传、使用、获奖、被保护等情况，均不足以使得争议商标的注册具有

合法性。因此，争议商标的注册违反中国《商标法》第 31 条的规定。①

一、不宜不当扩张在先权利的涵盖范围

中华人民共和国最高人民法院（2016）最高法行再 27 号行政判决书认为：《中华人民共和国商标法》（以下简称为《商标法》）第 31 条（2013 年《商标法》第 32 条）规定："申请商标注册不得损害他人现有的在先权利"。此处所谓在先权利，对于《商标法》已有特别规定的在先权利，应当根据《商标法》的特别规定予以保护；对于《商标法》虽无特别规定，但根据《中华人民共和国民法通则》（以下简称为《民法通则》）、《中华人民共和国侵权责任法》（以下简称为《侵权责任法》）和其他法律的规定应予保护，并且在争议商标申请日之前已由民事主体依法享有的民事权利或者民事权益，应当根据该概括规定给予保护（行政判决书第 25 页）。

观察中华人民共和国最高人民法院（2016）最高法行再 27 号行政判决书的认定和判决，可知其对《商标法》尚无特别规定的在先权利创设了一套认定标准，并且没有限定范围的具有普遍适应性，计有：（1）被保护的民事权利、民事权益在商标注册之日前就已经存在，已由民事主体依法享有；（2）根据《民法通则》《侵权责任法》和其他法律的规定，对此类民事权利或者民事权益应予保护。

这样的认定在先权利的标准，其实也是创设一项法律规则，适用于老字号被他人抢注商标的案型，并认定抢注该商标者侵害了老字号的在先权利，进而保护老字号，这是合适的。

但该认定标准（规则）适用于有些案型则未必适当。例如，它若适用于债权领域，则往往违反中国现行法及其理论，是错误的、有害的。对此试举一例予以说明。出卖人甲将 A 动产出卖与乙，但未交付；后又将 A 物出卖与丙，且予以交付。于此场合，乙的债权及其利益受到了侵害，尽管《民法通则》及《中华人

---

① 信息来源：最高人民法院网，见 http：// courtapp. chinacourt. org/zixun-xiangqing-34702. html，最后访问时间：2017 - 01 - 25。

民共和国合同法》（以下简称为《合同法》）都保护乙的该项债权，但《民法通则》《合同法》及《侵权责任法》并未承认丙侵害了乙的债权，并不责令丙向乙承担侵权责任，除非有证据证明甲和丙恶意串通，损害乙的权益，从而适用《合同法》第52条第2项的规定，甚至第58条等规定。

更有甚者，日本民法对基于法律行为而发生的物权变动本采意思主义，在前例中乙已经取得了A物的所有权，甲却将A物再卖与丙且予以交付，这本是侵害乙的所有权的行为，但日本民法却没有如此认识和处理，认为甲和乙之间的A物买卖合同有效，甲和丙之间的A物买卖合同也有效，且不是无权处分。②

中国等国家和地区的民法这样认识和处理的原因可能多种多样，但与债权一般欠缺公示肯定密切相关，再就是交易安全的要求。

再进一步，中华人民共和国最高人民法院（2016）最高法行再27号行政判决书创设的认定在先权利的标准，在物权法领域也有失灵的例证。例如，甲将登记在自己名下但实际是他与乙共有的A房出卖与丙，符合《中华人民共和国物权法》（以下简称为《物权法》）第106条第1款规定的条件。按照中国现行法及其理论，丙善意取得A房的所有权，对乙也不构成侵权，尽管乙一再否认甲和丙的A房买卖合同的效力，一直主张对A房的所有权。在这里，乙对A房的物权在丙善意取得A房所有权时已经存在，乙对A房的物权受《民法通则》甚至《侵权责任法》的保护。就是说，根据中华人民共和国最高人民法院（2016）最高法行再27号行政判决书创设的认定在先权利的标准，丙侵害了乙对A房的物权，应当责令丙对乙承担侵权责任。但这是违反《物权法》第106条第1款及其理论的，笔者推测连最高人民法院自己也不会这样认定和判决。

现在转入姓名权领域，中华人民共和国最高人民法院（2016）最高法行再27号行政判决书创设的认定在先权利的标准，适用于姓名权及其侵害的案型，同样暴露出如同它适用于债权、善意取得领域时出现的弊端。例如，心脑血管领域有位著名的大夫也姓乔丹，在计算机软件设计领域有位著名的教授同样姓乔

---

② ［日］田山辉明：《物权法》，陆庆胜译，齐乃宽、李康民审校，53页以下，北京，法律出版社，2001。

丹，甚至于在棒球赛场有位出尽了风头的运动员姓乔丹，并且他们都来状告乔丹体育股份有限公司，诉称其姓名权因乔丹体育股份有限公司注册相关商标而受到了侵害，诉请撤销这些商标、乔丹体育股份有限公司赔偿其损失。主审法院该如何裁判呢？笔者推测主审法院不会支持乔丹大夫、乔丹教授、乔丹棒球手的诉讼请求。

再换个角度观察和分析这个案型，篮球运动员迈克尔·杰弗里·乔丹状告乔丹大夫、乔丹教授、乔丹棒球手，诉称他们侵害了自己的姓名权，诉请他赔偿损失，或者反过来乔丹大夫、乔丹教授、乔丹棒球手状告篮球运动员迈克尔·杰弗里·乔丹，诉称迈克尔·杰弗里·乔丹侵害了他们的姓名权，诉请他赔偿损失，主审法院会支持这些诉讼请求吗？估计也不会支持。

为什么会这样呢？笔者认为，至少须把握如下几点：（1）对于具有公示方法并且已经公示的民事权利，法律保护的力度会强大而周到，保护的措施会齐备且有力；相反，对于没有公示的民事权利，法律保护的力度会相应地降低，保护的措施也会酌情选择。例如，登记在甲名下的 A 房，被乙擅自出卖与丙。因 A 房及其所有权已经公示，法律全面保护 A 房所有权人甲，不承认丙取得 A 房所有权，会支持甲基于合同法或者侵权法请求乙承担违约责任或者侵权责任。但对于一物多买，法律一般不因此而否认第二个买卖合同的效力，一般不阻止第二个买受人取得买卖物的所有权，一般不认定第二个买受人侵害了甲的物权。同理，一个自然人取名张月亮，对外没有宣传，没有使用，另外一个自然人也取名张月亮，一个公司注册的商标含有张月亮三个字，法律也不应当认定该公司、后来取名张月亮的自然人侵害了首先取名张月亮的自然人的姓名权，原因之一是首先取名张月亮的自然人没有公示张月亮这个姓名。当然，还有其他因素使然，此处不赘。（2）法律区分具有排他性的权利与非排他性的权利，在保护的彻底性、保护的刚柔度等方面存在着差别。例如，对于所有权、建设用地使用权、宅基地使用权等排他性物权，法律奉行一物一权主义。但对债权则允许一个标的物上并存着几个债权。对于姓名权也不绝对禁止重名，没有采取一人一名主义。（3）由此决定，判断是否侵害张月亮的姓名权，绝非简单地看他也取名张月亮，绝非单纯地

看它申请注册的商标含有张月亮的字样，而是必须结合另外的因素，甚至是较多的因素，必须是整体地审视、把握和运用法律，使有关法律制度及规则相互衔接和配合。中华人民共和国最高人民法院（2016）最高法行再27号行政判决书创设认定在先权利的标准，并据此认定乔丹体育股份有限公司侵害了乔丹的姓名权，失误在它不是将几项因素综合考量，将若干制度联系和制约地解释和适用，而是片面地凸显某点，就据此得出结论。它创设认定在先权利的标准，并据此认定乔丹体育股份有限公司侵害了乔丹的姓名权，是经不起推敲的，特别是对姓名权及其受到侵害与否的处理更显得有些武断。

二、姓名重在将主体特定化

姓名，乃用于区别人己的一种语言上的标志，将人予以个别化，表现于外，以确定其人的同一性。[③]"乔丹"，仅仅是姓氏，仅凭姓氏难以将某个民事主体特定化。这如同在中国的"张"姓，"张"到底指向哪个自然人呢？无法特定化。系争案件中的当事人"乔丹"，只是迈克尔·杰弗里·乔丹的姓氏，"乔丹"这个字样不构成完整的姓名，也不宜由此形成一个姓名权。如果认为"乔丹"已将某个自然人特定化了，具体到系争案件，就是特指美国篮球运动明星迈克尔·杰弗里·乔丹，那么，从全体姓"乔丹"的自然人一侧来说，就等于说后于迈克尔·杰弗里·乔丹取名的姓"乔丹"的自然人都侵害了迈克尔·杰弗里·乔丹的姓名权；从迈克尔·杰弗里·乔丹一侧来看，是否是迈克尔·杰弗里·乔丹侵害了先于他出生的全体姓"乔丹"的自然人的姓名权呢？从中国姓乔名丹的自然人一侧观察，就意味着先于迈克尔·杰弗里·乔丹取名乔丹的自然人都侵害了迈克尔·杰弗里·乔丹的姓名权，或者反过来迈克尔·杰弗里·乔丹侵害了先于他取名乔丹的自然人的姓名权。笔者敢说这样的逻辑及结论是不成立的，难获赞同。

在是否侵害姓名权的问题上，侵权人与被侵权人的姓名应当是对应的，但所

---

③　王泽鉴：《人格权法》，135页，台北，三民书局、台大法学院福利社、新学林出版股份有限公司、元照出版公司，2012。

谓"乔丹"这个字样，只是"乔丹体育股份有限公司"这个名称的一个构成元素，而"乔丹体育股份有限公司"这个名称含有多项因素，如含有它属于公司而非合伙这个因素，含有它是股份公司这个因素，含有它是股份有限公司这个因素，含有它是有关体育用品方面的公司这个因素。"乔丹"字样在"乔丹体育股份有限公司"中不具有姓名的地位及效力，只是"乔丹体育股份有限公司"区别于其他公司、使自己特定化的一个因素。这就是说，"乔丹"与"乔丹体育股份有限公司"在姓名方面没有对应起来，二者之间不对等、不对称。

至于中华人民共和国最高人民法院（2016）最高法行再 27 号行政判决书引述《人民日报》《参考消息》《经济日报》刊登《乔丹获"冠中冠"称号》《乔丹迈入名人堂》等信息，来佐证"乔丹"即迈克尔·杰弗里·乔丹，除了存有用众人百姓的印象、认知来认定某特定姓名与某特定主体之间存在对应关系的嫌疑外，也恰恰在阐释一个道理、一项规则：将姓"乔丹"特定化在迈克尔·杰弗里·乔丹这个篮球运动明星上，仅仅有"乔丹"字样是不够的，还必须有其他因素，有特定情景，如篮球特别是美国篮球、篮球运动等情景。"乔丹体育股份有限公司"作为一家公司，从事体育活动器材等类型的商品制造、经营业务，并非篮球运动，这与使用"乔丹"字样就与迈克尔·杰弗里·乔丹直接对应起来所需要的其他因素、特定情景是有距离的。在这个意义上说，"乔丹体育股份有限公司"这个名称没有侵害迈克尔·杰弗里·乔丹的姓名权。

"乔丹体育股份有限公司"注册的第 6020569 号"乔丹"商标，使用在国际分类第 28 类的"体育活动器材、游泳池（娱乐用）、旱冰鞋、圣诞树装饰品（灯饰和糖果除外）"商品上。在迈克尔·杰弗里·乔丹没有从事"体育活动器材、游泳池（娱乐用）、旱冰鞋、圣诞树装饰品（灯饰和糖果除外）"商品的经营活动的背景下，即使放在商标领域的视野里，"乔丹"字样在"乔丹体育股份有限公司"中也同样不具有姓名的地位及效力，只是"乔丹体育股份有限公司"区别于其他公司、使自己特定化的一个因素。

如果因为"乔丹"著名，乔丹体育股份有限公司申请第 6020569 号"乔丹"商标，就侵害了迈克尔·杰弗里·乔丹的姓名权，那么，毛泽东主席、邓小平主

席不但在中国家喻户晓，而且闻名于世界，是否某些商家所取字号或申请注册的商标中含有"毛"或"邓"的字样，就侵害了毛泽东主席、邓小平主席的姓名权了呢？笔者尚未见到持肯定说的判决。

如果"乔丹体育股份有限公司"名称之中含有"乔丹"字样就侵害了迈克尔·杰弗里·乔丹的姓名权，则必须还需要具备其他相关因素，如图形或者肖像或者照片或者文字描述等，甚至还需要特定情景，才可以得出肯定的结论。欠缺其他相关因素、特定情景，仅凭"乔丹体育股份有限公司"名称之中含有"乔丹"字样，是不宜得出侵害姓名权的结论的。因此，乔丹体育股份有限公司在第6020569号"乔丹"商标事项上也没有侵害迈克尔·杰弗里·乔丹的姓名权。

所以，中华人民共和国最高人民法院（2016）最高法行再27号行政判决书认定，乔丹体育股份有限公司侵害了迈克尔·杰弗里·乔丹的姓名权，笔者对此难以赞同。

当然，这部分的观点和结论要想立得住，有赖于阐释清楚特定姓名与特定主体之间的对应关系，下文承担该项任务。

三、某特定姓名与某特定自然人之间的对应关系之辨析

中华人民共和国最高人民法院（2016）最高法行再27号行政判决书阐释道：自然人依据《商标法》第31条（2013年《商标法》第32条）的规定，就特定名称主张姓名权保护时，应当满足必要的条件：其一，该特定名称应具有一定知名度、为相关公众所知悉，并用于指代该自然人；其二，该特定名称应与该自然人之间已经建立稳定的对应关系（以下简称为稳定对应关系说）。同时该判决书明确表态，不支持国家工商行政管理总局商标评审委员会所主张的以自然人主张的"姓名"与该自然人形成"唯一"对应（以下简称为唯一对应关系说）为前提，对自然人主张姓名权的保护提出过苛的标准，理由主要是存在重名、艺名、笔名、译名等其他名称的现象，姓名与自然人之间难以形成唯一对应关系（行政判决书第27～28页）。

实际上，稳定对应关系说至少存在如下缺点：（1）所谓稳定，系变化的反义词，是短暂的对立面，用在姓名与自然人之间的对应关系方面，应指某特定自然人一直使用某姓名，或者反过来说，某姓名一直指代某自然人，而非今天某特定的自然人使用该姓名，明天又换成另外一个姓名。时间因素、不变因素在其中居于核心位置。例如，王保树，特定指代先后工作于北京市委、中国社会科学院法学研究所、清华大学法律学系、清华大学法学院的经济法、商法的著名教授。此为支持稳定对应关系说的例证。但是，也存在不支持稳定对应关系说的例子，如某甲在1990年姓张名雄，于1991年1月5日却改名为章卓越，于1992年2月2日再改为张明。章卓越之于某甲显然不符合稳定关系说，但不得否认章卓越是某甲的姓名及姓名权。这是虽不"稳定"，却应当也能够认定某特定姓名与某特定自然人相对应、该自然人享有该姓名权的例子。接下来看看虽然"稳定"却仍难认定某特定姓名与某特定自然人相对应的情形。（2）重名，如自出生起一直名叫张月亮的某甲任职于A大学，另一位自出生起一直名叫张月亮的某乙工作于B公司，就第一位张月亮之于某甲、第二位张月亮之于某乙而言，这虽然符合稳定对应关系说，但仍难确定张月亮与特定自然人甲、特定自然人乙之间的特定指向。例如，著有《李双双小传》《黄河东流去》《王结实》的在1928年7月4日出生于河南省洛阳的著名作家李准④，另一位是著有《文艺，现代艺术与它的参照系》《繁荣与选择》等作品的在1939年出生于山东邹平的中国作家协会会员的李准。⑤ 若不结合其他因素、特定情景，孤立地点名"李准"，则难以将"李准"特定在著有《李双双小传》的李准先生或者著有《文艺，现代艺术与它的参照系》的李准会员，尽管"李准"之于出生于河南省洛阳的李准先生、之于出生于山东省邹平的李准会员，都是稳定的、没有变化的。

唯一对应关系说则不存在上述缺点，不仅如此，它还最符合姓名及姓名权的

---

④ 信息来源：《百度百科》，见 http：//baike.baidu.com/link? url＝4j6gsapy9TVqGAjC2Jf17pZfYrgHv5Wn54I _ lVapcySgIrdOwgpD9uoer1wEFAoKC7JsGip3FrAbKVqt0QWTZUfkzzGYfPgG3q9K25n6kbG.，最后访问时间：2017-01-25。

⑤ 资料来源：中国作家网，2016-07-04，星期一，见 http：// www.chinawriter.cn/zxhy/member/2580.shtml，最后访问时间：2017-01-25。

本质属性及功能：众所周知，姓名，在民事主体制度中，就是要将某特定民事主体特定化⑥，张三就是张三，李四就是李四，否则，就没有达到将民事主体特定化的要求和目的。但是，唯一对应关系说若令人信服地立起来，还必须阐释清楚如下问题点：（1）唯一对应关系的确切含义是什么？（2）重名之于自然人的特定化；（3）户籍姓名与艺名、笔名、译名等其他名称之于某特定自然人；（4）户籍姓名、艺名、笔名、译名等其他名称之于几位自然人。（5）绰号之于某特定自然人。下文专就这些问题点展开解析。

（1）唯一对应关系可有两种界定，第一种界定仅仅在最终结果方面要求某特定姓名与某特定自然人之间完全对应起来，甚至不强调某特定自然人逆向地、无歧义地被冠以某特定姓名，换句话说，忽略判断某特定姓名与某特定自然人之间对应与否的试错过程；第二种界定则严格得多，不但在最终结果方面要求某特定姓名与某特定自然人之间完全对应起来，而且强调自始至终的全过程都必须是某特定姓名与某特定自然人之间完全对应起来，该特定自然人的姓名就是该特定姓名，还重视双向都能对应起来。例如，"李梓萌"特定地指向中央电视台《新闻联播》节目的著名播音员李梓萌，中央电视台《新闻联播》节目的著名播音员李梓萌名叫"李梓萌"。再如，"迈克尔·杰弗里·乔丹"这个姓名特定地指向美国篮球运动明星迈克尔·杰弗里·乔丹，美国篮球运动明星迈克尔·杰弗里·乔丹名叫"迈克尔·杰弗里·乔丹"。国家工商行政管理总局商标评审委员会所持唯一对应关系说，可能是聚焦于最终结果这点，有些机械地把握因果关系规则，可能是忽略判断对应关系的"入口"和试错过程了，它在客观上归属于第一种界定的范畴。而中华人民共和国最高人民法院（2016）最高法行再27号行政判决书不采纳国家工商行政管理总局商标评审委员会所坚持的唯一对应关系说，则可能是忽略了最终结果这点，偏离了因果关系规则的要求，过于看重判断对应关系的"入口"和试错过程，狭隘地认为对应关系只有一种表现形态，那就是第二种界定的唯一对应关系。

---

⑥　参见王泽鉴：《人格权法》，135页，台北，三民书局、台大法学院福利社、新学林出版股份有限公司、元照出版公司，2012。

的确，第一种界定的唯一对应关系，不是纯粹的或曰真正的唯一对应关系。但这并不意味着此种界定毫无价值，在最终结果这点上必须满足第一种界定的要求，即必须是某特定姓名与某特定主体之间形成唯一对应关系，假如没有形成唯一对应关系，还认定构成侵害姓名权，就是违背因果关系规则，如同"草菅人命"。第二种界定的唯一对应关系，才是真正的唯一对应关系，但它在存有重名、笔名、艺名、译名的场合是失灵的。由于中国现行法没有赋予姓名权绝对排他的效力，没有奉行一人一名主义，没有禁止重名、笔名、艺名、译名甚至绰号，重名、笔名、艺名、译名就难以避免，故于此场合，第二种界定的唯一对应说无法胜任工作，确难自圆其说。

（2）重名之于自然人的特定化，在虽然几位自然人取名相同，但只有一位自然人的姓名受法律保护，其他几位重名的自然人的姓名不受法律保护的情况下，该姓名自然特定地指代受姓名法律保护的那位自然人的姓名，姓名权只归该姓名受姓名法律保护的自然人。与此有所不同，在几位自然人取名相同且均受法律保护的场合，该姓名到底指代哪位自然人？解决这个问题，封闭式地聚焦于该姓名与自然人这两个因素，是无法达到目的的，因为这几位自然人的姓名相同，且均合法；只有引入其他相关因素、特定情景，才会得到法律人想要的结果，即该姓名与某特定自然人之间才在最终结果上呈现唯一对应关系，不引入其他相关因素、特定情景就难以出现这种唯一对应关系。如同上文所引两位作家李准，如果单纯地提及作家李准，则难以确定到底是哪位李准。但当引入 1928 年 7 月 4 日出生于河南省洛阳、著有《李双双小传》这些信息时，就可以锁定是那位大名鼎鼎的获得茅盾文学奖的李准，而非出生于山东邹平的李准。这个例子还反映出稳定关系说无法奏效。再如，中国台湾《高等法院》于陈美凤料理米酒代言案中认定："系争美凤料理米酒使用'美凤'二字与被上诉人肖像在销售海报广告与商品包装在内，依社会通念'美凤'与被上诉人肖像之连用，即在使用被上诉人名字，一般大众会认为系被上诉人所推荐……"[7]

必须明白，只有引入其他相关因素、特定情景，才会在最终结果上形成某特

---

[7]　中国台湾地区"高等法院"2005 年度上易字第 616 号判决。转引自王泽鉴：《人格权法》，145 页，台北，三民书局、台大法学院福利社、新学林出版股份有限公司、元照出版公司，2012。

定姓名与某特定自然人之间唯一的对应关系，这不是第二种界定的唯一对应关系，已经不是纯粹的唯一对应关系。

（3）所谓户籍姓名与艺名、笔名、译名等其他名称之于几位特定的自然人，其中的户籍姓名之于哪位自然人，就是上文所论重名之于自然人的特定化，结论照旧，不再赘述。其中艺名、笔名、译名等其他名称之于几位自然人，即几位自然人所取艺名或笔名或译名相同，且只有一位自然人的受法律保护，其他几位的不受法律保护，那么，该艺名、笔名或译名自然特定地指代艺名、笔名或译名受法律保护的那位自然人，艺名权、笔名权或译名权只归该姓名受法律保护的自然人。但在几位自然人所取艺名、笔名或译名相同且均受法律保护的场合，该艺名、笔名或译名到底指代哪位自然人？于此场合还得引入其他相关因素、特定情景，才能确定该艺名、笔名或译名特定地指代某特定的自然人。只要引入其他相关因素、特定情景，该姓名与某特定自然人之间便呈现唯一对应关系。一句话，第二种界定的唯一对应关系说于此领域也受到了挑战。

（4）所谓户籍姓名与艺名、笔名、译名等其他名称之于某特定自然人，例如，著名诗人、歌词作家公木，特指著有《老子校读》的户籍姓名为张松如的吉林大学中文系教授，而非另外的任何一位自然人。再如，著有《呐喊》《彷徨》《野草》《阿Q正传》的鲁迅，专指在1881年9月25日出生于浙江省绍兴府会稽的周树人，而非另外的任何一位自然人。

公木、张松如都特定地指向了生前任教于吉林大学中文系的先生，这明白无误地显示出两个姓名指向了同一位自然人，疑问也是追问随之而出：如何认识特定姓名与特定自然人之间的对应关系？笔者主张：我们务必牢记法律关系的方法，即艺名用于文艺法律关系而非买卖房屋法律关系或其他民商交易关系之中，笔名用于著作法律关系而非买卖房屋法律关系或其他民商交易关系之中，译名用于译作法律关系而非买卖房屋法律关系或其他民商交易关系之中，而户籍姓名用于另外的法律关系场合，例如，在选举关系或被选举关系中使用户籍姓名，在不动产登记关系中使用户籍姓名，在雇佣关系中使用户籍姓名，等等。就是说，笔名、艺名、译名之于自然人与户籍记载的姓名之于自然人是平行的两条线上的唯

一对应关系，这两条线不交叉，笔名、艺名、译名与户籍记载的姓名各自在相应的法律关系中派上用场，发挥作用。笔名、艺名、译名之上的权利与户籍姓名权在内容上不尽一致。这样，立于法律关系的视野，户籍姓名与某特定自然人之间依然呈现确定的对应关系，艺名、笔者或译名与某特定自然人之间同样呈现确定的对应关系。

（5）绰号，例如"狗熊""白痴""小炉匠""一撮毛"等，并非某特定自然人自己给自己取的姓名，亦非其监护人及其他亲朋好友给他起的姓名，而是社会上的他人甚至大众百姓指代某特定自然人的符号。特别是"狗熊""白痴"之类的绰号，带有侮辱性的因素，依公序良俗原则，它们不得成为某特定自然人的姓名。

绰号未被某特定自然人承认时不属于该自然人的姓名，他人以此为要素注册商标不涉及侵害姓名权的问题。绰号若被某特定自然人承认且不违背公序良俗时，便成为该自然人的别名，也可以说是该自然人的姓名。它与该自然人之间的关系相同于上文分析的笔名、艺名、译名之于某特定自然人之间的关系，不再赘言。

总结以上分析，可知稳定关系说和唯一对应关系说各有弱点，明智的解决方案是，区分情形而确定不同的对应关系学说，总的精神是高度重视某特定姓名并结合其他相关因素、特定情景确定该姓名所指向的某特定自然人。我们不妨将之称作折中说。

具体到系争案件，"乔丹"这个姓氏，与迈克尔·杰弗里·乔丹之间不呈现唯一对应关系，如同中国的"张"姓与张松如之间、"王"姓与王保树之间不呈现唯一对应关系一样。如此，认定迈克尔·杰弗里·乔丹就"乔丹"享有姓名权，欠缺坚实的法理支持，难以服人。

四、认定某特定姓名与某特定自然人之间有无对应关系的依据是什么？

笔者关注系争案件，与他人讨论其中的姓名权及其侵害问题，时常听到专

家、学者脱口而出："'乔丹'，当然就是美国篮球运动明星'迈克尔·杰弗里·乔丹'"。法律人就此得出结论：乔丹体育股份有限公司注册的有关商标含有"乔丹"字样，未经迈克尔·杰弗里·乔丹同意授权，显然侵害了迈克尔·杰弗里·乔丹的姓名权。

在笔者的视野里和话语中，这是一些人甚至众人百姓"觉得""感觉""印象"甚至"认知"某特定姓名与某特定自然人之间存在对应关系，据此认定：乔丹体育股份有限公司注册的有关商标含有"乔丹"字样，未经迈克尔·杰弗里·乔丹同意授权，侵害了迈克尔·杰弗里·乔丹的姓名权。哪怕这种认知是不符合客观真实的，也要以众人百姓的认知作为认定存在对应关系的依据。这种思维路径及方法十分普遍。

中华人民共和国最高人民法院（2016）最高法行再 27 号行政判决书认定，《人民日报》《参考消息》《经济日报》《当代体育》《篮球》、腾讯网、中国新闻网等媒体于其有关报道、宣传、刊载作品中将"乔丹"指向"迈克尔·杰弗里·乔丹"（行政判决书第 29～33 页）；两份问卷调查报告显示，当被问"提到乔丹，您第一反应想到的是"时，分别有 85％、63.8％的受访者第一反应想到的是"迈克尔·杰弗里·乔丹"（行政判决书第 33～34 页）。据此佐证乔丹体育股份有限公司注册的含有"乔丹"字样的有关商标侵害了"迈克尔·杰弗里·乔丹"的姓名权。

由此显示出，最高人民法院的思维路径及方法依然是：依据一些人甚至众人百姓"觉得""感觉""印象"甚至"认知""乔丹"与迈克尔·杰弗里·乔丹之间存在对应关系，乔丹体育股份有限公司注册的有关商标含有"乔丹"字样，未经迈克尔·杰弗里·乔丹同意授权，侵害了迈克尔·杰弗里·乔丹的姓名权。

对于这样的思维路径及方法，笔者难以赞同，兹分析、阐释如下：

某特定姓名与某特定自然人之间的对应关系，应指法律承认的客观上存在的特定姓名与特定自然人之间的对应关系，包括法律承认的姓名，如张松如、李准等，法律不承认的符号则不在其中，如"白痴""混蛋"就不属于法律承认的姓名，还包括法律承认的特定姓名锁定在特定自然人头上这种对应关系；包括户籍

姓名与特定自然人之间的对应关系，也包括艺名与特定自然人在戏曲等关系中的对应关系、笔名与特定自然人在作品关系中的对应关系、译名与特定自然人在译作关系中的对应关系。

法律承认的真实的、客观存在的某特定姓名与某特定自然人之间的对应关系，包括户籍记载、小说署名等外在于人们头脑"觉得""感觉""印象"甚至"认知"的客观事实，这是裁判者认定存在对应关系的依据。裁判者不得以一些人甚至众人百姓头脑里"觉得""感觉""印象"甚至"认知"某特定符号与某特定自然人之间存在对应关系，作为认定某特定符号与某特定自然人之间存在对应关系的根据。因为他人乃至众人百姓"觉得""感觉""印象"甚至"认知"可能是不符合客观真实的，是误解。

他人乃至众人百姓"觉得""感觉""印象"甚至"认知"正确了，固然属于某特定姓名与某特定自然人之间存在着对应关系，即使他人乃至众人百姓"觉得""感觉""印象"甚至"认知"错了，某特定姓名与某特定自然人之间照样存在着对应关系。

具体到系争案件，"乔丹"与美国篮球运动明星"迈克尔·杰弗里·乔丹"之间是否存在对应关系，换言之，"乔丹"是否就是专门指代美国篮球运动明星"迈克尔·杰弗里·乔丹"，应以法律承认的特定姓名与特定自然人之间的对应关系为准予以认定。至于《人民日报》《参考消息》《经济日报》《当代体育》《篮球》、腾讯网、中国新闻网等媒体于其有关报道、宣传、刊载作品中将"乔丹"指向"迈克尔·杰弗里·乔丹"（行政判决书第29～33页），两份问卷调查报告显示，当被问"提到乔丹，您第一反应想到的是"时，分别有85%、63.8%的受访者第一反应想到的是"迈克尔·杰弗里·乔丹"（行政判决书第33～34页），这些都属于他人乃至大众百姓的"觉得""感觉""印象"甚至"认知"。

这些"觉得""感觉""印象"甚至"认知"可能准确地反映了"乔丹"这个符号与美国篮球运动明星"迈克尔·杰弗里·乔丹"之间的关系，也可能误解了"乔丹"这个符号与美国篮球运动明星"迈克尔·杰弗里·乔丹"之间的关系。无论是准确地反映还是误解了客观真实，都是"乔丹"这个符号与美国篮球运动

明星"迈克尔·杰弗里·乔丹"这个自然人之间关系（或是对应的，或是不对应的）在他人头脑中的反映，形成的认识。在这个层面思考和认定，法律人必须遵从物质决定精神、社会存在决定社会意识的原理，而不是相反。客观真实是什么，就是什么，人们对此认识得正确了，更好，认识得错了，则不以该错误认识为准。如果以媒体的报道、宣传、刊载以及问卷调查报告反映的认识作为认定的依据，来认定特定姓名与特定自然人之间的对应关系，那么，在方法论上就是错的，是违反马克思主义的。在系争案件中就是，在法律上，美国篮球运动明星"迈克尔·杰弗里·乔丹"到底用什么符号指代，"乔丹"是否专指美国篮球运动明星"迈克尔·杰弗里·乔丹"，应以户籍记载为准，应以"迈克尔·杰弗里·乔丹"汽车驾驶执照载明的符号为准，应以"迈克尔·杰弗里·乔丹"在相应的体育俱乐部的注册为准。

不得以他人甚至众人百姓的误解为准，而应以客观真实为准，来认定一定的客观关系，这有若干类似的例证。太阳与地球之间的互动关系以及由此导致的许多规律及认识，在很长的历史时期，"地心说"统治于世。本来，地球围绕着太阳旋转，是真实的、符合自然规律的，"地心说"是错误的，可是在那段历史时期却众口一词。如果把地球围绕着太阳旋转的关系类比于某特定姓名与某特定自然人之间的关系，"地心说"则相当于百姓大众对于某姓名与某特定自然人之间对应关系的"觉得""感觉""印象"甚至"认知"。于此场合，绝不可因众人都持"地心说"就得出太阳围绕地球旋转的结论，还得遵从自然规律，坚持地球围绕着太阳旋转的结论，更不宜责令出版、印刷、经销有关"地心说"的书籍、画作的商家对数不胜数的信徒、百姓承担侵权责任。

再如，牛顿力学长期统治科学界，并被运用于宏观和微观的世界，只是在晚近才被认知，在微观世界里它应被量子力学取代。[8] 这再次证明，宇宙的运动状态及规律如何，应立足于客观真实，而不得以人们的认知作为依据。再就是，人

---

⑧ 信息来源：百度知识，见 http：//baike. baidu. com/link? url=KN0TAqSfL6kWZw _ RmEFEiTT-Ou8rugw91mTyC1EzOdzJ3MzLCZq0MjFibDtNPShOCiJjArFGYqBm0xWjp85DjFNjBGom-oHw3c6vaUaKW Ar8j _ FmAC _ AbwmTNrKVFFaOd，最后访问时间：2017－02－06。

们的认知有误，也不都是要成立法律责任。在这里，如果有人要追究牛顿的法律责任，同时请求出版商、发行商们退还与牛顿力学的书籍有关的款项，恐怕会被人耻笑。

还如，2003年"非典型肺炎"肆虐广东、北京等地时，广为流传的知识是板蓝根冲剂能抵御"非典型肺炎"，经销板蓝根的商家也因此而获利颇丰。在这里，依然须遵从医学上的板蓝根对于"非典型肺炎"的疗效的客观事实，绝不可因众人"觉得""感觉""印象"甚至"认知"板蓝根能抵御"非典型肺炎"就得出板蓝根能医治"非典型肺炎"的结论，进而认定经销板蓝根的商家侵害了消费者的权益的结论，甚至责令这些商家对消费者承担侵权责任。

其实，在商界，精明的商人恰恰应善于利用人们的认知，包括不正确的认知，从事商业活动，获取盈利。对此，恐怕应该鼓励，如同赞扬合理避税的纳税人一样，至少不予否定。

同样，"乔丹"对应着成千上万的姓"乔丹"的自然人，"迈克尔·杰弗里·乔丹"才真正对应着美国篮球运动明星"迈克尔·杰弗里·乔丹"，绝不可因许多百姓大众"觉得""感觉""印象"甚至"认知""乔丹"就是、只是美国篮球运动明星"迈克尔·杰弗里·乔丹"，就得出"乔丹"必定是美国篮球运动明星"迈克尔·杰弗里·乔丹"的结论，进而得出乔丹体育股份有限公司注册的有关商标侵害了美国篮球运动明星"迈克尔·杰弗里·乔丹"的姓名权的结论。

在这里，应当注意姓名权制度、商标法、反不正当竞争法在立法宗旨及功能方面存在着差异。在商标法、反不正当竞争法的领域，文字、图形等相近，可能导致众人混淆误认，从而损害在先权利的享有者的权益；形成不正当竞争，从而损害有关商家的权益。这是应被禁止的。但是，姓名权制度有不同于商标法、反不正当竞争法的立法宗旨及功能，侵害姓名权有自己的构成要件，包括在最终结果这点上，某特定符号与某特定自然人之间形成唯一对应关系。正是因为存在这些差别，在商标法、反不正当竞争法领域，使用了某特定符号违反了商标法、形成了不正当竞争，并不等于在人格权领域的某特定符号与某特定自然人之间就一定存在着对应关系。当然，也有未经同意使用某特定符号同时违反人格权法、商

标法、反不正当竞争法的情形，解决之道自然应重视和依赖构成要件，而不得仅凭主观好恶。

五、人们公认的特定符号与姓名及侵害姓名权

不赞同笔者的上述观点，坚持"乔丹"字样就是指向了美国篮球运动明星迈克尔·杰弗里·乔丹，还有一个理由，那就是人们都觉得中国人一提到"乔丹"二字，就认为那是美国篮球运动明星迈克尔·杰弗里·乔丹。

这里面含有这样的思维路径和逻辑：人们甚至众人公认为一个特定的符号确定无疑地指向了一个特定的主体，据此可以认定，未经同意，使用该特定符号就构成侵害姓名权。此类实例不少：（1）"四人帮"或"王、张、江、姚"确定地指王洪文、张春桥、江青、姚文元。（2）牛津大学的不少教师在讲课过程中时常用"那个学校"指代剑桥大学，授课教师和听课者都心知肚明，此处"那个学校"就是剑桥大学。（3）在不少外交场合，发言人用"某国""个别国家"指代某特定的国家，听众也都清楚此处"某国""个别国家"确定无疑地指代某特定国家。（4）至少在一个群体里，众人都知晓"白痴"特定地指向某特定自然人，明白"葛朗台"特定地指向某特定自然人。

此处特定符号与姓名及姓名权之间的关系，首先要确定该特定符号是否符合姓名的构成及要求，若不符合，则与姓名及侵害姓名权无关，不是本文讨论的事项；若符合，接下来确定这是否构成姓名权的侵害。在笔者看来，以上四例均不符合姓名的构成，更未侵害姓名权。第四例有可能构成侵害名誉权，也不构成侵害姓名权。用这四例支持"乔丹"符号即为美国篮球运动明星迈克尔·杰弗里·乔丹的结论，欠缺说服力。

至于人们误解某特定符号指向某特定主体，就更不是支持该特定符号与某特定主体之间形成唯一对应关系、构成侵害姓名权的论据了。例如，北京市海淀区五道口附近有家清华园宾馆，大连市有座北大桥。尽管有相当一些人误认为清华园宾馆是清华大学的宾馆，北大桥属于北京大学的桥梁，但都不得以人们的这些

误解作为认定清华园宾馆与清华大学之间、北大桥与北京大学之间存在对应关系的依据。

六、迈克尔·杰弗里·乔丹损失了什么？

如果是乔丹体育股份有限公司侵害了迈克尔·杰弗里·乔丹的姓名权，必须是对迈克尔·杰弗里·乔丹造成损害，或是对其社会评价因此而降低，或是其就业因此而遇到障碍，或是其人格尊严因此而受到贬损，等等。但无证据证明迈克尔·杰弗里·乔丹受到了此类损害，迈克尔·杰弗里·乔丹的名誉没有受到伤害，其人格没有受到损伤，其实，系争案件中双方争的，基本上是乔丹体育股份有限公司运营尤其是使用注册商标进行的经营所收获的经济利益。在这样的前提下，如果是迈克尔·杰弗里·乔丹也在经营与乔丹体育股份有限公司所经营的类似甚至相同的业务，那么，乔丹体育股份有限公司使用乔丹这个称谓注册商标，并且构成侵权的话，才会给迈克尔·杰弗里·乔丹造成经济损失。但是，迈克尔·杰弗里·乔丹没有开展这样的营业。所以，乔丹体育股份有限公司运营尤其是使用案涉注册商标进行经营，收获经济利益，并未给迈克尔·杰弗里·乔丹造成经济损失。

退一步说，即使乔丹体育股份有限公司注册、使用第 6020569 号"乔丹"商标给有关公司造成经济损失，甚至间接地影响了迈克尔·杰弗里·乔丹从中的分成，那么，于此场合的请求权人也是受到影响的授权使用迈克尔·杰弗里·乔丹这个姓名的公司[9]，而不是迈克尔·杰弗里·乔丹，在此类与乔丹体育股份有限公司之间的法律关系中，迈克尔·杰弗里·乔丹不是当事人一方，他不是适格主体。

支持迈克尔·杰弗里·乔丹的论者可能会说，姓名权商品化，乔丹体育股份有限公司侵害了迈克尔·杰弗里·乔丹的姓名权，就直接给他造成了经济损失，

---

[9]　参见王泽鉴：《人格权法》，136 页，台北，三民书局、台大法学院福利社、新学林出版股份有限公司、元照出版公司，2012。

故乔丹体育股份有限公司应当赔偿迈克尔·杰弗里·乔丹经济损失。对此，笔者回应如下：

姓名权的商品化，前提是已经存在姓名及姓名权，如果连姓名及姓名权都不存在，何谈姓名权的商品化。"乔丹"仅仅是一个姓氏，不是迈克尔·杰弗里·乔丹的姓名，迈克尔·杰弗里·乔丹对"乔丹"不享有姓名权。所以，他无权针对乔丹体育股份有限公司的注册商标主张剥夺了其姓名权商品化带来的经济利益。

如果"乔丹"应当商品化，谁注册含有"乔丹"字样的商标就侵害了迈克尔·杰弗里·乔丹的姓名权，那么，是否就意味着其他"乔丹"姓氏的欧美人都可以状告乔丹体育股份有限公司侵害其姓名权，并同样得到最高人民法院的支持？

如果"乔丹"应当商品化，迈克尔·杰弗里·乔丹已经与某家公司签约，许可其使用自己的姓名，从而获取经济利益，那么，是否意味着其他"乔丹"姓氏的欧美人有权状告迈克尔·杰弗里·乔丹侵害了他们的姓名权，迈克尔·杰弗里·乔丹对他们应当承担赔偿责任？

需要提请注意的是，系争案件适用的准据法是中国法，而中国现行法尚未承认姓名权的商品化，所以，迈克尔·杰弗里·乔丹就其姓名权受侵害而请求乔丹体育股份有限公司赔偿经济损失，是缺乏法律依据的。

七、使用姓名在侵害姓名权构成中的必要性

中华人民共和国最高人民法院（2016）最高法行再 27 号行政判决书认为，根据《民法通则》第 99 条第 1 款的规定，"使用"是姓名权人享有的权利内容之一，并非其承担的义务，更不是姓名权人"禁止他人干涉、盗用、假冒"，主张保护其姓名权的法定前提条件（行政判决书第 34 页倒数第二自然段）。

在笔者看来，照此逻辑，一个婴儿降生，其父母为其取名张月亮，但对外从未使用过，众人均不知该婴儿名叫张月亮。此后，一房地产开发有限责任公司取名为"张月亮房地产开发有限责任公司"，申请注册了含有张月亮字样的商标。

在这种背景下，该张月亮或其父母代他状告"张月亮房地产开发有限责任公司"侵害了张月亮的姓名权，能够得到支持吗？恐怕难有人表态支持该诉讼请求。

这是为什么呢？如同物权受到法律的强有力的保护乃因其已经公示，众人因此而知晓该物权一样，姓名只有使用才会使他人知晓某特定的自然人名叫该姓名，反过来说，该姓名将该自然人特定化，使其与其他自然人区别开来。此时他人恶意地取重名，注册含有该姓名的商标，在满足其他因素、特定情景的构成要件时，才会构成侵害姓名权。只有其父母知晓其婴儿的姓名，该姓名成为他人的姓名，成为他人注册商标含有的因素，难谓成立侵害姓名权。

如果说某自然人不对外活动，只做宅男或宅女，不使用自己的姓名，尚可理解，尚能生存，但要作为社会一员，作为社会之网上的一个纽结，不使用自己的姓名恐怕寸步难行。试问，不使用姓名，如何入托、入学、入职？进而，如何在社会上交往？不使用自己的姓名，如何接受信函？如何参与诉讼程序？

不使用自己的姓名，依据什么"禁止他人干涉、盗用、假冒"？不使用自己的姓名，怎么会有他人干涉他的姓名呢？只有自己使用其姓名，才会有他人干涉其使用姓名的问题。不使用自己的姓名，如何举证证明他人存在过错？更不必说举证证明他人恶意盗用、假冒其姓名了。

从另一个角度讲，一个人不使用其姓名，类似于不主张权利，如此"怠于"作为，法律有必要优惠地保护他吗？

八、如何对待国人称呼"老外"？

中华人民共和国最高人民法院（2016）最高法行再27号行政判决书认为，由于语言和文化等方面的差异以及为了便于称呼，我国相关公众通常习惯于以外国人外文姓名的部分中文译名来指代、称呼外国人，而不会使用其完整姓名的中文译名，有时甚至对其完整姓名的中文译名不了解、不熟悉。因此，在判断外国人能否就其外文姓名的部分中文译名主张姓名权保护时，需要考虑我国相关公众对外国人的称谓习惯（行政判决书第29页）。

在笔者看来，循此逻辑，欧美人姓"金"的大有人在，该姓"金"就指代的特定的欧美人，中国人起名含有"金"的姓名，中国公司使用含有"金"字的名称，注册含有"金"字的商标，就都侵害了欧美姓"金"的某特定的自然人的姓名权，可就麻烦大了，在欧美某姓"金"的自然人状告中国政府或者某位中国人时，中国政府或者某位中国人都得承担侵权责任。试问，中国的人民法院能够这样裁判吗？

必须明白，法律上的认定在许多情况下不同于百姓的认识，法律规则在许多情况下不同于百姓的习惯。对这两者是区别对待和处理，还是等同而视，务必慎重。

务请注意到，欧美人觉得汉语拼音难读，中国人对外采用汉语拼音的方式标明自己的姓名，这对不少欧美人来说都不易读正确，于是，欧美人往往只称呼中国人的姓或者名，如称呼张月亮为"月亮"，或"张"。按照中华人民共和国最高人民法院（2016）最高法行再27号行政判决书的逻辑和认定，欧美人称呼"张"就肯定指向了张月亮。于是，某家欧美的公司注册了含有"张"/zhang字样的商标，张月亮因此状告该公司侵害了姓名权，欧美的法院能够支持该诉讼请求吗？恐怕难以支持。既然如此，按照对等原则，为什么我们中国的最高人民法院如此毫不利己、专门利人呢？为什么对"乔丹"如此慷慨大方呢？

一则创设法律规则的判决 *

——最高人民法院（2015）民提字 第126号民事判决之评释

以往撰写判决评释，对一份判决的批评在比重方面远远大于赞扬。其原因方方面面，例如，评释者与裁判者在理念、视角和观点等方面存在差异；如为称赞则可说的话语实在有限，而出言批评却容易洋洋洒洒；判决和学说相互切磋、砥砺更能促进法律及法学的发展；等等。如今，本评释人做个尝试，即多表扬少批评，不知效果如何。

一、对民商法的整体把握十分到位

最高人民法院（2015）民提字第126号民事判决①裁判的案件，是再审申请

---

　* 本评论系国家社会科学基金重点项目《中国民事指导性案例理论研究》（批准号12AZD122号）和国家社会科学基金重点项目《法学方法论与中国民商法研究》（批准号13AZD065号）的阶段性成果。对于资助，特此致谢！

　本文最初发表于《华东政法大学学报》2016年第3期，作者为崔建远、耿林。

　① 资料来源：《最高人民法院（2015）民提字第126号民事判决书》系最高人民法院第一巡回法庭提供。

人中国建设银行股份有限公司广州荔湾支行（以下简称建行荔湾支行）因与被申请人广东蓝粤能源发展有限公司（以下简称蓝粤能源）、惠来粤东电力燃料有限公司（以下简称粤东电力）、广东蓝海海运有限公司（以下简称蓝海海运）、蓝文彬之间的信用证开证纠纷案，涉及股权质权、提单质权、留置权、保证金、最高额保证、让与担保等多种担保形式，需要解决提单的物权凭证属性、提单持有人享有何种权利等疑难复杂问题。

厘清并妥当处理它们，至少涉及《中华人民共和国海商法》（以下简称为《海商法》）（第 71 条、第 78 条第 1 款、第 79 条）、《中华人民共和国物权法》（以下简称为《物权法》）（第 23 条、第 26 条、第 173 条、第 212 条、第 224 条）、《中华人民共和国担保法》（以下简称为《担保法》）（第 6 条、第 18 条、第 21 条、第 31 条、第 78 条）、《中华人民共和国信托法》（以下简称为《信托法》）（第 7 条）、《中华人民共和国合同法》（以下简称为《合同法》）（第 8 条、第 80 条第 1 款、第 107 条、第 113 条、第 114 条第 2 款、第 125 条、第 206 条、第 207 条）、《中华人民共和国民事诉讼法》（以下简称为《民事诉讼法》）（第 170 条第 1 款第 2 项、第 134 条、第 142 条、第 207 条），以及《最高人民法院关于适用〈中华人民共和国担保法〉若干问题的解释》（以下简称为法释〔2000〕44 号）（第 88 条）、《最高人民法院关于审理无正本提单交付货物案件适用法律若干问题的规定》（以下简称为法释〔2009〕1 号）（第 3 条第 1 款）、《最高人民法院关于适用〈中华人民共和国合同法〉若干问题的解释（二）》（以下简称为法释〔2009〕5 号）（第 29 条）。如何结合案情对待这些法律及司法解释，可有不同的态度及方式。最高人民法院（2015）民提字第 126 号民事判决没有忽略、偏废其中的某部或某几部法律及司法解释，没有遗漏对于解决系争案件十分关键的法律及司法解释的规定，而是对其整体把握，合理解释，妥当适用，值得肯定。

首先，从理论上讲，每项制度及规则都属于其整个法律体系的构成部分，均有其所处的背景，每一有机体的自为自得，均有赖于其整体与部分间的均衡之维

持，有赖于每一部分的各有其分，各尽其责。② 这告诉我们，一部法律或一项制度或一个规则孤立存在，与其并不孤立，而是处于法律体系之中，这两种状态，在功效上不尽相同。法律人应把体系之内的所有法律及其条文看作一个统一的整体，从各部法律、各个条文的相互关联、所处的地位和总体联系上阐明法律条文的含义，或者填补欠缺的法律条文。所有这些，都表明了整体把握法律制度的重要性和必要性。在一个法律关系需要若干部法律或几个法律条文共同调整的情况下，整体把握法律的意义就更加明显。

其次，具体到系争案件，假如忽略或错误解释《海商法》第 71 条，就难以正确地界定提单的法律属性及功效，无法合理、合法地认定系争涉案提单项下 164 998 吨煤炭的归属及有关权利；假如忽略《物权法》第 26 条，就不会正确地认定涉案提单及其项下煤炭是否已经交付，从而影响适用第 212 条和第 224 条时判断涉案提单质权成立与否；假如忽略《物权法》第 173 条及《担保法》第 21 条，就可能在确定担保范围上无所措手足，不知是依法还是基于约定确定涉案质权的担保范围；假如遗漏《合同法》第 114 条，就缺乏判决违约方承担支付违约金责任及其减少数额的法律依据；假如忽视《合同法》第 125 条的规定，对系争合同的某些条款的解释就可能出现偏差；假如忽视法释〔2009〕5 号第 29 条，就会在判断涉案违约金的数额是否过高时主观臆断，可能出现同案不同判，从而损害司法权威；假如遗漏《民事诉讼法》第 170 条第 1 款第 2 项、第 134 条、第 142 条、第 207 条，就会导致系争案件的审理及撤销下级法院的某些判项于法无据；等等。令人欣慰的是，最高人民法院（2015）民提字第 126 号民事判决没有忽视、忽略、遗漏必要的法律规定及司法解释，路径是正确的，裁判结果是妥当的，影响是良性的。

最后，称最高人民法院（2015）民提字第 126 号民事判决路径正确、裁判结果妥当、影响良性，还表现在它注意到有关法律规定及司法解释的衔接、配合，并尽可能地阐释和论证。例如，它不受限于《物权法》第 23 条关于交付的规定，

---

② 参见［德］弗里德里希·卡尔·冯·萨维尼：《论立法与法学的当代使命》，许章润译，32 页，北京，中国法制出版社，2001。

而是锁定《物权法》第 26 条作为认定涉案提单交付的法律依据。值得称道的是，它不满足于此，而是比照《合同法》第 88 条第 1 款关于"债权人转让权利的，应当通知债务人，未经通知，该转让对债务人不发生效力"的规定，展开说理，得出于系争案件特别有用、特别关键的如下结论：提单交付之时，即可发生债权请求权转让的效力，进而完成提单项下货物的指示交付。只是未经通知，其债权请求权的转让对提单项下货物实际占有人不能发生对抗效力而已，不能由此得出"不构成提单项下货物交付"的结论。指示交付并不以通知实际占有动产的第三人作为完成交付的必要条件。再如，系争案件所涉法律问题众说纷纭，仅就提单的物权凭证属性的问题，理论及实务界就存在至少三种争议的声音：一种为否定说，一种为物权凭证说，一种为所有权凭证说。关于持有提单的银行享有何种权利，更是观点各异，有同时履行抗辩权说，有所有权说，有担保权说，担保权说中又有动产质权、权利质权、留置权、让与担保等认识之别。最高人民法院（2015）民提字第 126 号民事判决作为最高人民法院的终审判决，明确了提单可为所有权凭证。在这方面，它没有停留在援引《海商法》第 71 条这点，而是再援引《海商法》第 78 条第 1 款，特别是援引法释〔2009〕1 号第 3 条第 1 款，佐证《海商法》第 71 条的规定及其解释，加强和加深说服力。难能可贵的更在于，它仍未止步，而是进一步阐释和论证提单持有人并不当然是提单项下货物的所有权人，并明确了持有提单的信用证开证行在何种情况下享有提单质权，统一了该疑难法律问题的裁判规则，避免了规则的缺位给国际贸易及司法实践造成的困扰。虽然此前规则缺位，但最高人民法院（2015）民提字第 126 号民事判决也并未仅从理论上进行推演，而是紧紧依靠现有法律条文作为支撑，法律依据充足。

二、纯熟而充分地运用法学方法论

在制定法律之前和过程之中，大家见仁见智，设计法律方案，系当然之理。但法律一经颁布乃至生效，虽然也有为适应社会的发展而修改的必要，但基本上是解释与适用的问题。同一项制度、同一个条文，人们奉行不同的乃至迥异的解

释规则，并将其理解适用于个案，就会出现同样的案情却判决得天壤之别的现象，使法律失去其统一性，导致法律的权威性减弱，社会的安全性大打折扣。解释论，法教义学，为我们提供了解释与适用民法的规则与方法，使法律人能够遵循相同的或相近的规矩解释法律，即使是学术讨论，也在一个大家认同的平台上进行，至少可以比较有效率。③ 最高人民法院（2015）民提字第 126 号民事判决在有权解释机关遵循解释论规则、基于系争案件的案情解释和适用法律方面作出了表率。例如，它始终遵循《合同法》第125条确立的合同解释原则，解释系争约定，从而令人信服地得出结论：（1）它运用了多种解释论规则，例如，它采用了文义解释、体系解释、当然解释（举重以明轻）、目的解释等解释方法，使用了推定每一条款都具有意思与目的等解释规则。（2）它将涉案《贸易融资额度合同》及《关于开立信用证的特别约定》《信托收据》等涉案约定作为一个整体，在体系中探究当事人的真意，从而得出符合案情的认定。（3）它在基于系争《关于开立信用证的特别约定》而甄别和认定建行荔湾支行所享权利时，完整地审视全部约定，逐步检索，层层剖析，给人留下了深刻的印象，令人信服地得出了结论。在此将原文转引如下，供大家鉴赏：

> 蓝粤能源与建行荔湾支行签订的《关于开立信用证的特别约定》第九条第二款中约定，一旦蓝粤能源违约或发生《贸易融资额度合同》中约定的可能危及建行荔湾支行债权的情形之一的，建行荔湾支行有权行使下述一项或几项权利，其中第四项约定有权"行使担保权利"，第五项约定有权"要求甲方追加保证金或乙方认可的其他担保"。基于以下两点理由，可以认为第四项约定的"担保权利"与第五项所约定的"其他担保"指向不同：其一，从本案查明的事实看，第五项所指的保证金已由蓝粤能源交付，"其他担保"指当事人之间约定的粤东电力、蓝海海运、蓝文彬提供的连带责任保证以及蓝文彬以其持有的蓝粤能源的 6% 股权设定的质押；其二，就合同体系解释的角度而言，在合同条款有两种以上的解释时，不应当采纳使部分合同条款

---

③ 崔建远：《民法研究的随想》，载《法律科学》，2003（5）。

成为赘文的解释，而应当采纳使各个合同条款都具备一定意义的解释，因此，应认为第四项和第五项的约定具有不同的功能与法律意义。在第五项约定的"其他担保"指向明确的情况下，第四项约定的"担保权利"应是指向第五项约定的担保权利之外的担保。至于第四项约定所称的"担保权利"是一种什么性质的担保，综合合同约定以及案件事实，可以认为其指的就是提单权利质押，理由如下：其一，跟单信用证的基本机制和惯例就是开证行持有提单，开证申请人付款赎单，开证申请人不付款，开证行就不放单，可见，开证行持有提单的目的是为了担保其债权的实现。如前所述，开证行对提单项下货物并不享有所有权，如果不认定其对提单或提单项下货物享有担保物权，该将完全背离跟单信用证制度关于付款赎单的交易习惯及基本机制，亦完全背离跟单信用证双方当事人以提单等信用证项下的单据担保开证行债权实现的交易目的。其二，《关于开立信用证的特别约定》第九条第二款除约定了上述第四项、第五项内容外，还约定了第三项，即一旦蓝粤能源违约或发生《贸易融资额度合同》中约定的可能危及建行荔湾支行债权的情形之一的，建行荔湾支行有权"处分信用证项下单据及/或货物"。该约定表明，建行荔湾支行有权以自己的意思处分提单及/或提单项下货物，处分当然包括设定提单质押。由于这种处分权的事先赋予，建行荔湾支行事后作出将自己所持有的提单设定质权的意思表示完全符合第三项的约定。当然，即便建行荔湾支行事后作出以提单项下货物所有权担保其债权实现的意思表示亦符合第三项的约定，只是以货物所有权担保其债权实现，违反物权法定原则。在建行荔湾支行既主张以提单项下货物所有权担保其债权，又主张提单质权的情况下，应当支持更符合法律规定的主张，认定该项约定所谓的处分为设定提单质权。综上，建行荔湾支行持有提单，提单可以设立权利质权，有关合同既有设定担保的一般约定，又有以自己的意思处分提单的明确约定，依据《中华人民共和国合同法》第一百二十五条有关合同解释的规定以及《中华人民共和国物权法》第二百二十四条关于权利质押的规定，应当认定建行荔湾支行享有提单权利质权。

最高人民法院（2015）民提字第 126 号民事判决遵循法学方法论解释法律及系争合同，其意义是多方面的，至少还表现在如下两点：

其一，有的专家、学者轻视中国自己的立法，而过分推崇西方的法律，在相当一个时期言必称希腊，对欧美的法律推崇备至，对中国现行法则视而不见。如果说在立法阶段检讨现行法存在的不足，借鉴欧美已被实践检验证明是成功的立法及学说，完善乃至新创符合中国国情的法律，这是必要的，那么，在社会主义市场法律体系已经基本形成，《合同法》《物权法》《中华人民共和国侵权责任法》《中华人民共和国公司法》《中华人民共和国票据法》《中华人民共和国证券法》《中华人民共和国破产法》等民商事法律已经运行多年，在法律适用的过程中，仍然借口中国现行法有缺陷，反对解释论及其运用，照旧高谈阔论欧美的法律规定，并主张将之运用于系争案件，就违背了解释论/法教义学的原则及规则，在路线及方向上则背离了立足于中国实际、解决中国问题的意识，实在不可取。在这方面，最高人民法院（2015）民提字第 126 号民事判决同样作出了榜样，值得我们学习。毋庸讳言，《海商法》第 71 条关于提单的法律属性及功效的规定，应该承认并非特别明晰；《合同法》第 114 条第 2 款关于违约金减轻的规定，欠缺衡量的基点及幅度标准，并一律以违约造成的实际损失为准，不以合同签订时为界，可能也有检讨的余地；《物权法》（第 224 条）和《海商法》（第 71 条等）欠缺提单交付的判断标准的明确规定；等等。最高人民法院（2015）民提字第 126 号民事判决未因中国现行法的这些不足而拒绝适用它们，而是在法律适用时通过解释规则化解障碍，达到妥当裁判案件的目的。

其二，有的专家、学者虽然名义上赞同法教义学，但在实质上却曲解中国现行法。例如，依《物权法》第 15 条的文义和规范意旨，可知其在区分物权变动与其原因行为，而非区分物权行为与债权行为。该项结论具有法意解释和目的解释的支持。④ 但遗憾的是，个别专家、学者却置法条文义、立法计划、立法目的

---

④ 胡康生主编：《中华人民共和国物权法释义》，50 页以下，北京，法律出版社，2007；王利明：《物权法研究》（上卷），修订版，269 页以下，北京，中国人民大学出版社，2007；崔建远：《物权：规范与学说——以中国物权法的解释论为中心》（上册），74 页，北京，清华大学出版社，2011。

等客观事实于不顾，硬说《物权法》第 15 条是关于区分债权行为与物权行为的规定。有些法院的判决公开按照债权行为与物权行为区分的理论解释中国现行法，并适用于个案。这酿成了目前司法裁判展现两面旗帜的裂痕，给不明立法真相的法律人带来了困惑和认识上的混乱。最高人民法院（2015）民提字第 126 号民事判决尊重中国现行法的法条文义、立法计划、立法目的，探究法律本意，适用法律于系争案件。这同样值得肯定。例如，《海商法》第 71 条的表述尽管不太明确，但其真实意思是承认提单的双重法律属性和功效；《合同法》第 114 条第 2 条关于违约金减轻的规定尽管没有昭示判断的时间点和判断基准，但其真实意思是以违约行为发生并造成的实际损失作为判断过高的基准；等等。对此，最高人民法院（2015）民提字第 126 号民事判决均予贯彻。

三、准确寻觅请求权基础

所谓请求权基础（Anspruchsgrundlage），是指可支持一方当事人向他方当事人有所主张的法律规范。例如，甲将其 A 房出售与乙，乙可以向甲主张交付 A 房，并移转其所有权的请求权基础是《合同法》第 135 条。如果甲未将 A 房已经抵押给 C 银行的事实告知与乙，则乙可以要求甲承担权利瑕疵担保责任的请求权基础为《合同法》第 150 条，第 107 条则为补充和配合的条文。处理案件的任务就是在于寻找请求权基础。在某种程度上，我们甚至可以说，民法上的法律思维活动，就在于探寻请求权基础，包括法律解释、法律漏洞的补充乃至新制度的创设。⑤ 因为各个请求权的构成要件、法律效果、举证责任和诉讼时效不尽相同，主张哪一个，结果可能不同⑥，所以，准确地寻觅到恰当的请求权基础，事关当事人合法权益的保护，乃至公平正义的实现。在一定意义上说，请求权基础寻觅得正确与否，就是法律适用的适当与否。无论是判决还是裁决，都应高度重视请求权基础及其寻觅。最高人民法院（2015）民提字第 126 号民事判决做到了

---

⑤ 王泽鉴：《民法债编总论·基本理论·债之发生》（总第 1 册），57 页，台北，三民书局，1993。
⑥ 王泽鉴：《民法债编总论·基本理论·债之发生》（总第 1 册），63 页，台北，三民书局，1993。

这一点。

系争案件的请求权基础不是单一的，因为再审申请人即一审原告建行荔湾支行的诉求是多重的：（1）蓝粤能源向建行荔湾支行清偿信用证垫付款本金人民币84 867 952. 27 元及至全部清偿日止的利息（含罚息和复利，按每日万分之五计息，自 2013 年 3 月 8 日起计算，暂计至 2013 年 3 月 21 日为 551 641.70 元）；（2）确认上述信用证项下 164 998 吨煤属于建行荔湾支行的财产，并以处置该财产所得款项优先清偿上述信用证项下债务；（3）粤东电力、蓝海海运、蓝文彬对蓝粤能源应承担的上述债务承担连带清偿责任；（4）粤东电力、蓝海海运自 2013 年 3 月 6 日起按其向建行荔湾支行承担保证责任应支付的金额依每日万分之五的标准支付违约金直至付清所有款项之日止；（5）确认建行荔湾支行对蓝文彬持有的蓝粤能源 6% 的股权享有优先受偿权；（6）蓝粤能源、粤东电力、蓝海海运、蓝文彬承担本案全部诉讼费用以及建行荔湾支行为实现上述债权所产生的必要费用。

再审主要涉及再审申请人建行荔湾支行关于享有提单项下的所有权的诉讼请求，关于设立提单质权的主张以及关于支付违约金的诉求。

关于享有提单项下的所有权的诉讼请求，最高人民法院（2015）民提字第126 号民事判决将其请求权基础确定为《海商法》第 71 条和第 78 条第 1 款；关于提单质权设立的主张，最高人民法院（2015）民提字第 126 号民事判决将其法律基础确定为《物权法》第 224 条；关于支付违约金的诉讼请求，最高人民法院（2015）民提字第 126 号民事判决将其请求权基础确定为《合同法》第 114 条第 1款。所有这些，都值得赞同。

四、提单所表征的权利及其抗辩事由因提单类型及所处法律关系的不同而不同

1. 最高人民法院（2015）民提字第 126 号民事判决分析、阐释道：不可转让的记名提单，只有提单上所记载的人享有交付货物的债权请求权及物权请求权。

对此，本评释人从另外的角度描述和评论，就是于此场合奉行无因性原则，

只看提单，不考虑原因行为。这非常类似于票据法上的无因性原则，认票不认人。

2. 最高人民法院（2015）民提字第126号民事判决分析、阐释道：可转让的指示提单和无记名提单流转给他人持有时，提单持有人是否当然就享有提单所表征的债权请求权及物权请求权，或者说谁持有提单谁是否当然就对提单项下货物享有所有权，不能一概而论，应区别情况作具体分析。提单本身既表征债权请求权又表征物权请求权，甚至系所有权凭证，这只是说明提单所具有的功能与属性。

本评释人十分赞同这种类型化的分析方法。的确，提单究竟表征着何种权利，既取决于法律赋予提单什么效力，又取决于提单持有人向谁主张权利。如果法律仅仅赋予提单债权凭证的效力，那么，无论提单持有人向谁主张提单项下的货物的权利，都不会有物权。正是由于《海商法》等法律及司法解释赋予提单债权凭证和物权凭证的双重功效，才产生了进一步的问题：提单持有人向谁可以主张提单项下的货物享有所有权或其他物权，向谁只能主张债权。这一点在下文的介绍和分析中会一一显现出来。

3. 最高人民法院（2015）民提字第126号民事判决分析、阐释道：可转让的指示提单和无记名提单流转给他人持有时，对承运人而言，一般情况下，提单是承运人决定放货与否的唯一凭证和依据，见单就可以放货，且见单就应该放货。至于提单持有人有无法律上的原因或依据，以及基于何种法律上的原因或依据而持有提单，均无须审查、无须过问。

之所以如此，在本评释人看来，一个重要的原因是，在提单持有人与承运人之间的关系上，不涉及提单项下货物的所有权或其他物权，只发生见单放货的债的效力，提单表征着提单持有人享有请求承运人放货的债权。在提单持有人与承运人之间的法律关系上，承运人所负担的义务，基本上限于货运合同项下的债务，此类债务的履行，需要债权人即提单持有人向承运人出示提单这种凭证。至于提单持有人向承运人主张债权以外的权利，如所有权或其他物权，则超出了货

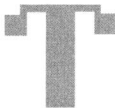

运合同的效力范围，也超出了合同法（包括海商法内的合同规则）的视野，转归物权法的领域。而在物权法的领域，凭证持有人，如不动产权证载明的权利人可以向谁主张所有权或他物权，则须区别不同的法律关系而有不同的规则：在与交易相对人之间的法律关系方面，奉行公信力原则；在与真正的不动产权利人之间的法律关系方面，则采取实事求是的规则，单凭不动产权证是无法对抗真正的不动产权利人关于不动产权利的主张的。

4. 最高人民法院（2015）民提字第 126 号民事判决分析、阐释道：可转让的指示提单和无记名提单流转给他人持有时，提单持有人若依法正当地向承运人行使提单权利，则应具有法律上的原因或依据，亦即以一定的法律关系存在为前提。同样是交付提单，既可能是基于委托保管提单关系，亦可能是基于货物买卖关系，还可能是基于设立提单权利质押或提单项下货物动产质押关系，等等。基于不同的法律关系，提单持有人享有不同的权利。如果仅仅是基于委托保管提单的法律关系，提单持有人固然可凭单要求承运人交付货物，但如其主张对货物享有所有权或他物权，则显然不具有合法性和正当性；在基于货物买卖关系的情况下，交付提单，就是转让提单所表征的债权请求权及物权请求权，构成《物权法》第 26 条所规定的指示交付，产生提单项下货物所有权转移的法律效果；在基于设立提单权利质押关系的情况下，交付提单，产生提单权利质押设立的法律效果。也就是说，虽然提单的交付可以与提单项下货物的交付一样产生提单项下货物物权变动的法律效果，但提单持有人是否就因受领提单的交付而取得物权以及取得何种类型的物权，均取决于其所依据的合同如何约定。其中的道理与动产交付一样，动产占有人受领动产的交付，究竟是享有所有权、动产质权，还是基于合同关系的占有，均取决于当事人之间的合同如何约定。

这种分析思路和解决问题方案是本评释人看到的最为新颖的、最为透彻的、最有说服力的、解决问题最为合理的路径和方案。在充分肯定它的前提下，本评释人认为有必要再辨析如下问题，肯定若干观点：此处所谓权利，仍然需要首先界定是债权还是提单项下货物的所有权或其他物权，以及它们所处的法律关系。

（1）如果是债权，则对应的债务人只能是承运人，该债权所处的法律关系只能是货运合同关系，而非提单转让的法律关系。至于此时此刻的提单持有人不是与承运人签订货运合同的当事人，则借助于债权（债务）让与制度提供法律上的支撑。这就是说，此处所谓法律上的原因或依据，或曰一定的法律关系，限于货运合同关系。（2）如果此处所谓权利是指提单项下货物的所有权或其他物权，那么，对应的义务人因系承运人或其他人而有不同的规则：A. 义务人若是承运人，则提单持有人提货只要主张债权即可，此时的法律关系限于货运合同关系。只要有货运合同和提单这些证据，承运人就无权对抗提单持有人的提货主张。提单持有人若举证其他法律关系，应属证明自己对提单项下的货物享有所有权或其他物权的范畴，其实系不必要地加重了自己的举证负担。如果提单持有人一定要如此操作，那么，问题变成：在与承运人之间的关系上，提单持有人果真享有提单项下货物的所有权或其他物权，属于承运人能否对抗该物权的问题，在承运人有权占有提单项下货物的情况下，承运人能够对抗（暂时限制物权的行使），在无权占有的场合，不能对抗，只好承认提单持有人的物权，移转货物的占有，等等。B. 义务人若是承运人以外的第三人，且不是货运合同的债务承担者，那么，提单持有人主张提单项下的货物的所有权或其他物权，就必须举证其他法律关系，如最高人民法院（2015）民提字第 126 号民事判决提及的委托保管提单关系、货物买卖关系、基于设立提单权利质押或提单项下货物动产质押关系，等等。当然，只要举出一种法律关系即可。（3）在这个领域内，提单项下的货物的权利与其原因行为密切地结合在一起，贯彻有因原则，而不是无因原则。（4）抛开债的关系不谈，提单本身与提单项下的货物的所有权或他物权不可画等号。它们之间的关系类似于占有与动产物权之间的对应关系，占有某特定的动产，不一定是享有该动产的所有权，究竟享有什么权利，必须基于特定的法律关系才能确定。与此有别，提单本身与提单项下的货物的权利之间的关系，与不动产登记与不动产物权之间的对应关系差异较大，因为不动产登记簿记载的不动产物权不会源自保管、租赁、借用等法律关系。

5. 最高人民法院（2015）民提字第 126 号民事判决分析、阐释道：本

案中，建行荔湾支行持有提单乃不争之事实，但其是否就享有提单项下货物所有权，正如前述分析的那样，取决于其与蓝粤能源之间的有关合同如何约定。如果建行荔湾支行合法持有提单系根据买受货物或转移货物所有权的约定，则其是所有权人；如果系根据设定动产质权或权利质权的约定，则其是质权人。建行荔湾支行与蓝粤能源于 2011 年 12 月 5 日签订的《贸易融资额度合同》及《关于开立信用证的特别约定》，均没有关于在蓝粤能源不能付款赎单情况下建行荔湾支行对提单项下货物享有所有权的任何约定。2012 年 11 月 2 日蓝粤能源向建行荔湾支行出具的《信托收据》载明，一旦建行荔湾支行向蓝粤能源交付或者同意蓝粤能源使用信用证项下的货物或该货物的权利凭证、单据等文件，自该收据出具之日起建行荔湾支行取得信用证项下所涉单据和货物的所有权。根据《信托收据》的上述记载，建行荔湾支行虽持有提单，但并非当然对提单项下货物享有所有权，只有在建行荔湾支行将提单或提单项下货物交由蓝粤能源处置的情况下，蓝粤能源才让与其提单项下货物的所有权。事实上，建行荔湾支行并未将案涉提单或提单项下货物交由蓝粤能源处置，《信托收据》当然亦不能作为其取得提单项下货物所有权的合同依据。因此，建行荔湾支行关于"提单是所有权凭证，其合法持有提单，就享有提单项下货物所有权"的主张，缺乏事实与法律依据，本院不予支持。

这些认定水到渠成，因为最高人民法院（2015）民提字第 126 号民事判决于此前已经把道理、理由阐释清楚了，不得出这些结论反倒奇怪了。

6. 最高人民法院（2015）民提字第 126 号民事判决通过法律及合同解释，形成了若干法律规则，在一定意义上也可以说创造了若干法律规则。于此试举三例：（1）提单交付之时，即可发生债权请求权转让的效力，进而完成提单项下货物的指示交付。只是未经通知，其债权请求权的转让对提单项下货物实际占有人不能发生对抗效力。（2）提单持有人是否就因受领提单的交付而取得物权以及取得何种类型的物权，均取决于其所依据的合同如何约定。（3）在合同条款有两种以上的解释时，不应当采纳使部分合同条款成为

赘文的解释，而应当采纳使各个合同条款都具备一定意义的解释。

本评释人认为，这些规则属于制定法内的法律续造，应被允许。其道理在于，《海商法》第71条、第78条第1款以及其他规定并未明确地、无歧义地昭示提单的法律属性和功效，更未就提单所表征的权利及其抗辩事由因提单类型及所处法律关系的不同情形清楚地、穷尽地设置规则。学说在这方面也意见不一，亟待明确。《合同法》第125条规定的解释规则过于概括，判决、学说发展、总结得不够。在这种背景下，最高人民法院（2015）民提字第126号民事判决明确有关提单的法律规则，仍在《海商法》第71条、第78条第1款以及其他规定的射程之内，提出有关合同解释的规则也在《合同法》第125条的意涵之内。它们均未超出立法计划，没有违反《中华人民共和国宪法》及《中华人民共和国立法法》关于立法权和司法权的规定，应属制定法内的法律续造。诸如此类的法律规则极具价值，有的是填补了法律漏洞，有的是澄清了法律规定的模糊之点，有的是发展了民商法的学说，应予倡导。

五、有待澄清的疑问

1. 疑问Ⅰ

提单为债权凭证、提单为债权请求权凭证，可否转换表述为持有提单就拥有债权？

提单为其项下货物的所有权凭证与提单表征着其项下的货物的所有权，这两者是否为同一概念？提单为其项下货物的所有权凭证、提单表征着其项下的货物的所有权，可否转换表述为持有提单就享有提单项下的货物的所有权？

提单为其项下的货物的物权凭证与提单表征着其项下的货物的物权，这两者是否为同一概念？提单为其项下货物的物权凭证、提单表征着其项下的货物的物权，可否转换表述为持有提单就享有提单项下的货物的物权？

所有这些，尚难从最高人民法院（2015）民提字第126号民事判决中寻觅到明确的答案，有待于判决和学说在今后澄清。

2. 疑问 Ⅱ

最高人民法院（2015）民提字第 126 号民事判决认定：蓝粤能源受能源市场因素影响，经营状况明显恶化，可能丧失履约能力，且其他债权人对蓝粤能源包括提单项下货物在内的财产已经采取保全措施，一旦将提单交付给蓝粤能源，将可能丧失对提单或提单项下货物享有的担保物权。在此情况下，建行荔湾支行基于不安抗辩权拒绝放单，不构成违约，当然亦不能作为免除或减轻蓝粤能源信用证项下的付款责任及蓝海海运、蓝文彬担保责任的理由。

本评释人反复阅读最高人民法院（2015）民提字第 126 号民事判决书载明的案情及审理情形，没有发现关于权利人在诉前主张过不安抗辩权、在诉讼过程中援用过不安抗辩权的信息。这就引出了至少两个值得注意的问题：一是不安抗辩权不必经过权利人主张即可发生法律效力，二是不安抗辩权不必经过当事人援用即可成为发生法律效力的抗辩。

关于第一个问题，本评释人认为，如果权利人建行荔湾支行依《合同法》第 69 条前段关于"当事人依照本法第六十八条的规定中止履行的，应当及时通知对方"的规定，履行了通知义务，只是判决书没有交代，那么，应当发生中止履行的效果，建行荔湾支行拒绝放单不构成违约；反之，如果建行荔湾支行没有履行该项通知义务，那么，拒绝放单就是违约。

关于第二个问题，本评释人认为，如果权利人建行荔湾支行没有援用过《合同法》第 68 条和第 69 条规定的不安抗辩权，那么，由于不安抗辩权是需要主张的抗辩，故而裁判者不得依职权援用《合同法》的这些规定，认定发生了不安抗辩权的效果；反之，如果建行荔湾支行援用了这些规定，则发生不安抗辩权的效果。

六、简要结语

归结上述，可以说最高人民法院（2015）民提字第 126 号民事判决的确可圈可点，确有闪光之点，具有启发性。它是一则对民商法整体把握十分到位的判

决，一则纯熟而充分运用法学方法论的判决，一则准确寻觅请求权基础的判决，一则昭示提单所表征的权利及其抗辩事由因提单类型及所处法律关系的不同而不同的判决，一则说理充分、到位的判决，一则创设了法律规则的判决。当然，在诸如不安抗辩权发生效力的条件和程序、提单所涉权利与原因关系之间的规则是否已经挖掘穷尽等方面，最高人民法院（2015）民提字第 126 号民事判决本可做得更好，再就是存在错别字以及个别法条数有笔误。但是瑕不掩瑜，该判决达到了指导性案例的水准。

取得如此结果，固然源自系争案件的主审法官及其助理们法学功底扎实，法律素养深厚，但更值得指出的是，他们有公平正义之心，追求处理妥当之意，虚心请教之态，反复磋商之功。本评释人得知，为了妥当处理系争案件，主审法官及其助理查询相关的法律规定、法理论证及境外就提单问题的一些成熟的规制，为确定裁判规则寻求依据和参考；检索全国所有涉及提单相关权利属性的案例，了解已经形成的裁判尺度和实践经验，并就检索结果形成书面分析报告，合议时向合议庭报告类案检索的情况，力求在充分统一裁判尺度的基础上，创立裁判规则，弥补实务空缺。主审法官及其助理就本案所涉的疑难法律问题咨询专家意见十余次，先后咨询了王利明教授、王轶教授、崔建远教授、曹士兵法官等国内相关领域的专家近 10 位，并就本案所涉法律问题提交最高人民法院民四庭讨论，征求最高人民法院本部的意见。[7]

由此获得一个启示：裁判者只要胸怀公平正义，即便其法学修为有待提高，也不愁裁处合理合法的结果，也会使判决推陈出新。由此或许可以得出另外一个结论：即使裁判者的法学水平上乘，但若公平正义缺失，则会出现处理结果极不妥当但判词却"头头是道"的裁判文书。

---

⑦ 信息来源：最高人民法院第一巡回法庭提供。

民法总则的制度创新及其历史意义 *

内容摘要

社会主义核心价值观在总体上未处于民法基本原则的地位，因其在构成要件和法律效果方面均较模糊，因而不是独立的裁判规范。但其为民法总则乃至民法典的目标、任务，不妨碍其中的平等、自由、公正、诚信等核心价值作为民法的基本原则。民法总则关于个人信息、数据、网络虚拟财产的规定属于指引性、"法源性"的条款，具有时代气息，初步满足实际生活的需要，引出制定具体规则的任务。承认宗教活动场所（组织）等团体的特别法人资格，将非法人组织作为第三民事主体，专设危难相助的特别制度，在特定情况下民政部门被首选为监护人，等等，都是立足于中国现实、中国问题意识浓厚的法律反映，均有里程碑式的意义，值得鼓与呼。

关键词：民法总则；核心价值观；基本原则；绿色发展；特别法人；非法人组织；民政部门

---

* 本文系国家哲学社会科学基金重点项目《法学方法论与中国民商法研究》（批准号：13AZD065）及清华大学自主科研计划课题《中国民法典编纂重大理论问题研究》（批准号：2015THZWJC01）的阶段性成果。对于资助谨表谢意！本文系在"钱端升法学讲座"首场报告的基础上整理、完善而成的，特向"钱端升法学讲座"及其策划、组织者申卫星院长致谢！

本文最初发表于《比较法研究》2017年第3期。

　　第十二届全国人民代表大会第五次会议于 2017 年 3 月 15 日通过了《中华人民共和国民法总则》（以下简称为《民法总则》），亮点闪耀，制度创新系其中之一，历史意义深长。本文就此予以阐发，就教于大家。

一、弘扬核心价值观

　　《法国民法典》《德国民法典》等代表性的民法典均未就基本原则设置条文，所谓法律人格平等、所有权绝对、意思自治、自己责任等原则都是学说就法典规定及其精神概括总结出来的。与此有别，1950 年《中华人民共和国婚姻法》首创明文直陈基本原则的立法模式①，自此开始，《中华人民共和国民法通则》（以下简称为《民法通则》）、《中华人民共和国合同法》（以下简称为《合同法》）和《中华人民共和国物权法》（以下简称为《物权法》）均予传承。《民法总则》不仅在直陈基本原则方面不同于《法国民法典》《德国民法典》等代表性的民法典，而且开宗明义"弘扬社会主义核心价值观"，全新于境内外的民法，实属制度创新。对此解读，有必要明确以下几点：

　　1. 立法者将社会主义核心价值观放置于《民法总则》第 1 条之中，位于《民法总则》乃至整个《中华人民共和国民法典》（以下简称为《民法典》）的目标、任务部分，而不在总体上将之列为民法的基本原则。这有其优点，因为按照传统观点，民法的基本原则者，就"横"的方面而言，它要贯彻整个民法的全体，各项制度甚至每个规则都要体现其理念；从"纵"的角度观察，民法的制定、实施均须遵循它。② 据此衡量，假如把社会主义核心价值观列为民法的基本原则，就面临着逻辑上的困难：社会主义核心价值观中的富强、爱国不直接体现

---

① 《中国大百科全书·法学》，782 页，北京，中国大百科全书出版社，1984。
② 江平、王家福总主编：《民商法学大辞书》，483 页，南京，南京大学出版社，1998；崔建远主编：《合同法》（修订本），18～19 页，北京，法律出版社，2000；魏振瀛主编：《民法》，4 版，19～20 页，北京，北京大学出版社、高等教育出版社，2010；尹田：《民法典总则之理论与立法研究》，121 页，北京，法律出版社，2010；王利明主编：《民法》，5 版，26 页，北京，中国人民大学出版社，2013。

在《民法总则》甚至《民法典》之中，更遑论基本原则了。此其一。这个结论的可信性可从体系解释中得到印证。一目了然，《民法总则》第 2 条规定民法的调整对象，第 3 条规定民事权益不得侵犯，且公有财产和私有财产受法律的平等保护，第 4 条开始规定民法的基本原则，第 10 条规定民法的法源，第 11 条规定《民法总则》与其他法律在调整民事关系中的相互关系，第 12 条规定中国法律在空间上的效力。由于第 1 条与规定基本原则的第 4 条等条文间隔着调整对象、平等保护等规则，依据形式逻辑，处于第 1 条之中的社会主义核心价值观作为一个整体未处于基本原则的位置。此其二。社会主义核心价值观终究是每位中国人、每个中国组织追求的目标、奋进的方向，如同响应"有钱的出钱，有力的出力"的号召，民法也应依其本性及功能在这方面积极作为，且不说民法题中应有之义的平等、公正、法治、诚信须直接表现为民法的基本原则，体现于众多的民法制度及规则之中，就是爱国、富强这些核心价值，也在民法的良性实施过程与结果中九曲回廊式地得到回响。换句话说，社会生活有机地、非线性地前行，每个细胞、每种元素既独立又交互影响，不知不觉间便融入其中、作用其中，民法作为社会生活的一种元素，也是如此。在交互影响、共同作用且为正能量释放的背景下，国家强大了，社会进步了，自然有民法的贡献在其中，爱国就不再是空洞的口号。此其三。

2. 在总体上不将社会主义核心价值观列为民法的基本原则，但不妨碍把其中的某些核心价值，如平等、自由、公正、诚信等核心价值，高居《民法总则》乃至《民法典》的基本原则之位，这是对社会主义核心价值观真正的弘扬、贯彻。《民法总则》就是如此设计的，其第 4 条至第 8 条依次规定了法律地位平等、自愿、公平、诚信、公序良俗诸项基本原则。

3. 《民法总则》相对于《民法通则》而言，不再是简单地列举体现于社会主义核心价值中的民法基本原则，而是全部或部分地昭示了地位及功能。在这方面，它也不同于《合同法》和《物权法》。例如，对于平等原则，《民法总则》第 4 条不但指明为"法律地位"，而且以"在民事活动中"作限定，这就准确无误地解决了一个人在社会生活中虽具多重身份且可能上下隶属但在民事法律关系中

只认"一律平等"的"法律地位",对其他身份及属性则暂时忽略不计。例如,张三,于其校长之间的关系中为教工的身份,于其所带研究生之间的关系中为指导教师的角色,于甲超市购买食油的关系中为买受人的地位,民法只调整后者,视野中只有平等主体的法律地位及法律属性,教工、指导教师等地位及属性统统"视而不见"。《合同法》第3条的表述是"合同当事人的法律地位平等,一方不得将自己的意志强加给另一方",法律人必须明白这只是点明了法律地位平等的含义之一,并非全部的内涵和外延。尽管将"一方不得将自己的意志强加给另一方"作为法律地位平等的含义之一,值得《民法总则》学习,但它相对于《民法总则》强调民事主体之间一律平等的法律地位,而非隶属服从的法律地位,亦非情谊关系的属性,显然是没有抓住根本之点。再如,《民法总则》第6条不但确立公平原则,而且揭示其"合理确定各方的权利和义务"的功能,继承和发展了《合同法》第3条关于公平原则的规定,比《民法通则》只有"公平原则"四个字具体、明确了许多。还如,《民法总则》第7条前段规定的"民事主体从事民事活动,应当遵循诚信原则"与《合同法》第6条所谓"当事人行使权利、履行义务应当遵循诚实信用原则",可以等同而视,因为"从事民事活动"至少包含"行使权利、履行义务"。不过,《民法总则》第7条以"秉持诚实,恪守承诺"收尾,便使诚信原则落脚在民事主体的主观态度,依文义解释,诚信原则主要管辖欺诈、胁迫、乘人之危等问题,难见其含有以公平理念衡平当事人之间的权益关系之义,似无"帝王条项,君临法域"的神威,这相较于罗马法及后世的法国民法、德国民法、日本民法和中国台湾地区"民法"对于诚实信用原则的定性与地位,在地位上降低了,在功能上限缩了。但是,若依体系解释,将公平原则和诚信原则联系起来观察,则不难发现德国等国家和地区的民法上的诚实信用原则含有公平原则的内容,除在不当得利制度建立的基础等极个别场合单提公平原则或衡平理念之外,均用诚实信用原则表达;与此有别,在中国,《民法通则》《合同法》和《民法总则》一直将公平原则与诚信原则平列,且有分工,特别是《合同法》和《民法总则》把"合理确定各方的权利和义务"的重任交给了公平原则,而非诚信原则。这样,似可说公平原则而非诚信原则如同"帝王条项,君临

法域"。这也是《民法总则》及《合同法》的一例制度创新，决定了法律人不宜甚至不得沿袭传统民法关于诚实信用原则的定性和定位，而应展开具有中国特色的解释论。

4.尽管如此，诚信原则的地位及功能仍不得被小觑。在法无明文的背景下，诚信原则独立或与公平原则一起在个案中经过价值补充，创设民法原则或规则。在民法史上，禁止权利滥用原则、权利失效制度都是借助于诚实信用原则确立的。③《民法总则》虽然确立了禁止权利滥用原则（第132条），但未规定权利失效制度，可实务中却有若干起案件需要依权利失效规则驳回排除妨害请求权、恢复原状请求权的请求，因其长期间没有行使此类权利，后来主张会带来极不适当的结果，有违诚信原则。因此，在中国现行法尚未就权利失效设置明文的背景下，诚信原则在确立权利失效制度上可以发挥不可替代的作用。

接下来不得不回答诚信原则是否为请求权基础的问题。诚信原则作为有待价值补充的条款，裁判者将之运用于个案的操作，一种学说认为属于法律解释。④既然是法律解释，解释另外的法律条文，与该另外的法律条文一起作为解决纠纷的法律依据，这就很明显，诚信原则本身不是请求权基础，至多构成请求权基础的一部分。当然，也有学说主张裁判者将诚信原则适用于个案的操作属于法律漏洞的填补⑤，即使如此，也是经过填补法律漏洞而形成法律规范，该法律规范才是请求权基础。如此说来，诚信原则不是请求权基础。

5.《民法总则》第5条使用的术语是"自愿原则"，且将其含义界定在"民事主体从事民事活动""按照自己的意思设立、变更、终止民事法律关系"，这与社会主义核心价值观中的自由至少在字面上不完全一致。如果从宽解释，则不妨略去二者的差异，强调它们的共性。如果严格解析，则二者存在不同：江平教授

---

③ ［德］汉斯·布洛克斯、沃尔夫·迪特里希·瓦尔克：《德国民法总论》，33版，张艳译，杨大可校，407页，北京，中国人民大学出版社，2012；王泽鉴：《民法学说与判例研究》（第1册），156～162页，北京，北京大学出版社，2009。

④ 参见梁慧星：《民法解释学》，204～205页，北京，中国政法大学出版社，1995。

⑤ 杨仁寿：《法学方法论》，139～140页，北京，中国政法大学出版社，1999；梁慧星：《民法解释学》，205页，北京，中国政法大学出版社，1995。

认为，自愿原则，重在反映当事人内心的意愿，强调的是，当事人自己发动订立、变更、终止合同，以及追究相对人的违约责任，至于这种意愿、自己发动受不受限制，受何种限制，并非自愿原则的应有之义。与此不同，自由，则不仅在说当事人的意思要发生一定的法律效果，法律应尽可能地按照当事人的效果意思赋予法律效果，而且具有国家、法律给民事主体的行为划定了一定的四至范围之义。⑥ 据此衡量，自愿原则构成自由的一部分。在本文的语境中，无论是从宽还是严格解释，《民法总则》第 5 条规定的自愿原则都是对社会主义核心价值观中自由价值的落实和体现。

在民法的解释和适用上，都需要回答自愿原则是否为请求权基础的问题。自愿原则在构成要件方面不特别清晰，其法律后果更是因法律制度及规则的不同而有变化，故其自身不是请求权基础。但是，在有的案件中，由于当事人的约定非常独特，在法律条文方面除了自愿原则别无条文可资援引，于此场合何为请求权基础？一说为当事人的约定本身。这可取与否，亟待研究。⑦

6. 社会主义核心价值观中的和谐价值，也是民法尽力追求的目标。一部优秀的民法典，应当是体系附合逻辑，内部自洽，各项制度及规则相互衔接、配合，一句话，必须和谐。不然，特别是规则之间相互抵触、矛盾之类的不和谐，就为法律的解释和适用带来了不小的困难，甚至回天乏力。不容否认，《民法总则》设计的制度及规则不乏和谐的例证。例如，《民法总则》第 18 条至第 22 条规定的完全民事行为能力、限制民事行为能力和无民事行为能力，这三种制度的衔接是和谐的，没有矛盾和抵触。再如，《民法总则》第 161 条以下规定的代理、第171 条规定的狭义的无权代理、第 172 条规定的表见代理之间的衔接也是和谐的。

视野延伸，《物权法》在许多制度及规则方面也是体现和贯彻和谐的。在笔者看来，和谐原则要求各类物权之间的协调一致。每种定限物权要么不并存于同一个标的物上，即使并存于同一标的物上，也基于一定的规则确定出效力顺序，使得每种定限物权的行使有序进行，同样呈现出和谐性。此其一。和谐原则要求

⑥ 崔建远：《关于制定〈民法总则〉的建议》，载《财经法学》，2015（4）。
⑦ 参见崔建远：《论民法原则与民法规则之间的关系》，载《江汉论坛》，2014（2）。

物权从产生、变更到消灭都有明确的界限和变动的要件，且各种变动之间都必须衔接配合得当。只有法律设置出适当的物权变动的模式及其相应的公示方法，才可以达到此类目的。此其二。和谐原则要求物权人与义务人之间的关系清楚明确。物权的存在及其变动必须有相应的表彰形式，使义务人知晓物权的质与量，清楚自己如何作为或不作为，免受不测之损害。法律确立物权的公示原则及其相应的方法，就能起到这些作用。⑧

7. 社会主义核心价值观中的敬业价值，在民法上可以表现得丰富多彩，过失制度、善良管理人的注意、管理自己事务的注意、尽职调查，应属敬业的题中应有之义。《民法总则》在这方面有得有失。其得，如《民法总则》第169条规定的转委托；其失，如《民法总则》第61条第3款、第65条、第176条第2款等条款规定的"不得对抗善意相对人"。这非三言两语所能尽述，另著专文加以探讨，此处不赘。

8. 社会主义核心价值观中的友善价值，在《民法总则》第184条关于"因自愿实施紧急救助行为造成受助人损害的，救助人不承担民事责任"的规定中体现得十分突出。它超越了传统的无因管理制度，极大地减轻了实施紧急救助者的注意义务及法律责任，会促使人们见义勇为、危难相助。

当然，立法者创设相应的民法制度及规则，以鼓励人们见义勇为、危难相助，达到了炽热的程度，扔掉了防范措施，不设消极要件，不利于减少乃至避免假借危难相助之名实则侵害被救助者的身体权、健康权的侵权行为。在笔者看来，按照《民法总则》的立法目的甚至第184条的规范意旨，外形上是危难相助，但行为人主观上故意侵害被救助者的身体权、健康权，或者在施救过程中给被救助者造成损害，存在着重大过失，行为人应当承担损害赔偿责任。如果觉得这样设计在鼓励人们危难相助方面仍然力度不够，那么最多再增加客观要件——给被救助者造成较大损害。在解释论层面，承认《民法总则》第184条存在法律漏洞，即欠缺但书，允许裁判者在解决个案适用该条时承认例外——实施救助者故意或重大过失地给被救助者造成损害且较为严重的，应当承担赔偿责任。在立

---

⑧ 详细阐释，请见崔建远：《物权：规范与学说》（上册），11页以下，北京，清华大学出版社，2011。

法论的角度，编纂《民法典》时修正《民法总则》第184条，形成"因自愿实施紧急救助行为造成受助人损害的，救助人不承担民事责任，但有故意或者重大过失的除外"的条文。

9. 将社会主义核心价值观放在《民法总则》第1条，而非第133条，避免将其误解为请求权基础。

《中华人民共和国民法总则（草案）》（三次审议稿）将社会主义核心价值观的内容规定在第133条，这容易使人觉得它们是请求权规范基础。但是，从构成要件方面观察，它们基本上没有明晰的构成要件；从法律效果方面衡量，它们产生何种法律效果？也难有确切的答案。例如，民事法律行为违背公正的价值，有的是无效，有的是可撤销，有的可能不影响民事法律行为的效力；有时成立民事责任，有时不成立民事责任。这就是说，它们不是请求权规范基础。

即使是其中的公正、诚信，如同上文所述，它们作为民法的基本原则也是属于有待价值补充的一般条款。立法者设置它们只是为裁判者指出一个方向，要他朝着这个方向去进行裁判。至于在这个方向上裁判者到底可以走多远，则让裁判者自己去判断。⑨ 由此可见，这些核心价值，或曰民法上的一般条款，不会单独地成为请求权规范基础。

10. 《民法总则》这种基本法律直接规定"弘扬社会主义核心价值观"，开创了制定法模式的先河，独具中国特色。这更彰显了社会主义的特性，使百姓大众易于了解甚至把握民法的精神和追求的目标，同时成为法律人解释民法规定时思维活动的四至范围，以及裁判追求的目标。

二、时代气息浓厚，立于 21 世纪民法之林

1. 《民法总则》乃至《民法典》不宜留恋于风车、水磨的归属和利用，即使是对十分重要且稀缺的土地，在整个民法的层面也不宜沿袭土地中心主义，不再

---

⑨ 梁慧星：《民法解释学》，293 页，北京，中国政法大学出版社，1995。

囿于物权法几乎就是土地法的理念及模式，而应面向 21 世纪的新事物、新问题，设置相应的民法制度及规则。

简单商品经济时代，自由竞争的资本主义阶段，土地等不动产、动产在生产、生活中具有基础性的、巨大的重要性，物权法相较于其他法律制度居于基础性的、前提性的地位，发挥着其他法律制度无法取代的巨大作用。

金融经济时代，债权具有了甚至超越物权的优越地位，动产甚至不动产都可以债权化，流通性加速⑩，呈几何级数增长，各种金融衍生产品带来了巨大的财富。

如今，一种知识、一个"点子"、一套新的交易方式，都会产生难以估量的财富。例如，网购模式，借助于合同交易形式，配合雇佣及交通运送，方便了客户，为商家赢得了令人难以置信的财富。再如，手机扫码租用自行车迅猛普及，同样是用者方便，商家赢利无数。

所有这些，牵涉债权、知识产权、人格权甚至物权，都离不开民法的规制和保护。大致说来算是遵循"提取公因式"地抽取、升华《民法典》各分编的规则而形成的《民法总则》内在地需要反映这些制度及规则，自然地反映了 21 世纪的新事物和新要求。

2. 社会及经济发展到今天，迫使人们不得不面对、思考和解决日益恶化的自然生态环境问题。残酷的现实证明，"人类高于自然"哲学，即极端的"人类中心主义"（anthropocentrism）哲学，弊端明显，不合时宜。因为于其眼中，自然本身的内在价值无足轻重，其重要性体现在它为人类生命维持系统提供了生物圈，同时能够满足人类美学满足感以及其他要求。因此，在地球上，人类处于中心地位。人类中心主义观点隐含于所有法律体系当中，它暗示我们的存在是为了管理（to manage）地球和为了自身的利益开发利用自然资源。⑪ 这表现在自然资

---

⑩　[日]我妻荣：《债权在近代法中的优越地位》，王书江、张雷译，谢怀栻校，6 页以下，北京，中国大百科全书出版社，1999。

⑪　[南非]彦·格拉扎斯基：《对自然的态度：一个变化中的全球伦理？——一位南非环境法学者的思考》，付璐译，李广兵、王曦校，载王曦主编：《国际环境法与比较环境法评论》（第 2 卷），279 页，北京，法律出版社，2005。

源物权领域，就是所有权绝对，准物权的义务性弱化，将伤害动植物作为财产损害的类型准予赔偿，甚至于不予救济，而拒绝将其作为被侵害的主体来对待，等等。所有这些，其结果不但破坏了自然环境，而且往往直接害及人类自身。所幸的是，这些情况已经在现代民法上得到了程度不同的修正，所有权的社会化就是例证之一。⑫ 走上了另一极端的"生态革命派"，尤其是生态极端分子的"生态伦理派"，也不可取。因为这种不食人间烟火的哲学认为，植物、动物甚至岩石，乃至整个自然界都有生存权利。其出发点是生态系统内各要素的性质、极限、需要和权利。其中有些人将环境管理目标定为把环境恢复到它"自然的"状态。迄今为止的人类社会制度及其运作显然与之相悖，因而必须进行社会的整体变革，创造出让人类作为整体生态系统的一部分生存于自然限制内的生活方式。把自然需求放在首位。⑬ 人不仅对人负有直接的道德义务，对自然物也负有直接的道德义务，并且后一种义务并不是前一种义务的间接表现。⑭ 笔者感悟到，如果无条件地赋予动物、植物乃至岩石等无生物以生存权，就意味着它们和人同样地享有权利能力，具有法律人格。如此，人之于它们，不再表现为主体对客体的支配，而是主体与主体之间的关系，在民法的视野里，就是平等主体之间的法律关系。一旦奉行这样的原则，就会出现如下局面：因为土地资源及矿产资源、水资源、水生动植物、野生动物不再是人所作用的客体，而是与人平等的主体，于是，土地物权、矿业权、取水权、渔业权、狩猎权便因无作用对象而不复存在，走向死亡，自然资源物权制度从法律体系中消失无踪。依此原则，人基于自己一方的意思而收割农作物、采集药材，人出于自己的需要而捕获动物，人因居住和通行的必需而移动岩石等无生物，均应被禁止，除非动植物表示同意，岩石等无生物不予反对。如此一来，现行民法关于意思表示和法律行为的制度及其理论便难以适用到动植物和无生物，面临危机，只好重构；重构恐怕也无济于事，必须彻底摧

---

⑫ 崔建远：《准物权研究》，2版，7页，北京，法律出版社，2012。

⑬ ［英］朱迪·丽丝：《自然资源：分配、经济学与政策》，蔡运龙、杨友孝、秦建新等译，蔡运龙校，341、353～354页，北京，商务印书馆，2002。

⑭ 参见杨通进：《人类中心论：辩护与诘难》，载《铁道师院学报》，1999（5）。转引自韩东屏：《非人类中心主义环境伦理是否可行？》，载《浙江社会科学》，2001（1）。

毁，创造出一部远远超出了先人憧憬的"天人合一"思想的崭新法律。极而言之，也许人类自己无权再进食，连露宿旷野都会侵害土地乃至草木的利益，升入天国应否先征得空气的同意？如果是这样，可真是人将不人，民法不再了。遥远的未来届时自有相应的规范出现，忧天倾的人们仍在衣食住行，时下之人乃至下一代恐怕必须作为主体支配无生物、植物乃至动物，甚至"残忍地"吃掉它们，除非愿意并且能够做到不食人间烟火。只不过人类必须克己以求可持续发展，尽可能地尊重自然，维护生态系统罢了。如此，主体支配客体、主体之间等价交换等民法规则就须臾不可离开，民法这部"生活的百科全书"[15] 依旧会引导着人们的日用常行。历史将按照它自己的方式摸索着前进。[16] 当然，在侵权责任法等领域需要适当地承认某些动物享有特殊权益，例如，某些动植物享有获得生存条件的权利，享有损害赔偿请求权等，作为对绝对的"人类中心主义"的修正，这才是比较现实的选择。[17]

《民法总则》没有偏向任何一个极端，而是奉行中庸之道，明智地确定绿色发展，"天人合一"，于第9条规定："民事主体从事民事活动，应当有利于节约资源、保护生态环境。"这在形而下的层面有利于经济的发展、生态的改善，也可满足生活的需求；在形而上的高空符合祖先"天人合一"的理念；在方针政策的角度与"科学发展观"相一致；视野扩展至法政治学领域，那就是将环境权纳入人权的体系之中，承认生存权、发展权、环境权的发展阶段。一句话，《民法总则》第9条值得肯定并赞扬！

3.《民法总则》第111条关于自然人的个人信息受法律保护的规定，同样是在基本法律的位阶宣示保护自然人的个人信息，具有创造性，这值得支持，道理如下：

---

⑮　邱本、崔建远：《论私法制度与社会发展》，载《天津社会科学》，1995（3）（总第83期），52页。

⑯　Man Borgese, E. *Expanding the Common Heritage*, in Dolman, A. J. (ed) *Global Planning and Resources Management*, Oxford, Pergamon, 193（1980）. 转引自［英］朱迪·丽丝：《自然资源：分配、经济学与政策》，蔡运龙、杨友孝、秦建新等译，蔡运龙校，564页，北京，商务印书馆，2002。

⑰　崔建远：《准物权研究》，2版，10页，北京，法律出版社，2012；崔建远：《编纂民法典必须摆正几对关系》，载《清华法学》，2014（6）。

（1）从个人信息的最初拥有者一侧看：A. 个人信息转换成财产，甚至是数额不菲的财产，但因他人非法收集、使用、加工、传输、买卖、公开，这类财产不翼而飞了。这是有违社会正义的。B. 他人不法利用个人信息，不时地骚扰甚至诈骗，个人的生活安宁都被搅乱了。C. 他人不法利用个人信息，个人的名誉、荣誉甚至遭受了贬损。D. 《民法总则》第111条的规定，在正面（肯定和保护的一面），基本上看不出构成要件，至少其构成要件不是全面列举的，法律效果必须借助于其他制度及规则，才有可能确定下来；在禁止的一面，虽然构成要件清晰了些，但仍不完整，其法律效果依然需要借助《侵权责任法》或不当得利法等制度及规则予以确定。这决定了《民法总则》第111条极富弹性，属于指引性规定，也是"泫源性"的规定。

从另外的角度看，《民法总则》第111条的模式具有优点：A. 首先在宣示个人信息的价值、法律的正面态度；B. 在对个人信息的法律构成、法律效果并不了然于心，不踏实、叫不准但又确信其重要且法律应予保护的背景下，先作个"法源性"的规定，为其后的法律、法规、规章对此详细规定提供法律依据，为学说、判决的发展提供法律前提。笔者从以往参与地方立法草案的研讨、论证经历感受到：上位法缺位时，地方立法基本上不敢规定，担忧被指僭越立法权限，尽管实务中的问题很突出，亟待法律、法规、规章设置解决方案。《民法总则》设置第111条这个"法源性"的规定之后，随着社会的发展、学说的深入、判决的创造，法律人特别是立法机关总结、概括出一套适当的保护和规制自然人的个人信息的法律规则，即使全国人民代表大会及其常务委员会来不及制定法律，因有《民法总则》第111条这个上位法，国务院就可以据此适时地颁行相关的行政法规，其部委可以据此灵活地出台相关的部门规章，或者地方人民代表大会及其常务委员会据此制定相关的地方法规或地方政府据此出台相关的地方规章，以满足社会实际生活的需要。

所谓《民法总则》第111条属于指引性规定，是指就自然人的个人信息的法律地位、权利属性、行使方式和保护手段以及遭受侵害时的法律后果，由此条可以导向明确构成要件和法律效果的其他法律规范之处，可使享有个人信息的自然

人的相关权益落到实处。

（2）从取得、利用他人个人信息的当事人一侧看：有关公司等主体通过合法渠道、途径，运用合法手段取得了他人的个人信息，并加以适当利用，既可以为公益作出贡献，也可以从事商业运作，不但便利有关当事人，也使自己获取大量财富。例如，某大数据公司利用汇集起来的他人的有关信息，在"他人"中的某个或某些人融资贷款时，向银行提供该人的信用状况信息，可从中知晓借款人将来还本付息的能力，从而决定放款与否。银行根据这些信息推断该人能够还本付息时，便可放款且不要求其提供抵押、质押等传统的担保手段，大大降低了成本。向放贷银行提供信息的公司从借款人所获贷款中提取一定数额，一年下来盈利可观。

总之，《民法总则》第 111 条的规定可使参与主体各方共赢，社会利益也就"水涨船高"了。

需要指出，《民法总则》第 111 条保护的个人信息是被限于自然人的，公司等组织的个人信息呢？法条未予言明。笔者初步认为，自然人享有个人信息，公司等法人同样享有个人信息，非法人组织也不例外。在个人信息应予保护这点上，似不存在质的差异。自然人的个人信息与公司等组织的个人信息在应受法律保护这个法律评价层面，具有类似性，在现行法的解释和适用上，对于公司等组织的个人信息的法律保护应类推适用《民法总则》第 111 条的规定。站在立法论的立场，编纂《民法典》时应明文规定公司等组织的个人信息受法律保护。

4. 《民法总则》第 127 条的规定，饶有趣味，可圈可点。就网络虚拟财产是否为民法上的财产，尚有争论；即使选取肯定说，也有个为网络虚拟财产配置何种民事权利的斟酌。本着既要反映时代特征，又须稳妥把握的指导思想，《民法总则》第 127 条使用了这样的措辞："法律对数据、网络虚拟财产的保护有规定的，依照其规定。"这属于管道式的条款，指引性的规定，而且为未来设计全面而完善的具有可操作性的规则预留了空间。该条规定可以应付两种结论：在今后的社会发展表明不宜承认网络虚拟财产作为财产权的标的物的情况下，学说、判决也逐渐地得出这样的结论时，未来出台的法律、法规、规章就不为网络虚拟财

产配置民事权利，在这个意义上说，《民法总则》第127条的规定也没有错；在今后的社会发展表明应当承认网络虚拟财产作为财产权的标的物的情况下，学说、判决也逐渐地得出这样的结论时，未来颁行的法律、法规、规章就为网络虚拟财产配置民事权利，面对这种局面，《民法总则》第127条的规定正好派上用场。此其一。从更为积极的理念、方向着眼，《民法总则》第127条作为"法源性"的规定，待网络虚拟财产的法律属性、法律关系显现得更为清晰，法律人对其认识更为彻底、准确时，立法机关着手这方面的立法，该条就提供了基本法律层面的依据、上位法的依据。此其二。《民法总则》设置第127条，宣示了基本法律对于网络虚拟财产的基本态度，自积极的取向而言，它透露出立法者倾向于肯定网络虚拟财产为民法规制的对象，只是为其配置财产权还是人格权抑或是兼而有之，以及法律保护多大范围的网络虚拟财产，仍在继续思考、探讨的过程之中，不宜匆忙定论；从保守的角度描述，该条至少表明立法者没有对网络虚拟财产视而不见，更不是采取彻底否定的立场。此其三。

5. 其实，新事物在新时代里不断出现，新理念、新法律关系不时"冒出"，如冷冻胚胎及其法律调整，等等，也都需要法律规范。只是对其有待观察和研究，《民法总则》没有草率规定。这也表明，法律观察、法律研究、法律发展一直在路上。法律人没有歇脚的理由。

三、关注并解决中国问题

1. 基本立场、理念：（1）是照抄照搬，还是立足于中国实际？这是编纂《民法典》立于何种立场、遵循哪条路线的原则性问题。不容置疑，编纂《民法典》必须充满中国意识，立足于中国实际，解决中国问题。（2）是墨守成规，还是力求创新？答案肯定是后者。当然，创新得科学，既要反映中国社会及经济发展的本质要求，又须遵循法律的自身发展规律，符合民法的技术标准。

2. 其实，中国现行法的创新不乏其例。例如，《民法通则》第134条开创的《侵权责任法》第15条承继的民事责任体系，《侵权责任法》第86条规定的建筑

物、构筑物倒塌致害的连带责任，第 87 条规定的高空抛物的损害分担，等等。

3.《民法总则》第 184 条关于实施紧急救助行为者不承担民事责任的规定，因中国实际问题而出，为解决中国问题而设，是民事立法立足于中国现实、中国问题意识浓厚的典型例证之一。

自罗马法以来，解决危难相助、见义勇为之类的问题，民法大多采取无因管理制度应对，不过，东罗马帝国查士丁尼法典把要求偿还"无因管理"费用看作是不当得利的倾向加强了……继承罗马法的早期德国法，经过 17 到 18 世纪，确立了不当得利的一般原则，认为"请求返还诉权"和"无因管理"是不当得利原则的具体表现……但是，在 19 世纪末期的德国普通法中，不是从得利的观点出发，而是从"无因管理"和"管理的有益性"的理念出发，把"无因管理"作为单独的制度重新建立起来，"所得利益诉权"的适用范围也被限制在无因管理的关系上。[18] 如今，德国法系都是将无因管理和不当得利并列的，中国现行法也是如此（《民法通则》第 92 条、第 93 条，《民法总则》第 118 条第 2 款、第 121 条、第 122 条）。

不难发现，传统的无因管理制度对于管理人的注意义务要求较高：（1）管理事务的承担（开始管理事务的行为），符合本人的管理要求和社会常识，管理人只是在管理事务的实施（管理事务承担后，关于管理事务所采取的措施及方法）上不当时，大陆法系及其理论认为，管理人应负过失责任。（2）管理人虽有管理意思，但其管理事务的承担违反本人真实或可得推知的意思，且管理人应当辨认出这一情况的，即使管理人自己无其他过失，也有义务赔偿因事务管理而发生的损害（《德国民法典》第 678 条）。[19]（3）紧急管理，即为免除本人的生命、身体或财产上的急迫危险而为事务管理，除有恶意或重大过失的以外，管理人不负赔偿责任（《德国民法典》第 680 条，中国台湾"民法"第 175 条）。[20]

⑱ ［日］日本平凡社《世界大百科事典》第 26 卷，532～533 页，载上海社会科学院法学研究所编译：《国外法学知识译丛·民法》，213～214 页，北京，知识出版社，1981。

⑲ ［德］迪特尔·梅迪库斯：《德国债法分论》，杜景林、卢谌译，549～510 页，北京，法律出版社，2007；王泽鉴：《民法学说与判例研究》（第 2 册），61～62 页，北京，北京大学出版社，2009。

⑳ 王泽鉴：《民法学说与判例研究》（第 2 册），61～62 页，北京，北京大学出版社，2009。

《民法总则》第 184 条适用的情形，不应为上个自然段中"（1）"和"（2）"，因为这两种情形都是管理人只要具有一般过失就要承担责任，而紧急救助时难免出现一般过失；与上个自然段中"（3）"也不完全重合，"为免除本人的生命、身体或财产上的急迫危险而为事务管理"固然属于《民法总则》第 184 条适用的范围，就是救助躺倒在地的无生命危险的老幼病残，以及其他需要救助的情形，也在该条的管辖之中。

《民法总则》第 184 条之所以适用于"救助躺倒在地的无生命危险的老幼病残，以及其他需要救助的情形"，不同于境外的立法例，还是针对中国现实，特别是南京"彭宇案"之后，出现了若干不敢或怠于救助的实例，民法对扭转这种不合道德伦理的反常现象负有义不容辞的责任，在设置无因管理制度的同时，再以此为基础前进一步，《民法总则》第 184 条应运而生。

诚然，如同上文所述，这个步子迈得大了些，完全不设主观要件，这不利于杜绝、惩治假借救助实则侵权的现象。编纂《民法典》时对此应予注意并加以完善。

4. 侵害英雄、烈士等的姓名、肖像、名誉、荣誉，适用《民法总则》第 110 条关于"自然人享有生命权、身体权、健康权、姓名权、肖像权、名誉权、荣誉权、隐私权、婚姻自主权等权利"的规定，以及《侵权责任法》第 2 条第 1 款关于"侵害民事权益，应当依照本法承担侵权责任"的规定，就足以解决问题，并不缺乏法律依据，单就这点来说似无必要《民法总则》再设第 185 条关于"侵害英雄烈士等的姓名、肖像、名誉、荣誉，损害社会公共利益的，应当承担民事责任"的规定。这种质疑和思维不可说错误，但法律人可转换视角，积极看待《民法总则》第 185 条的规定：（1）在侵害人格权、身份权与法律救济的领域，不必再纠缠于逝者有无人格权、身份权的形式逻辑难题，有了这一条规定，面对不法侵害烈士的姓名权、肖像权、名誉权、荣誉权的案件，裁判者就可以没有形式逻辑障碍地支持关于侵权者承担民事责任的诉讼请求。至于享有此类请求权的主体是逝者还是其近亲属抑或某社会组织，只处于法律技术的环节，可以再进一步斟酌。（2）有了这一条，发生损害社会公共利益的侵权行为时，就可以毫无疑问地

确定侵权行为人应当承担民事责任。至于追究侵权行为人的侵权责任的途径，是采用公益诉讼的模式，还是由某国家机关代作原告，也只是法律技术层面的问题，可以继续思考。（3）《民法总则》第185条的设置具有针对性，即近些年有些人歪曲党史、军史，捏造故事来抹黑英雄、烈士，一波未平一波又起，影响恶劣，贻害无穷。该条旨在警示：此风不可长，此行被否定，此人须负责。（4）《民法总则》第185条并无明示其一排斥其他之意，它只是强调英雄、烈士等功臣的姓名、肖像、名誉、荣誉受法律保护，社会公共利益也受法律保护，这些权益不可侵害，并无普通人的姓名、肖像、名誉、荣誉就不受法律保护，就可以被任意侵害之意。

诚然，《民法总则》第185条仍存在完善的空间。例如，"英雄烈士"的表述不太合适，不如改为"英雄、烈士"，因为"英雄"也有健在的。再如，"英雄烈士"等的措辞在语法的层面可以更完美些，直接而明确地点出与英雄、烈士临近的属概念，如采取"英雄、烈士等功臣"的表述。

5.《民法总则》第191条规定："未成年人遭受性侵害的损害赔偿请求权的诉讼时效期间，自受害人年满十八周岁之日起计算。"这充分体现了优惠保护未成年人的理念，避免了未成年人于受侵害时不敢或不懂寻求法律保护的可能，留给未成年人较为充裕的时间供其寻觅法律救济。其立法目的可谓用心良苦，其立法技术也无可厚非。

对此表述提出改进意见者主要担心，基本法律中突兀地出现"遭受性侵害"可能引起外界的误读和猜疑，误以为此类侵权在中国较为普遍。这些专家、学者建议，将"遭受性侵害"改为"身体权受到侵害"或"身体权、健康权受到侵害"或其他表述，就既可避免上述误解，又扩大了侵权责任法保护未成年人的权益的范围，何乐而不为？

6.《民法总则》第196条第2项明确"不动产物权和登记的动产物权的权利人请求返还财产""不适用诉讼时效的规定"，这在中国立法上尚属首次，也不同于德国、日本民法和中国台湾地区的"民法"关于物权之于消灭时效的体制。

该条项的意义不容轻视：（1）诉讼时效制度更加完善；（2）可以消除学说、

判决在诉讼时效制度是否适用于物权、知识产权的本体以及物的返还请求权方面的争论；（3）在中国现行法尚未承认取得时效的背景下，诉讼时效制度适用的范围不宜过宽，不然，在物权、知识产权等领域会出现物权人、知识产权人一侧因诉讼时效完成而无法行使其物权或知识产权等实体权利，而在援用诉讼时效完成抗辩的一侧却取得不了物权、知识产权等系争权利，人为地造成权利关系及法律秩序不稳定的局面。

四、民事主体类型空前丰富，固有的民事主体理论被突破

1. 《民法总则》第 101 条第 1 款关于"居民委员会、村民委员会具有基层群众性自治组织法人资格，可以从事为履行职能所需要的民事活动"的规定，具有里程碑式的意义，它首次明确了居民委员会、村民委员会的法律地位。这既便于这些基层群众性自治组织开展工作，又意味着明确了这些基层群众性自治组织以自己的名义参与民法活动时承受民事权利、民事义务和民事责任，还暗示着国家机关对其管理应当采取何种规程。

2. 将《民法总则》第 99 条第 1 款关于"农村集体经济组织依法取得法人资格"的规定，与第 102 条第 2 款关于"非法人组织包括个人独资企业、合伙企业、不具有法人资格的专业服务机构等"的规定联系起来解读，可以得出这样的结论：农村集体经济组织作为民事主体，存在两种类型，一种是法人，农村体制改革之前的生产大队在现行体制下即为法人；另一种是非法人组织，如村民小组。两类形式的主体，其责任承担方式不同。

3. 众多国家和地区的立法，鲜有将一个一个的国家机关作为公法人对待的，尽管国家设有众多的行政机关，但此类法人在全国只有一个。我们经常看到"某某诉美国"的判例。与此不同，从《民法通则》（第 50 条第 1 款）到《民法总则》（第 97 条等）都是将每一个国家机关作为一个公法人。这种体制有其特点：（1）不必每件行政诉讼，都把中华人民共和国当成被告，由国家主席作为法定代表人出庭参与庭审。在行政诉讼的数量呈上升趋势的背景下，《民法通则》和

《民法总则》的模式避免了中华人民共和国屡屡成为被告的现象。（2）一个具体的国家机关作为一个法人，而非全国只有中华人民共和国一个公法人，在国家赔偿的案件中，不应牵涉国库财产，不应查封国库财产。（3）在不少国家和地区的立法例上，一个公法人的制度难有破产制度的适用。中国现行法尚无公法人破产制度的表态，应当借鉴有些国家和地区的立法及学说，公法人不适用破产制度。

4.《民法总则》第92条第2款："依法设立的宗教活动场所，具备法人条件的，可以申请法人登记，取得捐助法人资格。法律、行政法规对宗教活动场所有规定的，依照其规定。"这在中国法上首创宗教法人制度，以规范庞大而复杂的寺庙等宗教组织的财产关系，这是必要的。该条款来之不易，非常值得鼓与呼！

当然，并非所有的宗教活动场所（组织）都具备法人成立的条件，故在解释《民法总则》第92条第2款时，应当认为该条款只是列举其中之一，并不涵盖所有的宗教活动场所（组织），不符合法人成立条件的宗教活动场所（组织）是非法人组织，应当适用《民法总则》第102条以下的规定。此其一。宗教活动场所（组织）成为法人，其类型宜视具体情形而定，一律作为捐助法人，有些简单化。此其二。

5.《民法总则》第102条第1款规定："非法人组织是不具有法人资格，但是能够依法以自己的名义从事民事活动的组织。"据此规定，中国现行法承认了自然人、法人和非法人组织三种民事主体，具有里程碑式的意义：（1）《民法总则》第102条以下设计的非法人组织作为第三民事主体，也是立足于中国现实、中国问题意识浓厚在法律上的反映。中国的现实生活是大量的非法人组织在以自己的名义从事市场活动，以自己的名义签订合同，且不要说银行系统基本上是银行分行、支行在以自己的名义签订储蓄合同、借款合同等，就是普通的市场交易领域，非法人组织以其名义签订合同者也比比皆是，如某工程部与发包人签订《某某建设工程施工合同》。处理此类案件，囿于传统的理论，否认这些非法人组织的缔约主体资格，拒绝承认相应的合同的法律效力，不符合鼓励交易原则，有违效率原则。《民法总则》承认非法人组织为第三主体，特别有助于合理地解决此类问题。（2）《民法总则》第102条以下的规定有利于市场主体可以灵活机动

地从事交易，使众多的合同不因非法人组织签订而无效。这符合鼓励交易原则，体现了重视效率的精神。（3）至于对相对人乃是第三人的权益的保护，《民法总则》设有系列相应的规定，例如，第 104 条规定："非法人组织的财产不足以清偿债务的，其出资人或者设立人承担无限责任。法律另有规定的，依照其规定。"第 74 条第 2 款规定：法人的"分支机构以自己的名义从事民事活动，产生的民事责任由法人承担；也可以先以该分支机构管理的财产承担，不足以承担的，由法人承担。"就是说，承认非法人组织为第三民事主体，不损害交易安全。（4）《民法总则》第 108 条规定："非法人组织除适用本章规定外，参照适用本法第三章第一节的有关规定。"由此决定，在不少方面接近法人制度的效果。（5）《民法总则》第 102 条以下的规定，突破了传统的主体资格理论（法律人格者必有其意思、独立财产、承担独立的财产责任），这倒逼法律人重塑主体资格学说。㉑

6.《民法总则》第 102 条第 2 款关于"非法人组织包括个人独资企业、合伙企业、不具有法人资格的专业服务机构等"的规定，既积极又保守。积极者，明确了独资企业、合伙企业、不具有法人资格的专业服务机构为非法人组织，有权以自己的名义参与民事法律关系；保守者，对于其他类型的非法人组织且应为第三主体的，立法者内心不踏实，便未予明确。

该条款留下了这样的空间和重任：解释法律之人需要根据个案确定其他组织是否属于非法人组织。

基于对实务的了解和理论上的基础，笔者认为，《民法总则》第 102 条第 2款中所谓"等"，应包括村民小组、某某项目工程部、法人的分支机构、农村承包经营户、个体工商户、业主委员会（不少专家、学者呼吁承认为法人，但其责任财产是个问题），以及不具备法人条件的寺庙等宗教组织（《民法总则》第 92条第 2 款后段暗含这层意思。）

至于银行的分行、支行，虽然符合非法人组织的规格，但在笔者看来，其办理储蓄、放贷等业务，推定为法人的行为，可能更好。

㉑ 关于突破传统的民事主体理论的详细阐释，请见崔建远：《关于制定〈民法总则〉的建议》，载《财经法学》，2015（4）。

五、人文关怀彰显，体现国家性质，政府机关勇于担当

《民法总则》第 32 条关于"没有依法具有监护资格的人的，监护人由民政部门担任，也可以由具备履行监护职责条件的被监护人住所地的居民委员会、村民委员会担任"的规定，也是首创在特定情况下民政部门被首选为监护人的规则，切合中国现实，彰显人文关怀，体现国家性质，要求国家机关担当。笔者同样鼓与呼！基于在这个问题上，笔者的阐释和建议不如他人的真知灼见，干脆直接引用：

> 与作为基层群众自治组织的村委会、居委会相比，民政部门作为未成年人的监护人优势明显。村（居）委会虽然对孩子家庭情况更为熟悉，但是缺乏履行监护职责的人力、财力、物力，而民政部门可以通过诉讼的方式剥夺原来的监护权，同时民政部门下设相应的社会福利机构，如此一来，民政部门既有权启动相关法律程序，又具备后续安置接纳孩子的条件，是天然的代表国家履行监护责任的主体。[22]

> 根据法律规定，监护人的职责是对未成年人等进行全方位的保护管理，既要提供生活上的基本需求，保障被监护人的正常生活，又要保障他们的受教育权，保护他们身心健康发展，预防和避免走上违法犯罪的道路。说实话，在如此重视孩子教育的当下，家庭监护有时候尚且会感到力不从心，更何况民政部门社会福利机构还要面对那么多的孩子。作为国家机关的民政部门，履行监护人的职责，与普通父母还是应该有所区别，应该进一步明确民政部门履行监护职责的标准。[23]

> 在已经开展的撤销监护权案件中，有的地方民政部门为了给孩子提供更好的生活环境，与当地有爱心的家庭签订了寄养合同，将孩子寄养在普通家庭中。应当说，这是一条遵循家庭本位、最大限度地保护孩子切身利益的探

㉒㉓　《让民政部门当监护人 好主意需要细安排》，资料来源：新浪司法，见 http://news.sina.com.cn/sf/news/2016-12-21/doc-ifxytqaw0182200.shtml，最后访问时间：2017-03-14。

索性做法，毕竟，相比生活在社会福利机构中的孩子，在寄养家庭中的孩子能够得到更多的关爱和温暖，像其他孩子一样在家庭的呵护下健康成长，将来也能更好地融入社会。但问题是，家庭寄养不同于普通的民事行为，如何选择寄养家庭、寄养家庭和民政部门之间的责任如何分配、民政部门如何履行对寄养家庭的监督管理职责等问题，应纳入配套的实施细则中来。㉔

㉔ 《让民政部门当监护人 好主意需要细安排》，资料来源：新浪司法，见 http://news.sina.com.cn/sf/news/2016-12-21/doc-ifxytqaw0182200.shtml，最后访问时间：2017-03-14。

《民法总则》的新发展[*]

　　《中华人民共和国民法总则》（以下简称为《民法总则》）已于 2017 年 3 月 15 日经第十二届全国人民代表大会第五次会议通过，将自 2017 年 10 月 1 日起实施。相较于中国的现行民事法律，特别是《中华人民共和国民法通则》（以下简称为《民法通则》），《民法总则》呈现出许多特色，或曰新发展。

　　本文所论新发展，固然包含相对于境外立法例而言创设了新制度或新规则，体现了新理念，采纳了新理论，但更多的是指相对于中国既有的民法而言所发生的变化、出现的新规定，并且此类新规定可能是先进的、值得肯定的，也可能是需要检讨的，编纂《中华人民共和国民法典》（以下简称为《民法典》）时应予完善。

　　中国民法总则的新发展，最为突出的是发扬中华民族优秀传统文化、强调绿色发展、微调诚信原则与公平原则之间的地位和功能、丰富民事主体的类型及突破民事主体理论、表明对个人信息以及数据和网络虚拟财产的态度、凸显人文关怀，等等。只不过这些笔者已在他文中阐释过^①，本文不再赘言，而是介绍与评论除此而外的新变化。

---

　　* 本文最初发表于《月旦民商法杂志》2017 年第 57 期。
　　① 详细阐释，见崔建远：《我国〈民法总则〉的制度创新及历史意义》，载《比较法研究》，2017 (3)。

一、偏离潘德克顿体系

所谓潘德克顿（Pandkten），是指罗马法大全中被称为学说汇纂的部分，后来从中世纪到近代的过程中被德国继受，19 世纪的德国法学以其为蓝本构筑了宏大的体系。1900 年施行的《德国民法典》，可以说是潘德克顿法学的集大成。潘德克顿模式的特色在于，把个别事项所共通的部分拿出来放到前头这样一种抽象化的手法。在这种模式中，将分则中共通的部分作为总则抽取，将此做到了极致。例如，契约的情形，如果赠与、买卖、租赁、承揽等有共通的事项，就把它抽出来放到前头。这便是契约总则。而进一步，把同样是债权制度的契约，无因管理、不当得利、侵权行为并列，将共通的部分抽取作为债权总则。相同的作业，在物权编、亲属编和继承编也进行。最后，抽取所有这些共通的部分放在民法典的开头。这便是民法总则。② 据此衡量，《民法总则》委实偏离了潘德克顿体系。例如，其第五章"民事权利"依次规定一般人格权（第 109 条）、人格权（第 100 条）、荣誉权（第 100 条）、个人信息（第 111 条）、身份权（第 112 条）、物权（第 114 条）、债权（第 118 条）、知识产权（第 123 条）、继承权（第 124 条）、股权和其他投资性权利（第 125 条）、其他民事权益（第 126 条）、数据和网络虚拟财产（第 127 条），它们难谓整个民法的"共通的部分"或曰"共通的事项"，故不合潘德克顿模式的要求。

形成这种局面的主要原因是：（1）人格权是否独立成编的折中处理及表现。在《民法典》编纂的过程中，就人格权是否独立成编，民法学界形成了对立的两派。③ 如何抉择，非为小事。《民法总则》草案起初并无"民事权利"一章，2015 年 8 月 28 日法制工作委员会民法室的室内稿《中华人民共和国民法总则（草案）》就是如此。这种模式难以在立法层面解决上述论争，2016 年 6 月 27 日

---

② ［日］山本敬三：《民法讲义Ⅰ·总则》，3 版，14 页，北京，北京大学出版社，2012。

③ 肯定说的代表，如王利明：《民法典体系研究》，427 页以下，北京，中国人民大学出版社，2008。否定说的代表，如梁慧星主编：《中国民法典建议稿附理由·总则编》，15 页，北京，法律出版社，2004。

提交第十二届全国人民代表大会常务委员会第二十一次会议的《中华人民共和国民法总则（草案）》出现了"民事权利"，其中规定有人格权，这意味着兼收并蓄了两派意见。《中华人民共和国民法总则（草案）》二次审议稿、三次审议稿，直至颁布的《中华人民共和国民法总则》，都沿用了这种处理方式。（2）在中国，有些学者以法律行为·债法总则·合同法总则·合同法分则这种结构过于复杂、难懂为由，不赞同《民法典》设置债法总则；另有些学者力倡保持合同法的完整性，这样，现行《中华人民共和国合同法》（以下简称为《合同法》）本属债法总则的制度及规则便不再"归还"，使得《民法典》设置债法总则的必要性也大为降低。既然如此，只好把不属于合同之债的不当得利之债、无因管理之债前移至民法总则之中。就是说，在《民法总则》中设有债权制度，系在不设债法总则背景下不得已的结果。

二、意思表示制度趋于完善

据笔者检索，在《民法通则》上，意思表示一词只出现过一次（第 55 条第 2 项），《合同法》也只有三个条文含有意思表示的术语，要约之处有第 14 条、第 15 条，承诺制度中有第 21 条，行纪合同一章是第 419 条，直接使用了意思表示的表述。《民法总则》一改此风，除专设意思表示一节（第 137 条～第 142 条）以外，还有第 133 条关于民事法律行为的界定、第 134 条关于民事法律行为的类型、第 143 条关于民事法律行为的有效要件、第 146 条关于虚伪表示与隐匿行为的规定，都直接出现意思表示的概念。加上在实质上运用意思表示的理论设计民事法律行为的规则，可以说意思表示制度在《民法总则》上趋于完善了。

值得特别指出的是，在中国的立法上，首次出现意思表示解释的规则，是个明显的进步。《民法通则》欠缺意思表示乃至民事法律行为的解释制度及规则，《合同法》第 61 条、第 62 条和第 125 条规定了合同解释，但相较于《民法总则》第 142 条规定的意思表示解释规则，显得更专门化、特别化，两部法律在意思表示的解释上贯彻的理念也有差异。《民法总则》第 142 条第 1 款采取表示主义，

第 142 条采取意思主义，而《合同法》第 125 条采取的似乎是表示主义。

当然，在意思表示的解释方面，尚有完善的空间：（1）在某合同（自然包含意思表示）的约定其实源于其他法律关系的设计时，解释合同（自然包含意思表示）时不宜甚至不得局限于该合同条款，而应将视野扩展于另外的法律关系，整体审视，全面衡量；（2）解释有相对人的意思表示，也要同时顾及表意人；（3）应区分相对人为特定人与相对人为不特定的多数人的情形而设置有所差异的解释规则；（4）视格式条款与普通条款的不同而设计有所区别的规则；（5）借鉴普通法承认的解释合同的规则及其理论，有条件地增设意思表示的解释规则；（6）增设以任意性法律规定补充意思表示漏洞的规则；（7）增设可推断的意思表示的解释规则；（8）增设以补充（性）解释填补意思表示漏洞的解释规则。④

三、大力度地整合法律行为无效原因的体系

《民法通则》第 58 条规定的民事行为无效原因，一是把因欺诈、胁迫或乘人之危而成立的民事行为规定为无效，远没有规定为可撤销合理；二是规定经济合同违反国家指令性计划无效，因时过境迁如今已不合时宜；三是某些无效原因存在交叉、重叠，在逻辑上不美；四是没有穷尽无效原因，如以合法形式掩盖非法目的难以涵盖所有的虚伪表示情形。《合同法》克服了前两种不足，但其第 52 条规定的无效原因依然存在后两种缺陷。

《民法总则》制定时，立法者努力克服上述不足，大力度地整合了民事法律行为无效原因的体系。《民法总则》上的民事法律行为的无效有如下类型：（1）违反法律、行政法规的强制性规定的民事法律行为无效（第 153 条第 1 款前段），违反法律、行政法规的强管理性规定的民事法律行为，其有效抑或无效需要根据个案综合考虑相关因素而后确定（第 153 条第 1 款后段）；（2）违背公序良俗的民事法律行为无效（第 153 条第 2 款）；（3）行为人与相对人以虚假的意

---

④ 详细论述，见崔建远：《意思表示的解释规则论》，载《法学家》，2016（5）。

思表示实施的民事法律行为无效（第 146 条第 1 款），隐匿行为有效抑或无效需要根据个案综合考虑相关因素而后确定（第 146 条第 2 款）；（4）行为人与相对人恶意串通，损害他人合法权益的民事法律行为无效（第 154 条）；（5）无民事行为能力人实施的民事法律行为无效（第 144 条）。

尽管完善明显，但《民法总则》设计的无效原因体系仍有提升的空间：（1）"行为人与相对人恶意串通，损害他人合法权益的民事法律行为无效"仍然单独列为无效原因，必然会与有关无效原因交叉、重叠，不合形式逻辑的要求；（2）在某些情况下，合同背离法律制度的根本目的也归于无效。例如，被担保债务的履行期是 2015 年 5 月 8 日，可是约定的保证期间却是 2015 年 4 月 1 日至 2015 年 5 月 2 日。这种约定实质上是不会承担保证责任，虽然不好说它违反了《合同法》第 52 条、《民法总则》的哪一项规定，但因其背离保证制度的根本目的而应归于无效。与此类似，民事委托、居间、行纪、承揽、房屋租赁等合同场合，约定排除委托人、受托人、居间人、定作人、承租人的解除权的，该约定应当无效。有鉴于此，编纂民法典时应当增加无效原因的类型。

四、改造了意思表示瑕疵制度

《民法通则》及合同法分拆暴利行为，形成乘人之危制度和显失公平制度，目的在于避免因暴利行为的构成过于严格所导致的规范闲置，让乘人之危、显失公平的制度充分发挥作用。多年来的实务运作证明，将主观因素排除在显失公平的构成之外，实际效果并不理想，人为地造成显示公平规则与欺诈、胁迫等诸多规则竞合，给法律适用增添了复杂性。有鉴于此，《民法总则》改变这种格局，综合两项规则的合理因素，形成一项法律规则，于第 151 条规定："一方利用对方处于危困状态、缺乏判断能力等情形，致使民事法律行为成立时显失公平的，受损害方有权请求人民法院或者仲裁机构予以撤销。"

在因欺诈、胁迫、乘人之危、重大误解等原因成立的民事行为场合，《民法通则》及《合同法》赋予有关当事人变更权和撤销权，《民法总则》废除了变更

权的救济措施，只保留了撤销权（第 152 条），据说是因为实务中鲜见变更的判决。对此，笔者一直持有不同意见，因为不允许有关权利人变更或撤销意思表示存在瑕疵的民事法律行为，有违公正；在若干情况下，"逼迫"有关权利人撤销此类民事法律行为，又矫枉过正，权利人的确需要业已成立的民事法律行为，只要变更某些因素，如价格、履行期、履行地点等，就会使交易双方各得其所，可是，撤销此类民事法律行为，再重新缔结新的交易，耗时费力，徒增交易成本。⑤ 此其一。经申海恩副教授检索梳理，截至 2016 年 2 月 29 日，在北大法意数据库中，依《民法通则》第 59 条诉请变更相关案例中，58％裁判不予变更；42％裁判准予变更；依《合同法》54 条诉请变更相关案例中，59.8％裁判不予变更；40.2％裁判准予变更。当然，法院主动裁判变更的比例极低，依《民法通则》第 59 条诉请撤销相关案例中，仅有 2％的案件裁判变更；依《合同法》54 条诉请撤销相关案例中，仅有 1％的案件裁判变更。在变更原因方面，所有裁决变更的 164 个案件中，几乎全部是基于重大误解、显失公平之外的，仅有 7 件是基于欺诈、胁迫原因予以变更的，占所有裁决变更案件的 4.26％，且全部 7 件均属于法院支持当事人诉请变更的。⑥ 朱广新教授也检索到支持变更诉求的判决，例如，浙江省嘉兴市中级人民法院（2015）浙嘉民终字第 279 号民事判决书。此外，湖北省荆门市中级人民法院（2014）鄂荆民二终字第 00040 号民事判决书、上海市浦东新区人民法院（2012）浦民二（商）初字第 3289 号民事判决书、山东省济南市中级人民法院（2014）济民一终字第 157 号民事判决书、湖南省岳阳市中级人民法院（2016）湘 06 民终 288 号民事判决书，从撤销或撤销权角度理解，实际上支持了当事人变更的诉讼请求。⑦ 此其二。总而言之，《民法总则》在意思表示瑕疵制度中抛弃变更权，是草率的、不明智的。

---

⑤ 崔建远：《变更权之辨析》，于 2016 年 3 月下旬在民法沙龙上评论申海恩副教授关于《论变更权——以意思表示瑕疵救济为限》。

⑥ 信息来源：北京第二外国语大学法学院副教授申海恩博士于 2016 年 3 月下旬在民法沙龙上的报告《论变更权——以意思表示瑕疵救济为限》。

⑦ 朱广新：《论可撤销法律行为的变更问题》，载《法学》，2017（2）。

此项制度中的变更权，宜被定性和定位在形成权，变更权人单方的意思表示即可发生确定的法律效力。不过，必须明白，这只是就其"质"的方面而言的，换句话说，只要变更权人行使变更权，裁判机构就支持变更合同关系，而不得否定。同时，也务必清楚，变更权毕竟不同于撤销权、解除权等形成权，变更结果的形成受制于若干因素，即在"量"的方面，裁判机构不是无条件地支持变更权人的意思表示，而是要看相对人是否同意变更权人在"量"的方面的意思表示。如果同意，则予以支持；如果反对，则需要综合考量多种因素，依职权予以决定。在这里，所谓综合考量多种因素，就是不宜抓住一点而不及其余。例如，不宜夸大意思自治的地位及功效，而应重视公序良俗原则和诚实信用原则的地位及功效。此其一。有必要充分发挥《合同法》第61条和第62条在变更权行使及其法律效果方面的作用。此其二。裁判者依职权的决定，也是必要的。此其三。行使变更权，调整价款或酬金，可以借鉴《德国债法现代化法》关于减价权的制度设计及其学说。⑧

五、增设了自己代理、双方代理

《中华人民共和国经济合同法》（已被废止）曾有自己代理、双方代理规则，一律采取无效主义（第7条第1条第3项）。多年实施的结果证明，这过于严苛，在相当的时候和场合不合效率原则；置被代理人认可的事实于不顾，也不符合意思自治原则；在自己代理完全有利于被代理人的情况下仍令所订合同无效，有违利益衡量。有鉴于此，在制定《合同法》的过程中，专家学者建议草案借鉴了有关立法例及其学说，设有自己代理、双方代理的规则。《中华人民共和国合同法（建议草案）》第37条规定："代理当事人双方订立的合同，无效，但符合法律规定或者商业惯例的，或者经过双方当事人许可或追认的，不在此限。"第38条规定："代理人以被代理人的名义与自己订立合同，无效，但合同纯使被代理人一

---

⑧ 崔建远：《变更权之辨析》，于2016年3月下旬在民法沙龙上评论申海恩副教授关于《论变更权——以意思表示瑕疵救济为限》。

方获得利益的，不在此限。"⑨应当说这是不错的制度设计，遗憾的是终因分歧严重，它们没有变成法律制度。

随着经济的发展，交易模式日趋多样化，尤其是公司之间的关联交易业已普遍化，自己代理、双方代理便不时出现，如何确认通过这种方式签订的合同的效力，无法回避，法律确立自己代理和双方代理的制度及规则，十分必要，也较为迫切。千呼万唤终出来，《民法总则》第168条第1款规定了自己代理规则："代理人不得以被代理人的名义与自己实施民事法律行为，但是被代理人同意或者追认的除外。"第168条第2款规定了双方代理规则："代理人不得以被代理人的名义与自己同时代理的其他人实施民事法律行为，但是被代理的双方同意或者追认的除外。"

在肯定《民法总则》第168条第1款的同时，也要看到，完全以被代理人的同意、追认为有效的要件，割舍了代理的结果"纯使被代理人一方获得利益的"有效⑩，亦未借鉴有关立法例允许专为履行债务而以自己代理或双方代理的方式实施法律行为这种例外⑪，再就是未注意到纯获利益规则在自己代理、双方代理场合的适用⑫，还无视"符合法律规定或者商业惯例的"有效之类的例外，这有些保守，且考虑得不够全面。

在狭义的无权代理场合无权代理人向相对人承担责任，《民法通则》第66条第1款中段及《合同法》第49条第1款后段只是简单地予以承认，无构成要件和具体的法律后果，故应适用《民法通则》第106条第1款关于民事责任的一般规定，作为请求权基础。与此不同，《民法总则》在责任的构成上增加了消极要件，或曰请求权人的范围大大限缩，在赔偿范围方面也作了限定，体现在第171

---

⑨ 《中华人民共和国合同法（建议草案）》，载梁慧星主编：《民商法论丛》，4卷，448～449页，北京，法律出版社，1996。

⑩ 参见［德］迪特尔·梅迪库斯：《德国民法总论》，邵建东译，723～727页，北京，法律出版社，2000；王泽鉴：《民法总则》，440～444页，北京，北京大学出版社，2009；［日］山本敬三：《民法讲义Ⅰ·总则》，3版，解亘译，293页，北京，北京大学出版社，2012。

⑪ 《德国民法典》第181条但书，《日本民法典》第108条但书，中国台湾地区"民法"第106条但书。

⑫ 王泽鉴：《民法总则》，442页，北京，北京大学出版社，2009。

条第 3 款的规定："行为人实施的行为未被追认的，善意相对人有权请求行为人履行债务或者就其受到的损害请求行为人赔偿，但是赔偿的范围不得超过被代理人追认时相对人所能获得的利益。"对此，笔者评论如下：（1）恶意的含义在民法上不尽一致，若此处所谓恶意系指明知，则这样规定尚可理解；若指明知和重大过失地不知，则相对人于重大过失地不知行为人无代理权场合仍无损害赔偿请求权，有失权衡。（2）狭义的无权代理且不为被代理人追认，相对人（无权代理人）与行为人之间成立直接的债的关系，且有时是有效的合同关系，这在个案同时适用《合同法》第 402 条、第 403 条关于外贸代理（有人称之为隐名代理，有人叫作间接代理）的规定场合，最为可能。不难想象，被代理人与相对人之间的合同关系场合所具有的履行利益（或曰期待利益），跟行为人（无权代理人）与相对人之间的合同关系场合所具有的履行利益，不见得相同，后者的数额有时会高于前者的数额，于此场合本应适用《合同法》第 113 条第 1 款后段的规定，于是，违约损害赔偿的范围不是后者等于或低于前者，而是高于前者。在这种背景下，《民法总则》第 171 条第 3 款但书就与《合同法》第 113 条第 1 款不一致，也不符合法理。（3）损害赔偿的范围，适用与有过失（有人叫作过失相抵）规则，《合同法》第 120 条、《侵权责任法》第 26 条为其典型体现，狭义的无权代理场合行为人的赔偿责任也应如此，如果背离这些规定另辟蹊径，则得有充分的理由，但笔者至今仍想不出此类理由。

六、时间效力制度的发展

时间，在民法上具有重要意义，表现在方方面面：（1）时间决定民事主体的民事权利能力和民事行为能力；（2）时间决定某些事实的推定；（3）时间决定法律关系由不确定到确定；（4）时间决定权利的取得、存续和丧失；（5）时间之于权利的行使和义务的履行；（6）时间决定着法律行为的存续；等等。⑬

---

⑬ 详细论述，请见崔建远、韩世远、申卫星、王洪亮、程啸、耿林：《民法总论》，2 版，崔建远执笔，253～256 页，北京，清华大学出版社，2013。

诚然，时间作为独立的民法制度且极具意义的，首推诉讼时效、除斥期间和权利失效期间，且其内容较为丰富。权利失效期间尽管实务中已有发生，专家学者也呼吁《民法总则》予以创设⑭，但遗憾的是，这没有被立法机关所采纳。除斥期间，在中国的立法上首次以一般制度形式而非个别法律关系中的规则的态样出现在《民法总则》上（第 199 条），这较《民法通则》进步了些，但却处于诉讼时效的标题下，容易使人将其误认为归属于诉讼时效制度。此其一。没有明确除斥期间既可以由法律直接规定也可以由当事人自己约定。此其二。列举撤销权、解除权并后缀"等"字，是意指尚未列举的其他形成权仍在该条的调整范围之内，还是债权、物权、知识产权等民事权利亦在其中，《民法总则》对此未予明确，这给今后的法律解释和法律适用留下了论争的种子。此其三。可圈可点的是诉讼时效制度，它在《民法总则》上远较在《民法通则》上完善，下文予以集中介绍和分析。

1. 变《民法通则》以 2 年为一般诉讼时效期间（第 135 条）为以 3 年为一般诉讼时效期间（第 188 条）。这种改变是必要的，只是许多法律人还嫌 3 年短，不如 5 年。这是因为，人们的传统意识是，债权人不好意思请求债务人履行债务，难张其口催债，担心被指"黄世仁"，可时光无情，悄悄流逝，使得债务人享有了时效完成的抗辩权，且在不少的案件中这种抗辩被援用。这背离了"杀人偿命，欠债还钱"的古训，让百姓大众对民法产生了憎恶之情。这已被三十多年的实务所证明。

2.《民法通则》第 135 条规定的诉讼时效的客体，依其字面意思似乎涵盖一切民事权利，但依诉讼时效制度的目的及功能则显然不会如此，《民法总则》注意到了这一点，努力避免词不达意，对诉讼时效客体的第一层限缩是其为请求权，而非物权、知识产权等民事权利本体；第二层限缩集中体现在第 196 条，即下列请求权不适用诉讼时效的规定：（1）请求停止侵害、排除妨碍、消除危险；

---

⑭ 中国法学会民法典编纂项目领导小组：《中华人民共和国民法典·民法总则专家建议稿（征求意见稿）》（第 206～第 209 条），2015 年 4 月 18 日；崔建远：《关于制定〈民法总则〉的建议》，载《财经法学》，2015（4）。

（2）不动产物权和登记的动产物权的权利人请求返还财产；（3）请求支付抚养费、赡养费或者扶养费；（4）依法不适用诉讼时效的其他请求权。如此一来，终使多年的争论在制定法上有了答案。至于其为完美还是有待改进，那是解释论的任务。

3.《民法通则》第137条前段关于"诉讼时效期间从知道或者应当知道权利被侵害时起计算"的规定，确立了诉讼时效期间起算的两项要素：一是客观的，即权利受到侵害；二是主观的，即权利人知道或应当知道其权利受到侵害。这种主客观相结合的起算点（也有人称之为主观起算点）规则相较于客观起算点规则优点较多，但也有完善的空间，即债权人知晓其债权受到侵害，可是不知侵害人为谁，客观上仍难行使其债权，时效期间本不宜起算，但依《民法通则》第137条前段的规定，却开始起算。这是不适当的。《最高人民法院关于审理民事案件适用诉讼时效制度若干问题的规定》（以下简称为法释〔2008〕11号）注意到了这一点，对有些场合的诉讼时效期间的起算点增加了"知道或者应当知道……对方当事人"这个要素，值得肯定。如其第8条规定："返还不当得利请求权的诉讼时效期间，从当事人一方知道或者应当知道不当得利事实及对方当事人之日起计算。"第9条规定："管理人因无因管理行为产生的给付必要管理费用、赔偿损失请求权的诉讼时效期间，从无因管理行为结束并且管理人知道或者应当知道本人之日起计算"（第1款）。"本人因不当无因管理行为产生的赔偿损失请求权的诉讼时效期间，从其知道或者应当知道管理人及损害事实之日起计算"（第2款）。《民法总则》吸纳了这种思想并将之扩及于整个诉讼时效制度，于第188条第2款前段规定："诉讼时效期间自权利人知道或者应当知道权利受到损害以及义务人之日起计算。"笔者对此表示赞同。

4. 对《民法通则》第140条后段关于"从中断时起，诉讼时效期间重新计算"的规定望文生义，就会形成这样的认识：中断事由出现，已经进行的诉讼时效期间归于消灭，新的诉讼时效期间马上开始起算。如此一来，会出现下述不适当的后果：如在2年诉讼时效期间的场合，在诉讼时效期间进行18个月时债权人提起诉讼或申请仲裁，诉讼时效期间中断，马上重新计算诉讼时效期间，则会

因裁判机构审理的时间长达 2 年，致使重新起算的诉讼时效期间届满，给债权人造成不应有的后果。再说，债权人提起诉讼或申请仲裁，已经是在积极行使权利，不得视为中断事由消失。⑮《民法总则》注意到了《民法通则》第 140 条后段表述的不足，于第 195 条前段采取了"诉讼时效中断，从中断、有关程序终结时起，诉讼时效期间重新计算"的措辞，是合适的，值得肯定。

5. 在建设工程施工合同中，工程款往往是随着工程的进度而一笔一笔地支付。类似的情形还有若干，如分期付款买卖合同场合的价款的支付，等等。于此场合诉讼时效期间的起算如何确定？法释〔2008〕11 号第 5 条规定："当事人约定同一债务分期履行的，诉讼时效期间从最后一期履行期限届满之日起计算。"《民法总则》对此予以肯定，于第 189 条规定："当事人约定同一债务分期履行的，诉讼时效期间自最后一期履行期限届满之日起计算。"

在这里，值得注意的是，务请准确界定"同一债务""分期履行"与"几笔债务""分别履行"。例如，租赁合同中租金债务及其履行并非"同一债务""分期履行"，而是"几笔债务""分别履行"。既然如此，租金支付场合的诉讼时效期间的起算，不可以最后一项租金的支付期届满作为整个租金债务的诉讼时效期间的起算点，而应是一笔租金债务即为一项债务，一个租赁合同项下的租金债务实际上是几项债务，它们应当各自确定诉讼时效期间的起算点。以往的一些案件处理，没有如此把握和处理，以最后一项租金的支付期届满作为整个租金债务的诉讼时效期间的起算点，扩张了法释〔2008〕11 号第 5 条的适用范围，这是错误的。《民法总则》实施在即，对此务应注意。

6.《民法总则》第 190 条关于"无民事行为能力人或者限制民事行为能力人对其法定代理人的请求权的诉讼时效期间，自该法定代理终止之日起计算"的规定，以及第 191 条关于"未成年人遭受性侵害的损害赔偿请求权的诉讼时效期间，自受害人年满十八周岁之日起计算"的规定，在中国的现行法上属于首次，系周到保护未成年人、虽然成年但识别能力不强者的体现，且值得肯定。

---

⑮　崔建远：《关于制定〈民法总则〉的建议》，载《财经法学》，2015（4）。

7. 法释〔2008〕11 号第 3 条规定："当事人未提出诉讼时效抗辩，人民法院不应对诉讼时效问题进行释明及主动适用诉讼时效的规定进行裁判。"这是《民法通则》所没有的，但体现了区别对待必须主张的抗辩与无须主张的抗辩的理念，有其道理，《民法总则》对此精神予以肯定，于第 193 条规定："人民法院不得主动适用诉讼时效的规定。"

8. 《民法通则》规定的诉讼时效的中止事由有"不可抗力""其他障碍不能行使请求权的"情形，法释〔2008〕11 号第 3 条将"其他障碍不能行使请求权的"情形明确为：（1）权利被侵害的无民事行为能力人、限制民事行为能力人没有法定代理人，或者法定代理人死亡、丧失代理权、丧失行为能力；（2）继承开始后未确定继承人或者遗产管理人；（3）权利人被义务人或者其他人控制无法主张权利；（4）其他导致权利人不能主张权利的客观情形。《民法总则》基本上全部吸收（第 194 条第 1 款），笔者也表示赞同。

9. 《民法通则》规定的诉讼时效的中断事由包括提起诉讼、当事人一方提出要求、义务人同意履行义务三项（第 140 条前段）。对于其中的"提起诉讼"，法释〔2008〕11 号扩张解释为：下列事项人民法院应当认定与提起诉讼具有同等诉讼时效中断的效力：（1）申请仲裁；（2）申请支付令；（3）申请破产、申报破产债权；（4）为主张权利而申请宣告义务人失踪或死亡；（5）申请诉前财产保全、诉前临时禁令等诉前措施；（6）申请强制执行；（7）申请追加当事人或者被通知参加诉讼；（8）在诉讼中主张抵销；（9）其他与提起诉讼具有同等诉讼时效中断效力的事项（第 13 条）。对于其中的"当事人一方提出要求"，法释〔2008〕11 号认为包括如下情形：（1）当事人一方直接向对方当事人送交主张权利文书，对方当事人在文书上签字、盖章或者虽未签字、盖章但能够以其他方式证明该文书到达对方当事人的；（2）当事人一方以发送信件或者数据电文方式主张权利，信件或者数据电文到达或者应当到达对方当事人的；（3）当事人一方为金融机构，依照法律规定或者当事人约定从对方当事人账户中扣收欠款本息的；（4）当事人一方下落不明，对方当事人在国家级或者下落不明的当事人一方住所地的省级有影响的媒体上刊登具有主张权利内容的公告的，但法律和司法解释另有特别

规定的，适用其规定（第 10 条）。《民法总则》没有如同司法解释这样"大胆"，相对谨慎，规定的中断事由为：（1）权利人向义务人提出履行请求；（2）义务人同意履行义务；（3）权利人提起诉讼或者申请仲裁；（4）与提起诉讼或者申请仲裁具有同等效力的其他情形（第 195 条）。

10. 法释〔2008〕11 号第 2 条规定："当事人违反法律规定，约定延长或者缩短诉讼时效期间、预先放弃诉讼时效利益的，人民法院不予认可。"这是《民法通则》所未规定的。对此，《民法总则》有所吸取，于第 197 条规定："诉讼时效的期间、计算方法以及中止、中断的事由由法律规定，当事人约定无效。"这与《德国民法典》有条件地允许当事人约定消灭时效的有关因素（第 202 条）不同。对此差异，不宜单纯地限于法条的字面，而应从整个制度及其演变的背景等方面思考。

11.《民法总则》第 198 条关于"法律对仲裁时效有规定的，依照其规定；没有规定的，适用诉讼时效的规定"的规定，是《民法通则》所没有的，却为实务所需要，协调诉讼与仲裁两种程序所必需，值得肯定。

民法研究的随想*

　　1. 自 1985 年元月以来，我一直从事具体的民法制度及规则的教学和研究，哲学及民法哲学的修养不够，难以写出合乎规格的民法方法论的论文。不过，《法律科学》约我参与此次笔谈，因其为我心目中上乘的法学学术刊物，又恩惠于我很多，予以承诺便义不容辞。尽我所能，将日积月累的学习和研讨民法的若干体会写出来，就教于大家，也"代物清偿"。

　　2. 在制定法律之前和过程之中，大家见仁见智，设计法律方案，系当然之理。但法律一经颁布乃至生效，虽然也有为适应社会的发展而修改的必要，但基本上是解释与适用的问题。同一项制度、同一个条文，人们奉行不同的乃至迥异的解释规则，并将其理解适用于个案，就会出现同样的案情却判决得天壤之别的现象，使法律失去其统一性，导致法律的权威性减弱，社会的安全性大打折扣。注释民法学为我们提供了解释与适用民法的规则与方法，使法律人能够遵循相同的或相近的规矩解释法律，即使是学术讨论，也在一个大家认同的平台上进行，至少可以比较有效率。在中国，由于我们了解注释法学相对较晚，加上曾经误把图解政策和法律当作注释法学，并予以批判，因而注释民法学至今仍未发挥出应

---

　　*　本文最初发表于《法律科学》2003 年第 5 期。

有的作用。这种状况亟待改变。

当今，法律的经济分析方法、法社会学的方法等，传播得迅速且广泛。这给我们提出了新的问题：它们与注释民法学之间的关系究竟如何？法律经济分析方法是在立法论上更能显现其作用，还是它亦为解释法律时所运用的工具，帮助我们这样解释而不是那样解释？法社会学的方法是更有助于检验现行法的运行效果，使得我们有针对性地修正现行法，乃至彻底反思我们的法律思想，还是它也能胜任解释法律的任务？等等。需要认真研究，给出答案。

3. 中国民法学属于继受类型，由于历史、文化等方面的原因，学习德国民法学说和中国台湾"民法"理论更为经常。中国民法未奉行物权行为独立性和无因性理论，而后两者恰恰采纳了这个理论。忽视了这个差异，在任何领域都完全因袭德国民法及中国台湾"民法"理论，就会出现严重的问题。对此，试通过二例加以说明。

中国曾经出现过将不当得利泛化的现象，原因之一就是照抄了德国民法和中国台湾地区"民法"关于不当得利的理论。事实是，德国民法采用物权行为制度，给付不当得利请求权具有调节因物权行为无因性理论而生财产变动之特殊规范功能，乃为立法者用来治疗自创的伤痕。[①] 物权行为无因性之缓和或废除将减少不当得利的适用范围。[②] 的确如此，中国民法未采纳物权行为独立性和无因性制度，德国民法上的某些不当得利类型，在中国民法上则由物的返还请求权取而代之，不当得利的适用范围相对于德国民法上的为窄。[③]

在德国民法、中国台湾地区"民法"及其理论上，债权让与是个准物权行为，债权让与合同（基础行为）系另一个法律行为，属于债权行为；债权让与这个准物权行为独立于债权让与合同（基础行为），其效力不受债权让与合同（基础行为）不成立、无效、被撤销、解除等的左右。在中国民法上，债权让与并非

---

① Dernburg, Das Burgerliche Recht, Die Schuldverhaltnisse, Bd. II/2. 4. Aufl. S. 77. 转引自王泽鉴：《债法原理·不当得利》第2册，修正版，26页，台北，三民书局，1999。

② 王泽鉴：《债法原理·不当得利》第2册，修正版，26页，台北，三民书局，1999。

③ 参见崔建远：《不当得利研究》，载《法学研究》，1987 (4)，58～59、63页。

一个法律行为，而是一个事实行为，也指债权归属于受让人这种结果。债权让与这个事实行为和债权让与合同之间的关系，不能笼统地以无因性关系予以说明。实际上，讨论事实行为的原因及其行为远远比不上研究法律行为与其原因之间关系的意义。包括我自己在内的一些学者，以往对此多注意不够，照抄了德国民法和中国台湾"民法"及其理论中"债权让与具有无因性""债权让与的内部效力""债权让与的外部效力"，误把"债权让与契约"当作债权行为，等等。④ 经过学习与反思，我们应当持有如下观点：（1）中国台湾学者所说的"债权让与契约"指的是债权让与这个准物权行为，不同于中国大陆法上的债权转让合同这个债权行为。（2）在德国民法、中国台湾"民法"上所谓"债权让与的内部效力""债权让与的外部效力"，指的是债权让与这个准物权行为的效力。在中国大陆民法上，债权让与作为一个结果，谈"债权让与的内部效力"至少不确切；称债权让与合同对于双方的效力，则比较适当。（3）分析二重债权让与的法律后果，忽视了《合同法》第51条规定的无权处分合同的效力待定，未明确后签订的债权让与合同往往属于效力待定，并且，因让与人无机会在履行期届满前获得债权，故此类合同大多归于无效。（4）关于债权让与是否有因的问题，我们应当持下述观点：一是因债权让与自债权让与合同生效时完成，故讨论有因、无因在中国法上大多是债权让与合同是否有因；二是应该类型化，不可一概而论。例如，票据债权让与采取无因性原则，这是票据法的原则要求。证券化的债权让与，可以采取无因性原则，这符合商事交易的特点和商事法的特殊性。⑤ 普通债权的让与合同存在《中华人民共和国合同法》（以下简称为《合同法》）第52条规定的原因时，让与合同无效，它具有有因性，不发生债权让与的效果。并且，由于中国法的无效是绝对的无效，法律对于存在无效原因的合同决不允许发生法律效力，所以，如果当事人以其意思排除上述原因，该排除的意思表示无效。债权让与合同存在《合同法》第54条规定的原因时，如果撤销权人行使撤销权，同样不发生债权让

---

④　崔建远主编：《合同法》（修订本），174～185 页，北京，法律出版社，2000；魏振瀛主编：《民法》，353～359 页，北京，北京大学出版社、高等教育出版社，2000。

⑤　参见黄立：《民法债编总论》，611 页，北京，中国政法大学出版社，2002。

与的效果。可以说，在这些情况下，债权让与仍然是有因的。撤销权人不行使撤销权，合同继续有效，发生债权让与的效果。但这不是债权让与无因的例证，相反，可以解释为是债权让与有因的表现。债权让与合同存在可撤销的原因场合，双方当事人达成协议，排除撤销权的行使，按照合同自由原则，应当允许。可以将这种现象解释为撤销权人不行使其撤销权。为防止当事人一方故意欺诈、胁迫或乘人之危，又利用约定无因性阻却撤销权的行使，法律不应当承认当事人之间的下述事先约定：债权让与合同存在撤销原因场合，债权让与仍然具有无因性。⑥

4. 在中国台湾地区，新修订的债法编承认，惩罚性违约金可以依当事人的意思存在于任何类型的债务不履行场合。在中国大陆，也有学者赞同这种观点。对此，我持不同的见解，理由如下：

从最广义的角度观察，继续履行、损害赔偿、违约金、定金等都可以看作违约的救济方式。这些方式既有自己独特的质的规定性，自成一家，又形成一个整体。就其整体性而言，这些救济方式可能具有共同的基点，可能存在一个共同的基点。如果有，我们研究某一种救济方式时，就必须牢记这个共同的基点，从这个基点出发。不然，在逻辑上会出现不统一，在价值判断上失去权衡。研究违约金的问题，同样如此。

民法不以惩罚为目的，重在补偿受害人的损失。这是大陆法系、英国普通法和衡平法、美国合同法在违约金领域一贯坚持的原则。合同救济的一个基本原则是，受害人的状况在得到赔偿后不应当优于如同合同被履行后的状况。⑦ 广泛地承认当事人约定的惩罚性违约金，不分此类违约金存在的违约类型，实际上是对民法不以惩罚为目的的违反。笔者认为，除非有重大理由，不得违背民法的这个宗旨。广泛地允许惩罚性违约金的法律效力，是违反这个宗旨的。这个观点，从《意大利民法典》《荷兰民法典》关于违约金的规定中可以体会出来。试想，1980年《联合国国际货物销售合同公约》、1994年《国际商事合同通则》均未规定违

---

⑥ 崔建远主编：《合同法》，3 版，166~168 页，北京，法律出版社，2003。

⑦ 〔美〕E. 艾伦·范斯沃思：《美国合同法》，葛云松、丁春艳译，781 页，北京，中国政法大学出版社，2004。

约金，是否也有此意味呢？

　　许多国家或地区的立法均允许法院依职权对过分高或低的违约金数额予以调整，并且"约定之违约金是否过高，应就债务人若能如期履行债务时，债权人可得享受之一切利益为衡量之标准，而非以仅约定一日之违约金额若干为衡量标准"[8]。同时，由于调整的违约金类型包括惩罚性违约金[9]，所以，可以看出法律对待违约金的态度是名义上承认惩罚性违约金，但实际上通过调整方式使违约金成为损害赔偿额的预定。

　　在中国，《担保法》规定，定金不得超过主合同标的额的 20%（第 91 条）。为何如此限制？主要原因在于，其一，当时在实务中出现了定金在合同价款总额中占的比例过大的现象，有的定金已经达到合同标的额 50% 以上，很不合理。其二，定金起担保作用存在边际数量问题。根据实践经验，定金的数额最多不宜超过主合同标的额的 20%。其三，如此限制，对防止利用高额定金获取不正当利益起到抑制作用。[10] 在制定《合同法》的过程中，同样考虑了实际生活中有故意约定高额定金以损害对方利益的现象，因此对定金数额及定金罚则的执行规定了限制，这就是定金的数额不得超过合同标的额的 20%。[11] 从定金与守约方因对方违约而受损失之间的关系角度思考，所谓定金的数额限制在主合同标的额的20% 以内，系防止利用高额定金获取不正当利益，是否意味着确定该 20% 的上限受到了守约方所受损失数额的影响？如果是，确定违约金的类型及数额是否也应如此思考？

　　如果说《担保法》关于定金数额不得超过主合同标的额的 20% 的规定，是否基于填补守约方因对方违约所受损失的原则，尚不敢特别肯定的话，那么，《合同法》不允许定金和违约金并罚（第 116 条）则一定是基于填补守约方因对方违约所受损失的原则。有关参与《合同法》草拟和讨论的专家对此说明道：

---

　　⑧　51 台上 19。转引自《月旦六法全书》，1568 页。

　　⑨　中国台湾地区"最高法院"1979 年第 9 次民庭会议决议（1979 年 6 月 26 日）后句。转引自《月旦六法全书》，1568 页。

　　⑩　孙礼海主编：《中华人民共和国担保法释义》，119 页，北京，法律出版社，1995。

　　⑪　梁慧星：《民法学说判例与立法研究》（二），152 页，北京，国家行政学院出版社，1999。

"违约金是对违约的一种补救手段，而定金则是对债的一种担保方式，两者性质不同，因此过去的司法实践允许两者并用，但并用的结果应以不超过合同标的价金总额为限。然而实践证明，并用的效果不好。第一，不论单独适用违约金条款还是单独适用定金罚则，都足以弥补守约方因对方违约所受的损失，两者并用并无必要。第二，两者并用的结果，其数额可能大大高于因违约所造成的损失，不合理地加重了违约方的负担，有悖于公平原则。"⑫ 笔者认为，如果认为《合同法》广泛地承认惩罚性违约金的话，那么完全可以把违约金和定金的并罚看成是惩罚性违约金的变相应用。但事实上则相反。

尽管惩罚性损害赔偿与惩罚性违约金是不同的制度，但在惩罚性这点上，在使守约方获得超出其实际损失这点上，两者具有共性。如果《合同法》广泛地承认惩罚性违约金的话，那么，《合同法》对待惩罚性损害赔偿也应持宽容态度，但实际上则相反，在《合同法》草案的草拟和讨论过程中，只有个别专家赞同惩罚性损害赔偿，绝大多数专家、学者则坚决反对。这就是为什么《合同法》第113条第2款不直接规定惩罚性损害赔偿，而是规定"依照《中华人民共和国消费者权益保护法》的规定承担损害赔偿责任"。这反映出《合同法》不否定也不应当否定《消费者权益保护法》的精神，但也不在自己的规则中确立惩罚性损害赔偿。据此推论，《合同法》未广泛承认甚至未承认惩罚性违约金。

违约金累积和吸收的规则，包含不允许违约金无限制地累积的内容，并且是限制累积的上限应以完全赔偿原则为准则。这也是我们考虑惩罚性违约金问题所应注意的方面。如果广泛地承认惩罚性违约金，那么，如此限制违约金累积的理由显然不充分。只有极力限制乃至否定惩罚性违约金，才容易理解不允许违约金无限累积的规则。

我们思考和研究民法，解释法律，勿忘体系化的理念及方法，宜通盘考虑，使自己的理论前后一致。既然广泛地承认惩罚性违约金，不合民法救济重在填补损失而非惩罚的价值取向，同《合同法》等法律对惩罚性赔偿的走向相反，与

---

⑫　谢怀栻等：《合同法原理》，296 页，北京，法律出版社，2000。

《担保法》限定定金数额的精神不协调，和《合同法》禁止定金和违约金并罚的规定不一致，与法律赋予法院和仲裁机构减少违约金的数额的权限有所距离，与限制违约金累计的理论未尽统一，那么，就有理由对它抱着怀疑的态度。

5. 在许多情况下，我们研究一项制度及规则，找准了基点，许多问题会迎刃而解，理论内部也不会出现矛盾。例如，如何认识违约损害赔偿和赔偿性违约金之间的关系，违约金累计的限制，违约金和除违约定金以外的定金的并罚及其限制，确定违约金数额过高或者低的标准是什么？答案就在违约所致损害、损害赔偿额的预定和完全赔偿原则中。离开了这些，头痛医头，脚痛医脚，可能造成违约救济体系内部的不协调。[13]

6. 许多看似复杂、难解的问题，只要我们从概念或性质或构成要件入手分析，就可能顺利地得到适当的答案。例如，甲的香烟被遗忘在乙的办公室中，甲究竟是基于不当得利请求返还，还是主张物的返还请求权？我曾经非常费力地从利益衡量、物权保护方法和债权保护方法之间的关系，以及比较法的方法等角度加以讨论。[14]后来才认识到，首先从不当得利的构成要件的角度分析，因上述香烟的所有权仍归甲享有，乙就未取得香烟所有权这个利益，无利益自然谈不上不当得利。如此，物的返还请求权与不当得利请求权不能两立的结论就自然而然地出来了。甲如果一定要基于不当得利请求返还香烟，只有主张占有取得的不当得利，或者先放弃其物的返还请求权，而后主张不当得利返还请求权。

再举一例，予以说明。一种观点认为，在中国合同法上，即使债权人未同意，债务承担合同在债务人和承担人之间也有效。其理由大致有，其一，债务承担合同系债务人和承担人之间的关系，应当由他们双方的意思予以决定，而不应受债权人这个第三人的意思的左右。其二，从利益衡量的角度讲，即使债权人不同意，使债务承担合同有效，有利于承担人获得损害赔偿，或者依约请求债务人支付违约金。

第一个理由在有体物的买卖等合同中有其道理，但在债务承担合同中，则值

---

⑬ 详见崔建远：《合同责任研究》，228~257页，长春，吉林大学出版社，1992。
⑭ 详见崔建远：《不当得利研究》，载《法学研究》，1987（4），58~64页。

得怀疑。第二个理由涉及逻辑与利益衡量的关系，这正是此处要讨论的问题。

我认为，在债权人拒绝同意债务承担的情况下，仍然承认债务承担在债务人和承担人之间有效，就意味着在债务人和承担人之间，债务人不再负有向债权人清偿的义务，而是由承担人负有向债权人清偿的债务。但该项债务却因债权人不同意而对债权人不生效力，承担人若硬要向债权人清偿，债权人又拒绝受领。如此，在债务人和承担人之间的法律效力方面，构成承担人不能履行（向债权人的债务）。在这里，必须注意，与有体物的买卖不同，债务和债权系对立的统一体，两者共存共亡，缺少任何一个，另一个不会存在，或者说没有价值。在债权人起初拒绝同意，事后又拒绝受领的情况下，承担人所承担的"债务"实际上并无对应的债权，从实质的意义上讲，承担人无债务可负。订立债务承担合同之时，即无标的物，应适用《合同法》第51条、第132条等规定，该合同的效力未定，而非合同有效。此其一。其二，至于债务承担合同有效，有利于承担人获得损害赔偿，或者依约请求债务人支付违约金之说，我认为，在债权人起初拒绝同意，事后又拒绝受领的情况下，承担人不会因此受到任何损害。于是，无论债务人对此有无过失，对于承担人均不负损害赔偿责任。设计者可能会说，如果债务承担合同中规定有违约金呢？我认为，此类合同非常类似赠与合同，其中，债务人的地位类似于受赠人，承担人类似于赠与人，而在赠与合同中，约定受赠人承担向赠与人支付违约金的责任，是极为反常的。其三，对于原债务人来讲，因债权人不同意债务承担合同，故其对债权人所负债务仍未免除，他尚须应债权人的请求而履行债务，但该债务却已经不属于他。于此场合，债务人向债权人清偿，就他和承担人之间的关系而言，意味着替承担人履行债务。事后，原债务人还得请求承担人返还不当得利。真是徒增成本。债务人向承担人移转了无法履行的债务，应否承担责任？简直复杂透顶，且无价值。有鉴于此，莫不如把债权人同意作为债务承担合同的生效要件，债权人不同意，债务承担合同不生效力，这样更为简洁、经济、合理。其四，有学者认为，在债权人不同意的情况下，可以把债务人和承担人之间的协议认定为一种履行承担的协议，承认其有效。我认为，如果这是指法定之债，则缺乏法律规定。如果这是基于法律行为所引起的债，却与意思

表示理论不符，即，履行承担的效果意思从何而来？承担人承担债务人的债务向债权人为履行，和免除债务人对债权人的债务，系承担合同中意思表示内容的不同表达，并未形成两个意思表示的内容。

债务承担合同的有效与否，引出了需要我们注意的问题：在讨论的案型符合现行法规定的要件时，应当适用该规定解决案件，而不得动辄抛弃现行法的规定而进行所谓利益衡量，除非如此会产生极不适当的后果。

7. 我们研究问题，撰写著述，应尽可能地升华思想，乃至形成民法哲学。我在探讨"四荒"拍卖与土地使用权问题时，起初只是讨论此类土地使用权的概念、性质、法律效力、存在和发展的根源。忽然有一天，感悟到"四荒"土地使用权应当是中国农村土地承包经营权发展的目标模式。⑮ 论文有了这个观点，其境界就升华了，其价值就增加了。

8. 发现民法问题，需要我们达到相当的境界，否则，即使重要的民法案型生于咫尺，也会熟视无睹，或者张冠李戴；解决民法问题，尤需我们升入更高的境界，不然，面对亟待解决的民法问题，会束手无策，或者庸见迭出。此类境界不会与生俱来，也不会从天而降，更不可能由错误百出的作品恩赐与我们，只能大量地、反复地、踏实地阅读经典著述，同时冥思苦索，日积月累，自然形成。思而不学则殆，确为真理。学习经典，可以避免错误，少走弯路，不做无用功，启迪思维，增强说服力。例如，因阅读不够，我曾经不知金钱所有权随占有的移转而移转⑯；再如，我花费了几十天时间，冥思苦索买卖等合同是否含有物权变动的效果意思，为有了结论而兴奋不已时，才发现我妻荣教授早就有了肯定的结论。⑰ 这些都说明阅读经典与否的巨大差异。

---

⑮ 崔建远：《"四荒"拍卖与土地使用权》，载《法学研究》，1995（6）（总第 101 期），29～35 页。

⑯ 崔建远：《不当得利研究》，载《法学研究》，1987（4），58～64 页。

⑰ 我妻荣：《日本物权法》，有泉亨修订，李宜芬译，54 页，台北，五南图书出版公司，1999；崔建远：《无权处分辨》，载《法学研究》，2003（1）（总第 144 期），3～24 页。

图书在版编目（CIP）数据

民法总则：具体与抽象/崔建远著 . —北京：中国人民大学出版社，2017.11
（中国当代法学家文库·崔建远民法研究系列）
"十三五"国家重点出版物出版规划项目
ISBN 978-7-300-25069-4

Ⅰ.①民… Ⅱ.①崔… Ⅲ.①民法-总则-研究-中国 Ⅳ.①D923.14

中国版本图书馆 CIP 数据核字（2017）第 254836 号

"十三五"国家重点出版物出版规划项目
中国当代法学家文库·崔建远民法研究系列
民法总则：具体与抽象
崔建远　著
Minfa Zongze：Juti yu Chouxiang

出版发行	中国人民大学出版社			
社　　址	北京中关村大街 31 号		**邮政编码**	100080
电　　话	010 - 62511242（总编室）		010 - 62511770（质管部）	
	010 - 82501766（邮购部）		010 - 62514148（门市部）	
	010 - 62515195（发行公司）		010 - 62515275（盗版举报）	
网　　址	http://www.crup.com.cn			
	http://www.ttrnet.com（人大教研网）			
经　　销	新华书店			
印　　刷	涿州市星河印刷有限公司			
规　　格	170 mm×228 mm　16 开本		**版　　次**	2017 年 11 月第 1 版
印　　张	30.5 插页 3		**印　　次**	2017 年 11 月第 1 次印刷
字　　数	455 000		**定　　价**	98.00 元